HABLARÁN
DE NOSOTRAS

SANDRA BARNEDA

HABLARÁN DE NOSOTRAS

Diecisiete mujeres poderosas que pecaron para ser libres

El papel utilizado para la impresión de este libro ha sido fabricado a partir de madera procedente de bosques y plantaciones gestionadas con los más altos estándares ambientales, garantizando una explotación de los recursos sostenible con el medio ambiente y beneficiosa para las personas. Por este motivo, Greenpeace acredita que este libro cumple los requisitos ambientales y sociales necesarios para ser considerado un libro «amigo de los bosques». El proyecto «Libros amigos de los bosques» promueve la conservación y el uso sostenible de los bosques, en especial de los Bosques Primarios, los últimos bosques vírgenes del planeta.

Papel certificado por el Forest Stewardship Council®

Primera edición: noviembre de 2016

© 2016, Sandra Barneda
© 2016, de la presente edición en castellano para todo el mundo:
Penguin Random House Grupo Editorial, S.A.U.
Travessera de Gràcia, 47-49. 08021 Barcelona

Printed in Spain - Impreso en España

ISBN: 978-84-03-50374-8
Depósito legal: B-19628-2016

Impreso en Cayfosa (Barcelona)

AG 0 3 7 4 8

A Pablo,
mi amigo, mi confidente, mi editor...

«El mayor pecado para la sociedad
es la independencia de pensamiento».

EMMA GOLDMAN

«La esperanza es esa cosa con plumas
que se posa en el alma y canta sin parar».

EMILY DICKINSON

Índice

Prólogo

Quizá sea porque nací bajo el signo de Libra que las injusticias me han sacado de quicio desde que tengo uso de razón. Quizá sea porque nací mujer y hasta hace bien poco la nuestra era una existencia injusta. Quizá sean un conjunto de probabilidades las que me han llevado a hablar de mujeres y de pecados capitales.

Sean del color que sean, sean punibles en mayor o menor grado, casi todos han sido atribuidos a la mujer. ¿Acaso la responsable del pecado original y, por tanto, de nuestra mortalidad no fue una mujer llamada EVA? Y la historia, la tradición, la literatura están llenas de evas pecadoras porque, desde los primeros tiempos, la mujer ha sido la señalada, la discriminada, la que ha vivido en inferioridad de sus posibilidades y con sobrecarga de pecados. Aunque en menor medida, todavía hoy llevamos ese chip tan difícil de extirpar que es el que hace que lo positivo sea propiedad exclusiva de los hombres, y lo negativo —la exigencia—, de las mujeres. Cuántas veces hemos escuchado tonterías asentadas socialmente como que a un hombre el carácter le da personalidad y a una mujer mala leche; ¿o qué decir de la promiscuidad? Virilidad para el hombre, zorrerío en la mujer. ¿Por qué la cana es bella en ellos y no en nosotras? Todos somos responsables y víctimas de una situación creada por nuestros ancestros y transmitida de generación en generación. Sigue siendo nuestra tarea equilibrar ambos polos manteniendo nuestras diferencias pero igualando nuestros derechos.

Este no es un libro que habla solo de mujeres, sino también de pecados... Los siete capitales están tan arraigados en nuestra memoria colectiva ancestral judeocristina que ya forman parte de nosotros. De vez en cuando salen al exterior para hacer de nuestras existencias un infierno o el paraíso jamás soñado. Desde que el papa Gregorio los afianzó y limitó en el siglo VI ha llovido mucho. Y esos mismos pecados capitales, incrustados en el interior de cada uno de nosotros, han recorrido caminos muy diferentes hasta obtener una vida propia más allá de lo puramente religioso. Quizá alguno de ellos se haya convertido hoy en virtuoso más que en pecaminoso. Avaricia, soberbia, gula, lujuria, pereza, envidia, ira, siete vicios, considerados mortales, que alimentan la satisfacción del ego, se alejan de lo establecido y de lo que la moral cristiana considera correcto. Todos ellos me producen desde siempre una extraña fascinación. No acrecientan mis remordimientos ni corroen mi conciencia, sino que potencian mi parte más rebelde y transgresora.

Ha llegado la hora de unir con gusto mujer y pecado, y no sentir pesar ni arrepentimiento. Este libro, aunque sin intención expresa, podría resultar una especie de exorcismo colectivo contra los demonios de la culpa, un homenaje a todas las mujeres que se han sentido juzgadas, vilipendiadas, ninguneadas, sometidas por disfrutar, gozar, reír, soñar, alcanzar, amar, poseer, imponer, mandar, gustar, triunfar..., incluso por pensar.

Hablarán de nosotras es un viaje interior, una trayectoria en línea recta hacia la libertad. Es una invitación al DISFRUTE en mayúsculas, a la provocación si esta nos permite ser quienes realmente somos. ¿Estamos libres de pecado? ¿Podrían ser la avaricia, la soberbia, la gula o la ira conceptos que definieran una vida ejemplar? Ellas, mis pecadoras virtuosas, Hillary Clinton, Madonna, Jackie Kennedy, Cleopatra, Virginia Woolf, Marilyn Monroe o Bette Davis, entre otras, son grandes mujeres de nuestra historia, pasada y reciente, que lucharon por vivir y ser libres. Intentaron llegar donde deseaban a pesar de ellas mismas y del mundo. Fueron tan imperfectas como pecadoras, y al revisar y conocer sus vidas me he dado cuenta de la complejidad de la existencia. He comprendido que todas son unas supervivientes y que de sus pecados llegaron sus triunfos.

Sandra Barneda

L'ANAREIGA

I. AVARITIA

«No hay nadie peor que el avaro consigo mismo, y ese es el justo pago de su maldad».

ECLESIASTÉS

El deseo con ansia llevado al límite de nuestro control conduce a la avaricia supina, desmedida y vilipendiada por la mayoría. Sin embargo, como el resto de los pecados, puede llegar a ser honroso, incluso admirado en su justa medida. Los siete pecados capitales viajan en nuestras vidas, confluyendo en más de una ocasión, provocando en nosotros una ceguera en el discernimiento, una falta de objetividad. ¿Acaso el envidioso no puede ver a aquel que posee como avaricioso? Lo mismo digo del perezoso... Y así con el resto de los siete.

La avaricia es conocida por todos como una inclinación o deseo desordenado de adquirir placeres o riquezas con el fin de atesorarlas. Se es codicioso cuando existe afán de materia, pero no necesariamente uno se apropia de ella. La codicia es solo un ejemplo de los vicios que alberga la avaricia: deslealtad, traición deliberada para el beneficio personal, robo y asalto con violencia, engaños, manipulación con el fin de obtener beneficios...

La sociedad actual nos imbuye en la avaricia, nos hace ser codiciosos de la materia. ¿Quién no se ha visto tentado de poseer, tener, acumular? Bastará como ejemplo echar un simple vistazo a nuestro armario. Contemplemos cuántas prendas de las que atesoramos serían prescindibles. ¿Cuántas camisetas, jerséis, faldas o pantalones están ahí almacenados, olvidados desde hace tiempo? Es simplemente el deseo de tener más y más. De tener por cantidad. ¿Cuántas veces se prefiere a la calidad?

¡Es mío! ¡Lo quiero! ¡Es mío! ¡Mío! ¡Mío! No hay freno ni límite que detenga el imperioso deseo de poseer.

La avaricia tiene de nuevo rostro de mujer, simbolizada por una silueta entrada en años, delgada, huesuda, de piel pálida y amoratada que se ocupa de contar dinero o que tiene uno de los bolsillos apretado con fuerza. El poder de la avaricia es de arrollador instinto animal, similar al de un lobo hambriento que solo hace bien cuando muere.

«Offende viva, e risana morta»
(«Hiere cuando vive y después de muerta cura»).

DICHO ITALIANO

La vida de estas mujeres poderosas, miradas con recelo por la mayoría, podría resumirse como la historia de una ambición desmedida en acumular éxito, poder, dinero, amantes... Pocos conocen sus límites, ni siquiera si los tienen o los tendrán. Todas ellas son unas meritorias conseguidoras y por ello consideradas avariciosas. ¿Las convertirá su pecado capital en virtuosas? Aunque algunos crean en las fauces limitadoras del destino, todas ellas pudieron elegir sus caminos; construyeron unos y rechazaron otros.

Madonna, Hillary Clinton y Jackie Kennedy son mis elegidas, las avariciosas. Dos ex primeras damas de la Casa Blanca y la que ha sido durante décadas la mujer más poderosa de la industria musical. El trío podía haber sido otro, pero ellas, por distintos motivos, han despertado en mí desde siempre curiosidad y admiración. Jackie Kennedy, la elegancia vestida de misterio, conservada siempre en frío y de incuestionable codicia. Hillary, quien por su sueño de convertirse en la primera mujer presidenta de Estados Unidos ha hecho de su vida una carrera sin fin y una lucha sin cuartel en la que se ha dejado la piel y donde ha tropezado con decenas de piedras que cuestionaban su ética profesional. Madonna es en sí misma un pozo sin fondo, una reinvención continua, una marca que no deja de buscar nuevos productos de forma incansable. Ella fabrica avaricia y la convierte en espiritual, en un don divino para crear, para comunicar, para mostrar al mundo su poder.

A estas mujeres no hay que mirarlas desde el prisma del avaro que esteriliza el dinero hasta convertirlo en inservible, sino en ese afán desmedido por acumular que las llevó a comportamientos avariciosos que servían para sus propios fines.

¿Vendieron su alma por ello? ¿Son juzgadas injustamente por sus riquezas, sus éxitos y méritos? ¿Sus deseos ofenden?

En esta selección de avariciosas debe el lector decidir si verdaderamente son pecadoras o virtuosas de lo suyo y en lo suyo.

Capítulo 1

Hillary Rodham Clinton

Admirada, temida y respetada

Chicago, 1947
@HillaryClinton

«No habrá descanso hasta ser la primera presidenta de Estados Unidos».

«Be Only One», *Time*

«Me podría haber quedado en casa y hornear galletas, pero lo que decidí fue cumplir con mi profesión, en la que entré antes de que mi esposo tuviera una vida pública».

«Los derechos humanos son derechos de la mujer y los derechos de la mujer son derechos humanos».

«Las mujeres son la más grande reserva de talento sin utilizar en el mundo».

«Tengo un millón de ideas, el país no se puede permitir todas».

«Toma en serio las críticas, pero no personalmente... Trata de aprender de estas. Si no, deja que pasen de largo».

«Puede que me convierta en la primera presidenta, pero una de vosotras es la próxima».

«Soy una persona que todos los días cuando se levanta dice: "¿Qué voy a hacer hoy y cómo quiero hacerlo?"».

«Cuando una barrera cae en Estados Unidos, para cualquiera se abre el camino. Cuando no hay un techo, el cielo es el límite».

«Es con humildad, determinación e infinita confianza en la promesa de Estados Unidos que acepto la nominación para presidenta».

«Seré la presidenta de demócratas, republicanos e independientes; de aquellos que luchan, se esfuerzan y tienen éxito. De aquellos que me votan y aquellos que no; de todos los estadounidenses. Ganemos esto juntos».

Hillary Clinton es, a partes iguales, una de las mujeres más temidas, admiradas y respetadas en Estados Unidos. Todos la colocan en el sendero de la ambición y desde que su marido, Bill Clinton, se convirtiera en el presidente número 42, la mayoría de la gente cree que su verdadera aspiración era ser la primera mujer en ocupar el despacho oval.

Un momento crucial todavía por escribir

Hillary está en un momento crucial y pronto sabremos qué le tiene preparado el destino, cuál será el resultado de las urnas, puede ganar o perder. Imaginemos estos dos escenarios.

Lo ha conseguido pese a muchos, que han deseado ver cómo su mayor aspiración se quedaba a las puertas. Se ha convertido en la primera presidenta de Estados Unidos. Pestañeando, cambiando numerosamente de peinado y saltando todos los obstáculos sin perder el aliento. ¡Lo ha logrado! «A todas las chicas que tienen grandes sueños: sí, puedes llegar a donde te propongas, incluso ser presidenta. Esta noche es para ti» (discurso como candidata demócrata en la convención de julio de 2016). Ahora empieza un camino por demostrar, por pasar a la historia más allá del titular de ser la primera si no dejar estela como lo hizo George Washington, el primer presidente de su país. «Las mujeres no somos víctimas. Somos agentes del cambio, somos las conductoras del progreso y somos hacedoras de la paz. Lo que necesitamos es luchar por el cambio». Son muchos los ojos que la miran ahora desde su pedestal, desde la cima de su país con la esperanza de que sus palabras no queden en el olvido. Hacer historia no es un camino de rosas, más bien de espinas, de críticas, de elogios interesados e hipócritas. Es un camino de soledad. ¿Por una buena causa? El tiempo será quien lo diga. Por el momento, su nombre ya es historia y ha tardado dos décadas en alcanzar el lugar que siempre quiso: el despacho oval.

O se ha quedado a las puertas de ese cielo que durante veinte años ha ambicionado. Ha sido una lucha que pone a prueba la resistencia de cualquiera. La mayoría se ha quedado en el camino, pero ella, a pesar de todos los escándalos, ha seguido hacia delante hasta convertirse en candidata a la presidencia del partido demócrata. Obama lo dejó claro: «Estoy seguro de que (Hillary Clinton) no se va a rendir, no importa lo difícil que sea el desafío». Ha perdido las presidenciales frente al polémico candidato republicano, el multimillonario Donald Trump. Ha perdido la oportunidad vivida, aunque ha pasado a la historia como la primera mujer candidata a la presidencia de Estados Unidos. ¿Cuál será su siguiente paso? ¿Se dará por vencida? Muchos pondrían la mano en el fuego por el no. Hillary no es de las que pierden el aliento ante una derrota. No es de las que se flagelan con lo que podía haber sido y se pierde en el camino serpenteante de las hipótesis. Hillary se marca objetivos y traza siempre la línea más recta que la lleve a ellos. ¿Las siguientes presidenciales?

«Los momentos en que miramos hacia atrás son momentos desperdiciados, mira siempre hacia delante».

Hillary Rodham Clinton

El sueño de ser presidenta

Insisto con lo de que su vida siempre ha estado marcada por la línea recta, pero aunque muchos lo duden, de carretera larga. Si bien es cierto que sus deseos de llegar a ser la primera mujer presidenta de Estados Unidos germinaron muchos años antes de que su marido llegase a la presidencia, la vida de Hillary Rodham Clinton ha estado marcada por el tesón, la lucha y el inconformismo de no tener suficiente con lo que marcaban las circunstancias. ¿Qué mujer de presidente ha sido o se ha convertido en uno de los eslóganes de reclamo en la campaña de su marido? («Votad al marido de Hillary»). Lo cierto es que Hillary acumula fortuna y poder, un binomio difícil de librarse de la quema de las críticas; aunque quizá ella haya colaborado en las brasas. Ha sido acusada y sospechosa de malas praxis en varias ocasiones y siempre ha salido ilesa de todo, aunque con sombras alargadas de sospecha. Salió marcada, pero no derrotada incluso de la infidelidad de su marido. Nadie duda que los Clinton son un clan. ¿Una unión de conveniencia por el empeño de acumular poder y riquezas? Quizá no importe el camino y si por ello deben hacer de tripas corazón en algún momento. Los detractores de Rodham Clinton —ella quiso mantener cuando se casó su apellido de soltera— creen que tiene un corazón helado que late con todo menos con el sentimiento; algo que sabe controlar en lo público y en lo privado.

Sin embargo, su historia puede ser mirada desde otro prisma: el de la tenacidad de una mujer que, a pesar de las adversidades, jamás ha perdido su rumbo ni ha renunciado a sus derechos ni aspiraciones como mujer casada ni posteriormente como madre.

«No aceptamos mujeres en el programa»

En su primera autobiografía, que escribió a los 12 años como parte de un trabajo escolar, Hillary no quería ser bailarina o casarse con el chico más apuesto de la clase, sino que deseaba ser física nuclear. Años después, y con el compromiso del presidente Kennedy de poner hombres en la Luna, se ofreció sin pensárselo dos veces para ser una de ellas. Escribió a la NASA para ofrecerse voluntaria como astronauta y tuvo uno de los primeros destellos de revelación de que vivía en un mundo donde se respetaba poco o nada a la mujer y sus aspiraciones. La respuesta de la NASA fue corta, breve, concisa: «No aceptamos mujeres en el programa».

En esos años de instituto, Hillary, con enormes gafas metálicas estilo aviador, era todo menos conformista, tanto en lo que tenía que ver con los ideales como con las acciones. Aunque no era de la cuerda de Kennedy, le impactó su muerte, la vivió junto a su madre, pegadas al televisor y fue a ella a quien confesó que le había votado con la esperanza de que pudiera hacer algo por el país. De padre republicano y madre demócrata, Hillary tardaría unos cuantos años en darse cuenta de que estaba más del lado de su madre que del de su padre.

Fue en un ejercicio de oratoria y debate cuando tuvo quizá otro repunte de lucidez, al tener que defender al presidente Johnson sobre temas como derechos civiles, asistencia médica y política exterior. Esas horas de estudio para defender la postura demócrata fueron el principio de su revelación final, pues con su graduación en la universidad, Hillary ya era una demócrata declarada, muy a pesar de su padre.

1968: UN AÑO CLAVE

Ella misma confesó que el año 1968 fue clave para ella porque marcaría su viraje político y personal. Pertenecía a la generación que se sublevó contra la guerra de Vietnam, que abrió los ojos en la lucha racial con el asesinato de Martin Luther King y también de Robert Kennedy. En el tercer año de universidad, Hillary había dejado de ser una chica del senador republicano Goldwater para convertirse en una acérrima adversaria de Richard Nixon. Su paso por la universidad fue el despertar, como el de muchas mujeres de su tiempo, de sentirse atrapada entre un pasado caduco y un futuro demasiado incierto.

El 31 de mayo de 1969 se graduó en la Universidad de Wellesley, solo para mujeres, con lo que se considera su primer discurso político. Tenía apenas 22 años y era una brillante estudiante que, consciente o no, comenzaba a vislumbrar su camino. Al final de ese laureado discurso de graduación parafraseó el poema de Nancy Scheibner citando que «el desafío es practicar la política como el arte de hacer posible lo que parece imposible». Era impensable en aquellos años que la joven estudiante se convertiría en la tercera mujer secretaria de Estado, en la primera candidata demócrata para la Casa Blanca y quién sabe si en la primera mujer presidenta de Estados Unidos.

HILLARY Y BILL

Ingresó en Yale junto a doscientos treinta y cinco alumnos, de los que solo veintisiete eran mujeres. Todo un logro que podía percibirse en aquella época como que las mujeres empezaban a despuntar más allá de las apariencias. Tendría que pasar un año para que ella y su futuro marido intercambiaran sus primeras palabras y forjaran la que está considerada como una de las uniones más poderosas del país.

Todo ocurrió en la biblioteca. Después de un cruce de miradas insistente y silencioso por parte de los dos jóvenes, Hillary intervino con una frase directa: «Si vas a seguir mirándome así y yo voy a seguir devolviéndote las miradas, será mejor que nos presentemos. Yo soy Hillary Rodham». Puede que esas palabras sean leyenda o puede que no. Ella misma las escribe en su autobiografía, pero sin lugar a dudas ese fue un principio revelador de sus personalidades. Bill Clinton, el hombre que tiene la capacidad sobrenatural de seducir sin levantar siquiera una ceja; Hillary, la mujer que no se amedrenta ante nada, ni siquiera con un melenudo estudiante de sobresaliente que acababa de aterrizar, tras dos años de estudios en Londres, y ya estaba convencido de emprender carrera política en su Arkansas natal. No se le pasó por la cabeza a Hillary que ella acabaría acompañándole en ese sueño americano. Algunas voces dicen que fue entonces cuando la ambiciosa Hillary empezó a trazar su camino para convertirse en la primera presidenta. De ser cierto..., aparte de ambiciosa, sería una visionaria porque en aquellos años, en Estados Unidos, apenas se dibujaba la posibilidad de que una mujer pudiera, en un futuro, liderar el país.

Antes de trasladarse con Bill a Arkansas fue una de las jóvenes abogadas brillantes que colaboraron en la elaboración del *impeachment* a Nixon. Su futuro como letrada era prometedor, pero decidió acompañar al que sería su marido y dedicarse a la docencia. Como abogada estuvo considerada en los años 1975, 1979, 1988 y 1991 entre los cien profesionales más influyentes de su país. Hillary no abandonó sus luchas civiles particulares y siguió publicando artículos sobre el maltrato y abandono infantil, la custodia de menores y la patria potestad, algo que no dejó de hacer incluso después de convertirse en la primera dama del estado de Arkansas. El tándem Rodham/Clinton funcionaba a la perfección y Hillary, lejos de estar a la sombra, participaba en el gobierno de su marido al frente del Comité Asesor de Sanidad Rural, al tiempo que se encargaba de incrementar el patrimonio de la pareja con el nacimiento de la polémica promotora Whitewater, que en un futuro la llevaría a declarar ante el Supremo por imputaciones de sobornos, tráfico de influencias y otras presuntas irregularidades cometidas por sus negocios privados.

Poco después, el 27 de febrero de 1980, nacería su única hija, Chelsea. En ese año fue la noticia más gratificante para la prometedora pareja, puesto que, fuera de pronóstico, Bill Clinton perdió la reelección de gobernador y durante unos meses se creyó que la fulgurante carrera política de Clinton había llegado a su fin.

Hillary Clinton, la mujer que había hecho que el mismísimo gobernador acudiera a clases de preparación para el parto, seguía proyectando una imagen demasiado brusca para la mayoría. Su esfuerzo desmedido por minimizar el rechazo la llevó a modificar la imagen que tenían de ella los demás. En 1980 aprendió con la derrota de su marido y supo que el público la consideraba demasiado altiva, defensora de causas feministas radicales e ideológicamente ubicada en el ala izquierda. Un perfil excesivamente duro y antipático para el electorado tradicional al que debía convencer en las elecciones si quería que la carrera de su marido a la Casa Blanca tuviera luz verde.

Lejos de desmotivarse, modificó su comportamiento sustancialmente, así abandonó su apellido de soltera y comenzó a llamarse solo por su apellido de casada (algo a lo que siempre había renunciado) y también miraba a su marido, en actos públicos, de manera sumisa y bobalicona. En los setenta comenzaba a ser algo común que las esposas mantuvieran su apellido de soltera, aunque en ciertos estados como Arkansas era todavía extraño. En esos meses de derrota Hillary se volvió a sentir un bicho raro, por su educación del norte, por su forma nada convencional de vestir y por conservar su apellido. Al día siguiente de la derrota, cuando Bill Clinton anunció que se presentaba a otro mandato, Hillary comenzó a llamarse a sí misma Hillary Clinton.

Ser «la esposa de»

En 1982 Clinton ganaba de nuevo las elecciones a gobernador. Puesto que nadie le arrebataría hasta 1990. Fue precisamente tras su nueva victoria cuando el partido demócrata se fijó en él para las presidenciales.

El 20 de enero de 1993 fue nombrado presidente número 42 de Estados Unidos y, con ese nombramiento, llegó el primer golpe duro a la independencia de Hillary: tuvo que dimitir de todos los consejos de administración y organizaciones caritativas en las que colaboraba para pasar a ser, únicamente, «la esposa de». Por otra parte, la obligaron a poner atención en su vestuario y a abandonar su característica cinta en el pelo que a ella le parecía muy práctica, pero que para una primera dama no era adecuada. Lo que no podía imaginar es que su peinado traería cola los años siguientes, incluso ella misma llegó a afirmar en su último año como primera dama: «Lo más importante que tengo que decirles hoy es que el cabello sí importa. Préstenle atención al cabello, porque todos los demás lo harán». En la campaña presidencial de Hillary ha habido una lluvia de titulares porque ella pagó seiscientos dólares por cortarse el pelo en un salón de belleza de la Quinta Avenida de Nueva York.

Volvamos a los años donde la abogada Hillary Clinton tuvo que renunciar a un trabajo real, pero no estaba dispuesta a ser una figurilla de Lladró al lado de su marido y quiso potenciar su posición de primera dama. Se inauguraba en el puesto con una advertencia sobre el protagonismo de las mujeres en la vida pública, Hillary consideraba que había nacido un nuevo orden mundial en relación con su sexo en el que entre otras cosas se modificaría el papel de la primera dama dentro de la Casa Blanca. Reconoció años más tarde que su tiempo como primera dama no fue fácil ni para ella ni para su orgullo.

Tal y como confesó en su libro de memorias, tener un cargo que dependía directamente del presidente fue algo que le costó encajar: «Era uno de los problemas por los que me costó adaptarme al papel de primera dama. Desde niña siempre había luchado por ser yo misma».

El ala Oeste de la Casa Blanca

Uno de los primeros cambios, que fue pasto de los *late nights* americanos, consistió en que por primera vez en la historia se trasladaba el despacho de la primera dama al ala Oeste. Desde Jackie Kennedy, que fue la primera en tener jefa de prensa y despacho, siempre se había situado en el ala Este, pero Hillary se trasladó con parte de su equipo, que, pronto se conocería popularmente como Hillaryland, a la segunda planta del ala Oeste. Lo que pocos saben es que, en realidad, Hillary tuvo tres despachos en la Casa Blanca: uno en el ala Oeste a pocos metros de la oficina oval de Clinton, otro situado en la zona donde se decidía sobre los eventos sociales del presidente y otros aspectos como su vestuario y uno más en el edificio contiguo a la Casa Blanca, que era su «cuarto de guerra», en el que se discutían asuntos importantes. Por aquellos años circulaba un chiste de la pareja que reflejaba la perseverancia y ambición de la recién estrenada primera dama: «Hillary y Bill van por una carretera de Arkansas. Al parar en una gasolinera, ella le dice a él: "Mira, el chico del surtidor fue mi novio en el instituto". Clinton le contesta: "Si te hubieras casado con él, ahora trabajarías en esta gasolinera". Ella le dice: "No, querido, si me hubiera casado con él, ahora él sería presidente de Estados Unidos"».

Durante el primer mandato, Hillary quiso rebelarse, quiso cambiar los patrones y se encontró con la resistencia de la opinión pública y los medios de comunicación. Muchos la criticaban porque decían que lo habían votado a él y no a ella, que parecía ser su mejor consejera. Un nuevo revés relacionado con su proyecto de la sanidad pública la llevó a potenciar una imagen pública más tradicional para acercarse a la idea que la gran mayoría concebía de una «perfecta» primera dama. En los primeros años había perdido a su padre y a uno de sus mejores amigos y pronto se dio cuenta de que la intimidad en la Casa Blanca era tan frágil como el buen cristal. Con esfuerzo y tesón se ganó la consideración de la primera dama más influyente de Estados Unidos desde Eleanor Roosevelt, incluso propició que algunos periodistas se refirieran a los Clinton como los «copresidentes».

ESCÁNDALOS SEXUALES

Sin embargo, no fue un camino fácil y con el escándalo de la becaria más famosa, Monica Lewinsky, Hillary tuvo que enfrentarse a uno de los episodios más complicados de su vida pública y privada.

Años atrás había superado otros «escándalos sexuales», como, por ejemplo, el de la actriz Gennifer Flowers y su confesión de haber sido la amante durante doce años de Bill Clinton. La comparecencia de la pareja en el programa de la CBS *60 minutos* en 1992 para desmentir la versión de Flowers, dando una imagen de unidad conyugal, terminó con la rumorología y así la pareja superó la crisis que podía haber costado la campaña de primarias a las presidenciales a Bill Clinton. Hillary no es de las de mirar atrás ni para tomar aire y, por supuesto, una rumorología de infidelidad no se interpuso en algo tan poderoso como la carrera a la presidencia de Estados Unidos. Lo logró y muchos pensaron que el mérito en parte fue de ella, pero durante los mandatos de su marido se tuvo que enfrentar a pruebas más duras.

En 1994 superó una batalla complicada tras ser golpeada públicamente por el escándalo de Whitewater, donde llegó a reconocer cierta negligencia por no haberse acordado de pagar al fisco algunos impuestos. *The New York Times* la tachó de «mentirosa congénita» y tuvo que conceder varias entrevistas a los medios para buscar la redención pública. Se dio cuenta de que para subsanar las grietas de la moral americana, el único camino era bajar la cabeza y mostrar ante la opinión pública arrepentimiento en los medios. Hillary Clinton se convirtió así en la única primera dama que testificaba bajo juramento ante el gran jurado federal. A pesar de esa «vergüenza», ella sobrevivió a las críticas y levantó la barbilla a los pocos meses.

Pero le quedaba el plato fuerte de la carrera política de su marido. Nada se podía comparar con el caso Lewinsky. El día que todo salió a la luz en 1998, Bill Clinton la despertó para contarle que saldría en la prensa una mentira sobre que había mantenido relaciones con la becaria Monica Lewinsky; Hillary le preguntó varias veces si aquello era verdad y Bill Clinton lo negó en todas la ocasiones, escudándose en que todo aquello era una mentira más inventada por los oponentes políticos. Ese día tuvo la sensación de que se le avecinaba un tormento, pero no podía imaginar la realidad que estaba a punto de echársele encima. «Al principio, Bill me dijo que habría rumores de que había tenido relaciones con una becaria. Que la conocía y que había hablado con ella algunas veces. Y que los rumores sexuales no eran ciertos. Pero más tarde dijo que los alegatos eran muy serios. Que iba a declarar que había existido una relación íntima nada apropiada. Lo admitió (...) Cuando me enteré de ello, estaba atontada, descorazonada y enfurecida por haberlo creído. Que me mintiera fue lo peor, sobre todo al hacerse público. Nuestra intimidad pasó a estar en el punto de mira. Me costó mucho lidiar con ello» (*Historia viva: memorias*).

Hillary experimentó en primera persona la frase de Eleanor Roosevelt de que «cualquier mujer en política tiene que desarrollar una piel tan dura como la de un rinoceronte». Siete meses después se repitió la escena. Bill Clinton despertó a Hillary y le confesó que había tenido una relación inapropiada e íntima con la becaria y que le había mentido por la vergüenza que sentía al confesarlo. Lo primero que le vino a la cabeza es por qué le había mentido su marido, por qué la había mantenido en la inopia durante todos esos meses y la había obligado a dar la cara por él ante todos los rumores. Según cuenta en sus memorias, «fue la experiencia más dolorosa, devastadora y espantosa de mi vida». Durante varios meses tuvo que soportar cómo los americanos eran conocedores de los tórridos detalles de la relación de su marido con una becaria. Nueve encuentros sexuales en distintas dependencias de la Casa Blanca rodeados de diversos juegos eróticos y práctica reiterada de sexo oral. «Quería retorcerle el pescuezo. Pero lo perdoné. Me pregunté si debía seguir a su lado. Lo amaba, y lo amo, y seguí con él para brindarle mi apoyo. Lo que mi esposo hizo fue moralmente incorrecto, pero no traicionó a los ciudadanos. Seguir casada con él fue la decisión más difícil de mi vida» (extracto de su libro de memorias). Cualquiera hubiera querido desaparecer del mapa, o le hubiera puesto las maletas en la puerta, o quizá le hubiera ridiculizado públicamente. Cualquier mujer menos Hillary Clinton. Ella soportó el engaño, el acto de perjurio de su marido, incluso la declaración del mismísimo presidente de Estados Unidos ante el gran jurado, y por circuito cerrado de televisión, reconociendo que había mantenido un «comportamiento físico impropio» con Lewinsky y cómo justificaba su mentira a la sociedad por la «vergüenza de su propia conducta».

Hillary Clinton tardó apenas unas horas en comunicar, pero a través de su secretaria de prensa, que seguía «comprometida con su matrimonio y que su amor por él era compasivo e inconmovible», destacando, por si fuera poco, que le parecía «muy incómodo» que la vida personal de su matrimonio se airease de tal manera. Los más cercanos a ella saben que fue una de las decisiones más difíciles de su vida, porque la cólera de aquel suceso le provocó que incluso se planteara terminar con el tándem Hillary/Bill. Algunos consideraron aquella decisión oportunista e interesada por no estropear el futuro escenario de su salto a la política profesional por méritos propios. Otros la comprendieron y admiraron la fortaleza de seguir luchando por una relación que había sufrido un duro revés, y que a base de reconstruir la confianza con terapia pudo salvarla. Son muchos los que creen que desde aquel incidente, el tándem Hillary/Bill pasó a ser más una empresa que una relación sentimental entre dos personas. Hillary soportó las críticas y los elogios y, más tarde, se vengó: ante la prensa llegó a considerar que aquella infidelidad fue motivada por «los traumas de la niñez de mi marido por un conflicto entre su madre y su abuela».

Pero esos momentos no lograron abrir siquiera una fisura, al menos pública, de los Clinton porque todavía hoy siguen siendo una de las parejas más poderosas del país. Él encantador, con fama demostrada de mujeriego y débil a las carnes y al deseo; ella inquebrantable, demasiadas pocas veces se le ha perdonado su fijeza y claridad de mente para ser una conseguidora de objetivos.

PRIMERA LÍNEA DE JUEGO

Tras abandonar la Casa Blanca victoriosos, aunque con las cotas de popularidad de su marido por los suelos, decidió que había llegado la hora de jugar su propio partido y pasar de segunda a primera línea de juego. Primero como senadora de Nueva York y luego como candidata demócrata en primarias para las presidenciales. Todo fluyó hasta encontrarse con una remota probabilidad en el escenario de juego: que Estados Unidos prefiriera tener primero a un hombre negro como presidente que a una mujer presidenta. Sin dar lugar a malentendidos, su oponente demócrata podía ofrecer también una novedad en el despacho oval. Fue quien supo conectar como nadie con la magia, pocas veces de la mano de la política, capaz de levantar a los muertos. Con él estuvieron en la memoria colectiva el espíritu de John Fitzgerald Kennedy y Martin Luther King.

Hillary era Goliat y Obama se convirtió en David, el joven que todos adoraban y deseaban que derrotara al coloso de los Clinton. La carrera a la Casa Blanca se le escurría de entre las manos, pero nuevamente supo virar, analizar en caliente y aceptar la mano de quien estaba llamado a ser el presidente 44 de Estados Unidos de América, Barack Obama.

¿Debía Hillary darle la espalda a la historia? Ni quiso ni supo decir que no, pero marcó sus condiciones para estar junto a él: tener un cargo de relevancia. Así se convirtió en la tercera mujer que ostentaba el cargo de secretaria de Estado.

Ciertos problemas y sospechas de tráfico de influencias en los años que Hillary ocupó el cargo fueron solo algunas sombras que no lograron apagar la luz y el poder de los Clinton.

La candidata de América

Desde que en 2013 dejó de ser secretaria de Estado, Hillary se ha preparado a conciencia para la que podía ser su última partida para convertirse en la primera mujer presidenta de Estados Unidos. Todos estaban esperando su anuncio de presentarse a primarias y no defraudó, aunque su experiencia y tenacidad la han llevado a cultivar esa humildad y cercanía necesarias para ser la candidata ideal. La candidata de América, como ella predica. La campaña ha sido dura, de nuevo salpicada por el escándalo del uso de sus cuentas privadas de *email* de cuando era secretaria de Estado, lo que ha forzado a Hillary a declarar ante el FBI. Hay rumores entre los confidenciales americanos que apuntan a que entre esos treinta mil *emails* existen también algunos que podrían dar credibilidad a las presuntas relaciones lésbicas de Hillary Clinton.

Hillary tuvo que pedir perdón por usar una cuenta privada para tratar temas de Estado, algo completamente prohibido, pero la investigación podría sacar a la luz temas de ámbito privado. Algunos tabloides, como *The National Enquirer* o *The Globe*, han llenado páginas hablando de esos *emails* donde se revelarían no solo las relaciones de Hillary con mujeres, sino los nombres de sus amantes. Algunas, como la examante de Bill y ex miss Arkansas, Sally Miller, han aprovechado la campaña para incidir sobre el mismo tema en los medios, como la entrevista concedida en *The Daily Mail* donde asegura que el propio Bill Clinton se lo confirmó: «Es lesbiana. Bill me dijo que le gustaban más las mujeres que los hombres».

Si algo ha sabido demostrar Hillary Clinton es que está por encima de los rumores, las críticas y aquellos que desean terminar con su objetivo. En un reportaje del *Vanity Fair* americano se habla de la cantidad de libros publicados contra Hillary y los Clinton que se convierten en auténticos *bestsellers*. «Malvados, codiciosos, clasistas, corruptos, comunistas, pecadores e incluso enviados del diablo. Aunque no se sepa de ninguna librería que tenga una sección destacada para ello, existe un subgénero dentro de la ensayística actual estadounidense que podría titularse: «Los Clinton son la escoria del mundo».

Diecisiete años, cinco meses y diez días

¿Es una cuestión de misoginia? ¿O el rechazo ante una mujer que quiere ser líder? El viaje de Clinton a la nominación a la Casa Blanca ha sido mucho más largo que el de Obama. Ha durado diecisiete años, cinco meses y diez días. Ese es el tiempo que ha pasado desde que anunció su interés en convertirse en senadora por el estado de Nueva York, el 16 de febrero de 1999.

Podría colocarla en el pedestal de mis musas, pero prefiero dejarla en tierra sin condenarla al purgatorio o al infierno. Ella ha luchado, seguramente ha dejado a mucha gente en el camino y también ha trabajado en beneficio de su ego. Está claro que eligió la senda del poder, en la que la ambición sin límites es compañera de camino. ¿Cuál ha sido su precio? Sometida durante décadas a la crítica salvaje, a los patrones fijos de una sociedad que se resiste al liderazgo femenino, ella ha sobrevivido con éxito y ha amasado una fortuna que ha despertado las sospechas de muchos y la envidia de otros tantos. Se ha caído mil y una veces y se ha vuelto a levantar... ¿Heroína o malvada? ¿Pecadora o virtuosa de la avaricia? Así son estas mujeres, todas ellas complejas por sus decisiones, criticadas o adoradas por sus actos. ¿Alguien se imagina qué hubiera pasado con Hillary de estar en la Edad Media y no en el siglo XXI? Puede que hubiera sido quemada en la hoguera.

Pero puede que en este 2016 se haga historia y se convierta en la primera mujer que capitanea Estados Unidos, la primera mujer que se sienta en el despacho oval. Vuelve a escribirse su nombre en los libros de historia como cuando fue abogada del escándalo Watergate, como primera dama, como senadora de Nueva York, como secretaria de Estado y ahora como presidenta de Estados Unidos. Una nueva página se ha abierto, está por escribirse lo que ella aporte a su sueño cumplido.

O puede, porque nada está todavía decidido, que se quede a las puertas de lograrlo. Después de una campaña devastadora, agresiva como es la de las presidenciales, tal vez los electores hayan visto su imagen desgastada y les haya costado confiar en ella.

Con independencia de cuál sea el resultado, Hillary Clinton ha hecho historia convirtiéndose en la primera mujer candidata a presidente de Estados Unidos.

Capítulo 2

Madonna

Todo por el éxito

Bay City, Michigan, 1958
@Madonna

«Aunque soy la reina del mundo,
nadie ha dejado su trono por mi».

Gente Magazine

«Soy terca. Soy ambiciosa y sé exactamente lo que quiero y si eso me convierte en una puta, de acuerdo».

«El poder es muy afrodisíaco y yo soy una persona muy poderosa».

«Es mejor vivir un año como tigre, que cien como cordero».

«No me sentiré realizada hasta ser tan famosa como Dios».

«Mi meta es la misma que tenía cuando era pequeña: ¡Quiero gobernar el mundo!».

Una Leo ascendente Leo con el Sol en Leo estaba predestinada desde el mismo instante de su nacimiento a darlo todo por el éxito. Louise Veronica Ciccone, conocida mundialmente como Madonna, es una marca, un producto en sí mismo envidiable, único e irrepetible. Ha traspasado las reglas, ha sabido provocar y romper moldes hasta coronarse como la reina del pop. Aunque algunas, como Lady Gaga, intentaron arrebatarle el trono, nadie hasta el momento ha podido con la diosa de la ambición. No ha dejado de innovar, de pensar en ella y sacrificar cualquier cosa con tal de alcanzar su objetivo: el éxito. Madonna representa la esencia del sueño americano. Nadie podía imaginar que una joven de origen humilde, criada en el barrio de negros Bay City de Detroit, se fuera a convertir en el fenómeno pop más importante de las décadas 1980 y 1990. Pero ella es un espíritu libre, que no acepta ser moldeada ni sometida a examen alguno. Su transgresión y corazón rebelde (*Rebel Heart* es el nombre de su último disco) la alejaron de ser considerada un modelo a seguir para los tradicionalistas y la encumbraron a la cima de los que deciden ir mucho más allá de lo establecido. Christopher Ciccone, uno de sus cinco hermanos, publicó el libro *Vivir con mi hermana Madonna*, dedicado a la diva, en el que la calificaba de egocéntrica, obsesiva y autoritaria: «Se ama a sí misma y piensa que la vida tiene que conducirse según sus planes». Su hermano Christopher ha sido quien más cerca ha estado de Madonna. Durante veinte años, estuvo bailando, decorando sus pisos y ejerciendo de asistente personal... ¿Avaricia de él o de ella? Hizo de la intimidad compartida y de las críticas públicas un *bestseller* que llegó a colocarse en el número dos de las listas americanas. Madonna guardó silencio y, como en todas las polémicas que la rodean, no perdió ni tiempo ni el objetivo de su vida: triunfar a toda costa.

Manipuladora, competitiva, tacaña y un auténtico producto de *marketing* que poco tiene que ver con la Madonna real. Así la definió su hermano, con la certeza de que decenas de miles de personas pudieran pensar lo mismo de una mujer que no ha escondido sus deseos de conquistar literalmente el mundo, al precio que sea. Pero ¿de verdad es así? ¿Hay forma de romper la coraza y conocer quién se esconde tras ese producto tan milimétricamente fabricado para el éxito?

Tenacidad, creatividad, oportunidad

A sus 58 años, cuando décadas antes muchos la daban por acabada, Madonna sigue cosechando éxitos y permitiendo que la avaricia siga marcando su rumbo con perfumes, música, líneas de ropa, una cadena de gimnasios...

Hoy resulta fácil decir que es una afortunada, que vive en la cúspide donde se es admirada y envidiada al mismo tiempo, pero su historia es una leyenda de tenacidad, creatividad y de no perder ninguna oportunidad. Lo tuvo claro desde pequeña, cuando se debatía entre sus sueños de ser enfermera o estrella de cine. Tardó poco en decantarse por la segunda opción, y algunos años más en darse cuenta de que lo que ansiaba era el éxito.

Es la cuarta de seis hermanos, de origen francocanadiense por parte de madre e italoamericano por parte de padre. La pequeña, Little Nonny, necesitaba llamar la atención y mostrar al mundo que había nacido una persona digna de ser encumbrada. La temprana muerte de su madre, a los 30 años a causa de un cáncer de pecho cuando ella tan solo tenía 5 años, aumentó su necesidad de ser el centro de atención y buscar cobijo en su padre. Sin embargo, él rehízo pronto su vida con la niñera de sus hijos —con quien tuvo dos hijos más— y Madonna nunca le perdonó. Esta situación fue el motivo de calurosos encontronazos y un gran distanciamiento entre ambos que duró décadas. Disfrazó su tristeza de acciones extravagantes en lugares como la escuela. Allí, por ejemplo, se convirtió en una de las «raras» por sus repetidas volteretas en los pasillos o por levantarse la falda para provocar y que los chicos contemplaran su ropa interior. Su padre, a pesar de todo, fue el responsable de inculcar a la familia el amor a la música, y la joven Madonna enseguida sintió pasión por los musicales, que se aprendía de memoria y que escenificaba subida a las mesas; como por ejemplo el *These Boots are*

Made for Walkin de Nancy Sinatra. Lo que empezó como un comportamiento para llamar la atención de su padre, sobre todo después de la entrada en escena de su madrastra, fue la forja de una personalidad singular que la ha acompañado de por vida.

Estudió piano, pero pronto le pidió a su padre que la dejara recibir clases de ballet, y descubrió rápidamente su talento. Y perfeccionó su habilidad natural para la danza en distintos centros, como la Rochester Adams High School o la Universidad de Michigan. En este último lugar conoció al bailarín y maestro Christopher Flynn. Este hombre fue el catalizador para que dejara los estudios, abandonara su lugar de origen y se fuera con unos pocos dólares a Nueva York en 1977. Esa decisión a espaldas de su padre fue la que cambiaría para siempre su vida. «Cuando vine a Nueva York fue la primera vez que viajé en avión, la primera vez que viajé en un taxi, la primera vez en todo. Y solo llegué con treinta y siete dólares en el bolsillo. Es la cosa más valiente y más afortunada que he hecho nunca».

Nueva York y una nueva vida

En Nueva York tuvo muchos problemas económicos, trabajó de cualquier cosa para subsistir y cometió algunos errores o, mejor dicho, patinazos que en el futuro le costarían caros, como hacerse fotografías desnuda para *Playboy* o participar en una película experimental de tintes eróticos, *A Certain Sacrifice,* que algunos utilizarían para chantajearla años más tarde. Pero Madonna lo hizo por dinero y por creer que podía ser un medio para alcanzar la fama. Lo mismo que cuando decidió dejar a su novio, el músico Dan Gilroy y largarse sin apenas inmutarse a París para la gira mundial del francés Patrick Hernandez en 1979. Volvió a media gira, sin dinero y pidiendo perdón a su Gilroy que no solo la acogió, sino que la ayudó a conseguir su sueño: subirse a un escenario y enfocar su carrera en la música. Tocó la batería en la banda de rock de su novio, Breakfast Club; poco después, la guitarra para terminar siendo la vocalista del grupo y descubrir su faceta como cantante. Todo parece apuntar que a principios de 2017, saldrá a la luz el documental *Emmy and the Breakfast Club* sobre los dos primeros grupos en los que estuvo Madonna antes de emprender su carrera como solista y su relación con dos de sus novios, Dan Gilroy y Stephen Bray. Cartas de amor, vídeos íntimos y un repaso a los ambiciosos pasos de la diva para alcanzar el estrellato. Será, sin duda, otro documento más que incluir en la amplia filmografía y bibliografía que hay sobre ella, bien sea para descalificarla, endiosarla o para embolsarse grandes sumas de dinero a su costa. Está por ver qué dirá el documental sobre su noviazgo con Gilroy, pero no han sido pocos quienes han llegado a acusarla de utilizar a sus parejas para ascender o conseguir sus objetivos. Su siguiente novio, Stephen Bray, le trajo una nueva banda, Emmy and the Emmys, y este terminaría produciendo algunos de los mayores éxitos como solista de Madonna.

EL ÉXITO DE 'EVERYBODY'

No fue hasta 1982 cuando empezó a cambiar su suerte. *Everybody,* su primer single, empezó a escucharse en la radio y se convirtió en un éxito instantáneo. El único problema es que todo el mundo creía que Madonna era una artista afroamericana por su estilo y su voz. La discográfica R&B tuvo que emitir un comunicado para explicar que era blanca y perdió a la mayoría de sus seguidores. Pero ni ellos desistieron ni ella se dejó vencer por otro mal golpe del destino.

Su primer álbum, *The First Album,* que dedicó a su padre, fue producido por su pareja John *Jellybean* Benitez, que remasterizó y logró hacer de la mayoría de los singles unos verdaderos éxitos y estaba lleno de canciones plagadas de ritmo y sintetizadores pegadizos. Aunque tres sencillos entraron en la Hot 100, Madonna no alcanzó su ansiado éxito y tan solo logró vender tres millones de copias en el mundo. Al tiempo se volvió a relanzar, cambiando la portada, y hoy está certificado como uno de sus grandes éxitos con cinco discos de platino.

Aunque no la catapultó a su deseada fama, ella siguió su estela; enseguida supo que su curiosa y atrevida forma de vestir atraía a las adolescentes que querían imitarla. Nació la Madonna de faldas sobre pantalones capri, medias de red, pelo oxigenado y cruces cristianas. Había nacido un estilo propio que con el tiempo se definiría como un híbrido entre *dance* y *punk*. Madonna seguía ganando admiradoras, imitadoras y labrándose una fama de veinteañera rebelde capaz de pasar por alto cualquier norma. John Benitez cuenta cómo comenzaba a observar que las chicas imitaban a Madonna y su popularidad crecía: «¿Sabes lo que es caminar y ver a tu alrededor que cada mujer se viste como tu novia? Cada vez que me daba la vuelta, veía una rubia con brazaletes en la muñeca y el tirante del sujetador a la vista, y yo pensaba, "Oh, ¡aquí está!". Y luego, "Oh, no". A este respecto, era casi como estar en otra dimensión. Iba a un club y descubría cientos de mujeres vestidas como ella. Fue raro».

La directora de cine Susan Seidelman supo ver ese talento y le ofreció participar en su nueva película *Buscando a Susan desesperadamente (Desperately seeking Susan)*, una comedia modesta, de presupuesto sencillo, que le llegó en el momento adecuado. En otoño de 1984 grabó el tema de la banda sonora «Into the groove», que incluyó en su siguiente álbum, *Like a virgin,* la verdadera revolución y encumbramiento de Madonna en el olimpo de la música.

«Like a virgin» y «Material girl», los dos primeros sencillos del álbum, reventaron cualquier expectativa, vendiendo más de doce millones de copias e instaurando para siempre en la memoria de todos la imagen de Madonna vestida de novia, con liguero, medias de encaje y un cinturón con un cartel sobreimpreso, «Boy Toy» (juguete para chico), que enfureció a la crítica pero enamoró a medio mundo. Fue en los MTV Music Awards cuando ofreció sus primeros destellos de gran estrella. Durante la grabación del videoclip de «Material girl», Madonna conoció a Sean Penn, «no sentí que el suelo se moviera debajo de mis pies, él era alguien a quien yo admiraba por su trabajo como actor y director, lo respetaba desde hacía mucho».

En los siguientes meses participó en alguna otra película y el 16 de agosto de 1985, fecha de su 27 cumpleaños, se casó con el joven actor Sean Penn, cuya historia de amor apenas duraría cuatro años y estaría marcada por la pasión y el tormento, bajo la sombra de comportamientos violentos por parte de Penn.

Hicieron la lista de boda en Tiffany's y el enlace se celebró en la casa del productor cinematográfico Kurt Unger, amigo de los padres del novio, en Malibú. Entre los doscientos invitados estaba Cher, quien le aconsejó a Madonna cómo cortar la tarta. Cuando un helicóptero con periodistas sobrevoló el lugar de la celebración, el novio furioso cogió una escopeta y comenzó a disparar. Luego dijo: «Me considero una persona pacífica y muy humana, pero no me hubiera gustado otra cosa más que ver esos helicópteros estrellarse e incendiarse con todos los cuerpos carbonizados dentro». Pocas semanas después de la boda Madonna buscó ayuda psiquiátrica, sobre todo cuando su marido atacó a dos fotógrafos en Nashville.

UNA ASCENSIÓN IMPARABLE

La vida sentimental de Madonna fue tortuosa durante esos años, pero su carrera seguía en una ascensión imparable rompiendo todos los récords. En la gira americana, *The Virgin tour,* en el concierto para el Radio City Music Hall vendió diecisiete mil seiscientas setenta y dos entradas en solo treinta y cuatro minutos. Fue en ese año, 1985, cuando *Playboy* y *Penthouse* publicaron las fotografías de 1978 de Madonna desnuda. Le dolió, se retorció por dentro pero zanjó la polémica y el aluvión de críticas con la famosa portada en el *New York Post:* «I'm not ashamed» («No me avergüenzo»).

En 1986 llega su tercer álbum, *True Blue,* que incluía uno de sus grades éxitos, «Papa don't preach», donde habla de la vida de la hija de un modesto inmigrante que se queda embarazada sin haberse casado. En aquellos tiempos Madonna confesó sin reparos haber abortado en varias ocasiones, sembrando polémicas y recogiendo críticas sin que le importaran demasiado. Decide dar un giro a su imagen: abandonar la bisutería, las medias de rejilla..., y se convierte en una joven de pelo corto, tejanos y camiseta. Su voz se había transformado y la crítica apreció el cambio de registro y sus clases de voz, mostrando mayor presencia y graves acertados. *True Blue* fue una nueva cosecha de éxitos, con más de once millones de copias vendidas en el mundo y las inolvidables: «Live to tell», «Papa don't preach», «Open your heart» o «La isla bonita» que marcarían a toda una generación.

En 1987, y haciéndolo coincidir con la gira promocional de su fracasado filme *¿Quién es esa chica? (Who's that girl),* inició una gira europea donde volvió a romper récords: vendió en dieciocho horas en el estadio de Wembley Estadio ciento cincuenta mil entradas. Fue una gira de éxito en la que Madonna seguía causando revuelo y polémica allá por donde pasara por el alto contenido sexual de sus canciones, sus insinuaciones carnales en el escenario y su protesta social. Así surgió su primer enfrentamiento con el Vaticano y con el papa Juan Pablo II, que pidió a los feligreses que no fueran a su concierto de Turín en 1987. Dos años después con su canción «Like a Prayer», las relaciones con la Iglesia se romperían para siempre.

Su vida matrimonial transcurría con altibajos y serias dificultades para controlar la ira de Sean. Madonna no soportaba los celos de Penn ni la violencia de su carácter. Intentó divorciarse en varias ocasiones pero terminaban reconciliándose, la mayoría de las veces en la cama y desplegando toda su pasión. Pero todo terminó el 28 de diciembre de 1988, cuando Penn cruzó el límite: llegó totalmente borracho a casa, recriminó a su mujer sus amistades y su reticencia a tener hijos, se quitó el cinturón y comenzó a pegarle. Ya fuera de sí, trató de meter la cabeza de Madonna en el horno hasta que ella pudo escapar y denunciarlo a la policía de Malibú. Penn negó los cargos y aseguró que Madonna estaba celosa porque él la estaba engañando con una *stripper*, otra más de sus innumerables infidelidades. Finalmente, el 5 de enero de 1989, Madonna pidió el divorcio ante la Suprema Corte de Los Ángeles por diferencias irreconciliables y nunca volvió a su casa de tres millones de dólares en Malibú, que quedó en poder de Sean Penn. Editó el disco *Like a Prayer,* en el que incluyó el tema «Till death do us part», donde rememoró el momento en que Penn casi la mata.

Sin embargo, luego consiguieron tener una relación amistosa, Madonna contó en una entrevista que «nacimos con un día de diferencia (Penn nació el 17 de agosto de 1960) y tenemos caracteres similares. Siento que es mi hermano o algo por el estilo. En realidad, si entrecierro los ojos, él se parece a mi padre cuando era joven».

Sean y Madonna se amaron y se odiaron a partes iguales. El actor en alguna de sus entrevistas describió aquella unión como «un matrimonio miserable, no recuerdo haber mantenido ni una sola conversación durante los cuatro años que duró. He hablado con Madonna después, y hay una persona maravillosa en ella. Y no lo sabía». Para sorpresa de todos, treinta años después de su separación y en un concierto benéfico los dos se volvían a encontrar y fue el momento de reconciliarse: «Sean, te quiero desde el momento en que puse los ojos en ti y todavía te quiero igual». ¿Vuelven a estar juntos? Aunque no suenan nuevas campanas de boda, la pareja podría estar manteniendo en la actualidad una relación.

Con el corazón destrozado, Madonna saca su cuarto álbum, *Like a Prayer,* que simbolizaría la consagración y el nacimiento de la auténtica reina del pop. Significó una auténtica sorpresa musical, recibió buenas críticas y hoy la revista *Rolling Stone* lo incluye entre los mejores quinientos álbumes de la historia de la música. El single del mismo nombre está entre las cien mejores canciones. Su videoclip en el que besaba a un santo negro que cobraba vida, mientras cientos de cruces estallaban en llamas, no solo provocó la ira de la Iglesia y el enfado de muchos creyentes, sino que el papa Juan Pablo II salió a la palestra y anunció que desde ese mismo momento Madonna quedaba excomulgada, además también prohibía su presencia en Italia o en los alrededores del Vaticano. Madonna había firmado hacía menos de dos meses con PepsiCo, pero tras el revuelo que se formó, esto perjudicó a la bebida y provocó millones y millones de dólares de pérdidas; los ejecutivos de Pepsi cedieron ante la presión mundial y cancelaron su contrato sin tan siquiera pedirle que devolviera los cinco millones de euros que les costó contratarla.

Mientras la polémica subía como la espuma, Madonna se convertía en el Dom Pérignon deseado. Con el videoclip «Express yourself», dirigido por David Fincher, volvía a provocar a medio mundo, convertida en una vampiresa esclava sexual dispuesta a hacer de su cama un harén. Aunque el videoclip del tándem Madonna/Fincher que llegó a lo más alto fue «Vogue».

Warren Beatty y Madonna

Su siguiente romance la llevó de nuevo al cine y a interpretar algunas canciones de su banda sonora. Hablar de *Dick Tracy* (1990) es pensar en Warren Beatty y Madonna. Durante quince meses vivieron un intenso romance. Madonna llegaría a confesar que Beatty fue un gran amante, aunque no dejó de ser un número más de las miles de mujeres que han acompañado el largo historial del actor. Un historial amoroso del que su hermana, Shirley MacLaine, bromeó diciendo que creía ser la única actriz de Hollywood que no se había acostado con él. Precisamente en el rodaje de su siguiente película, *Bugsy* (1991), Beatty conoció a la mujer con la que se casaría y tendría cuatro hijos: Annette Bening.

Algunos, como su hermano Christopher, consideraron la *affaire* como un producto de *marketing* para la película y para alimentar el mito de Madonna como devorahombres, ahora acostándose con uno de los amantes oficiales de Hollywood. Quizá fuera eso pero también ambos se entendieron a la perfección respecto al sexo y el juego que representa. Hay una anécdota que ocurrió durante una cena de las dos estrellas del momento y que define su relación. Madonna pidió de postre dos bolas de helado, una de chocolate y la otra de vainilla, y a Beatty le inspiraron la siguiente pregunta: «Parece que eres de las que lo pruebas todo... ¿Has estado alguna vez con una mujer?». Ella le respondió: «¿Has estado alguna vez con un hombre?». Warren Beatty, ignorando la pregunta de Madonna, continuó: «¿Quieres una mujer?, porque si la quieres puedo conseguírtela si yo puedo mirar...». Y entonces Madonna zanjó el ofrecimiento de su amante: «¿Todo esto por pedirme dos bolas de helado de distinto sabor?».

Sea como fuera su historia de amor, Madonna volvió al cine con una cuidada escenografía, grandes actores y una actuación ajustada para la vampiresa Breathless Mahoney y un nuevo álbum, *I'm Breathless,* homenaje al cabaret de los años treinta. De las casualidades nacen verdaderos éxitos y del *bonus track* salió uno de los mayores éxitos de

Madonna: «Vogue», que definitivamente la encumbró a lo más alto. Medio mundo bailó el *voguing* y se consagró como una de las mayores divas gais.

Con el siguiente disco, el recopilatorio *The Inmaculate Collection* (1990), siguió cosechando polémicas de carácter sexual, provocando al personal y vendiendo sin parar: más de veintiséis millones en todo el mundo, lo que lo convierten en el disco más vendido de Madonna hasta el momento.

'Erotica'

La ambición rubia no dejó los escándalos ni de vivir de ellos y llevó el sexo a su máximo con el álbum *Erotica* (1992), con el lanzamiento incluido de *SEX*, un libro de edición limitada que mostraba sin tapujos el sexo desde distintas vertientes. El éxito del proyecto no fue el deseado y pronto se volvió en su contra tanta liberación extrema con la intención de violentar y provocar los hipócritas pilares sobre los que se sustentaba y sustenta la sociedad americana. La avaricia de la diva del pop fue excesiva y no logró alcanzar el cielo. El clip «Erotica» solo se transmitió tres veces en Estados Unidos, en horario de adultos; por su alto contenido sexual, y gracias a escenas de sadomasoquismo y un desnudo frontal de Madonna, hoy está muy valorado, pero entonces se consideró que se había extralimitado con las imágenes y supuso un escándalo. En el vídeo se muestran también montajes de imágenes sexuales y los *making of* de las sesiones de fotografías del libro *SEX*. En él se puede distinguir a varias modelos y actores célebres que participaron en el proyecto, como Helmut Berger, Naomi Campbell, Isabella Rossellini, el cantante de rap Vanilla Ice y Tony Ward.

Como en muchas ocasiones a lo largo de su vida profesional, la crítica comenzó a pensar que su carrera estaba en un camino de descenso. Madonna había traspasado todos los límites y algunos daban por sentado que la estrella del pop había tocado techo y que no sabía explorar más allá de lo sexual. Para reconciliarse con la crítica y dar un nuevo giro aterciopelado llegó *Bedtime stories* (1994) y el recopilatorio de baladas, *Something to remember* (1995).

EVITA

Madonna no necesitaba que nadie le dijera que estaba acabada para reinventarse continuamente. Necesita siempre escalar nuevas montañas, ponerse nuevos retos. Esa debió de ser una de las razones por las que escribió a Alan Parker para ofrecerse a protagonizar el musical *Evita,* que el director preparaba desde hacía un tiempo aunque con muchas dificultades. Este fue un giro de guion inesperado. Estaba convencida de que podía interpretarla porque comprendía profundamente sus penas y alegrías; cuando fue aceptada para el papel se entregó de lleno, no solo en lo vocal sino también para preparar la interpretación. Durante la preparación y el rodaje de la película en 1996, Madonna publicó para *Vanity Fair* una serie de diarios personales contando su experiencia: «Su bebé, su vida como Evita, sus sueños. Diez páginas de diario personal». Ella intentó convertir *Evita* en una película de culto. Las similitudes entre la diva y la madona de los descamisados hicieron que muchos admiraran la simbiosis lograda en la pantalla. No ganó el Oscar ni siquiera fue nominada, pero sí el Globo de Oro a la mejor actriz en 1996. La canción «You must love me» sí que consiguió la deseada estatuilla. Madonna logró eclipsar la polémica y el escándalo y mostrar al mundo una sobriedad que muchos no terminaron de creerse.

La vida amorosa de Madonna era igual de prolífica que su carrera musical. Romances tan diversos como sorprendentes no dejaban de salpicar diversos titulares. Relaciones con Antonio Banderas, Lenny Kravitz, el modelo bisexual Tony Ward, Vanilla Ice, Willem Dafoe o el jugador de baloncesto Dennis Rodman, del que la estrella llegó a afirmar que desearía que fuera el padre de sus hijos, llenaban páginas y páginas. Pero fue en Central Park, mientras practicaba *jogging,* donde conoció al cubano Carlos León y, después de varios meses de noviazgo, se quedó embarazada de él. El 14 de octubre de 1996 nacía su primogénita Lourdes María Ciccone León y siete meses más tarde la relación con León terminó. Carlos es considerado injustamente para muchos como un «donante de esperma» en la vida de la diva. A lo largo de los años siempre han mantenido una buena relación y él ha dicho que Madonna le dio lo mejor de su vida: su hija. Madonna necesitaba beber nuevos sonidos, influencias que volvieran a situarla en lo más alto, como ella siempre había estado. Sorprendió con su místico trabajo *Ray of light* (1998), que la llenó de elogios de la crítica por innovar musicalmente, y hoy es considerado como uno de los mejores álbumes de todos los tiempos. En esos años comenzó a ser seguidora de la Cábala, al mismo tiempo que gestaba a su hija: «Estaba embarazada de mi hija, hace catorce años, y había acabado la película *Evita,* cuando de repente comprendí que me había pasado la vida pensando solo en mí y que pronto iba a ser responsable también de la vida de otra persona». Esas inquietudes la llevaron un día a conocer al rabino Michael Berg siguiendo la recomendación de una amiga suya: «Desde ese momento supe que mi vida ya no sería igual». Se convirtió en una devota de The Kabbalah Center de Los Ángeles y enseguida se hizo afín a los principios de esta corriente judía. Tiempo después, en círculos íntimos se hizo llamar Esther, dejó de dar conciertos los viernes por la noche para respetar el *sabbat* y siguió fielmente la alimentación *kosher.* No fueron pocos los que se preguntaron por qué se decidió por esta disciplina a la que años más tarde se unirían Demi Moore, Britney Spears, Ashton Kutcher y otros de Hollywood, convirtiéndola en una de las religiones de las estrellas.

Quizá la respuesta esté en estas palabras de Madonna: «Era lo que podría llamarse estar en lo mejor de la vida. Había ganado un Globo de Oro por *Evita,* estaba embarazada, tenía fama, dinero, todo lo que una persona puede querer. Pero estoy segura de que todo el mundo en algún momento ha tenido una experiencia extrasensorial en la que te preguntas —y esto puede pasar a los 28, 38 o 68—

¿por qué estoy aquí? ¿Por qué estoy dentro de este cuerpo? ¿Qué estoy haciendo? Y durante mucho tiempo estuve escuchando esta pregunta».

Después de la estela de *Evita* y su correspondiente gira por los distintos continentes, su vida no tardaría en cambiar al conocer al cineasta Guy Ritchie, su futuro segundo marido. El director le dio un ultimátum a la diva: «Si quieres formar una familia estable, tienes que venir aquí». Y ella volvió a sorprender al mundo, dejó Estados Unidos y se instaló en Londres. Algunas personas no creyeron que la decisión de la cantante tuviese que ver con el amor, sino con que se estaba produciendo un cambio de mercado en América, donde los éxitos de Britney Spears o Christina Aguilera hacían peligrar su trono de reina del pop.

Madonna volvió a saltar al cine en el año 2000 con *Algo casi perfecto (The next best thing)* junto a su amigo Rupert Everett. En taquilla fue un fracaso y la crítica aprovechó para cargar contra la diva, aunque no todo fue negativo. La versión del clásico de los setenta, «American pie», incluida en la banda sonora, alcanzó los primeros puestos de las listas europeas. Parecía que la reina del pop había alcanzado techo de nuevo y que estaba en punto muerto profesionalmente hablando.

Una vez más, para sorpresa de muchos, el cambio de milenio resultó mágico para Madonna. Se casó con Guy. La diva explicó de forma divertida sus motivos: «Lo vi jugando al tenis sin camiseta y esto ya fue un gran estímulo y luego me senté a su lado en una comida y le encontré increíblemente ingenioso, y este fue otro aliciente». Guy declaraba sentirse feliz con ella: «Mi vida con Madonna es magnífica, nosotros tuvimos una boda fantástica y podemos ser muy felices juntos, dado que mi esposa y yo tenemos los mismos gustos, no vemos la televisión, escuchamos música...». Después de casi dos años de relación, el 11 de agosto de 2000, nació el segundo hijo biológico de la cantante, Rocco John Ritchie. En diciembre, poco después de bautizar a su hijo, se casaban en un castillo de Escocia. La pareja mostró al mundo signos de estabilidad, aunque pronto comenzaron los rumores de crisis por el fuerte carácter de ambos. A pesar de todo, seguirían juntos siete años en los que Madonna dejaría de lado los escándalos y trataría de encauzar su vida a construir una familia «tradicional». Nada más lejos de la realidad.

ÉXITOS, FRACASOS, POLÉMICAS

Con el nuevo milenio, a Madonna no solo le sonreía el amor sino que volvía a recuperar su trono en las discotecas del mundo. Arrasaba con un nuevo *look* tejano: vaqueros, sombreros y musculosos bailarines en los escenarios junto a ella. Aunque seguía metida en una montaña rusa, luchando por no ser tragada por la mutante industria musical, tan necesitada de nuevas y taquilleras estrellas. Durante los años venideros Madonna se metió en otro ciclo de fracasos y éxitos, pasando de su dulce triunfo con *Music* (2000) a un tropezón tanto en críticas como en ventas con su siguiente álbum, *American life* (2003); y cuando muchos la daban por acabada o repetitiva, sorprendió con otro álbum innovador, *Confessions on a dance floor* (2005).

En esos años le acompañarían algunas polémicas: como el discutido beso con Britney Spears en la gala de los MTV en 2003 o al año siguiente la batalla legal con su discográfica Warner Bros por la supervivencia de su pequeño sello musical: Maverick. La diva perdió y el sello independiente fue absorbido por la Warner. Se fue de gira con *Re-Invention* y grabó el documental sobre la misma, *I'm going to tell you a secret.*

Los años iban pasando y Madonna parecía no tener límite. No quería ceder su puesto a pesar de su edad, y aunque sufrió graves lesiones por una caída de caballo, ella se empeñó en luchar contra todo pronóstico y seguir en el reino de las estrellas, cosechando grandes éxitos y haciendo que su público perdiera la cabeza. Así fue como en noviembre de 2005 llegó el álbum *Confessions on a dance floor.* De nuevo batió todos los récords y dejó al margen a esa crítica que auguraba con sus estadísticas y sus cotilleos el final de la reina del pop. Se convirtió en un poderoso éxito comercial, alcanzó el número uno en cuarenta y un países y supuso su sexto Grammy para el Mejor álbum bailable/electrónico.

Madonna pasó a ser la cantante con más singles dentro del top 10 de la lista Hot 100. El tema «Hung up» es hasta el momento el más popular de toda su carrera, superando incluso a «Music». En 2006 inició la gira mundial *Confessions tour* y recaudó más de doscientos millones de dólares, con polémica incluida por colgarse de una enorme cruz llena de espejos.

Viaje a Malawi

Ese mismo año, y después de un viaje solidario contra la pobreza en Malawi, Madonna se decidió a incrementar la familia e iniciar los trámites de adopción del pequeño Davie. Una historia que comenzó, como ella misma ha relatado, a golpe de impulso, por las sensaciones que le invadieron el corazón al visionar un documental de niños huérfanos en Malawi. «Apenas lo vi me sentí conectada con él, había algo en sus ojos, en su mirada, que captó mi atención. Inmediatamente comencé a hacer preguntas para tratar de averiguar quién era ese niño, pero fue muy difícil ya que allí hay millones de niños huérfanos».

Finalmente Madonna pudo conocer la identidad del pequeño que vio en el documental. Se llamaba David Banda. La cantante fue a visitarlo al orfanato donde estaba y al verlo casi se desmaya. El pequeño David estaba a punto de morir, tenía neumonía, el pañal lleno de sangre y cuarenta grados de fiebre.

Cuando se dio cuenta de que los niños del orfanato se morían en sus camas sin que nadie pudiera ayudarlos, allí mismo cogió en brazos a David, lo sacó de la cama, lo subió a un coche y lo llevó directo al hospital. El pequeño David estuvo en observación hasta que se recuperó. Según los médicos, Madonna le salvó la vida. Al regresar al orfanato, Madonna decidió adoptar a David Banda. Pero entonces se enteró de que él no era huérfano. Su madre había muerto apenas unas semanas después de dar a luz, pero su padre aún vivía. El padre aceptó, sin embargo, darlo en adopción para asegurarle a su hijo un futuro, y ahí comenzó un duro proceso burocrático que duraría dos años hasta alcanzar la deseada adopción en 2008. Desde entonces Madonna visita dos veces al año la zona, y comprueba el buen funcionamiento de los hospitales y los comedores con los que colabora. La diva siempre va acompañada de su hijo David, para que nunca se desprenda de sus raíces y de los suyos. Un año más tarde, y ya con los trámites de divorcio de Guy Ritchie en marcha, Madonna adoptaría a su «ángel sonriente», la pequeña Mercy, otra niña huérfana de Malawi.

M by Madonna

En su más que comentada hiperactividad profesional y en medio de sus líos personales, aprovechó el tirón de la gira y el éxito rotundo para poner a la venta dos DVD, el de *I'm going to tell you a secret,* documental que alterna retazos de la vida privada de la diva con escenas de *The Re-Invention tour,* y *Confessions tour.*

Madonna volvía a estar en lo más alto. La marca H&M la contrataba como directora artística de su propia colección, M by Madonna. Ella misma, transgresora y camaleónica más allá de las modas y de los años, se dedicaría un homenaje con *Hard Candy* (2008). Este sería su último álbum con Warner Bros: fotografiada como una boxeadora a la que nadie ha podido quitarle el título de la reina del pop. Nadie ha podido con ella ni en lo musical ni en lo comercial; lo demostró de nuevo con su acuerdo con Live Nation en 2007: diez años y ochenta y seis millones de dólares. Se convertía así en la mujer mejor pagada de la industria musical, cambiando los contratos con las discográficas para siempre. A sus 49 años logró lo impensable: que una discográfica hiciera una apuesta millonaria y se arriesgara a tener en esa nómina desorbitada a Madonna, hasta que cumpla casi 60 años. ¿Riesgo o locura? Warner decidió tirar la toalla ante semejantes cifras, Live Nation apostó por una nueva fórmula en la industria de la música: los contratos 360º que incluían la explotación de la marca Madonna, sus nuevos discos de estudio, giras, *merchandising,* clubs de fans, sitios web, DVD, programas de televisión relacionados con la música, proyectos de cine y acuerdos de patrocinio asociados. Este modelo dirige todos los proyectos musicales de Madonna como una entidad total. Unos años más tarde, algunos otros, como Shakira, U2, Jay-Z o Nickelback, entrarían a formar parte del club selecto de los 360º.

En cuanto a la rentabilidad: los siguientes álbumes resultarían pobres en cuanto a la venta de discos, pero sucedió todo lo contrario con las giras, en las que año tras año se superaba batiendo su propio récord:

— *Sticky & Sweet tour,* doscientos ochenta millones de dólares, se convirtió en la gira más taquillera de un artista en solitario durante los años 2008 y 2009. La gira añadió nuevas fechas europeas, y al terminar el importe bruto total fue de cuatrocientos ocho millones de dólares.

— *MDNA tour* recaudó trescientos cinco millones de dólares en 2012 y le valió a Madonna el premio Top Touring en los Billboard Music Awards.

— *Rebel Heart tour* es su última gira. Duró de octubre de 2015 a marzo de 2016. Después de otro álbum sin demasiados éxitos, arrasó en la taquilla de todo el mundo.

En octubre de 2008, en medio de su *Sticky & Sweet tour,* Madonna anunció que ponía fin a ocho años de matrimonio con el director Guy Ritchie. Al parecer, y según varios rumores, la supuesta insensibilidad de Guy Ritchie, cuando Madonna se cayó tres años antes de un caballo y se rompió varias costillas, fue uno de los factores que precipitaron el divorcio de la pareja. Aunque pronto llegarían a un acuerdo de divorcio en el que Ritchie renunció a la fortuna de la cantante, los dos se regalaron más de un reproche público, cada uno marcando estilo y personalidad. La ambición rubia, en su concierto en Massachusetts, dedicó una canción a «los emocionalmente retrasados» y, en clara alusión a Ritchie, dijo conocer «a una persona que entra en esa categoría».

Guy por su parte hablaría de la «tiranía» de su exmujer, de su carácter controlador, de su obsesión por el gimnasio, por las cremas de más de mil euros y por una dieta tan estricta en cero grasa que le impedía disfrutar de los tradicionales y afamados *english breakfast*. Madonna por su parte confesaría que se sintió encarcelada en su matrimonio: «Creo que cuando te casas tienes que asumir un montón de compromisos y querer hacerlo; eso es lo justo... Creo que así es como funcionan las relaciones... Sin embargo, en mi caso entré muchas veces en concflicto. Hubo varias veces en que quise expresarme como artista de un modo con el que mi exmarido no hubiera estado muy cómodo». En un futuro tanto Guy como Madonna se verían envueltos en una batalla legal por la custodia de sus hijos y la sorpresa, sobre todo para la diva, de que sus hijos no quisieran vivir con ella.

2008 no fue un gran año para Madonna, puesto que en el terreno personal le crecían los enanos. La intimidad de un personaje que convierte en oro todo lo que toca es siempre dada a mucho edulcorante, picante y traiciones amargas. Lo fue la publicación del libro de su hermano Christopher, *Vivir con mi hermana Madonna* (2008), un año antes de su divorcio definitivo con el cineasta. La diva no estaba pasando por su mejor momento personal, intentaba salvar un matrimonio que hacía aguas y las sonadas discusiones y el distanciamiento con Guy Ritchie eran cada vez mayores. Las memorias de su hermano menor, durante años su asistente personal y confidente, le dolieron en lo más profundo y abrieron entre ellos un surco irreparable. En la promoción de su libro, Christopher soltó frases lapidarias sobre su hermana que dieron la vuelta al mundo: «El centro del mundo es ella misma. Nadie logra estar a su altura y permanecer allí durante veinte años si uno se preocupa por otras personas», «He renunciado a mi puta vida para ayudarte a convertirte en la horrible reina que eres hoy», «Espero que gracias a la Cábala sepa que ella no es el centro del universo».

Una vida misteriosa

La vida privada de Madonna siempre ha estado acompañada de misterio, parece ser que ha obligado a sus hijos a no ver la televisión y a no leer la prensa. Vive ajena a los comentarios que se hacen sobre ella y concentrada en seguir acumulando éxitos y materia. En estos años ha tenido distintos amantes, relaciones con hombres menores que ella que no han conseguido calar hondo en su corazón. Quizá la «chica materialista», como la llaman su exmarido Guy Ritchie y su hermano menor haya decidido ponerle un candado a lo emocional y refugiarse en sus hijos y en el trabajo. Ha publicado libros infantiles y ha sacado una marca de ropa, inspirada en los ochenta, llamada Macy's que al poco tiempo abarcó también cosméticos. Sigue realizando labores solidarias, dirigiendo nuevos proyectos, persiguiendo nuevas metas y desoyendo a todos aquellos que la dan por acabada.

La relación con sus hijos se ha enfriado desde que Rocco pidió vivir con su padre definitivamente y no volver a Nueva York. Guy y Madonna comenzaron en 2015 una batalla legal por la custodia del adolescente. Los millones de seguidores de la diva podían seguir las diferencias entre Madonna y su hijo a través de los mensajes y de las fotografías que compartía en Instagram. Fotos de ella con Rocco de bebé y un «Te echo de menos», hasta una foto de su encuentro en Londres con un breve «Necesitamos amor», u otra frase con la foto de todos sus hijos «El amor lo conquista todo». Por su parte, después de colgar una foto y la frase «Soy un Hijo de Puta», que corrió como la pólvora, el adolescente decidió bloquear a su madre de la red social, cerrar su perfil y abrirlo al poco tiempo pero, como cuenta privada. Un culebrón mediático que ha seguido durante este 2016 aunque parece que las aguas se están amansando y que existe un acercamiento entre Rocco y Madonna. La cantante ha aceptado que su hijo viva con su padre en Londres como él deseaba. No es fácil para unos hijos vivir con una diva que marca estrictos horarios, te somete a la dieta macrobiótica, se pasa meses fuera de casa cuando está de gira y es perseguida por los paparazi de todo el mundo.

Siempre en el número uno

Madonna tiene 58 años y es desde hace décadas una diva consagrada que ha sorprendido con múltiples reinvenciones al mundo entero. Es de las pocas artistas que ha conseguido mantenerse en el podio tanto tiempo, romper cualquier regla escrita, cambiar tendencias contractuales y desafiar a cualquiera con sus objetivos marcados. Ha sido criticada por su egocentrismo, por sus maniobras publicitarias y por su tendencia a generar controversia. Joni Mitchell declaró una vez: «Ha arrojado la importancia del talento fuera del escenario. Es prefabricada. Ha conseguido una gran cantidad de dinero y se ha convertido en la estrella más grande del mundo contratando a la gente correcta». Hace unos meses salió a la luz un documental, desde mi punto de vista, extraordinario, *Strike a pose,* sobre qué ha sido de los siete bailarines que trabajaron con ella en la famosa gira mundial *Blond Ambition.* Aquella época, como otras tantas, marcó la historia de la música y a toda una generación que vio en las coreografías de aquellos bailarines un nuevo despertar hacia la libertad y más allá de las reglas establecidas. En el documental destaca uno de ellos: «Nunca vi a nadie trabajar tan duro como a ella, siempre decía: "La mente por encima de todo" ["Mind over matter"]».

Madonna sigue acumulando críticas pero también destacan su trabajo, su esfuerzo continuado y su talento desmedido. Madonna continúa en el escenario, en el pedestal de los grandes. Evidentemente, para los que llegan, para los indies y cantautores, Madonna es un monstruo, un coloso que lo eclipsa todo con recursos discutibles. Todas las críticas quedan en saco roto, pierden fuelle, se esfuman ante el poder de la diva. Es y sigue siendo el ejemplo de la avaricia y la ambición juntas. ¿Cómo la recordarán las generaciones futuras? Seguramente como una cantante que a cada disco cambiaba de imagen y que durante dos décadas tuvo literalmente el mundo a sus pies. Discos, películas, conciertos, línea de ropa, fragancias, nueve gimnasios y ahora línea de cosméticos... Con una fortuna que supera el billón de euros, Madonna es la artista más rica de la tierra y sigue ampliando un imperio de una fortuna incalculable. Ella posee una legión de fans que la siguen en todo, que desean ser como ella, que la adoran y hasta aplauden sus controvertidas polémicas. Madonna es su reina, su ejemplo de libertad, su modelo a seguir para romper con lo establecido y alcanzar lo que en realidad son. Ella es mucho más que una cantante. Es un producto casi perfecto, unido a «Vive como quieras» o «Sé libre» en los que millones de personas siguen creyendo desde hace décadas. ¿Ha merecido la pena? ¿A qué precio? ¿Qué le queda por hacer? Seguro que acierto si digo que todavía le quedan golpes mágicos que ofrecernos.

Capítulo 3

Jackie Kennedy

Jackie, en la cima de todo

Southampton, Nueva York, 1929-
Nueva York, 1994

«Nacida para no ser un ama de casa».

Escuela Miss Potter

«No tengo planes de casarme con un reportero, pero, quizá a través de conexiones, puede que conozca a un hombre que sea rico».

«La primera vez te casas por dinero, la segunda por dinero, la tercera por compasión».

«Hay dos tipos de mujeres, las que quieren el poder del mundo y las que quieren el poder en la cama».

«Las perlas siempre son apropiadas».

«El sexo no es bueno porque destroza la ropa».

«No creo que existan hombres que sean fieles a sus esposas».

Jacqueline Kennedy supo hacer de ella misma un personaje idolatrado, admirado y vanagloriado por todos. Marcó una línea roja infranqueable entre lo público y lo privado. Su recelo y silencio durante más de tres décadas sin conceder una sola entrevista hacen que cualquier retrato de Jacqueline Kennedy quede siempre incompleto, lleno de ausencias, silencios y enigmas que quedarán en el olvido. Quizá fueran su control y la conciencia de posteridad los que le impidieron mostrar al mundo su evolución de pensamiento y acción, una evolución que cualquier mujer de su generación protagonizó. Quizá pensó que solo había una Jackie Kennedy que inmortalizar y nada ni nadie podía ni debía eclipsarla. Lo consiguió y apenas unos pocos han podido construir trazos sobre «la otra». La persona que se escondía detrás era complicada y acomplejada, solitaria y, por circunstancias y por esencia, andaba con la tristeza siempre a cuestas. Jackie Kennedy supo captar la atención del mundo, simuló ser la perfecta primera dama, la mejor esposa y también nadó y guardó la ropa a pesar de los bandazos de la vida. Si la rebeldía hubiera sido su talento, quizá su historia se habría perdido en París, entre la fotografía y el *prêt-à-porter* de *Vogue,* pero sus aspiraciones por ser, por conseguir y permanecer en la *société* americana la catapultaron hacia esa vida de lujo y desgracias a partes iguales. Ella fue una mujer ambiciosa y quiso para muchos beberse la vida a sorbos repletos de avaricia. Por ello consintió infidelidades al precio de sus propias infidelidades con actores de Hollywood y le devolvió los desprecios a John Fitzgerald Kennedy acostándose con sus cuñados. Ambicionó un tipo de vida por todo lo alto y por ello dejó el amor a un lado, casándose en segundas nupcias con Aristóteles Onassis por dinero y seguridad. La propia Maria Callas la calificaría de *geisha* y Truman Capote confesaría años más tarde la respuesta de su querida amiga al preguntarle por la decisión de casarse con el millonario armador griego: «No podía quedar bien casada con un dentista de Nueva Jersey».

Dos veces viuda, dos veces desgraciada de puertas para dentro pero siempre externamente cubierta de *glamour.* Estuvo en la cima del éxito, en la cima de la desgracia, en la cima de las críticas, en la cima de casi todo..., menos de ella misma que, a pesar de conquistar el corazón de muchos, apenas pudo desprenderse de esa melancolía que muy temprano la acompañó para no soltarla jamás. Muchos se preguntan si conoció el verdadero amor, si supo disfrutar de los lujos que siempre la rodearon, si su hastío por la prensa y la popularidad la llevó a encerrarse en su ático de Manhattan durante décadas sin apenas apariciones públicas. Su padre, John Bouvier III, le escribió en una de las decenas de misivas que intercambiaron una frase auto-cumplida: «Nunca dejes que adivinen nada de lo que piensas. Guarda tus secretos para ti misma. Sé misteriosa, ausente, distante y así siempre serás un enigma, una luz hasta el final de tu vida, guapa mía, guapísima, mi reina, mi princesa...».

Murió joven, a los 64 años, víctima de un cáncer, rodeada de sus hijos y enterrada junto a su primer marido, John Fitzgerald Kennedy, en el cementerio de Arlington con el silencio de más de treinta años sin conceder entrevistas y la reiterada negativa a escribir sus memorias. Su legado fue conservar la buena memoria del 35 presidente de Estados Unidos y llenar de conciencia a los americanos para preservar su cultura y respetar su historia. Según pasan los años, una pregunta sobrevuela y siembra la duda: ¿la leyenda de Camelot que enamoró al público no fue más que una invención de Jackie para que el mundo recordara el paso de los Kennedy por la Casa Blanca como un reinado mágico? Ambicionó preservar su intimidad, pero tal y como su hija Caroline apuntó en 2011: «¿Cuándo deja alguien de pertenecerte a ti para pertenecer a la historia?».

La hija de Black Jack

Jacqueline Lee Bouvier nació el 28 de julio de 1929, en la antesala del *crack* del 29, en Southampton, en el seno de una familia adinerada. Todo estaba listo para que naciera en el New York City Hospital pero, como sería la tónica de su propia vida, Jackie hizo esperar al mundo, llegando con seis semanas de retraso sobre lo previsto. Hija de un corredor de bolsa, atractivo y mujeriego, del que aprendió no demasiado tarde que la fidelidad y los hombres no iban de la mano. A su padre se le conocía como Black Jack por su piel bronceada que lucía todo el año y por su estilo de vida extravagante y, para muchos, poco decorosa. De él aprendería la importancia de la puesta en escena, del vestuario medido, de la presencia impoluta y elegante. Jack siempre se tomaba su tiempo para elegir su ropa, retocar su fino bigote y adecentarse para no perder ni un ápice de *glamour* comparable a una estrella de cine. Para su hija fue un maestro, tanto en lo bello como en la desgracia de aguantar infidelidades y los excesos por la bebida. Con su padre practicó la frivolidad más fina y grotesca al mismo tiempo, y recordó durante toda su vida frases que solía repetir sin espanto. «Todos los hombres son ratas», fue la frase que sin duda ayudó a su hija mayor a superar los periodos más turbulentos de su vida y fue ampliamente respaldada por su experiencia.

Black Jack se casó con Janet Norton Lee, joven católica de familia inmigrante irlandesa, hija de un reconocido banquero que siempre desaprobó el matrimonio. De su madre heredó el carácter fuerte, su coraje y la pasión por los caballos que inició a los 2 años y no abandonó a lo largo de su vida. Los que la conocieron llegaron a decir que se entendía mejor con ellos que con los humanos. La relación con su hermana Caroline, cuatro años menor, siempre estaría marcada por distintas contradicciones, aunque quienes la rodearon comprobaron la fuerte unión que existió entre ambas durante toda su vida.

Jackie y Caroline vivieron rodeadas de lujos, caprichos, animales, poesía, pintura y fantasía en Lasata, la finca familiar donde residían. La separación de sus padres en 1936, cuando apenas tenía 7 años, supuso un cambio en su personalidad. Muchos achacan su temperamento frío a la abrupta ruptura familiar, al segundo matrimonio de su madre con otro corredor de bolsa, al traslado a Virginia y a echar de menos a su querido padre. Fue su primer y temprano Camelot, vivía en un contexto de ensueño, muy ansiado para el resto, pero para sus habitantes significaba un espejismo por su compleja realidad. Fueron tiempos difíciles porque pocas parejas se divorciaban y la Iglesia católica desaprobaba el divorcio.

Una joven llena de inquietudes

Desde temprana edad, Jackie destacaba por sus cualidades de excelente amazona, por sus maneras refinadas, rodeada siempre de un halo de misterio que proyectaba su carácter introvertido, pero al mismo tiempo deseoso de ser observado, ansiado. La joven Jackie no pasaba inadvertida. Inquieta por cultivarse, se educó en las mejores escuelas privadas. Mientras practicaba ballet en la centenaria Metropolitan Opera House, aprendía francés y desarrollaba su fascinación por las artes escribiendo poesía o ilustrando su propio libro, una destreza que desarrollaría muchos años más tarde. La joven amazona y brillante estudiante, nombrada «debutante del año», rezumaba una gran ambición, pero no alcanzaba a imaginar lo que la vida le iba a ofertar. El día de su graduación le confesó a su amiga: «Estoy segura de que nadie se casará conmigo y terminaré siendo directora del colegio». En la afamada escuela de señoritas Miss Potter, en Farmington, sellaron lo que con el tiempo el mundo y ella misma comprobarían. En el libro escolar, debajo de su foto, escribieron la frase: «Nacida para no ser un ama de casa». En esos años descubrió otra de las pasiones que nunca abandonaría: fumar. Ya en 1947, en la fiesta de su presentación en sociedad en el Club Clambake, en Newport, escondía tras los guantes blancos de rigor, sus dedos manchados por la nicotina del tabaco. Hasta el día de su muerte, fumaría dos cajetillas diarias de L&M a escondidas.

Prosiguió labrando sus estudios en el Vassar College de Nueva York, famoso por educar con el mismo ahínco que en las universidades masculinas. Jackie pudo satisfacer sus inquietudes en historia, arte y francés, idioma que desde siempre le fascinó. Con el apodo que le asignaron sus propias compañeras de «princesa Borgia», Jackie abandonó Vassar en 1949 y, con apenas 20 años, emprendió la aventura de pasar un año en París, estudiando en la Universidad de París-Sorbona, una de las instituciones educativas más antiguas del mundo, fundada en el siglo XIII. El espíritu de la Sorbona de educar bajo la premisa del pensamiento libre, la reflexión y la construcción del juicio ofreció a la joven

Jackie el periodo más libre y salvaje de su vida y la oportunidad de labrarse una carrera en la capital francesa. Ella misma confesaría años más tarde a la prensa que su amor por la ciudad de la luz era infinito y que «ese año fue el más relajado y feliz de mi vida». Vivió el París de la posguerra con escasez de alimentos y desprovista de los lujos acostumbrados, durante esa época se hospedó en casa de una condesa arruinada que no podía permitirse calefacción, y además compartían el baño. La pérdida de las exquisiteces fue compensada con la rica vida cultural que ofrecía la ciudad y que Jackie no dejó pasar la oportunidad de vivir, sabiendo disfrutar de la bohemia y creatividad de aquellos años.

Su existencia podría haber sido distinta si hubiera aceptado la oferta de trabajar para *Vogue* Francia después de ser la elegida entre más de mil participantes con su ensayo *Gente que me hubiera gustado conocer*. Por decisión propia e influencida por su madre, Jackie decidió declinar la oferta y volver a Estados Unidos para cursar arte en la Universidad George Washington, cerca de su familia. Se había convertido en una de las solteras más solicitadas de la adinerada sociedad y, aunque aspiraba a ser «alguien», sabía que para que su propósito fuera un éxito tenía que encontrar un candidato a marido acorde a sus ambiciones.

Jackie y JFK

En 1951 comenzó a trabajar como reportera en el *Washington Times Herald,* recorría la ciudad y preguntaba a la gente sobre sus principales preocupaciones para plasmarlo luego en su columna del periódico por 42,50 dólares a la semana. Un trabajo que le reportaría codearse con la *crème de la crème* de la política y la *société* americana. Fue a raíz de su trabajo como conoció a su futuro primer marido, John Fitzgerald Kennedy, por aquel entonces un prometedor aspirante a senador e hijo de Joseph (Joe) Kennedy, el patriarca de una de las familias más adineradas e influyentes del país. El encuentro de la pareja se presentó como fortuito y la llama entre ambos como una de las historias de amor más ansiadas, pero los años mostraron con las grietas del hermetismo que todo se debía a una confluencia de intereses que poco o nada tenían que ver con el romanticismo.

En 1952 Jackie Bouvier se había enamorado de John Marquand, un joven escritor de Boston que conoció en el verano que pasó con su hermana Caroline por Europa. Fue su madre, Janet, quien le quitó los pájaros de la cabeza y la orientó de nuevo. «Es un borracho y no tiene de verdad dinero», fue la afirmación de su madre, así como la de «vales tanto como tu matrimonio», lo que hizo que pronto dejara la relación con Marquand. Mientras, Joseph Kennedy necesitaba buscar una mujer apropiada para su hijo, de quien tenía trazado el plan perfecto para convertirlo en presidente de Estados Unidos. Sabía de su pasión por las actrices de Hollywood con las que se codeaba, pero el patriarca entendía que el futuro político de su hijo pasaba por tener dinero y casarse con la correcta mujer católica, y la más indicada, según sus allegados, parecía ser la joven Jacqueline Bouvier. Fue entonces cuando dio luz verde al primer encuentro entre ambos. En mayo de 1951, cuando Jacqueline tenía 21 años, el periodista Charles Bartlett y su esposa Martha organizaron una cena con el exclusivo propósito de presentarlos. El encuentro no respondió a las expectativas, pues aunque John Fitzgerald Kennedy de 34 años quedó prendado por el carácter y preparación de la joven veinteañera, el flechazo tardaría un año en afianzarse, precisamente en la misma casa de los Bartlett. El 8 de mayo de 1952 se produjo su segundo encuentro, la historia comenzó a escribirse con otro color. Jackie se presentó a la cena, uno de los acontecimientos más célebres de la ciudad, con el objetivo de conocer a gente influyente del país. John Fitzgerald Kennedy y Jackie Bouvier volvieron a encontrarse y el flamante aspirante a senador ya sí que se quedó prendado del carácter y cultura de Jackie. Cuenta su hermano Ted que en esa noche surgió la llama del amor entre ambos, pero la realidad era otra muy distinta: Jackie estaba comprometida con el corredor de bolsa John Husted y no parecía demasiado dispuesta a abandonar sus planes de boda. El cortejo entre ambos se sucedió en secreto y apenas fue tomado en serio por Jackie por la fama de mujeriego de su pretendiente y porque, como el resto de sus hermanos, vivía por y para la política. Sin embargo, cuando regresó de su viaje por Europa, Jackie devolvió el anillo de compromiso a Husted y fue presentada de forma oficial a los Kennedy de inmediato, pasando algunos fines de semana en la gigantesca propiedad de Hyannis Port. Ser parte de una familia que amasaba una fortuna de quinientos millones de dólares de entonces comenzaba a cobrar forma en la cabeza de Jackie. Ella descubrió el lado frágil de John; criado en una familia adinerada pero con padres ausentes, vivió en demasiada soledad. Algo que Jackie compartía y entendía a la perfección, pero quizá lo que más le fascinó fue su fortaleza a la hora de soportar los estragos de la guerra: la pérdida de dos hermanos y heridas que lo habían llevado al borde de la muerte y convertido en un joven enfermo que sufría terribles dolores de espalda y estaba aquejado del mal de Addison, también conocido como insuficiencia corticosuprarrenal, una enfermedad relativamente rara. Una dolencia que afecta a ciento diez personas por cada millón de habitantes. Esta enfermedad destruye el sistema inmunológico y deja progresivamente sin defensas al individuo que la sufre. La diferencia entre ambos era de doce años, pero el cuadro clínico de John, guardado en secreto durante años, le hacía parecer un anciano al lado de Jackie.

La pareja fue afianzando su historia aunque John no renunciaba a verse con otras mujeres, entre ellas con la estrella del cine americano Audrey Hepburn, rotundamente rechazada por el patriarca Joe, que ya había decidido que la joven Bouvier fuera la futura mujer de su hijo. Le parecía la candidata perfecta: era católica, culta, hablaba varios idiomas y tenía un porte de elegancia aristocrática muy favorecedor para la foto. Fue el único que supo ver las virtudes de Jackie, y siempre fue su acérrimo defensor. Las mujeres del clan jamás la verían como la acertada, y siempre la comparaban con la sumisa Ethel, mujer de Bobby Kennedy, que supo vivir sin protagonismo, adaptarse a la vida familiar y dar al clan lo que se esperaba de toda mujer: muchos hijos. ¿Era Jackie tan ingenua como para desconocer las infidelidades de John en sus repentinas ausencias o la inquina de los Kennedy?

LA GRAN DECISIÓN

Hubo un momento en el que tuvo que decidir su destino y pasaba por escoger entre casarse con un Kennedy o seguir trabajando. En la primavera de 1953 y camino de Londres para cubrir la coronación de la reina Isabel II, Jackie debía pronunciarse sobre la propuesta que le había hecho John antes de partir: matrimonio. A su regreso de Londres, John la estaba esperando en el aeropuerto con un anillo de diamantes y esmeraldas de la firma Van Cleef & Arpels, elegido no por John sino por su padre. Ignorando ese pequeño detalle, Jackie aceptó el compromiso al tiempo que renunciaba a su trabajo en el periódico. El 25 de julio de 1953 se hacía público el futuro enlace entre el ya senador demócrata y la «joven de belleza extravagante», tal y como la definió la revista *Vogue*. Las dos familias se reunieron para los arreglos de la boda del año y tuvieron que sortear ciertas dificultades. Mientras Janet Bouvier quería algo sencillo, Joseph Kennedy deseaba una boda por todo lo alto. Los Auchincloss, apellido del padrastro de Jackie, no tenían la solvencia para costear una boda con más de mil invitados; Joseph Kennedy se comprometió a pagar los gastos.

El sábado 12 de septiembre de 1953 se casaron en la iglesia de Saint Mary, en Newport, con más de setecientos invitados en la ceremonia y más de mil doscientos en la recepción posterior. Cumplió con el objetivo trazado por el patriarca de los Kennedy: captar la atención de medio mundo, ser un acto promocional de la ascendente y ambiciosa carrera política de su hijo. Jackie no pudo elegir su vestido de novia; contrataron para ella a la diseñadora norteamericana Ann Lowe, modista habitual de la alta sociedad. El vestido de novia de Jackie llevaba más de quince metros de tejido en tafeta de seda. La novia completó el *bridal look* con una tiara de encaje y un velo de herencia familiar. Está considerado como uno de los vestidos de novia más bellos de la historia de la moda y se conserva hoy en la Biblioteca y Museo Presidencial de John Fitzgerald Kennedy en Boston, Massachusetts. La fotografía de los novios cortando la tarta nupcial acaparó las portadas de los rotativos estadounidenses, todo el decorado para la ocasión rezumaba alegría. Se ocultó, como la mayoría de cosas que sucederían en aquel recién estrenado matrimonio, la tristeza de la novia. Su padre no la llevó del brazo al altar porque le habían encontrado borracho en la habitación del hotel.

La soledad

«En esa época mi ideal era llevar una vida normal con mi marido, que llegaría a casa todos los días a las cinco después de trabajar. Yo quería pasar los fines de semana con él y con los niños que íbamos a tener». Pero todo resultó muy diferente a lo que Jackie había imaginado; las continuas ausencias de su marido, los fines de semana en soledad y las detestables reuniones con las mujeres de otros congresistas convirtieron su existencia en un infierno. A eso se sumaban las conocidas infidelidades de su esposo que, sin esfuerzos por disimular, se había alquilado un piso en el Hotel Mayflower para recibir a sus múltiples amantes y satisfacer su deseo carnal incontrolable. Jackie se vengaba realizando gastos tan excesivos que eran difíciles de tolerar, solo la culpa por las infidelidades le hacía ceder en casi todo. Pronto su matrimonio solo se mantenía por las apariencias, y aunque Jackie no se daba por vencida, su marido no estaba dispuesto a sacrificar su afición favorita: las mujeres.

Los problemas de salud de John no arreglaban las cosas; aunque Jackie intentara remar a favor, no fue hasta quedarse por primera vez embarazada cuando sintió que su vida podía dar el giro esperado. Sin embargo, el destino quiso que la suerte se torciera y perdiera a su primera hija, Arabella Kennedy, en 1956. Su marido estaba de crucero por las islas griegas con unos amigos y no se enteró de la tragedia hasta tres días después. Su hija nació muerta en el parto y las malas lenguas siempre contaron que si John decidió interrumpir el viaje no fue por su esposa, sino por evitar que la mala prensa pudiera perjudicarle en su carrera a la Casa Blanca. Jackie no le perdonó la ausencia; sumida en la tristeza más profunda, estaba decidida a separarse y abandonar al flamante aspirante. Era una pareja que hacía correr ríos de tinta en los periódicos, que escribían sobre su tortuosa relación y sobre la posibilidad de que se separasen.

¿Qué evitó que no lo hiciesen? Dos conocidos biógrafos, Darwin Porter y Danforth Prince, contaron en su libro *Jacqueline Kennedy Onassis: a life beyond her wildest dreams*, que fue el viejo Joe Kennedy, el patriarca de la familia, quien intervino para frenar lo que parecía inevitable. «Hay peligro de que te conviertas en una mujer católica divorciada», le dijo a su nuera. «Te sugiero que te saques la idea del divorcio de la cabeza». El patriarca del clan le llegó a ofrecer un millón de dólares a cambio de desistir de sus intenciones y hasta veinte millones si su hijo regresaba a casa pero con una enfermedad venérea por acostarse con quien no debía.

Jackie no escribió ninguna autobiografía ni dejó nada escrito, solo unas grabaciones días después de la muerte de John Fitzgerald Kennedy donde hablaba de los logros de John y de preservar su memoria y donde no se desmontaba lo que ambos habían terminado creando juntos. Por tanto, puede ser que el viejo Joe fuera el que convenció a Jackie para que volviera a los brazos de su marido con la ayuda de un cheque o varios. También es posible que la delicada salud de su marido la hiciera recapacitar y sentirse útil.

Como he explicado antes, el futuro presidente sufría del síndrome de Adisson e hipertiroidismo. Algunos de los síntomas que padecía cada día eran fatiga, debilidad, anorexia, náuseas, vómitos, pérdida de peso, pigmentación de la piel y de las mucosas, hipotensión e hipoglucemia.

Este sería un secreto perfectamente guardado para que nada se interpusiera entre los Kennedy y la Casa Blanca. Sufrió una operación de espalda en 1954 y llegó a recibir la extrema unción en presencia de Jackie. La gravedad de la situación sirvió para que la pareja se reconciliara y pasara también uno de los momentos más dulces mientras el senador Kennedy se recuperaba. Jackie fue la que le instigó a que escribiera un libro, mientras ella se quedaba encinta por segunda vez. John Fitzgerald Kennedy publicaría *Profiles in courage* y ganaría el premio Pulitzer por él, aunque envuelto de polémica sobre la verdadera autoría del manuscrito.

En el nacimiento de su segunda hija, Caroline Kennedy, John sí estuvo presente y agasajó a su esposa con decenas de flores en el hospital y buena prensa. Todo parecía sonreír al joven político, que se había decidido al fin a postularse para la Casa Blanca. En 1960 había llegado la hora de la verdad y todo se dispuso para que nadie ni nada impidieran que John Fitzgerald Kennedy se convirtiera en el 35 presidente de Estados Unidos. Comenzaba a labrarse un mito que, aunque rebosante de oscuros capítulos, es todavía hoy indestructible. El tiempo ha demostrado que su ascensión al poder fue gracias a grandes sumas de dinero, calumnias, sobornos y un manejo escrupuloso de los hilos del poder.

Jackie era sencillamente una pieza más de ese puzle tan perfectamente encajado como irreal. Si alguna vez quiso desprenderse, supo darse cuenta de que dar marcha atrás a la maquinaria en funcionamiento era un pobre espejismo. Decidió unirse al destino y convertirse en la compañera perfecta de campaña e interpretar aquello que más adoraban los americanos: el *american way of life*. Un estilo de vida tan perfecto y envidiado como falso, como si hubiera sido ficcionado por el mejor guionista de Hollywood, y que ellos interpretaron como si fueran los mejores actores.

La primera dama en Camelot

Esta historia empezó a gestarse cuando el 8 de noviembre de 1960, en unas reñidas elecciones, John Fitzgerald Kennedy ganó a Richard Nixon. Jackie estaba a punto de dar a luz a su segundo hijo, John Jr. A sus 31 años, se convertía en una de las primeras damas más jóvenes de la historia y no defraudó ni a sus detractores. Jackie se comportó como la perfecta primera dama para los americanos, siempre tan dispuestos al *glamour,* la belleza y el postureo. Jackie lo tenía todo, incluso el toque aristocrático europeo que supo trasladar a la Casa Blanca con el consentimiento de su marido. Ella inició un camino de no retorno en el papel de la primera dama de América, creando el primer departamento de prensa para ella y capitaneando una reforma millonaria en la residencia presidencial que provocaría la admiración de todos los americanos y del mundo entero.

La primera gira oficial de John Fitzgerald Kennedy a Europa terminó en Francia con broche de oro en 1961.

Charles de Gaulle conversando con Jackie le dijo que sabía más de su país que muchas francesas, mientras fuera del palacio de Versalles se podía escuchar: «Vive Jackie». La revista *Time* bromeó al respecto: «También había un tipo que iba con ella». El mismo presidente se refirió al furor desatado: «Soy el hombre que acompañó a Jacqueline Kennedy a París. ¡Y lo disfruté!». Jackie llevó su amor por Francia a Estados Unidos y convirtió la Casa Blanca en un pequeño Versalles, desempolvando las viejas joyas de mobiliario olvidadas en los sótanos y valiéndose de donaciones para reparar ese imperdonable olvido y convertirlo en «un museo de la herencia del país». Así nació la nueva Casa Blanca que ella bautizó como Camelot. Millones de americanos no se perdieron el programa especial de la CBS con la primera dama enseñando la nueva Casa Blanca. El día de San Valentín de 1962 se emitió *White House tour with Jackie Kennedy,* rompiendo todos los audímetros con más de cincuenta y dos millones de espectadores. No solo consiguió un éxito de audiencia, sino convertir la Casa Blanca en uno de los lugares más deseados para visitar porque ahí era donde se celebraban fastuosas cenas o recepciones exquisitas.

Jackie siempre odió que la llamaran primera dama porque le parecía un nombre de caballo, pero entendió a la perfección que a su manera ella también hacía política. Por ello supo de inmediato que debía encontrar el equilibrio entre sus gustos franceses y la moda americana y para ello contrató a un diseñador americano, aunque educado en París: Oleg Cassini. Él fue el responsable de su famoso estilo de sombreritos *pillbox,* mangas francesas y conjuntos de chaqueta y vestido de recta silueta. Jackie no renunció a Chanel ni a comprar marcas francesas, aunque encontró una «solución costosa pero diplomática». Según relató la biógrafa de Chanel, Justine Picardie, la primera dama compraba moda gala que era cosida para ella en Nueva York por un establecimiento llamado Chez Ninon. «Jackie no ahorraba dinero haciendo esto, pero guardaba las apariencias, como clienta implícitamente patriótica de un sastre estadounidense», explicó Picardie.

Todo cambió con la llegada de los Kennedy a la Casa Blanca y, con ellos todo el país se transformó. Antes de los Kennedy, el buen gusto nunca era el objetivo de la América moderna. Ellos emanaron una actitud positiva hacia la cultura, hacia el estilo y convencieron a todos de que la familia perfecta era posible. Serían mil treinta y seis días de presidencia teñidos por un trágico final que convertiría en un mito lo que muchos espolean como una gran farsa que América quiso tragarse.

Las relajadas fotos familiares en el salón oval y de vacaciones en Martha's Vineyard contribuían a ese paisaje idílico minuciosamente construido, aunque de puertas adentro nada tuviera que ver con la imagen proyectada. El presidente seguía gozando de su apetito sexual voraz con múltiples infidelidades con actrices o prostitutas de lujo sin que Jackie pudiera impedirlo.

El escritor y periodista estadounidense Christopher Andersen en el libro *Esos pocos días preciosos: el último año de Jack con Jackie* recoge la transcripción de una supuesta conversación telefónica entre Jackie y la única mujer que hizo peligrar el pacto tácito con su marido: Marilyn Monroe.

Según se recoge en el libro y relata el cuñado del exmandatario, Peter Lawford —actor y celestino en Hollywood de Kennedy—, Jackie recibió una llamada telefónica de Monroe donde le confesaba todo, además de decirle que seguramente Kennedy la dejaría para quedarse con ella. Lo sorprendente fue la respuesta de Jackie Kennedy: «Marilyn, por mí, cásate con Jack, eso sería genial. Asume todas las responsabilidades de estar en la Casa Blanca y ser la primera dama, yo me voy y tú te quedas con todos los problemas».

Que John Fitzgerald Kennedy estuvo con Marilyn Monroe está más que comprobado. El presidente tenía predilección por las actrices y estuvo con medio centenar según se rumoreaba, algunos libros presentan testimonios de la época sobre estos hechos. Lo que nadie ha sabido responder con certeza es si Jackie no solo consintió y toleró estas infidelidades, sino si decidió hacer lo mismo en el último año de su vida que estuvieron juntos. Gore Vidal, amigo íntimo de Jackie, contó en sus memorias años más tarde que los dos eran personas muy sexuales, y que, de alguna manera, competían más de lo que se complementaban. A pesar de ello, llegó a confesar a Truman Capote y a otras personas cercanas, la desdicha que le provocaban las infidelidades de su marido, así como sus carencias como amante con ella, pues siempre estaba dispuesto a atender cualquier llamada a cualquier hora del día.

Su cuarto embarazo fue la antesala de tiempos oscuros. En agosto de 1963, Patrick Kennedy murió a los pocos días de nacer y este suceso tuvo un gran impacto emocional en el presidente. Las principales preocupaciones de Jackie eran el cuidado de su esposo y sus hijos. Solía decir que «si descuidas el desarrollo de tus hijos, no importa mucho lo bien que hagas cualquier otra cosa». Perder a otro hijo en el paritorio fue un dolor difícil de soportar. Sorpresivamente aquella nueva desgracia volvió a reparar un matrimonio que estaba roto para la mayoría. Algo había cambiado en ellos, pues se mostraban cogidos de la mano y cariñosos en público, algo que siempre habían evitado. Kennedy varió su rutina de trabajo y decidió pasar más tiempo con su mujer. El mandato llegaba a su fin y debían prepararse para la nueva campaña presidencial.

En aquella época su hermana Lee, consciente de la tristeza de Jackie, la llevaría a un viaje premonitorio, invitadas a bordo del lujoso yate del armador griego Aristóteles Onassis.

La viuda de América

Llegó el 22 de noviembre de 1963: una fecha que pocos estadounidenses han podido olvidar. El día que John Fitzgerald Kennedy fue asesinado ante las cámaras en la limusina por un francotirador, aunque a día de hoy ocho de cada diez estadounidenses creen que Lee Harvey Oswald no pudo actuar solo. Jackie Kennedy se convirtió en la viuda de América con ese vestido Chanel rosa manchado de sangre y la mítica frase que pronunció durante el nombramiento de Lyndon B. Johnson, negándose a cambiar de ropa: «Quiero que el mundo vea lo que le han hecho a John».

La tragedia había golpeado de nuevo la vida de Jackie Kennedy. Había perdido a su marido y se despedía de su cargo de primera dama con una única entrevista ofrecida a la revista *Life,* una semana después del magnicidio, en la que pronunció una frase que pasaría a la posteridad sobre aquel reinado de John Fitzgerald Kennedy y Jackie Kennedy: «Habrá grandes presidentes nuevamente, pero no habrá otro Camelot».

Años más tarde Teddy White se atrevería a reproducir más ampliamente la conversación con Jackie, pues en aquellos momentos no lo hizo para evitar herir sensibilidades. Sus palabras reflejan el aplomo de la que fue primera dama en aquellos instantes tan dolorosos:

«La mujer del presidente tenía 34 años y mostró una entereza que conmovió el mundo. No quiso, a pesar de todas las presiones, abandonar la sala del hospital Parkland donde médicos residentes intentaban revivir al presidente herido de muerte. El médico personal de Kennedy, quien no intervino en la reanimación, defendió la presencia de Jackie, quien les dijo con firmeza: "Es mi marido; es su sangre, todo su cerebro está esparcido sobre mí", sobre su sastre rosado Chanel. Poco antes había entregado a la enfermera jefe la "masa cerebral y un trozo de cráneo" que guardaba celosa en su mano derecha protegida por un guante que ya no era blanco, estaba manchado de sangre. Le besó los pies a su marido, "más blancos que la sábana"».

El testimonio del médico que atendió a Kennedy, apenas media hora después de haber recibido los tres impactos de bala, el doctor McClelland, refleja el control —algunos lo calificaron de sutil frialdad— de Jackie en el último adiós a Kennedy:

«Ella fue..., no digo que haya sido fría, pero sí que mantuvo el control de sí misma. Ella se mantuvo ahí durante unos minutos, se quitó su anillo del dedo y se lo puso a su marido y el anillo del presidente se lo puso en su dedo. Caminó al otro lado de la camilla y le besó el pie desnudo y caminó fuera del cuarto y esa fue la última vez que la vi... y eso fue lo que pasó en el cuarto de emergencias Trauma Room I, donde fuimos inapropiadamente testigos de lo que ocurrió ahí».

MATRIMONIO POR CONVENIENCIA

Jackie volcó su dolor en Robert Kennedy, quien pasó muchas horas al lado de la viuda de su hermano. Los dos siempre habían congeniado a la perfección y muchos son los que han afirmado que el consuelo les convirtió en amantes. C. David Heymann aseguró en su libro *Bobby and Jackie, a love story* que había pruebas en los archivos secretos del FBI de esa apasionada relación. La escena de ambos cogidos de la mano en el cementerio de Arlington fue solo el principio: él empezó a estar más tiempo con la familia de su hermano que con la suya hasta que terminó mudándose solo, de Washington a Nueva York, para postularse al Senado en 1964. Han corrido ríos de tinta durante estas décadas sobre la fidelidad de la primera dama. Algunos la relacionaron con actores de Hollywood de la talla de Paul Newman, Marlon Brando o William Holden. Pero hasta ahora no ha sido posible saber si esas relaciones fueron ciertas, como tampoco si en realidad fue una huida hacia delante el casarse con el armador griego Aristóteles Onassis.

A Robert Kennedy lo asesinaron también en el año 1968, y Jackie tenía miedo de que una nueva tragedia la azotase a ella y a sus hijos. Onassis tenía dinero y le aseguraba su futuro y ella le daba a él la elegancia y una posición social deseada. Fueron pocos los que consideraron la unión de Jackie y Onassis como fruto del amor y no del interés. Muchos se sintieron decepcionados con Jackie, pero ¿acaso le importaba a ella? El armador, famoso por conseguir todo cuanto deseara, tuviera que pagar el precio que tuviera que pagar, le propuso a Jackie un ventajoso contrato en el que ella heredaría la tercera parte de su fortuna si él moría y la posibilidad de gastar en ropas, joyas y perfumes sin ningún límite. Jackie comprendió de inmediato que había llegado la hora de abandonar su buena imagen a cambio de un futuro asegurado, alejada del clan Kennedy.

El 20 de octubre de 1968 se casó en la isla privada de Skorpios con el armador griego Aristóteles Onassis, veintitrés años mayor que ella. Jackie nunca tuvo buenas relaciones con los hijos de su segundo marido y la pareja no compartiría mucho tiempo juntos. Ella se refugió en los gastos extravagantes, costosos y consentidos por un Onassis arrepentido que poco tardó en consolarse en los brazos de la mujer que lo amaba de verdad: Maria Callas. Fue una relación turbulenta, incendiaria y muy seguida por la prensa del corazón. Jackie le provocaba gastando sumas insultantes de dinero en minucias como hacer que el avión personal de Onassis volara más de trescientos kilómetros por la mañana a una isla para traer un tipo de pan que a ella le encantaba para desayunar. Las famosas fotos de Jackie semidesnuda captadas en la isla de Skorpios fueron, según se cuenta, obra del magnate para desprestigiar la imagen de su mujer. Apenas se veían y cuando lo hacían no disimulaban en mostrar el desprecio que los dos se profesaban. Onassis murió el 15 de marzo de 1975 mientras estaban tramitando su divorcio y dejó una herencia de casi dos mil millones de dólares a repartir entre los hijos del armador griego y Jackie. Esta circunstancia desencadenó un litigio de la ex primera dama y Christina Onassis.

LOS LIBROS, SU ÚLTIMA PASIÓN

La vida de Jackie ya no fue la misma, no volvió a casarse aunque tuvo varios amantes. Siendo primera dama y mujer de uno de los hombres más ricos del mundo, Jackie sembró suficiente como para no tener que cultivar el mito de la mujer refinada, elegante, resguardada siempre por grandes gafas oscuras. Abandonó sus apellidos y se dedicó a ser simplemente Jackie, trabajando durante dos décadas con pasión en el mundo de los libros. La mujer que había tenido el mundo a sus pies hacía cola para recoger su nómina, para ser recibida por su jefe o hacer una simple fotocopia. En esa época se convirtió en una trabajadora que luchaba por los derechos de las mujeres, que reivindicaba su lugar en el mundo más allá de ser la esposa de...

Jacqueline Onassis, ese era el nombre que utilizaba cuando llamaba a autores por los que estaba interesada. Ella misma lo hacía, provocando cierta incredulidad al principio, pues pocos podían imaginar que, al preguntar quién llamaba, le respondieran: «Jacqueline Onassis», y resultara ser cierto.

Los libros, los viajes y ciertas aunque no abundantes aventuras amorosas ocuparon todos esos años. Los últimos los pasó junto a Maurice Tempelsman, un industrial belga, comerciante de diamantes. En 1994 se le diagnosticó un linfoma, un tipo de cáncer que estaba en avanzado estado de desarrollo. Siguió con sus libros, con su trabajo y luchando contra la muerte que le sobrevino unos meses después. Murió en su apartamento de la Quinta Avenida de Nueva York, el 19 de mayo a la edad de 64 años. *El País* se hizo eco de la noticia al día siguiente y el obituario decía así: «... Nueva York está muy sola sin Jackie Onassis. Todo el país ha perdido su musa de los últimos treinta años, y el mundo entero se ha quedado sin la mujer que un día fue espejo de las ilusiones más frívolas y sinceras. Jackie Kennedy Onassis, de 64 años, murió a las 22.15 del jueves (4.15 de ayer en España) en Manhattan, rodeada de sus dos hijos...».

La vida de la que fue la viuda de América se había apagado junto a sus hijos, su último amante, el industrial belga, y sus otros amigos: los libros. Los Clinton, entonces habitantes de la Casa Blanca, emitieron un comunicado en el que la definían como la mujer que «cautivó a la nación con su inteligencia, su elegancia y su gracia». El entierro junto a John Fitzgerald Kennedy en el cementerio de Arlington fue íntimo.

Han tenido que pasar veinte años de su muerte y cincuenta de la de Kennedy para desempolvar las viejas grabaciones que Jackie hizo apenas unos días después del asesinato de su marido, como ya he escrito antes. Fueron transcritas íntegramente en el libro *Conversaciones históricas sobre mi vida con John F. Kennedy*. El libro es el resultado de las ocho horas de grabación de Jackie con Arthur Schlesinger Jr., historiador y premio Pulitzer, para hablar de las aspiraciones políticas de Kennedy, los primeros años de casados, su carácter, e imprimir más mito, si era posible, a la impoluta figura de John Fitzgerald Kennedy. Más que lo que dijo sobre él, sorprendieron afirmaciones de la señora Kennedy muy criticadas al poder ser escuchadas. Su desafecto con Martin Luther King Jr. o Charles de Gaulle o la calificación de Indira Gandhi como «seca y prepotente». También llama la atención cómo desaprobaba que las mujeres entraran en política: «Creo que las mujeres nunca deberían entrar en política. No estamos capacitadas».

Aquella entrevista fue hecha a Jackie Kennedy, la primera dama de América en 1964. Luego llegó Jackie Onassis y más tarde sería sencillamente Jackie. Ella, como la mayoría de mujeres coetáneas, supo evolucionar con los años, y quiero creer que la mujer que, a pesar de que su fortuna se lo proporcionaba, quiso trabajar como editora y labrarse un prestigio en ello no hubiera pensado ni afirmado lo mismo sobre muchas cosas que dijo en esas conversaciones, que se realizaron con el objetivo de sellar un poco más la mítica figura de John Fitzgerald Kennedy.

Ella decidió vivir en las más altas esferas de poder, y pagó un precio por ello. Tuvo que superar la desdicha de perder a dos hijos y dos maridos. Se convirtió en un icono y lo traspasó totalmente para vivir en la libertad soñada o ambicionada. Conservó su elegancia hasta el final de sus días. Selló su boca negándose a dar por válida ninguna biografía y no escribió sus memorias. Supo jugar sus cartas con la avaricia necesaria para convertirse en lo que fue y decidió no mostrarlas jamás. Jackie es un misterio en sí misma. Un reflejo de un mito que pervive en la memoria desconcertante de los americanos que, a pesar de tanta oscuridad, siguen apostando por el cuento de Camelot y la princesa que reinó y amasó fortuna, pero ¿llegó a amar de verdad? Pocos son los que afirman con rotundidad sin una mueca que delate sus serias dudas al respecto.

II. Superbia

«Vanitas vanitatum omnia vanitas».
(«Vanidad de vanidades, todo es vanidad».)

ECLESIASTÉS

El mayor de los pecados y la base de todo mal es la soberbia. ¿Acaso alguien no cogió la manzana de la soberbia y, aunque estuviera podrida, le hincó el diente? La soberbia y el orgullo son frutas podridas que muchos deciden comer a riesgo de la hambruna que la humildad de encajar las verdades puede provocar. No seré yo la defensora del considerado pecado capital original, pero tampoco la que esté libre del mismo, pues en ocasiones he usado la arrogancia dándome, para bien o para mal, más importancia que los demás. Aunque en el sentido de la pertenencia, el orgullo puede traducirse en virtud, en congratulación de formar parte de una patria o colectivo. Y parte de ese colectivo que ha mirado con altivez, con la barbilla levantada y el cuello infinito, ha llegado a afirmar que la soberbia es, como cualquier otro pecado, un tobogán en sí mismo: puede hacerte llegar al espejismo de la cumbre y en menos de lo que esperas descender a los infiernos de la perdición.

A lo largo de la historia hay muchas mujeres devotas de la soberbia, incluso las viejas escrituras cuentan que los hombres fueron expulsados del paraíso terrenal por ello.

¡Una cosa más con la que cargar sobre nuestras espaldas! De la soberbia nació incluso el propio mito de Leviatán. En el cristianismo es usualmente considerado como una forma de Satanás, asociación que en gran parte se debe a que la expresión «serpiente antigua» se vincula con ambos nombres. Leviatán, el monstruo marino, es un símbolo de la Humanidad que se opone a Dios. La soberbia en sí misma es la supremacía sobre el resto.

Querer tener razón siempre aun sin tenerla puede llevar a la desesperación del resto, que mira con incredulidad las petulancias y desmanes de quien, por autocomplacencia o mera necesidad de engrosar el ego, no deja de despreciar al prójimo, jactándose de su valor por encima de quien le rodee. Quien apremia con soberbia jamás se rebaja a pedir perdón o tampoco es capaz de pedir ayuda, aunque esté nadando por aguas turbulentas prefiere la altanería a la humildad.

«La naturaleza de los hombres soberbios y viles es mostrarse insolentes en la prosperidad y abyectos y humildes en la adversidad».

NICOLÁS MAQUIAVELO

La soberbia es representada por un león altivo, majestuoso y poderoso que ruge ante cualquier adversidad, real o subjetiva. Así mismo, el espejo es el objeto que define la soberbia, y proyectarnos demasiado en él nos lleva a caer en el hechizo de la vanidad. Otros símbolos de la poderosa soberbia son el caballo, el pavo real y ¡el murciélago! A quien sorprenda lo del murciélago, reza una leyenda que Dios le concedió una «pluma de cada ave» a su súplica de frío y desprotección, pero su reacción al gozo fue tan soberbia sobre el resto que, sin apenas tiempo para el disfrute, las perdió todas de un plumazo y de la vergüenza se refugió en la oscuridad.

De los pocos que han defendido la soberbia y que se atrevió a posicionarla como virtud fue Friedrich Nietzsche, quien la definió como «virtud elevada, propia de hombres superiores, la cual conduce a una honestidad absoluta consigo mismo (...), valentía y superación constante siempre buscando estar por encima de los demás y no ocultarlo ante nadie en aquello y en todo».

La soberbia es terca, tozuda e indomable y aunque exaspere al mundo, como cualquier otro pecado, se vuelve más grande y poderosa cuanto más se usa. Nuevamente elijo a tres grandes damas que supieron hacer de la soberbia su estandarte y será el lector quien se atreva a considerar si imprimieron ese carácter por necesidad, altanería, maldad, supervivencia, descaro..., o si la mirada del resto fue pecaminosa por envidiar sus éxitos. Cleopatra, Bette Davis y Édith Piaf son mis soberbias favoritas. Mis elegidas. Todas ellas sufrieron caídas y se levantaron apretando la dentadura y llenándose de rencor hacia el resto de personas que quizá ya jamás volvieron a ver como iguales, sino muy por debajo de ellas.

Todas tienen la soberbia en común, y en algunas ocasiones se toparon con el temido ridículo y tuvieron que hacerle frente con sus mejores armas.

«La principal característica que tiene el soberbio es el temor al ridículo. No hay nada peor para aquel que va por la vida exhibiendo su poder, y sus méritos, que pisar una cáscara de plátano e irse de narices al suelo. El ridículo es el elemento más terrible contra la soberbia. Por esa razón los tiranos y los poderosos carecen de sentido del humor, sobre todo aplicado a sí mismos...».

FERNANDO SAVATER

La soberbia hila fino o a brocha gorda y goza de males menores, como vanagloriarse o jactarse. Édith Piaf, Cleopatra y Bette Davis... fueron soberbias. Cayeron en la trampa del amor propio: aparentaban sentirse por encima de los demás. Se mofaron de los desfavorecidos o acaso no supieron practicar la humildad y exigieron al resto una pasión desenfrenada hacia ellas.

Fueron soberbias..., pero ¿pecadoras o virtuosas?

Capítulo 4

Édith Piaf

*Convencida de su talento desafió a quienes
no creyeron en ella*

París, 1915-Plascassier, 1963

«No me importa lo que diga la gente, y mucho
menos sus leyes».

«En lo que a mí respecta el amor significa lucha,
grandes mentiras y un par de bofetadas en la cara».

«En mí canta la voz de muchos de los marginados, de las prostitutas, de los pobres y desterrados de la felicidad».

«Todo lo que he hecho en mi vida ha sido desobedecer».

«Estoy segura de que podría leer a Baudelaire
en un cabaret y aplaudirían».

Con apenas metro y medio de estatura y con el pesado equipaje de la desgracia desde que nació, Édith Piaf supo construir en crudo su propio mito y pasar a la posteridad como la dama francesa de la *chanson*. ¿Qué hay de cierto en esa imagen y cuánto de esa leyenda que ella misma también forjó? Cuando se han cumplido los cien años de su nacimiento, prosiguen las dudas sobre su legendario alumbramiento, su propia muerte y algunos aspectos de su desdichada existencia. Sobrevivió a dos guerras mundiales pero fue condenada a una supervivencia turbulenta y repleta de excesos e infortunios que contribuyeron a hacer de ella una de las más grandes intérpretes de principios del siglo XX. Cada zarpazo que le daba la vida se lo devolvía con un nuevo desgarro de voz, mezcla de vulnerabilidad y provocación. «Si algún día no puedo cantar, creo que me pegaré un tiro». Su vida no siguió una gama de grises, sino que fue más bien una ruleta rusa. De negro riguroso y mirando siempre al infinito (así se recuerda a Môme, extendiendo los brazos y alzando la barbilla), pasó a la posteridad perforando los corazones de todos los oyentes, mostrando con altanería los bajos fondos de la vida, con la soberbia del superviviente, del que sigue en pie a pesar de que sabe que ha perdido la partida. Con su espíritu salvador, condenado a la desgracia como la mismísima Juana de Arco, desafió a la ley y hospedó en su casa a refugiados durante la Segunda Guerra Mundial o también consiguió, ya con la muerte como compañera, salvar de la ruina a la mítica sala Olympia de París con sus últimos conciertos en 1961. Sin duda, Édith Piaf forma parte de ese club de estrellas que, como Billie Holiday, Judy Garland, Janis Joplin o Amy Winehouse, lograron transformar su malvivir, sus almas doloridas, en una forma de exhibicionismo que el público veneró y siguió religiosamente.

«Non, rien de rien,
non, je ne regrette rien».
(«No, nada de nada,
no, yo no me arrepiento de nada»).

LOS AMANTES DEL PEQUEÑO GORRIÓN

Édith Piaf, el pequeño gorrión, tuvo muchos amantes, demasiados, algunos pasaron y olvidaron detenerse en su memoria, maltrecha primero por el alcohol y más tarde por los chutes de morfina y drogas varias. Lo mismo que su infancia, que pasó de mano en mano en plena Primera Guerra Mundial, con la pobreza arando la tierra, las calles y las habitaciones de hotel como refugio de sus aspiraciones. Y dentro de esas estancias, maleantes y proxenetas la llevaron por senderos espesos y oscuros. Deseaba salir de allí, ansiaba un amor verdadero. Ese que ni siquiera había experimentado en la infancia. Peregrinó por bares, de amante en amante, sin guardar ni creer ni pedir fidelidad. Viviendo al límite para olvidar o para despertarse a la mañana siguiente y volver a comenzar de nuevo.

> «Ni le bien qu'on m'a fait, ni le mal
> tout ça m'est bien égal».
> («Ni el bien que me han hecho, ni el mal,
> todo eso no me importa»).

Fue prematura en casi todo. Su madre la abandonó al poco de nacer; tuvo una hija a los 17 años; poseyó un amor verdadero que le fue arrebatado sin haberlo podido apenas saborear y sufrió una muerte tan temprana como dolorosa. Tenía 47 años, pero el cuerpo desgastado y maltrecho como el de una anciana centenaria. La vida pudo con ella o, mejor dicho, ni siquiera con el éxito tan deseado supo encontrar la dicha ansiada más allá de los escenarios que la hicieron inmortal y gloriosa. El 11 de octubre de 1963 el mundo conoce la noticia de su muerte, todo lo demás se vuelve a mezclar con la leyenda. Su amigo Jean Cocteau, que murió el mismo día horas más tarde, al enterarse de su fallecimiento afirmó: «Nunca he conocido un ser más desprendido de su alma, ella la regalaba, ella tiraba oro por las ventanas».

«C'est payé, balayé, oublié,
je me fous du passé».
(«Está pagado, barrido, olvidado,
me olvido del pasado»).

A LA LUZ DE UNA FAROLA

Édith Giovanna Gassion nació en Belleville, un barrio de París, hogar de la clase obrera que como casi toda Europa se hallaba sumido en la miseria de la Gran Guerra. Édith llegó con el frío del crudo invierno en diciembre de 1915. La leyenda cuenta que fue alumbrada en plena calle, debajo de una farola frente al número 72 de la rue de Belleville seis días antes del día de Navidad y con la ayuda de un gendarme. Una placa conmemorativa al lado del portal 72 hace más grande la leyenda. En ella se puede leer: «En los peldaños de esta casa nació el 19 de diciembre de 1915 en la más absoluta pobreza Édith Piaf, cuya voz cambiaría después al mundo». A pocos les importa si fue verdad o eso forja el mito, pues según reza un documento de los archivos del centro administrativo de Belleville, en realidad, nació en el hospital Tenon en la rue de Chine. «Tuvo lugar el alumbramiento de Édith Giovanna, hija de Louis Gassion "artiste acrobate", de treinta y cuatro años, y de su mujer, Annetta Giovanna Maillard, "artiste lyrique", de veinte años, a las cinco de la madrugada». La misma Piaf se aferró a la leyenda de haber nacido en la calle y en varias ocasiones que fue preguntada, no lo negó para evitar que se disipara esa magia alrededor de su vida. Ni siquiera en sus autobiografías, *Au bal de la chance* (1958) y *Ma vie* (1964), que ella misma dictaría a periodistas, apenas se puede diferenciar lo real de la leyenda.

Apenas dos meses después de su nacimiento su madre —según contó en su propia autobiografía— se la entregó a su abuela para que la cuidara. La llamó Édith Giovanna. Su nombre fue quizá de las pocas cosas que le dio su madre y con las que la diva estuvo de acuerdo. Fue un homenaje a la heroína de guerra Edith Cavell, enfermera inglesa ejecutada por los alemanes por ayudar a escapar a los soldados heridos. Los primeros años de su vida los pasó a cargo de su abuela materna, Aicha, una cantante berebere, que como la mayoría de habitantes de Belleville malvivía y para no morir de frío se llenaba el estómago con *gros rouge.* No se sabe si, como dijo Piaf, su abuela en vez de leche le daba vino con la excusa de que así mataba microbios. En 1918, con apenas 3 años, en un permiso de guerra, su padre encontró a su hija malnutrida y en un estado de salud tan lamentable que decidió llevarla a Bernay, un pueblo en Normandía donde vivía Léontine Gassion, la abuela paterna, conocida como Mamau Tine, propietaria de una *maison close.* En aquella época los burdeles eran conocidos como *maisons de tolérance,* y quizá en aquel lugar se le grabó a fuego el sentido de la tolerancia que aplicaría para el resto de su vida. Y no solo eso sino que adoptada por las prostitutas —*filles perdues*—, obtuvo el secreto al que siempre acudiría para sobreponerse de las desgracias: su fe inconfesable en santa Teresa de Lisieux. Después de andar ciega por el burdel durante meses, el médico que atendía a las jóvenes le diagnosticó queratitis aguda, una inflamación de la córnea causada por un herpes o bacteria que podía tener cura a base de ungüentos y paciencia o por el contrario, sus ojos podrían quedar dañados para siempre provocando su ceguera. La propia Piaf, aseguró su cura, pudo sanar a consecuencia de un *miracle* que le concedió la propia santa Teresa después de hacer varias peregrinaciones a su tumba en Lisieux en compañía de las prostitutas con quienes vivía y que su abuela paterna se encargaba de organizar. Esa devoción le duraría toda la vida, no solo con la famosa medalla de la santa que siempre llevaría encima, sino por su fe ciega en ella.

DE CÓMO EL PEQUEÑO GORRIÓN EMPEZÓ A CANTAR

La Primera Guerra Mundial había terminado y Édith dejó el burdel. Volvió con su padre a una vida itinerante en una caravana con la *troupe* circense. Su padre se plantaba en cualquier plaza y hacía sus demostraciones de contorsionista, al terminar la pequeña Piaf pasaba la gorra para recoger las monedas. De su padre aprendió la picaresca de la calle, la vida nómada, que conservaría toda su vida con sus numerosas viviendas, y un concepto del amor donde primaba una cadena de amantes sin descanso ni apego. Fruto de la casualidad, un día Édith se puso a cantar al final de uno de los números de su padre. Hay quien apunta que cantó *La Marsellesa*. Otros que entonó *La Internacional*, himno de los partidos socialistas y comunistas del mundo. Nunca sabremos cuál de las dos versiones es la verdadera, pero ambas coinciden en que aquella noche ganaron el doble de dinero y que fue el principio de su carrera. De estos años la cantante expresó con sus propias palabras que «de la vida con mi padre recuerdo una nueva madre cada tres meses: sus amantes eran más o menos amables conmigo, dependiendo de si mis canciones reportaban monedas o silbidos».

Cuando apenas tenía 11 años volvió a cruzarse con su madre en un *bistró* del Faubourg Saint-Martin. Una mujer se acercó a la niña y le pidió si la podía besar. Fue su padre quien le dijo que aquella mujer no era una desconocida sino su *maman*, una cantante de *chanson réaliste* a la que, como la propia Piaf definió, no la falta de talento sino de fortuna la llevó a una vida carente de éxito regada de abundante alcohol y cocaína.

Édith fue labrando su futuro como cantante callejera de la clase obrera que ni tenía dinero para discos ni para gramófonos, y se contentaba con escuchar las versiones de los éxitos por cantantes ambulantes como ella. Sumidos en la gran depresión, con un alto índice de paro, Édith confiaba ciegamente en salir pronto de esa pobreza. Con permiso de su padre, a los 16 años, se independizó a condición de que viviera en Belleville y que ella se costeara la habitación. Al poco, encontró a la que muchos consideraron la media hermana, confidente de Édith y también parte de su desgracia: Simone Berteaut, *Mômone*, una gimnasta de 14 años que se convertiría en su compañera de actuaciones callejeras, confesora y primera gran amiga de Édith. Años más tarde la llegó a considerar «el espíritu maligno que sacaba lo peor de mí». Lo cierto es que Mômone vivió a la sombra de la diva desde el principio y estuvo de manera intermitente en su vida.

En aquellos difíciles comienzos Édith tenía muy claro qué hacer, dónde ir a cantar y cómo conseguir que la policía las dejara en libertad a pesar de que lo que hacían era ilegal. Todo les iba bien hasta que el amor se cruzó en su camino. Édith conoció a Louis Dupont, *P'tit Louis,* se enamoró perdidamente, se fue a vivir con él y se quedó embarazada con tan solo 17 años. La inconsciencia y el vivir el presente de aquellos tiempos la llevaron a dar a luz siendo una niña el 11 de febrero de 1933 en el mismo hospital donde había nacido. Llamaron a la pequeña Marcelle, *Cécelle,* pero apenas pudo gozar de ella. Édith era joven, no había abandonado las ganas de triunfar y el amor por Louis apenas tardó unos meses en evaporarse.

Junto a su fiel Mômone se trasladó a Pigalle, un barrio de artistas venido a menos que se convirtió en el hogar de proxenetas y marginados. Cantó en alguno de esos antros, donde la fauna local de maleantes y chulos de trajes llamativos se emborrachaban o a los que acudían en busca de diversión. Al poco de permitir que Louis se llevara con él a la pequeña Cécelle, la avisaron de que estaba gravemente enferma de meningitis. A pesar de la fe en santa Teresa, la niña murió con solo 2 años. La leyenda vuelve a edulcorar ese momento, pues la misma Édith contó que faltándole diez francos, tras la colecta, para poder enterrar a su hija, esa noche en Pigalle la abordó un hombre y le preguntó cuánto costaba acostarse con ella. Édith respondió que diez francos. Ya en la habitación rompió a llorar, el desconocido se apiadó de ella y, sin llevarse lo que deseaba, le dejó los diez francos. Parece ser que ese fue el motor de que Piaf ayudara a desconocidos sin pedirles nada a cambio durante toda su vida. Algunos dicen que el desconocido aquella noche se acostó con Édith y le dejó mucho más que diez francos; pero para forjar la leyenda muchos prefirieron ahorrarse la prostitución y engrandecer la caridad.

La vida de Édith se llenó de un vacío irremplazable con la muerte de su hija. Apenas volvería a hablar de lo sucedido hasta el final de sus días. «En el momento en el que traes vida al mundo firmas también una sentencia de muerte».

LE GERNY'S

Pasó un par de años deambulando por los tugurios de Pigalle, con amantes peligrosos y sin conseguir la oportunidad deseada... Hasta que en octubre de 1935, después de una actuación callejera cerca del Arco de Triunfo, un elegante caballero llamado Louis Leplée, fascinado por su voz, le ofreció hacer una prueba para cantar en su cabaret Le Gerny's. Había llegado la oportunidad ansiada y el nacimiento de la estrella: la Môme Piaf.

A pesar de los nervios escénicos y la creencia de que aquel trabajo no sería para ella, Édith se presentó a la prueba acordada y cantó con arrojo y pasión, olvidándose del mundo. Leplée la contrató por cuarenta francos a la semana y la promesa de su nuevo descubrimiento de llegar mejor vestida y aprenderse nuevas canciones. Antes de ser presentada al publico de ese cabaret, el empresario necesitaba ponerle un nombre artístico que conectara con la magia de esa chica de aspecto frágil que le había cautivado en la calle. Era como un pequeño gorrión y así la bautizó: Môme Piaf; así comenzaba la historia de una de las mejores cantantes de la canción francesa, un gorrión que terminaría convirtiéndose en un auténtico ruiseñor capaz de hipnotizar a franceses y a cualquiera que la oyera, hablara o no francés. En Le Gerny's fue la primera vez que sintió tener al público en el bolsillo, la primera vez que recibiría regalos y sería agasajada por su interpretación. Su aparición, durante doce semanas en el popular programa de radio *Radio Cité* de Jaques Canetti, le dio popularidad y la prensa se interesó por la identidad de aquella voz y aquella mujer de aspecto desvalido, de modales populares y que apenas sabía saludar, pero que hechizaba con su talento. Muchos críticos del momento se atrevieron a profetizar que pronto estaría triunfando en las Américas. Siendo reconocida en los medios artísticos por su talento como cantante, Édith fue contratada por el sello Polydor, que imprimió dos discos que tuvieron muy buena acogida por el público: *L'étranger* y *Les mômes de la cloche*. Canciones del argot parigot, argot que apenas volvería a utilizar tras alcanzar la fama mundial, pues se preocupó de refinar tanto sus modales como su francés. Con apenas 20 años sintió que su suerte había cambiado. Participó en galas benéficas, viajó a Cannes..., todo apuntaba hacia el éxito hasta que el repentino asesinato de Leplée lo truncó todo. Piaf fue sospechosa de su muerte y por eso la prensa la acusó y la sociedad elitista parisina le volvió la espalda. Entonces la joven promesa se mezcló de nuevo con lo peor de los barrios bajos de París, cantando en tugurios y llevando una vida desordenada junto a Mômone. De esos tiempos, 1936, fueron estas duras palabras de la cantante: «No tengo más amigos, no tengo a nadie. Dejen de molestarme. ¡Déjenme en paz!».

El refinamiento de Piaf

Por primera vez se sintió no solo desesperada y desorientada, sino que no sabía a quién acudir ni qué hacer para cambiar su destino. «La falta de dinero es molesta, pero no es desastrosa. Es mucho peor perder el gusto por la vida y yo estaba a punto de hacerlo». Fruto de su caída, llamó a Raymond Asso, a quien conoció en 1934, y que terminaría convirtiéndose en su pigmalión. Era enero de 1937, se encontraba en París sin dinero y con la única opción de volver a las calles. Él le dio refugio y se ocupó de ella a cambio de que se olvidara de los ambientes por los que había deambulado. Ella misma contó su odisea: «Necesité tres años para curarme. Tres años de paciencia y afecto para enseñarme que había otro mundo más allá de las prostitutas y los chulos». Había vivido toda su vida en la calle, se comportaba como un perro callejero que no teme mostrar los dientes y morder para sobrevivir, que apenas se ha preocupado por el mundo en el que vive más allá de sobrevivir, tener un plato caliente en la mesa y una cama donde dormir. Si no tuvo olfato para el amor, Piaf sí lo tuvo para distinguir las oportunidades y la de Asso era una y no la dejó escapar, convirtiéndose en la mejor alumna.

Comenzó el refinamiento de Piaf. Aprendió dicción y a interpretar comprendiendo. Se alejaron del suburbio y Asso le prohibió el contacto con varias personas, entre ellas Mômone y el padre de Édith, que alcoholizado siempre que necesitaba dinero se acercaba a ella. Él comenzaba a ser un compositor reconocido que como Édith se había hecho a sí mismo y podía comprender la falta de afecto que perforaba el alma del pequeño gorrión. Algunos cuentan que la propia vida de Piaf fue fuente de inspiración de algunas de sus canciones. A base de insistir y trabajar, la gran oportunidad le llegaría a Édith cuando cantó en el principal palacio de la música de la ciudad, el ABC, donde actuaban las estrellas del momento. Salió al escenario acompañada de un acordeón y dispuesta a ganarse al público con sus cinco canciones. No solo se lo ganó, sino que la crítica la elogió por su progreso y refinamiento. La Môme había muerto y había nacido al fin Édith Piaf.

Comenzó giras por distintas ciudades de Francia y Bélgica, cantando solo por gratitud las canciones compuestas por Asso en los grandes cines y casinos. Él la había salvado y ella había dado el salto que necesitaba: de la calle a los cabarets y de los cabarets a los *music halls,* cantando esa *chanson réaliste* que a todos les atravesaba el corazón, aunque emergieran otros géneros como el jazz o el *swing.*

Mientras empezaban sus éxitos, la situación política era cada vez más delicada en Europa con los movimientos de Hitler y el nacionalsocialismo. Era tema de cualquier tertulia además de los augurios de una nueva gran guerra. Paralelamente Édith comenzaba a preguntar por sus contratos y su economía a Asso, que desde el principio lo gestionaba todo. Al cumplir 23 años, necesitaba mayor independencia y sentía al que se había convertido en su amante y pigmalión como un carcelero moral. La invasión de Polonia el 1 de septiembre fue el inicio de la guerra, la llamada a filas de Asso y la ansiada libertad de Piaf.

Durante los primeros tiempos, París vivió al margen de la guerra y los contratos a Piaf le llovían porque el público reclamaba más que nunca alegría y risas. «Mi misión es cantar. ¡Cantar pase lo que pase!».

PAUL MEURISSE

A comienzos de 1940 Édith Piaf conoció al cantante Paul Meurisse, con quien sostuvo una relación amorosa. Él la fue a ver a un *night club* y se quedó impresionado por el embelesamiento del público y de él mismo al verla cantar: «Estaba radiante, como recién salida de un cuadro del Greco». Se fueron a vivir juntos y Édith dejó los barrios bajos y se trasladó a zonas más bohemias *(bobós)* en los alrededores de los Campos Elíseos. Provenían de mundos opuestos y ella aprendió los modales de la clase adinerada a base de las carcajadas de Meurisse. El sentido del humor de su amante sobrevuela en la leyenda que cuenta que en una discusión Édith rompió todos los platos de una vajilla y él reaccionó comprando más porcelana en las Galerías Lafayette para que ella la rompiera de nuevo. Piaf comenzó a relacionarse con editores e intelectuales del momento, y sobre todos ellos estaba Jean Cocteau, a quien el destino, como ya he contado, le tenía preparada la muerte para el mismo día que a Édith. Pero antes de eso vivirían muchas aventuras, conversaciones y excelencias, como la obra de teatro *Le bel indifférent* que Cocteau escribió inspirándose en Piaf y Meurisse. A lo largo de su vida Édith protagonizaría varias películas y obras de teatro.

PIAF: SÍMBOLO ANTINAZI DURANTE LA OCUPACIÓN

Llegó la ocupación alemana a París, la esvástica ondeó en los Elíseos y Francia quedó dividida y la resistencia llegó al París ocupado y comprobó el poder de la censura. La ocupación alemana obligó a los artistas a registrarse en el *Propagandastaffel* y a presentar las letras de sus canciones para pasar por la censura. Tres canciones de Piaf fueron prohibidas: «Mon légionnaire», «Le fanon de la légion», «L'accordéoniste».

La ocupación seguía y ella sentía la necesidad de renovar repertorio, por eso la ocasión de interpretar la película

Montmartre-sur-Seine, donde fue actriz protagonista por primera vez en el cine, y poder sacar sus propias canciones lo vivió como una oportunidad. En el rodaje conoció a su nuevo amor, el periodista Henri Contet, hombre casado, que para intentar seducirla escribió varios artículos sobre ella y su interpretación y así consiguió su objetivo. La película se estrenó y, sin saberlo, Piaf se convirtió en el símbolo antinazi para la prensa alemana. Además hospedó a compositores judíos y los escondió de la barbarie alemana.

A finales de 1942 la escasez de alimentos era evidente con el emergente mercado negro que solo unos privilegiados podían costearse. Había apagones y toques de queda. Los judíos ya habían sido obligados a lucir la estrella de seis puntas amarilla. Édith llevaba más de un año fuera de París y decidió volver a la capital en señal de solidaridad, acto que fue agradecido y vitoreado por los que acudieron a su actuación en el ABC. Seguía viéndose con Contet, pero ella se negaba a ser la otra y él a dejar a su mujer. Su miedo a estar sola la llevó a alquilar un piso cerca de él, en la tercera planta de un edificio donde también se ubicaba un burdel de clase alta que le recordaría la vida de sus primeros años de infancia con su abuela paterna, Maman Tine. Finalmente Piaf se cansaría de no poder contar en exclusiva con Contet y buscaría refugio en otros amantes pasajeros.

Tuvo problemas con la censura alemana al negarse a retirar canciones de su repertorio por ser de autores judíos y fue reprendida con seis meses sin poder cantar. La guerra avanzaba, Francia había sido ocupada por completo por los alemanes y pocos veían la luz al final del túnel.

Édith no perdió la sonrisa y encontró en el burdel de madame Billy el lugar perfecto para organizar sonoras reuniones en las que terminaba cantando para unos pocos privilegiados. En esos tiempos se afianzó su amistad idílica con Cocteau que jamás romperían.

Édith no supo encontrar la justa medida y siempre se movía en los extremos. Fue criticada y admirada durante su gira por distintos campos de prisioneros mostrando su *solidarité* e inyectando moral a los derrotados. Al mismo tiempo, distribuyó a escondidas documentación, mapas y brújulas a los soldados, arriesgando su vida. Gracias a ella más de un centenar de soldados logró escapar debido a la documentación falsa que facilitaba. Durante sus últimos años se dedicó a apoyar a las familias de las víctimas o a actuar en galas benéficas para recaudar fondos. Como a muchas personas que perdieron durante esos años a seres queridos, la guerra la marcó. Ella perdió a su padre, del que no pudo despedirse, y ese dolor la acompañaría siempre. Al terminar la guerra, el alto tribunal la llamó porque figuraba entre las cantantes que habían sido permitidas en la radio nazi. Durante la ocupación tuvo que registrarse con el departamento de Propaganda alemana y aceptar que las letras de sus canciones fueran revisadas. Édith estaba en la lista, además, por sus viajes a Alemania. Édith contó su labor con la resistencia y también las ayudas para que fuera posible la huida de sus amigos judíos. «No hay sanción. Felicidades».

En julio de 1944, cuando la guerra estaba a punto de terminar, conoció a Louis Barrier, quien se convirtió en su agente. Empezó a manejar sus asuntos comerciales y obtuvo un contrato en el Moulin Rouge. El *show* lo abría Yves Montand, que hacía de telonero y de quien Édith se enamoró perdidamente. Aceptó la propuesta de ayudarle a cambiar de repertorio y compartir pasión y cama.

El joven cantante y actor la recordaba como: «Descarada, coqueta, graciosa y cruel a la vez, ciegamente dedicada a su profesión, ambiciosa (...). Una de esas personas que te hacían creer que eras Dios, que eras irremplazable». Fue un romance lleno de competitividad por la ascensión de Montand, que provocaba los celos de Édith. Siempre lo dulce en la vida de Piaf iba acompañado de alguna dosis de amargura. Durante aquella época su madre murió, a los 49 años, de una sobredosis. Édith no fue al entierro.

En la Europa de la posguerra, Édith parecía haberse quedado atrás porque sus canciones rememoraban una Francia que ya no existía. Ahora era, igual que el resto de Europa, un país con escasez de alimentos y cortes de electricidad. Necesitaba volver a conectar y apaciguar las críticas que comenzaban a florecer. Yves rompió con Édith a través de un telegrama, ella capeó la humillación con una frase lapidaria: «Me muero por concentrarme en mi trabajo. ¡Mis amantes me cuestan demasiado!».

Se focalizó en su trabajo como antídoto al sufrimiento, como había hecho antes. Como escribiría en una de sus críticas Henri Contet, uno de sus amantes: «Se acuesta con sus canciones, les da calor, las estrecha contra su pecho..., la poseen». Con 30 años, en 1946, Édith no se dio por vencida y grabó varias canciones nuevas con la discográfica Pathé, entre ellas uno de sus grandes éxitos: «La vie en rose».

A la conquista de América

El año 1947 fue muy importante para Piaf, conocería a dos personas que marcarían su vida: Marlene Dietrich, que la ayudaría en su carrera en Estados Unidos, y el amor de su vida, el boxeador Marcel Cerdan. Ese año Édith y Les Compagnons tomaron el *Queen Elizabeth* y pusieron rumbo a Estados Unidos. Desde ese momento sus giras al otro lado del océano se convirtieron en una constante, un valor que la llevaría a convertirse en una estrella mundial. Pero los principios no fueron fáciles en la tierra de las oportunidades. Aunque ni la estatura ni el físico de Piaf encajaban con el prototipo de belleza americana, Piaf estaba dispuesta a alcanzar el éxito al precio que fuese. Tomó clases particulares de inglés, de piano y estudió a fondo el carácter americano. Su primera actuación en Manhattan, el 30 de octubre, fue una celebración gracias a la concentración de estrellas de Hollywood, entre ellas Marlene. Pero la crítica no fue tan amable con Piaf, que estuvo a punto de volverse a París. Sin embargo, la fortuna le hizo sentir que debía volver a cantar en solitario y recuperar la *chanson réaliste* y su gran tema: «La vie en rose» hacía que el auditorio la pidiera entre vítores al final de cada actuación para volver a escucharla. Dietrich, a quien bautizó como el «hada buena», fue su refugio en Nueva York. A la actriz le resultaba de una ternura incomprensible el carácter autodestructivo de Piaf y su necesidad imperiosa de ser amada al precio que fuera. Marlene toleró las imperfecciones de Édith, no trató de forzarla más allá de sus límites para incluirla entre sus afectos y casi logró quererla de un modo desinteresado. Su complicidad íntima era tan manifiesta que durante una velada en Nueva York entonaron juntas el famoso tema «Mon légionnaire» y todo el mundo fue testigo del deseo contenido entre ambas. ¿Admiración o deseo? ¡Qué más da! Su amistad duró toda la vida, pero Dietrich se alejó cuando Piaf cruzó la barrera de las drogas. Su amor perduró a pesar del distanciamiento. Piaf fue enterrada con un colgante del que pendía la cruz de oro y esmeraldas que Marlene le había regalado algunos años atrás y que nunca dejó de ponerse antes de salir al escenario.

MARCEL CERDAN: SU GRAN AMOR

Aunque Édith seguía coleccionando amantes, su gran amor —reconocido por ella— fue el boxeador Marcel Cerdan. Se conocieron en París en 1945, pero el encuentro decisivo no se produjo hasta dos años más tarde, en un restaurante francés de Nueva York. Enseguida se gustaron, quedaron para cenar y compartieron una noche de hotel. Ella ganaba mucho dinero y estaba locamente enamorada. Compró una casa en París que incluía un gimnasio para que su amante no perdiera la forma física. Édith trató de culturizarlo, exigiéndole leer libros; no dejaba de regalarle costosas joyas y buena ropa. Asistía a las peleas con gran alegría y rezando fervorosamente para que no perdiera. Los dos estaban enamorados e intentaban verse siempre que podían. La fama de Cerdan subía a la par que la de ella. La prensa la acusó de «darle mala suerte» cuando perdió por primera vez un combate. Piaf no asistió al primer combate por el campeonato mundial, pero sí estuvo presente en el momento en que se proclamó campeón del mundo. «Le quiero tanto que cuando no está a mi lado no deseo seguir viviendo. Nunca en mi vida he querido de esta manera». No todo era perfecto, Cerdan estaba casado y tenía tres hijos y aunque trataron de ser discretos, la prensa los descubrió. Ni se rompió el matrimonio ni Cerdan dejó a Édith. Su medio hermana, Mômone, y durante momentos su peor enemiga, llena de celos y alcoholizada, amenazó con filtrar la historia a la prensa aportando fotografías. La cosa terminó con una nueva separación entre ambas y una demanda presentada y retirada a cambio de dinero. Édith la perdonó porque, a pesar de no tenerlo para ella sola, era feliz. Por primera vez veía la vida a través del amor, y fruto de ello salió uno de sus grandes éxitos, «Hymne à l'amour», con música de otra de sus grandes amigas, la compositora Marguerite Monnot.

Los compromisos de ambos hicieron que apenas pudieran verse en 1949 hasta que Édith celebró una nueva temporada en Nueva York. Ella hacía locuras por él y no cesaba de agasajarlo, mientras su prestigio como diva de la canción francesa en América subía como la espuma. Producto de ello fue la apuesta de Columbia por la estrella del momento y la grabación de dos álbumes.

La fortuna le sonreía a Piaf: profesional y personalmente. Nadie podía imaginar que llegaría la tragedia. Tuvo un ataque de celos porque Cerdan había decidido pasar por Casablanca para visitar a su esposa e hijos antes que ir a verla a ella; Cerdan, por adelantar su encuentro y por presión de Édith, cambió su billete de barco por uno de avión el 27 de octubre de 1949.

Nueva York despertó con la tragedia del avión desaparecido y poco después se confirmó que se había estrellado en las Azores. Édith no pudo más que gritar al conocer la noticia, lloró y trató de buscar consuelo intentando pensar que quizá Marcel había sobrevivido. Cuando todos esperaban que cancelara el concierto de aquella noche, ella decidió cantar. Nuevamente buscó refugio en su trabajo, en su pasión. Lo hizo con el corazón roto, el alma perdida y dejando claro que esa noche cantaba para Marcel Cerdan. Apenas pudo terminar su «Hymne à l'amour» antes de desmayarse.

La muerte de Cerdan la llevó a aferrarse a la fe, a buscar en la espiritualidad respuestas. Empezó a acudir a sesiones de espiritismo para intentar contactar con el espíritu del boxeador y esto dejó vía libre a ciertas personas para estafarla y enriquecerse a su costa. Comenzó a acercarse a la sociedad secreta de la Rosacruz y años más tarde, en 1956, acabaría uniéndose a la orden. La temprana muerte de Cerdan hizo que lo divinizara hasta su muerte e incluso se encargó económicamente de su viuda y facilitó a los tres hijos la educación que Cerdan hubiera querido para ellos. La casa de Boulogne, que había comprado para ellos dos, se convirtió en un albergue de amigos, compositores... Toda una corte de aprovechados que fueron mantenidos por Édith, que por encima de todo no soportaba estar sola. Comenzó el declive del que sería incapaz de remontar. Así fue como volvió a aparecer Mômone en su vida.

El descenso a los infiernos

Poco a poco y necesitada del amor pasional, comenzó a coleccionar amantes jóvenes, comprándoles a base de regalos caros y caprichos en todo momento. Eddie Constantine, quien tradujo al inglés «La vie en rose», o André Pousse, campeón de ciclismo que intentó que llevase una vida sana, fueron algunos de sus consuelos de alcoba. La tragedia parecía no abandonarla y llevarla por el camino menos correcto. Dos accidentes de tráfico con operación de urgencia incluida la llevaron a codearse con la morfina para apaciguar el dolor y, como consecuencia, volverse adicta a ella durante un tiempo prolongado. Mientras su carrera seguía la senda del éxito, su vida personal era un desastre por las drogas y su descenso a los infiernos. En aquella época Mômone se llevó, por venganza y maldad, todos los regalos y trofeos que Édith conservaba de Cerdan como un tesoro. Vendió algunos y regaló otros... Édith jamás la perdonó por ello.

Apenas fue consciente de haber creado en la casa de Boulogne una pensión, decidió vender la casa y regresar a París, intentando frenar el derroche incontrolable que hacía que sus ingresos nunca fueran suficientes. Siempre estaba al borde de la bancarrota.

Para sorpresa de muchos el 20 de septiembre de 1952 decidió casarse con el cantante Jacques Pills en Nueva York y con Marlene Dietrich como dama de honor. Su vida se articulaba en torno a las giras interminables de conciertos por América con su marido y su adicción no solo a la morfina, sino a la cortisona y a los somníferos. Vivía una realidad paralela y era capaz de llamar a quien fuera a altas horas de la madrugada si la música o alguna nueva canción lo requería. Su abuso de fármacos comenzó a causarle estragos en su sistema digestivo y en su físico, cada vez más deteriorado.

Una vez casada, siguió coleccionando amantes y bebiéndose la vida con esa ansiedad de quien necesita consumir pasión y aventuras fuertes. No sería hasta junio de 1956 cuando anunciaría en un comunicado conjunto su separación oficial del señor Pills. Sus cócteles a base de analgésicos, estimulantes, barbitúricos, antidepresivos y tranquilizantes para aguantar el ritmo de los conciertos y los demonios interiores eran cada vez más fuertes, y todo para seguir como fuera en ese carrusel de vida que la estaba agotando por completo.

«Después de Jacques (Pills) reanudé mi larga búsqueda del amor. Pero era como si hubiera estado jugando a la gallina ciega». Y entre los amantes que aparecieron por su vida, llegó un joven Georges Moustaki. Ella seguía con su lucha por superar sus adicciones y su frágil estado de salud era cada vez más preocupante. Lo que le hacía mantenerse viva y resurgir de las cenizas era su trabajo, tener un amante que evitara su soledad en la cama y que además pudiera ejercer de mentora con él. Así fue su relación con el joven compositor que le dio algo más que amor: otro de sus grandes éxitos, «Milord», y dos nuevos accidentes de coche que la mantuvieron varios meses en rehabilitación con la convicción de que habían sido advertencias del cielo. Su tormentosa y apasionada relación terminó en 1959. Según describió Georges Moustaki su relación con la cantante en una entrevista en *El País* (2007): «Pasé un año tan apasionante como doloroso con esta mujer a la vez autoritaria y sumisa, femenina y cortante».

Édith Piaf se consumía por sus problemas de úlcera, provocados por el exceso de medicamentos. Llegó a pesar tan solo treinta y seis kilos. Una operación por úlcera sangrante se sumó a esa concatenación de muertes y resurrecciones en la que se había convertido su vida. Todos empezaban a pensar que se acercaba el final cuando fue ingresada de urgencia por un dolor agudo en el estómago. Un fallo hepático grave la había dejado en coma. Despertó pero su estado era muy frágil y apenas tenía voz. En ese momento todos creyeron que la carrera de Piaf había terminado, aunque ella no perdía la esperanza de recuperar la voz.

«Non, je ne regrette rien»

Parecía que el pequeño gorrión se apagaba, pero sucedió el milagro. Escuchó por primera vez de la mano de su compositor Charles Dumont, «Non, je ne regrette rien». Como el resurgir del ave fénix, aquella canción la devolvió a la vida y supo que debía cantarla y no solo eso, sino que este acontecimiento le permitió volver al Olympia para sacarlo de la ruina y dar lo mejor de ella misma. Corría el año 1960 cuando Édith Piaf resurgió con el aforo completo en la mítica sala Olympia y se ganó de nuevo el corazón de los presentes, que vivieron atónitos el resurgir del pequeño gorrión. Según cuentan, salió más de veinte veces a recibir los aplausos y vítores de un público extasiado de amor a Piaf. La nueva canción la convirtió para siempre en el gran mito francés de que no hay que lamentarse y tomar la vida con las garras como ella misma lo cantaba. Después de sus actuaciones en el Olympia, su deterioro físico proseguía a una velocidad preocupante. Édith solo vivía para cantar, el resto del tiempo apenas se movía de la cama. Estaba enferma, hacía unos meses le habían diagnosticado un cáncer, pero ella quería, necesitaba, seguir cantando. Aunque la salud no le dejó pisar otro escenario más, ella no abandonó la música. En 1962 se había vuelto a casar con un joven peluquero griego y afeminado de 23 años llamado Theophanis Lamboukas (Théo Sarapo) con quien compartió sus últimas actuaciones en el Olympia.

Édith Piaf murió apartada de los escenarios, acompañada de su marido y su pequeño séquito, a los 47 años. Según cuentan Pierre Duclos y Georges Martin en el libro *Piaf*, la cantante murió en «los brazos de Danielle Bonel, su secretaria y confidente durante toda su carrera». Su cuerpo se trasladó de forma ilegal y clandestina a su domicilio de París del Boulevard Lannes. El arzobispo se negó a concederle un funeral religioso por su vida amoral y llena de excesos. La musa de la *chanson* fue enterrada el 14 de octubre de 1963 acompañada por más de cuarenta mil personas que acudieron entre sollozos a despedirla. La muchedumbre se amontonaba y saltaba entre las tumbas para poder despedirse de ella. Desde la Segunda Guerra Mundial nada había paralizado las calles de París. El abate Leclerc, capellán de la farándula, fue quien finalmente le otorgó la bendición en el momento que el ataúd descendía a la tumba. Entre los miles de seguidores presentes estuvieron su marido Théo Sarapo, Marlene Dietrich y Paul Meurisse, entre otros.

Cuando se abrió el testamento, Théo Sarapo aparecía como el único heredero de Édith Piaf. Para muchos eso le colocó en la lista de aprovechados gigolós cazafortunas que estuvieron alrededor de la cantante. Théo jamás respondió a crítica alguna y todos interpretaron su silencio como una confirmación de las sospechas. Sin embargo, siete años después Sarapo volvió a ser noticia de primera plana en los periódicos. Se había suicidado. Sobrevivió hasta agotar la «fabulosa» herencia recibida de su mujer: una lista interminable de deudas. Cuando hubo pagado hasta el último centavo, se quitó la vida. En su mesilla de noche hallaron una tarjeta que decía: «Pour toi Édith, mon amour».

Una de las grandes tragedias de amor escritas

Incluso después de muerta, Édith Piaf protagonizó una de las grandes tragedias de amor escritas. La vida de Piaf fue ese carrusel perverso que te ofrece estar en lo más alto y descender a los infiernos a la velocidad del viento. Quizá su éxito no se hubiera consagrado en el desgarro si su vida no hubiera desfilado tanto tiempo por un acantilado. Édith Piaf sigue despertando las almas que, como ella, necesitan el calor de una noche con destellos de una pasión olvidada. Menuda de cuerpo, de vida breve, pero con un arrebato que la llevó al olimpo de las estrellas, aunque venía de los bajos fondos. Siempre buscó desesperadamente el amor, pero fue su soberbia la que la ayudó a desafiar la vida, a enfrentarse a ella con descaro y garra..., para vivir sin mirar atrás.

Capítulo 5

Cleopatra

*Creyó que por seducción gobernaría el mundo
y fue lo que la destruyó*

69 a. C.-30 a. C.

«Cuando Antonio y Cleopatra remontaron el
Nilo, lo llenaron de tanto amor que el propio
río se avergonzó porque no cabía en su cauce».
No digas que fue un sueño, Terenci Moix

«Todo cuanto hacía Cleopatra lo hacía con total entrega: cuando amaba, amaba sin límites;
cuando odiaba, lo hacía con fervor; cuando sufría era con todo su corazón. [...] Cleopatra era
calculadora: aun frente a frente con la muerte,
se guardó de obrar irreflexivamente».
César y Cleopatra, Philipp Vandenberg

«Cierto es que con ella engendró por vez postrera la dinastía de los Ptolomeos una grandiosa personalidad, cierto que ella era inteligente, activa, hechicera, pero también soberbia, cruel y despiadada; tenía una autodisciplina y una fuerza de voluntad que producían una impresión inquietante».

Cleopatra, una reina en tres culturas,
WOLFGANG SCHULLER

Cleopatra es quizá el mito sobre una mujer que más se repite a lo largo de la historia, pero llevado a su máximo exponente. Ella es el poder de la seducción femenina en mayúsculas. Poder descalificado a lo largo de la historia por los hombres que temieron e ignoraron por igual a la mujer. Los historiadores coetáneos, de los que nos llega la historia contada, la tacharon de «puta», «reina demente» o «reina meretriz». Ella, aunque no nació reina, reinó y asesinó por ello a sus propios hermanos; se alió con Roma para mantener su poder; tuvo un hijo con César y se casó y tuvo más descendencia con quien estaba predestinado a ser el sucesor: Marco Antonio. Nada era más importante que conservar su reinado y, como buena estratega, hechicera del amor y buena conversadora, logró más de lo que muchos hubieran conseguido. Eran tiempos convulsos para una mujer tan admirada como deseada; avanzada además de especializada en ciencias y ungüentos.

Mucho se ha escrito sobre sus cosméticos y remedios naturales, entre ellos uno para la calvicie. Apenas quedan retratos de su figura; y no hay bustos que puedan ser atribuidos inequívocamente a ella. Debemos conformarnos con las caras de unas antiguas monedas que muestran detalles de sus facciones que poco tienen que ver con la simetría griega, a pesar de ser sus orígenes. Nariz aguileña y de aspecto varonil, resulta difícil creer que con esas facciones fuera capaz de seducir a medio mundo. Esas monedas no pueden considerarse como un referente exacto de su verdadera fisonomía, pues la exageración de sus rasgos y su masculinización pudiera deberse a querer dar mayor credibilidad a su poder. Las monedas no dejaban de ser una poderosa pieza de propaganda de la época y la semejanza a sus ancestros, los Ptolomeos, tal vez fuera una estrategia para legitimar el gobierno de una joven reina. Su gran nariz ha dado mucho que hablar a lo largo de la historia y ha provocado frases tan conocidas como la de Blaise Pascal de «si la nariz de Cleopatra hubiese sido más pequeña, toda la faz de la tierra hubiera cambiado», pues en realidad estas palabras ocultan otra leyenda: que Cleopatra perdió la batalla de la seducción de Octavio por su gran nariz.

PRIMERA GRAN CELEBRIDAD DEL MUNDO

El tiempo ha hecho de ella, sin lugar a dudas, la primera gran celebridad del mundo. Cada época ha sabido trasladar su historia, engrosar la leyenda y hacer de Cleopatra el gran mito erótico de la Antigüedad que tuvo todo lo que ambicionó, pero no se libró del trágico final de aquellos que no son llamados a residir en el olimpo de los dioses. Cleopatra fue una diosa en vida, incluso César le rindió tributo como Isis en Roma, y ella supo alimentar esa creencia; así se convirtió en la «gran maga», «gran diosa madre», «reina de los dioses», «fuerza fecundadora de la naturaleza», «diosa de la maternidad y del nacimiento»... Ella reinó a pesar de muchos, consiguió contener con su poder de seducción las fauces del voraz Imperio romano y mantener así la independencia de Egipto. Fue la última gran reina de Egipto y uno de los grandes personajes femeninos de la historia, y a pesar de haberse derramado tanta tinta sobre ella, es de los personajes más distorsionados. Los historiadores de la época se encargaron de lanzar campañas muy duras contra Cleopatra, tachándola de pervertida, peligrosa, promiscua, de reina ramera que fornicaba con sus sirvientes, e incluso ha perdurado más de dos mil años la leyenda de que el hombre que se negara a acostarse con esta mujer poderosa era ejecutado de inmediato.

De poco consuelo sirve saber que jamás llegaremos a borrar la deformidad en la narración de los acontecimientos de aquellos que aniquilaron de la historia sus verdaderos logros tan solo porque era una mujer. Es decir, lograr tener una visión más allá de sus conquistas sexuales y de sus dotes de seducción. Políglota, gran estratega, cultivada, caprichosa y tan terriblemente ambiciosa como soberbia.

El historiador de la época Plutarco, que la odió mesuradamente, llegó a decir que «su feliz personalidad dejaba en la mente un aguijón que penetraba en todos. Si Platón en sus estudios reconocía cuatro tipos de halagos, ella tenía mil». Cuando lo perdió todo y para evitar la humillación de ser paseada como un triunfo por Roma, murió por la picadura de un áspid. Su legendaria muerte sigue siendo objeto de polémica, pues hay quien se inclina a pensar que murió por una mezcla de venenos que solía llevar siempre escondidos entre sus prendas. Cleopatra convivió siempre con la muerte y con la vida; buscó la gloria a cualquier precio; quiso ser inmortal y, aunque no consiguió en vida sus objetivos..., quizá esté disfrutando con su sonrisa altanera desde el más allá, pues, en cierto modo, y aunque con la imagen distorsionada, se ha transformado en una venerada inmortal en la memoria colectiva.

LA ÚLTIMA REINA DEL ANTIGUO EGIPTO

Cleopatra Filopator Nea Thea, futura Cleopatra VII o simplemente Cleopatra, nació en el año 69 a. C., hija de Ptolomeo XII y Cleopatra V. Ella se convirtió en la última reina del Antiguo Egipto perteneciente a la dinastía ptolemaica, fundada por Ptolomeo I, uno de los generales de Alejandro Magno que creó su propia dinastía e inició el periodo alejandrino o helenístico de Egipto. Adoptaron rápidamente tradiciones egipcias, como los enlaces entre hermanos, y establecieron como capital al pueblo de Alejandría, que pronto se convertiría en el centro comercial e intelectual más importante de Oriente. De la quincena de matrimonios que hubo, al menos diez fueron entre hermanos y esto no provocó deformidades físicas pero sí continuadas crisis sucesoras que terminaron por extinguirlos y quedar definitivamente anexionados al Imperio romano de César Octavio. Los matrimonios entre hermanos concentraron riquezas y poder, pero también aumentó el número de asesinatos y conspiraciones para quedarse con el trono. Fueron varias Cleopatras las que envenenaron a sus maridos, asesinaron a sus hermanos para después dedicar en nombre de ellos fastos monumentos. Pero solo una fue divinizada en vida: Cleopatra VII. Se suele poner en duda su parentesco directo con Alejandro Magno, parece ser que no era una pura sangre ptolemaica, pues según los estudiosos su nombre y su propiedad eran enteramente de la aristocracia macedonia. Cleopatra —que significa «gloria de su patria»— rompió varios moldes, como el de que hubiese que concentrar el máximo poder en los hombres, aunque para ello tuviera que asesinar a dos de sus hermanos. Ella se crio en un lugar donde se consideraba a las mujeres de una manera muy singular, pues tenían derecho a concertar su propio matrimonio; mantenían su nombre tras el enlace; estaba permitido el divorcio; y varón y mujer eran iguales ante la ley, en contraste con el derecho griego y el romano. Ellas eran el complemento del hombre, mientras que para los griegos la mujer no dejaba de ser «una menor de edad eterna». Ellas podían manejar su propia herencia o estar al frente de un negocio. Casadas, divorciadas o viudas poseían sus propias casas, esclavos y camellos. También es cierto que fueron muchas las mujeres que alcanzaron la erudición en medicina, matemáticas, pintura y poesía. En casi todo el mundo, incluso allí, las mujeres educadas eran tachadas de peligrosas, aunque en Egipto pudieran pasar más inadvertidas. La época ptolemaica —305 a. C.-30 a. C.— fue frondosa para las mujeres, algunos historiadores apuntan que durante un tercio de ese periodo el gobierno estuvo en manos de las mujeres.

El resto del mundo contemplaba absorto esa extraña, rica y ostentosa civilización, capitaneada por su río Nilo, que parecía contravenir la naturaleza, creciendo en verano y reduciendo su caudal en invierno. Ellos funcionaban a su manera, opuesta al orden establecido. Tanto era así que el propio historiador griego Herodoto definió el exclusivo proceder con su famosa frase: «En Egipto las mujeres orinaban de pie y los hombres en cuclillas». En la cima de esa envidiada y asombrosa civilización, en la época ptolemaica, brillaba la fastuosa Alejandría. Ciudad fundada por el primer Ptolomeo y que se convirtió en el centro de ocio, cultura y conocimiento del mundo antiguo, donde colosales esfinges y halcones dibujaban los caminos hacia los centenares de templos. Una ciudad que albergaba riqueza en cada uno de sus azulejos, con oro en sus paredes y la mítica biblioteca que llegó a acumular más de setecientos mil volúmenes, y que en la época de Cleopatra sufrió un devastador incendio.

Cleopatra, gran comunicadora

Cleopatra fue la segunda de cinco hermanos, tres mujeres y dos hombres. Es sabido que fue alumbrada en el palacio de Alejandría, criada por una nodriza y un criado encargado de masticar previamente cualquier alimento que fuese a tomar la pequeña. Le gustaba jugar con casas de terracota, tuvo muñecas y caballos de madera. Al igual que su hermana mayor, Cleopatra fue educada para ocupar el trono y, desde bien pequeña, tuvo que lidiar con altos funcionarios de la corte, eruditos y políticos que ponían a prueba sus habilidades para gobernar. Se educó en la excelencia con los sabios que habitaban en la biblioteca, algunos de ellos hombres de ciencia que se convirtieron en tutores para que tuviera al alcance de la mano un amplio conocimiento. Se sabía ya que la Luna influía en las mareas, que la Tierra era redonda y que giraba alrededor del Sol. Una ventaja que le sirvió para gobernar con sabiduría en plena decadencia de su era.

Se sometió a una ardua disciplina para el estudio, y, como todo buen erudito en el Antiguo Egipto, llegó a recitar de memoria la *Ilíada* y la *Odisea* de Homero. Apenas se sabe nada de su madre, que murió cuando Cleopatra tenía 12 años. Fue a esa edad cuando comenzó a estudiar filosofía y oratoria, ciencia que dominaría con brillantez, pues aprendería a controlar sus pensamientos, sus actos y saber que la forma era más importante que el contenido. Así lo inmortalizó Cicerón al señalar la elocuencia como la luz de la razón. Su talento para hablar y comunicar se convertiría en una de sus principales bazas para la seducción, pues medía a la perfección el tono, el ritmo, la cadencia, la respiración y los silencios como una coreografía perfectamente hilvanada creada para hipnotizar a todo aquel que la escuchara.

Apenas había terminado su educación, cuando su padre enfermó gravemente. Hacía cuatro años que había recuperado el trono, estrangulando a su primogénita Berenice IV, quien años antes le había arrebatado el poder. Con la muerte en los talones, era sabedor de que debía dejar Egipto en manos de su segunda hija. Corría el año 51 a. C. cuando la joven de tan solo 17 años y su hermano Ptolomeo XIII, de 9, ascendían al trono convertidos en marido y mujer. Fue la única de los Ptolomeos que estudió el idioma que hablaban los siete millones de conciudadanos, aunque según Plutarco no fue la única lengua que aprendió sino que llegó a dominar varios idiomas, como el hebreo o el arameo.

LA LUCHA POR ACCEDER AL TRONO

Cleopatra aspiraba a ocupar el trono en solitario y pronto comenzaron las conspiraciones y la lucha por el poder entre los cónyuges y hermanos. Aunque Egipto era un reino independiente, en aquella época ya andaba bajo la influencia y protección romana. Ptolomeo XIII, bajo la tutela e influencia de Potino, intentó en el año 48 a. C. deponer a Cleopatra, que, viendo peligrar su vida, tuvo que abandonar Alejandría y organizar su ejército desde el exilio en

Siria. Dio comienzo una guerra civil entre hermanos en la que tenía todas las de perder la joven Cleopatra. Pero la fortuna quiso que no fuera así, y la confluencia con la segunda guerra civil de la república romana cambiaría el curso de los acontecimientos.

Fue cuando el mismo Julio César apareció en escena como salvador y posterior amante de Cleopatra. En la persecución por esos lares de su enemigo Pompeyo, líder de la facción conservadora del Senado que buscaba cobijo en Egipto, se encontró con la lucha por el trono de los dos hermanos. Por amor, ambición o, como reza la leyenda, por unos vientos desfavorables, Julio César decidió interceder en la lucha de poder.

Ptolomeo XIII, aconsejado por Potino, ordenó decapitar al enemigo de César, Pompeyo, y a la llegada de César a Alejandría, le regaló la cabeza del general. La reacción fue contraria a la esperada. César se encolerizó y mandó a sus soldados que encontraran el cuerpo de Pompeyo para que fuera enterrado con el honor que se merecía todo buen romano. Decidió instalarse en el palacio real y exigir la presencia de los dos hermanos para terminar con la contienda.

La historia se hace leyenda en cómo Cleopatra se las ingenió para conseguir presentarse ante César, pues tenía vetados sus pasos hasta la capital desde hacía meses. Se hizo envolver —la leyenda dice desde desnuda a cubierta con una sencilla túnica— en una rica alfombra y así fue transportada a hombros de un sirviente. De ese modo, no encontró obstáculos para llegar ante César como si fuera un rico presente. La reacción del romano frente al inesperado regalo fue de absoluta subyugación al contemplarla, y más aún cuando la escuchó hablar. Cleopatra sabía que, en el peor de los casos, era mejor para ella quedar prisionera del romano y no de su propio hermano, que no deseaba otra cosa que matarla. Aunque cayó cautivado, César insistió en reunir a los hermanos para que compartieran reino. Ptolomeo XIII, sorprendido por cómo su hermana había conseguido llegar y por la oferta de César, salió de palacio desprendiéndose de la corona y gritando al cielo la traición de Cleopatra y del romano. Los hombres de César lo apresaron y lo devolvieron a palacio, quedando bajo arresto.

Potino, que tenía conocimiento de las artes persuasivas de Cleopatra y sabedor de la influencia que se podía ejercer sobre el joven Ptolomeo XIII, decidió interceder de nuevo y trató de envenenar en palacio a César, que fue alertado por su barbero de las intenciones del eunuco. Llamó también en nombre de Ptolomeo a la rebelión de los alejandrinos frente a Roma, aliada con su hermana Cleopatra, y reunió tropas al mando del antiguo centurión romano Aquilas, quien ordenó sitiar el palacio real. Arsione, la otra hermana, se unió a Ptolomeo XIII y fue proclamada también reina. Cleopatra no tenía otro destino que mantenerse al lado del romano, aislado en palacio. Se desata entonces la guerra de Alejandría, por lo que César deberá usar sus grandes dotes de estratega y derrocar a los veinte mil hombres de Ptolomeo XIII para nombrar reina a Cleopatra.

Cleopatra y César quedaron recluidos en el gran palacio, que contaba con más de cien habitaciones decoradas con marfil, oro y preciosas alfombras persas, y decenas de jardines repletos de fuentes y estatuas. El lujo se hacía presente en la decoración con piedras preciosas, caros mosaicos y puertas de cedro. Estaban aislados, encerrados en palacio, y ella sola poniendo en manos del romano su destino, su futuro e inclusive su vida.

Ante la posibilidad de que el enemigo se hiciera con los nueve barcos romanos, César se arriesgó a incendiarlos y a enviarlos frente a los egipcios. Esto provocó el caos en el puerto y uno de los incendios que sufrió la biblioteca de Alejandría, que le ocasionaría grandes daños. Aunque parece ser que no se destruyeron, como se escribe en algunas fuentes, cuatrocientos mil manuscritos, sino solo cuarenta mil.

El asesinato de Potino provocó la rebelión en masa del pueblo frente al romano y Alejandría se convirtió en un polvorín, aunque César no desaprovechó una ventaja: las desuniones y traiciones entre Ptolomeo XIII y Arsione.

Mientras la guerra se desarrollaba más allá de las puertas de palacio, César y Cleopatra estuvieron encerrados seis meses bajo el mismo techo y por las noches compartieron el lecho. Ningún soberano romano había hecho tanto por Egipto como César. La despojó de todos sus enemigos y despejó el terreno para que Cleopatra pudiera gobernar en solitario. Con la guerra de Alejandría, ella obtuvo todo cuanto deseaba a cambio de agasajar al romano con buenas costumbres y delicadas artes de seducción.

César y Cleopatra

La diferencia de edad entre ambos apenas importó. Cleopatra acababa de cumplir los 21 y Julio César tenía 52. El romano era caprichoso, lector empedernido, de una curiosidad insaciable y derrochador de lujo. Tanto era así que, incluso estando en campaña, aprovechaba para coleccionar mosaicos, mármoles y gemas. Se dice que una sola perla para una amante podía costar el equivalente de la paga anual de un millar de soldados. Cleopatra le ofreció lujo y le brindó buena conversación sobre Egipto, lugar que tanto interés como misterio despertaba en César. Según explica Stacy Schiff, en su biografía sobre Cleopatra: «César descubrió que Cleopatra se asemejaba a Egipto en muchos sentidos; perderla era una lástima; conquistarla, un riesgo; gobernarla, un quebradero de cabeza».

Alejandría, una ciudad de apenas siete kilómetros de extensión, rezumaba lujo, pues era un paraíso de baños, templos, teatros y altares. Durante el día se convertía en un gigantesco mercado lleno de puestos de especias y otros tesoros de la tierra, prostitución, acróbatas y adivinos. Un lugar donde convivían en una turbadora armonía el lujo intelectual con la sensualidad más grotesca y cautivadora. *A posteriori,* no son pocos los que la bautizaron como el París del mundo antiguo por su mezcla de sensaciones tan propicia para el ocio, el amor, la poesía y el desenfreno.

En ese ambiente belicoso y al tiempo tan seductor, Cleopatra aprovechó el tiempo para agasajar al romano con banquetes copiosos, repletos de rosas que disimulaban su embriaguez, inciensos incitadores para el buen sexo y multitud de esclavas dispuestas a cualquier tipo de entonación.

Llegó la última batalla en la que César se vistió con su armadura de oro y salió a combate para mostrar su poder y clemencia a los alejandrinos. Salió victorioso, pero Ptolomeo XIII murió ahogado durante el combate, no sobrevivió a la batalla y dejó el camino libre a Cleopatra.

César debía restaurar la paz de Egipto y resultar creíble para Roma, pues pocos entendían cómo era posible que hubiera desatendido la guerra civil de la república para lidiar en la guerra entre hermanos en un imperio menor. La mayoría apostaba que había sido por el hechizo de Cleopatra, por sus poderosas artes de seducción. Si bien era cierto que la estabilidad en Egipto era crucial para Roma, pues era la que abastecía a la república de cereales..., para acallar rumores y no perder credibilidad, César decidió ponerla en el trono de nuevo, pero planeó que se casase con su otro hermano, Ptolomeo XIV.

Cleopatra comenzó su segundo reinado en el año 47 a. C., con Roma de aliada y César en su lecho. Aunque él tenía fama de seductor empedernido, puede que no solo les uniera el amor sino el poder interesado. En el fondo, ambos eran almas solitarias rodeadas de cortesanos enemigos que buscaban la oportunidad para quitarles el poder. César no era el favorito de la aristocracia romana ni Cleopatra la reina admirada por los griegos, pero los dos contaban con el beneplácito del pueblo, por su gran oratoria y por su carisma por encima de todas las cosas.

Cumpliendo con la tradición, y para sellar su alianza política y personal, Cleopatra y Julio César emprendieron un fastuoso crucero por el Nilo que sirvió para demostrar su poder al mundo, así como el embarazo de Cleopatra, que dio a luz al hijo de ambos: Ptolomeo César, más conocido como Cesarión. Cleopatra se mostró ante sus súbditos como la reina diosa y enseñó a César la magnificencia de su imperio, con sus vastos oasis, sus tierras fértiles, sus templos y sus pirámides. Vivieron en un palacio gigante flotante, continuamente agasajados por los súbditos, que los recibían en la orilla con centenares de regalos. César fue testigo de la que era considerada por los historiadores la tierra más productiva del Mediterráneo, única en la que los cultivos crecían y se regaban por sí solos. Un lugar admirado por su poder de fecundación, un poder que se repartía también entre sus mujeres, como Cleopatra. El milagro se produjo con el nacimiento de su primer hijo varón, pues César había perdido a su única hija y durante sus tres matrimonios no tuvo al deseado heredero.

César abandonó Egipto para ocuparse de las revueltas en Roma, pero dejó a doce mil legionarios para proteger a Cleopatra. Ella se convertía en madre a los 22 años y se aseguraba un futuro poderoso, engendrando al hijo de Julio César. Aunque los dos estaban casados, eso no significaba un inconveniente para la reina, pues a pesar de que no pudiera difundir al mundo quién era el padre de su hijo, ya le servía para desbancar a su hermano en el trono. Enseguida hizo acuñar monedas en las que su hijo aparecía como hijo de la propia diosa Isis, una representación de lo que Cleopatra comenzaba a significar iconográficamente para su pueblo. Su poder había crecido en pocos meses y con inteligencia y astucia se había encargado de manejar la economía, de negociar con las potencias extranjeras, de supervisar el calendario de siembra y el reparto de alimentos, además de ocuparse también de la construcción de nuevos templos que reflejaran su incremento de poder. La reina llevó y adaptó varias costumbres egipcias, entre ellas el calendario alejandrino de doce meses de treinta días cada uno. Ella consiguió sanear la economía, que las artes florecieran y que la población creciera.

Con el imperio estabilizado política, económica e internamente, Cleopatra se dispuso a viajar a Roma con su hijo Cesarión de más de 1 año, con un numeroso séquito real y su hermano-marido, Ptolomeo XIV. Más de diez mil kilómetros o, lo que es lo mismo, diez semanas de viaje para reencontrarse con su amado y reforzar sus alianzas e intereses conjuntos.

Se instaló en la casa de campo de César y observaba sorprendida desde lo alto de la ladera aquella Roma que por aquellos tiempos ya albergaba el millón de habitantes. Una ciudad que escondía bien, al contrario que Alejandría, sus riquezas y mostraba sus demonios y caos.

Roma celebró la victoria de César en Egipto y premió a sus soldados con varios meses de sueldo. Cleopatra no se sentía demasiado cómoda en ese lugar, húmedo y frío, en el que las mujeres apenas gozaban de los mismos derechos que un animal. Allí las mujeres no podían conservar ni su apellido y su pureza dependía de llevar una vida esclava, donde se las prohibía participar tanto de lo público como de lo intelectual. Apenas salía de la villa de César y allí recibía visitas del mismo y de sus aliados.

La serpiente del Nilo

Durante ese periodo se empezó a labrar la «leyenda negra» sobre Cleopatra y sus perversos poderes. La clase alta romana, tan en discordia con Julio César, comenzó a difamarla, bautizándola como la serpiente del Nilo. Los patricios querían detener las ansias de gobierno de César y Cleopatra; porque una soberana de un reino vasallo no podía conquistar el poder de Roma. El enfrentamiento absoluto fue la estatua de Cleopatra en oro a escala real que César mandó erigir al lado de la diosa Venus. Algo que para la reina del Nilo era habitual, para los romanos, poco acostumbrados a mezclar dioses y humanos, fue todo un desafío de poder. Estaba claro que su presencia incomodaba a muchos porque ella amasaba una fortuna infinitamente superior a la de cualquier romano.

Con apenas 2 años, Cesarión fue reconocido oficialmente por César y así se convirtió de inmediato en una nueva amenaza. Cleopatra extendió sus brazos y dejó sentir su arrogancia y poder sobre los que la rodeaban. En febrero del año 44 a. C., César fue nombrado dictador vitalicio, y recibió un sinfín de privilegios. Su poder crecía en la misma medida que acumulaba enemigos, que veían con mayor claridad las ambiciones monárquicas de César y sus obsesiones absolutistas, como señalaba el hecho de llevar la corona de laurel.

Llegó el famoso 15 de marzo del año 44 a. C., Julio César acudió al Senado acompañado de algunos de sus más estrechos colaboradores y al sentarse en su trono, fue acuchillado veintitrés veces hasta caer desplomado. Este acontecimiento marcó el fin de una época y supuso la ruptura total de los sueños imperiales sobre Roma, que algunos colocaron entre las aspiraciones de Cleopatra. ¿Alguien ha sabido explicar por qué la reina de Egipto pasó tanto tiempo en Roma?

La vida de Cleopatra y su hijo corría peligro y, parece ser que con la ayuda de los partidarios de César, huyó precipitadamente. Además, durante la huida se dio cuenta, con sorpresa, de su nuevo embarazo, que podía cambiar el rumbo de los acontecimientos. A diferencia de Cesarión, ese hijo había sido engendrado en suelo romano. El sueño duró poco, pues Cleopatra abortó en el viaje, y Roma decidió seguir como protectorado de Egipto y no derogar los privilegios que había concedido César. Aunque todo ello era por el momento pues, tras el asesinato de Julio César, Roma se preparaba para una nueva y sanguinaria guerra civil.

Cleopatra regresó a su tierra con 26 años y la promesa de que jamás volvería a pisar Roma, aunque tampoco la perdería de vista. Egipto gozaba de una época de tranquilidad y prosperidad y Cleopatra volvió a tomar el mando con astucia y rigor. No tardaron, sin embargo, en llegar nuevas amenazas a su trono por parte de su hermana Arsione desde el exilio. Quizá fuera por precaución o por evitar tropezar dos veces con la misma piedra, Cleopatra mandó asesinar a su marido-hermano, Ptolomeo XIV, para impedir la supuesta anexión con Arsione.

Con el nombramiento de Cesarión, que solo contaba con 3 años, como faraón, comenzó el tercer reinado de Cleopatra en Egipto. Nadie podía imaginar que su destino iba a ser trágico. Cleopatra había vuelto reforzada de Roma e hizo crecer su simbiosis con la diosa Isis para que la supersticiosa población le rindiera mayor devoción.

Cleopatra y Marco Antonio

Pero en el año 43 a. C. el río Nilo anegó las tierras y las desgracias en forma de pobreza empezaron a asolar al pueblo. Cleopatra abrió sus graneros y repartió alimentos para evitar mayores lamentos. Al mismo tiempo, la guerra civil romana llamaba a las puertas de Egipto, el problema era elegir al adecuado representante de la república. Equivocarse podía significar su fin y, aunque Cleopatra intentó mantenerse al margen, fue del todo imposible no tomar partido. Evitó el tema durante más de dos años, y ello la obligó a tener que dar explicaciones a los vencedores Marco Antonio y el joven Octavio. Dos aspirantes al trono de Roma pronto enfrentados pero en ese momento unidos para derrotar a los asesinos de César: Casio y Bruto.

Octavio y Marco Antonio decidieron repartirse el Mediterráneo y gobernar el mundo desde dos puntos diametralmente opuestos. Desde la frialdad y cálculo de uno al temperamento y el ímpetu del otro. Marco Antonio quedaba al mando de Oriente y Cleopatra debía rendir cuentas ante él. Era caprichoso, mujeriego, de carácter temperamental, impulsivo y carente de templanza.

Se instaló en Tarso y convocó allí a la reina de Egipto. Ella tenía 28 años, y él, 42. El desembarco de Cleopatra fue mucho más que deslumbrante, pues su deseo era convertirse en la diosa del amor y apoderarse del corazón de Marco Antonio. La soberana se anunció ante él como «Afrodita acude ante Dioniso por el bien de Asia». El propio Marco Antonio había sido aclamado como ese dios al llegar a Tarso.

Conociendo las extravagancias y la mente caprichosa de Marco Antonio, Cleopatra organizó, durante cuatro días y cuatro noches, los banquetes más esplendorosos posibles e hizo servir la comida con vajillas de oro, repletas de piedras preciosas. Siempre con la falsa y humilde promesa de Cleopatra de que al día siguiente lo haría mejor. La cuarta noche lo que se encontró Marco Antonio fue un lecho cubierto de rosas. No solo le aseguraba un festín en la cama, sino su poder económico en un momento en el que las arcas de Roma estaban vacías.

Apenas necesitó de unas pocas semanas para conseguir su objetivo: la rendición de Marco Antonio. No tardó en ver los frutos de su conquista con la condena a muerte de su hermana Arsione, prisionera de Roma. Más tarde

Marco Antonio abandonó a su mujer Fulvia y se entregó en cuerpo y alma a Cleopatra.

El romance entre Marco Antonio y Cleopatra ha provocado ríos de tinta y se ha situado entre el imaginario colectivo como sinónimo de la pasión. Fueron doce años —del 42 a. C al 30 a. C.— de relación turbulenta, de distancias, matrimonios de conveniencia y periodos de aislamiento conyugal. Marco Antonio tuvo que casarse con Octavia, la hermana de Octavio, su rival, para sellar un nuevo acuerdo de paz entre ellos. Cleopatra a su vez estaba embarazada de gemelos y en el año 40 a. C. daría a luz a Alejandro y Cleopatra.

Entre las excentricidades que cometieron ambos podría incluirse su boda en el año 36 a. C. en Alejandría, pues convirtió en bígamo a Marco Antonio ya que seguía casado. Un hecho más para el descrédito de la pareja en Roma y para seguir alimentando la leyenda de Cleopatra como «serpiente del Nilo» que devora a sus presas. Su amor estuvo marcado por rupturas, reconciliaciones, luchas de poder y control. Cleopatra sabía que solo con Marco Antonio en sus redes podía erigirse como la reina de Oriente y por ello utilizó todas sus artes: huelgas de hambre, desmayos, sobornos y asesinatos con veneno. En su decimosexto año de reinado, no solo se cambió el nombre, sino que mandó acuñar monedas con los rostros de ella y Marco Antonio. Todo parecía augurar buenos presagios para sus aspiraciones.

Sin embargo, Octavio, sin dejar de consolidarse en Occidente, reforzó su red de apoyos en Roma a la par que desarrollaba una campaña de desprestigio contra Marco

Antonio, a quien presentaba como subordinado a los intereses de Cleopatra y poco patriota por adaptarse a los modos y tradiciones orientales y sobre todo egipcias. Apenas nació su tercer hijo, Marco Antonio fue declarado enemigo de la república. Marco Antonio sabía que debía defenderse de las difamaciones de Octavio. El reparto del territorio de Oriente entre los tres vástagos de Cleopatra y Marco Antonio y el hijo de Julio César, Cesarión, fue otro cartucho a utilizar por parte de Octavio. Pero lo que realmente encendió la mecha fue la lectura del testamento abierto de Marco Antonio, saltándose la ley de abrir el sello de un testamento antes de la muerte del testador. La deportación de su cuerpo a Alejandría, aunque muriera en Roma, fue considerado todo un insulto y un gran desprecio hacia el Imperio. A esas horas, Octavio ya se había encargado de difamar la imagen de Egipto y presentarlo como un lugar hipócrita, voluble y cuna de la depravación, presidido por su reina Cleopatra. Ella era la responsable de la caída de Marco Antonio, pues, desde hacía tiempo, mandaba y él acataba su voluntad. Esa era la imagen que llegaba a Roma y poco importaba si era real. Octavio prendió la mecha de que la serpiente del Nilo quería conquistar Roma de la misma manera que había conquistado y manipulado al leal Marco Antonio. Fue por ello que Roma declaró la guerra contra Egipto, contra Cleopatra. Fue un modo astuto de declararle la guerra a Marco Antonio, pues sabía que no dejaría ni a su amada ni su fuente de ingresos.

Entonces Cleopatra intentó, a base de monedas y fortuna, sobornar a media Roma para evitar el enfrentamiento.

La cobardía de Octavio alargaba la batalla e impacientaba a Cleopatra, que veía mermados sus tesoros.

El general y poderoso Agripa, fiel escudero y portador de las victorias a Octavio, realizó una jugada maestra consiguiendo entrar en Grecia y dejando en mala posición a Marco Antonio. Cleopatra sabía que su futuro pendía de un hilo porque Roma le había declarado la guerra a ella, y si Octavio y Marco Antonio sellaban un acuerdo, sin duda el precio sería su cabeza. Su presencia altanera y soberbia ante las fuerzas de Marco Antonio resultaba insultante, pues pasaban los meses y la espera debilitaba y enfermaba a las tropas.

Llegó la gran batalla: la de Accio, que fue bautizada como la batalla que decidiría la suerte del mundo. Pudo haber cambiado el curso de la historia pero terminó con las ansias imperialistas de Cleopatra. La moneda se decantó por Octavio, que inició un Imperio que duraría cuatro siglos y un mar Mediterráneo renombrado como Mare Nostrum.

El 2 de septiembre del 31 a. C. se produjo el enfrentamiento entre los barcos de Marco Antonio, Cleopatra y Octavio. Todavía la historia no ha encontrado explicación a la huida de Cleopatra con sesenta barcos cuando la derrota no era inminente. Puede que los dos lo organizaran como medida desesperada ante una posible derrota. La verdad es que Marco Antonio consiguió escapar también y reunirse con ella en Alejandría.

Antonio se sumió en una depresión por vergüenza ante su estrepitosa derrota y por haber dejado abandonados a sus hombres en plena batalla. Cleopatra, en cambio, hizo engalanar su barco y anunciar una triunfal victoria para ser recibida con vítores en su tierra. El tiempo que tardó en llegar la noticia de la estrepitosa derrota lo utilizó para asesinar a todos aquellos que consideró sus enemigos y que pudieran acusarla de entregar Egipto a Roma.

Durante meses Cleopatra, a base de sobornos y empleando todas sus artes, intentó salvar su reino, a sus hijos y pedir clemencia a Octavio. Estaba dispuesta a abdicar a cambio de que dejara gobernar a sus hijos y perdurara la dinastía. Se intercambiaron una decena de misivas con ofertas de paz, aunque nadie sabe si ese era el verdadero objetivo o ganar tiempo para vengarse. Ninguno se fiaba del otro; Marco Antonio podía aspirar a una batalla más; Cleopatra, a la permanencia de una dinastía y por ello era capaz de jugar a dos bandas para evitar el desastre. Apenas un año más tarde las tropas de Octavio consiguieron penetrar e invadir Alejandría. Cleopatra y Marco Antonio separados sufrieron trágicos finales por un malentendido, aunque en realidad no hizo otra cosa que precipitar su desgraciado destino. No son pocos los que aseguran que al final Cleopatra accedió a traicionar a su amado por Egipto. Por eso se refugió en el mausoleo y desde allí envió un mensajero a Marco Antonio que le anunció su muerte. Marco Antonio recibió la falsa noticia y, sin dudar, decidió quitarse la vida, clavándose su propia espada. Esta le atravesaría el abdomen y no el corazón, lo que hizo que se desangrase lentamente hasta que uno de los criados de Cleopatra lo encontró y lo llevó ante su reina. Se dice que le limpió la sangre y que se embadurnó la cara; y que

Marco Antonio pidió una copa de vino e intentó convencerla para que rogara clemencia a Octavio y que luchase por su vida. Marco Antonio murió en brazos de Cleopatra sin saber a ciencia cierta si su amada lo había traicionado.

Salvar Egipto

Una vez muerto Marco Antonio, lo importante era salvar Egipto y lograr el perdón de Octavio. Cleopatra gozaba de un imperial y descomunal tesoro de oro que interesaba a Roma y sabía que amenazar con destruirlo podía abrir nuevas vías. Mientras emisarios del romano aparecían a las puertas de palacio para negociar, Cleopatra se negaba a dejarlos pasar hasta obtener el perdón, pero, sin apenas ejército, no pudo controlar que algunos se colaran y antes de que se apuñalara, la cogieron presa. Todo había terminado.

Octavio le concedió que preparase los funerales de Marco Antonio con la dignidad y los vítores merecidos para el que había sido un gran general romano. Tras ella misma sepultarlo, solo le quedaba morir y por eso dejó de comer, para reunirse pronto con su amado. Pero Octavio, que ya había asesinado al primer hijo de Marco Antonio, amenazó a la reina con asesinar a sus tres hijos si no volvía a comer y recuperaba la salud.

Cleopatra necesitaba convencer al general romano, hechizarle y seducirlo como antes había hecho con Julio César. Pero a Octavio solo le interesaba mantenerla viva para lucirla en Roma como símbolo de triunfo absoluto.

El último encuentro entre ambos ha llenado páginas y páginas: ella desplegando sus últimos cartuchos de seducción y buena retórica, y él, impasible ante sus actos.

EL SUICIDIO DE CLEOPATRA

Tras llevar a cabo los últimos sobornos, Cleopatra se enteró de las verdaderas intenciones de Octavio, lucirla junto a sus tres hijos como un trofeo de victoria en Roma. Entonces quiso negarse a esa humillación y eligió la única salida posible: la muerte. Se bañó, maquilló y vistió como una reina, ayudada por sus dos fieles servidoras, Iras y Carmión. A continuación envió una carta a Octavio en la que pedía que su cuerpo fuese sepultado junto al de Marco Antonio. Cuando este abrió la misiva, sospechó enseguida que la reina iba a quitarse la vida. Aunque se dio prisa para evitar la tragedia, fue demasiado tarde. Cleopatra ya estaba muerta sobre una cama de oro, con patas de garra de león, vestida adecuadamente y portando el cayado y el mayal, tradicionales símbolos reales egipcios. Sus dos criadas yacían a sus pies también muertas. La leyenda de cómo consiguió quitarse la vida navega entre la mordedura de un áspid, que recibió dentro de un cesto lleno de higos, o una mezcla de venenos que siempre solía llevar ocultos entre sus ropajes.

La última reina de la dinastía de los Ptolomeos murió el 12 de agosto del año 30 a. C. Moría con 39 años y tras haber gobernado veintidós años Egipto. Octavio aceptó para no ofender a los alejandrinos que tuviera el funeral propio de una reina y que fuera enterrada junto a Marco Antonio. Después se llevó a los tres hijos de Cleopatra a Roma y los hizo desfilar con grandes cadenas de oro, antes había asesinado a Cesarión y parece ser que posteriormente dejó morir en extrañas circunstancias a los otros dos hijos varones. La única superviviente fue Cleopatra Selene, que se casó con un rey de Mauritania y esculpió sus propias monedas, que son los indicios que han llegado hasta nosotros.

«¡Dierum longitudine Cleopatra!»

Cleopatra pudo gobernar el mundo. A punto estuvo de convertirse en la gran reina, pero los cálculos y la ambición la llevaron a equivocarse. Sucumbió a las propias garras del amor, al deseo de poseerlo todo y creerse con un encanto suficiente para amansar y adormilar a cualquiera. Murió valiente, altanera, pues antes de ser exhibida como trofeo de nadie prefirió quitarse la vida y ser encontrada como una reina. La mujer que fue diosa y reina al mismo tiempo dejaba un legado que ha traspasado las palabras de los historiadores de la época que quisieron ensombrecer su verdadero poder. El mito la ha hecho inmortal y tan soberbia como para desafiar a la historia que quisieron contar los hombres que la odiaron, la temieron o ambas cosas a la vez por el hecho de ser mujer. Si bien es cierto que no conocemos cuál fue su verdadera existencia, pues apenas nos ha llegado sino una versión distorsionada de ella, con el paso de los siglos se ha convertido en uno de los grandes personajes. Fue una gran estratega, una reina que aspiró, como otros tantos reyes en la historia, a conquistarlo todo. ¿Por qué ha sido ella la que consiguió la inmortalidad? ¿Por ser una de las grandes pecadoras o ser una perfecta virtuosa que creyó firmemente que podía arrebatar el mundo a los hombres y gobernarlo ella: como mujer, como absoluta soberana? ¿Acaso todo esto no la coloca en la cima de la soberbia? «¡Dierum longitudine Cleopatra!» («¡Larga vida a Cleopatra!»).

Capítulo 6

Bette Davis

Estaba convencida de ser la mejor actriz del mundo y con la misma soberbia se comportó en los platós

Massachusetts, 5 de abril de 1908-París, 6 de octubre de 1989

«Soy la mejor dama maldita que ha existido».

«Llega un momento en la vida de una mujer en el que lo único que puede salvarla es una copa de champán».

«Cuando un hombre da su opinión es un hombre. Cuando lo hace una mujer es una puta».

«He llegado a la cumbre a base de mucho arañar, incluso habría recurrido al asesinato para conseguirlo».

«Hollywood siempre me quiso para que fuera bella, pero yo luché por el realismo».

«En mi profesión hasta que no te reconocen que eres un monstruo no eres una estrella».

«La vejez no es un lugar para señoritas».

«Me casaría de nuevo si encontrara un hombre que tuviera quince millones de dólares, me cediera la mitad y me garantizara que estaría muerto dentro de un año».

Cuando Bette Davis abrió los ojos por primera vez y miró el mundo, adoptó la soberbia como salvoconducto para subsistir y capear su necesidad de afecto y su miedo patológico a la inactividad. Quizá por ese temor jamás se jubiló y fue capaz de pasar de ser una estrella de la gran pantalla a invitada en especiales de televisión, e incluso a realizar parodias de ella misma por el simple hecho de seguir ahí, en el escenario, en la vida... Siendo una octogenaria, seguía preocupándose por el físico y su resultado ante las cámaras. Más que por cuestión de salud era por pavor a que nadie la volviera a contratar. «Por el bien de mi futura carrera», solía decir ante las estupefactas miradas de jóvenes actores y actrices, que estaban hambrientos por comerse el mundo. Durante toda su vida, longeva y turbulenta, fue tan escrupulosa como terriblemente compulsiva, comportamiento que heredó de su padre, del que jamás obtuvo reconocimiento alguno ni palmada en la espalda. Pudo ser ese el germen de sus terribles inseguridades, de la necesidad de encontrar ese amor completo que jamás obtuvo en ninguno de sus cuatro matrimonios ni en sus decenas de amantes. Pasó de ser la pequeña sureña recatada a una consagrada actriz con un apetito sexual voraz, infiel y caprichosa. La ausencia de ese amor que perseguía la hizo, con el paso de los años, convertirse en una tirana y refugiarse tanto en la interpretación como en el alcohol, así se automedicaba de su terrible y profunda soledad. No la hago mártir ni víctima porque ella eligió el camino de ser estrella con todas sus consecuencias y residir en el olimpo de los bendecidos por el éxito, donde el infierno —su infierno— era mucho más profundo. Ella tenía su propio averno y necesitaba a la estrella para sobrevivir.

Triunfó pronto con el desafío siempre en esa mirada tan redonda como altiva que la convirtió en icono de la rebelde, de la malvada, de la mujer que sin pestañear se salta lo establecido. Bette Davis quiso ser la mejor y no dudó en aplastar a cualquiera que se interpusiera en su camino. Amó su trabajo sobre todas las cosas y peleó sus éxitos como un gladiador que jamás se cansa de llevar la pesada espada, siempre lista para ser empuñada. «Ella me hizo comprender que defender los derechos de uno no es nada malo», le confesó la actriz Natalie Wood a su hermana después de haber hecho *La estrella* con Davis y no solo comprobar su temperamento, sino su enorme capacidad de parar cualquier rodaje si lo consideraba oportuno. Su afán de control la llevó a desquiciar a más de un director, incluso a dirigir en la sombra, y aunque tuvo en sus manos la posibilidad de producir con Bette Davis Producciones y la Warner..., apenas superó la primera prueba. Nunca estaba satisfecha ni con su sueldo ni con cómo la consideraban en el estudio; ella necesitaba ser y aparecer por encima de cualquiera; mirar por encima del mundo; luchar con voracidad ante cualquiera que desafiara sus criterios..., de esta manera logró construir durante décadas uno de los personajes más vanagloriados y odiados de la meca del cine. Bette Davis podría haber interpretado a la famosa Norma Desmond de *El crepúsculo de los dioses (Sunset Boulevard)* en lugar de Gloria Swanson. Bette Davis envejeció como Desmond; una vieja estrella de cine, acompañada solamente por una joven secretaria, olvidada por sus hijos, por Hollywood y, aunque gravemente enferma, respiraba con la esperanza de volver a la gran pantalla, a la gloria perdida. Rechazó el ocaso lo mismo que los fracasos o que los errores cometidos, y mantuvo como siempre los desprecios obstinados a cualquiera que no mereciera su respeto. Ella se acogió a la soberbia para sobrevivir, para ser quien deseaba..., al precio que fuera. Se convirtió en una leyenda viva para muchos, incluso para ella misma, utilizando lo que Barbara Stanwyck definió como crueldad creativa, tan necesaria para que su éxito fuera inevitable. Ed Sikov en la biografía de la actriz *Amarga victoria* recuperó una de sus máximas, que ayudó a grandes como Meryl Streep: «No permitas que nadie olvide o niegue que eres tú el ser humano expresivo de talento colosal que está creando ese arte. Que te vean actuar». Ella lo fue a pesar de las opiniones del resto porque estaba enloquecidamente segura de estar en lo cierto.

El dedo de Dios

Nació un 5 de abril de 1908, un día de lluvia torrencial y eléctrica. Según contó en sus memorias, *The lonely life,* un rayo partió un árbol cerca de su casa. Un hecho anecdótico si no fuera porque ella lo consideró durante parte de su infancia como la evidencia de que el dedo de Dios dirigía la atención del mundo hacia ella. Ruth Elizabeth Davis, apodada tempranamente como Betty, llegó al mundo con el desprecio y la completa ignorancia de su propio padre, Harlow Morrell Davis, un hombre obsesivo compulsivo, introvertido e incapaz de mostrar afecto o cariño. Su madre, Ruth Favor, fue su compañera, la que le recordaba continuamente que por mucho que llegara a obtener, siempre podría conseguir más.

Apenas once meses más tarde, nacería su única hermana, Barbara, apodada como Bobby, con la que nunca estuvo dispuesta a compartir reinado. Su madre, Ruthie, contó que siendo una niña Bette le cortó el pelo a su hermana porque estaba convencida de que así impediría que Bobby fuera más hermosa que ella. Desde pequeña reconoció los logros de un buen caldo de manipulación y se hizo una experta en conseguir lo que deseaba a base de rabietas que exasperaban a cualquiera.

Quizá lo que marcó su vida, y con ello construyó su inagotable pozo de ira, fue la separación de sus padres cuando apenas tenía 7 años. Abandonaron Lowell y se trasladaron a Florida; ese fue el primer destino de un sinfín de peregrinaciones y cambios de hogares y situaciones. En 1918 los divorcios no eran frecuentes y menos en la sociedad puritana en la que se crio Bette, por eso su hermana y ella ocultaron la vergüenza el mayor tiempo posible, tanto en la escuela como en el entorno más cercano. Ruth intentó por todos los medios que el impacto financiero no afectara demasiado a sus hijas, y decidió ir a vivir a Nueva York para convertirse en institutriz, mientras sus hijas estudiaban en Crestalban, una prestigiosa escuela rural que, sin electricidad, tenía los valores conservadores deseados para instruir a las pequeñas.

Reivindicativa, segura y terriblemente ambiciosa

Fue en ese puritano lugar donde la pequeña Betty descubrió el poder del protagonismo cuando, en una función de Navidad, se acercó demasiado al árbol y este comenzó a arder. «¡Se ha quedado ciega!», escuchaba mientras se resistía a abrir los ojos para saborear, como años más tarde confesó la actriz, su primer papel protagonista. El accidente la obligó a estar durante semanas con la cara vendada y bien engrasada para evitar cualquier cicatriz que desfigurara su rostro.

Tras el incidente la madre decidió dejar el trabajo, ponerse a estudiar fotografía y matricular a sus hijas en una escuela pública de Nueva York. Allí se convirtió en una gran *girl scout* y puso en práctica sus dotes de liderazgo, comprobando desde temprana edad la exagerada fe que tenía en sí misma. Fue en aquella época cuando se cambió el nombre y comenzó a llamarse Bette. El hecho de que su padre en una carta se mofara del cambio hizo seguramente que Davis lo quisiera conservar durante toda su vida.

Su adolescencia fue como la de cualquier niña, difícil, pero con la contrapartida de que Bette era ingobernable, cualquier discrepancia servía para montar una escena dramática cargada de miradas que taladraban a sus adversarios.

Aunque Davis recuerda su infancia como feliz, el caso es que fue de una itinerancia desmedida, plagada de penalidades y peregrinaciones a lúgubres pensiones. Esta situación dejaría secuelas de por vida a la futura actriz, así como la contradictoria sensación de, por una parte, anhelar la permanencia pero, por otra, desear siempre un cambio tan intenso como el anterior. Bette sufrió humillaciones como verse obligada a servir la comida a sus compañeros para poder costearse la escuela. Los mismos que más tarde la recordarían como una joven reivindicativa, segura y terriblemente ambiciosa.

A pesar de la aparente vida circense, Bette obtuvo una educación basada en la pulcritud, la obsesiva rectitud y la ignorancia descomunal hacia el sexo. «Nos educaron a la estricta manera de Nueva Inglaterra, con un ojo siempre puesto en Dios». Tanto es así que la primera vez que un chico la besó sintió pánico por creer que podía quedarse embarazada. En aquellos años preuniversitarios conoció a Harmon Nelson, un chico de físico frágil que soñaba con ser músico y que años más tarde se convertiría en su primer marido. Pero antes de su primera boda ya era actriz y había comenzado a trabajar en Broadway de la mano de George Cukor, una joven promesa en la dirección teatral y futuro director de cine.

LA INTERPRETACIÓN, UN 'HOBBY' INCONSCIENTE

La pasión por el teatro y por la interpretación fue *in crescendo,* casi un *hobby* inconsciente. Pero hasta que su madre la llevó al teatro a ver la obra *El pato salvaje,* de Henrik Ibsen, Bette no tuvo claro que quería ser actriz. Aquel fue un momento de revelación, que hizo que necesitara conseguir un objetivo: convertirse en la mejor actriz americana.

Su primer contacto con la realidad no resultó fácil y estuvo a punto de acabar con su sueño. Fue rechazada en las pruebas de acceso en la prestigiosa Manhattan Civic Repertory; hecho que la sumió en una profunda depresión porque hirió su orgullo. Fue su madre quien la sacó de la

oscuridad y la convenció para que probara en la escuela de
John Murray Anderson con la promesa de que ella se en-
cargaría de pagarla como pudiera trabajando en lo que
fuera. Apenas terminó el primer curso, debutó fuera de
Broadway con la obra *The earth between* en 1923 y abandonó para siempre la escuela, incluso rechazó una beca
para seguir estudiando.

Había llegado el momento de apostar por lo que
deseaba con toda su alma: convertirse en una gran dama
de la escena. Fue así como pasó a trabajar a las órdenes de
George Cukor en una obra llamada *Broadway,* la primera
de distintas obras de teatro que interpretó bajo su dirección. Nunca se llevaron bien y su enemistad se fraguaría
sobre todo cuando fue despedida. Semejante humillación
hizo que Bette, cuando ya era una actriz famosa, recordara insistentemente estos hechos tanto a Cukor como a la
prensa.

No sería ni el primer director ni el último con el que
Bette Davis se enemistaría a lo largo de su carrera. Si con
ello conseguía su propósito, su relación o afecto le impor-
taban un comino.

En aquella época loca de escenario en escenario, Bette se reencontró con el amor de instituto, el joven aspirante
a músico Harmon Nelson. A pesar de sus distintas profe-
siones y sueños comenzaron una relación.

Después de un par de obras más, Davis no volvería
a pisar los escenarios hasta un par de décadas después
porque su verdadera fuente de éxito sería el cine, el apenas recién nacido cine sonoro. Era una época de terrible

confusión en la fábrica de sueños, el séptimo arte estaba cambiando y precisaba de nuevas estrellas que tuvieran una voz y un rostro acorde con los nuevos tiempos. Había multitud de ofertas, pero tan solo unos pocos aprovecharon aquellas oportunidades y consiguieron consagrarse.

Sin tiempo para pensárselo, recibió una oferta de la Universal y junto a su madre, Bette llegó a California con la intención de hacer un poco de caja y regresar al teatro. La futura actriz de cine y su madre se alojaron en uno de los cientos de moteles malolientes de esa ciudad desmantelada, polvorienta y calurosa tan distinta a Nueva York.

No triunfó en la Universal, hizo varias películas mediocres y apenas destacó. Le faltaba salir del cascarón y quitarse la mojigatería que tan poco gustaba en aquellas tierras de fiesta, desenfreno y múltiples pasiones. Bette empezó a descubrir el proceder de los estudios, donde los actores eran meras piezas de un mecano perfectamente orquestado que se dedicaba a producir películas a un ritmo vertiginoso, sin importar demasiado la calidad. Bette Davis fue cedida a Columbia y ella misma recordó años más tarde con indignación que fue «para salir de un armario rodando», es decir, para hacer de un simple cadáver. Su economía era escasa, y aunque pudo relacionarse con compañeros que como ella luchaban por triunfar, su único consuelo eran las eternas cartas que enviaba a su amado Ham. En esos tiempos de absoluta soledad, distancia, montañas rusas emocionales y lucha por triunfar, Ham se convirtió para Bette en el suelo estable, en el confidente y amigo tan necesario para seguir en el tiovivo de las estrellas.

La llamada de la Warner

Sin lugar a dudas ese no era el concepto de Davis de convertirse en una gran actriz y mucho menos trabajar para hacer de cadáver o para dar el paso al resto. En esos años no hubiera creído jamás que su estrellato llegaría de la mano de la Warner, una de las compañías de Hollywood que llevaban más a rajatabla el sistema de estudios y que tenía fama de producir películas como si fueran churros baratos. Según relata Ed Sikov en *Amarga victoria:* «La revista *Fortune* definió a Jack Warner como un dictador de una tienda de oportunidades» y como lo suyo no eran los grandes presupuestos, sus películas estaban basadas en historias cotidianas y reales sacadas la mayoría de los periódicos.

Cuando Bette estaba a punto de retirarse dignamente de Hollywood, antes de que le hicieran interpretar un pimiento, una gallina o una estatua de sal..., recibió una llamada de la Warner para una película. Nadie podía imaginar que tras ese timbre el destino le tenía preparado más de dos décadas de interminable y agotador trabajo, conflictos infinitos y reconciliaciones varias... Pero sobre todo, fue el nacimiento de la verdadera Bette Davis.

El 19 de noviembre de 1931 Bette Davis es contratada por primera vez por los estudios Warner a razón de trescientos dólares por semana. Aunque los enfrentamientos con Jack Warner fueron numerosos y famosos, Bette Davis encajaría a la perfección en ese estudio, que demandaba divas reales y poco edulcoradas. Davis comenzó a brillar y 1932 fue el año en el que dio sus primeros pasos como gran actriz, rodó cinco películas. Pero había algo que la preocupaba, su inexperiencia sexual. Tenía que solucionar ese problema y siguiendo la educación conservadora y sureña que había recibido, solo había un camino: el matrimonio.

Bette no se dejó llevar por el romanticismo cuando Ham le propuso que se casaran, sino por la imperiosa necesidad de avanzar y por eso ni la boda ni la luna de miel fueron fastuosas, sino apresuradas. Para evitar la larga espera de casarse en California, cogieron un coche con su madre y su hermana y se bajaron en el poco glamuroso pueblo de Yuma para recibir el sacramento en una humilde capilla y, ¡al fin!, dejar de ser virgen. Según narra la actriz en sus memorias: «Aquel deseo sexual que tanto había temido era hermoso y natural. Me sentí liberada».

La vida de casada nunca fue para Bette Davis y aunque se sentía liberada para mantener al fin relaciones sexuales, tenía un nuevo miembro al que mantener. Ham no encontraba muchos trabajos como trompetista y se unió así a la lista de mantenidos de Bette, que acompañaría durante su vida a la actriz: su madre, su hermana, su cuñado y ahora su marido. Bette perdió pronto tanto el deseo como el interés por Ham al enfrentarse cotidianamente a una misma escena: su marido en zapatillas, fumando en pipa y con muy poco que contar.

'Veinte mil años en Sing Sing'

Bette Davis se concentró en su carrera ascendente y en estar presente en la vida social. Acudía a fiestas, siempre acompañada de su madre, que solía ir infinitamente mejor vestida que ella, y desplegaba todo un reguero de lujo y derroche que la acompañaría hasta el final de sus días. Si despreció a Humphrey Bogart por aburrido y alcohólico, Bette adoró a Spencer Tracy, con quien coincidió en *Veinte mil años en Sing Sing,* de Michael Curtiz, y que, como ella, siempre estaba insatisfecho con los papeles que le ofrecía la Warner porque creía que se los merecía mejores. La película recibió buenas críticas, pero de poco le sirvió para alcanzar la ansiada consagración. Aunque en ese florido año, 1932, consiguió su primer papel protagonista con *Ex-Lady,* de Robert Florey. Davis comenzaba a darse cuenta de la escasa capacidad de decisión que tenía en su trabajo y las limitaciones que esto le acarreaba como actriz. Carecía de autoridad para elegir películas, dirección, vestuario, maquillaje, peluquería..., y estaba obligada a participar en extensas promociones de la Warner, donde las estrellas iban en trenes esponsorizados por cualquier marca y recorrían el país para ser exhibidos de pueblo en pueblo, como si se tratara de animales de circo. Bette lo aborrecía y le provocaba serios problemas en su salud y en su sistema nervioso.

UN DURO REVÉS

Recibió un gran golpe y fue descubrir la enfermedad mental de su hermana Bobby, que había decidido ser actriz como Bette, pero casi nadie reparó en ella y fue rechazada sin contemplaciones por todos y cada uno de los estudios. La rabia de no conseguir el éxito de su hermana le provocó su primer brote esquizoide. Su madre abandonó California para llevarse a Bobby a un centro en el que estuvo internada más de un año, gritando que su hermana le había robado la oportunidad de hacer una carrera de cine. Bette corrió con todos los gastos y apenas habló sobre ello. Por otra parte, a medida que la fama de Bette aumentaba, su carácter se volvía más iracundo, exagerado y dramático. Bette durante un tiempo encontró refugio en Ham, pero después lo despreció por ser un fracasado y no ser capaz de encontrar trabajo.

Todo cambió cuando a punto de comenzar a rodar *Cautivo del deseo,* de John Cromwell, se quedó embarazada y tanto su marido como su madre la invitaron a abortar. Ham por la humillación de ser un padre que ganaba veinte veces menos que su esposa y Ruthie por temor a perder su *statu quo.* En cualquier caso, el pánico de los mantenidos hizo que Bette se sintiera «obligada» a retrasar su maternidad. Su marido anunció a los estudios que su mujer había sufrido una insolación, que tenía gripe y que necesitaba unos días de descanso. Después Bette siguió rodando películas, su madre viviendo de ella y su marido creyendo que todo seguía igual, aunque el aborto fue definitivo para Bette. Si, como se dice, el hombre tiene que tropezar dos veces en la misma piedra, parece que la mujer también, y Bette tendría que abortar una segunda vez para dar por finalizado el matrimonio con Ham en 1938.

'CAUTIVO DEL DESEO' Y SU PRIMER OSCAR

Consiguió con *Cautivo del deseo* el primer papel que le daría prestigio como actriz, mostrando su lado perverso y permitiendo que el público despreciara su personaje por primera vez, sin remilgos. Interpretaba a la vulgar camarera Mildred, que nació en las páginas de la novela *Servidumbre humana,* de William Somerset Maugham. Su aplastante éxito fue su salvoconducto para seguir en la Warner, puesto que justo antes de estrenarse se había negado a realizar películas de relleno o «películas imbéciles con personajes imbéciles» y el estudio había suspendido su contrato. El reconocimiento del gran público hizo recapacitar a Warner que por fin entendió que Davis podía convertirse en un icono social de la transgresión y la rebeldía. Así fue como fabricaron su imagen pública de libertina, alegre y despreocupada..., muy lejos de la realidad.

En 1935 llegó su primer Oscar con *Peligrosa,* de Alfred E. Green, una película poco considerada por Davis, quien sin embargo aprovechó el galardón para pedir a la Warner más dinero, posición y vacaciones. Jack Warner la premió y la humilló a la vez cediéndola como imagen de la marca de cereales Quaker Puffed Rice con el eslogan: «Un desayuno digno de una reina de la pantalla». Para Bette eso no fue más que un aperitivo de mal gusto, porque ella deseaba cobrar como una reina y decidir como tal. El estudio y la actriz tensaron la cuerda tanto que Bette anunció a la prensa que estaba decidida a emprender en Europa un nuevo giro a su carrera. Desafió a la Warner y se fue a Inglaterra con la intención de rodar una película, a pesar de su contrato de exclusividad. La Warner le interpuso una demanda, mientras Bette hacía lo propio en Inglaterra. El dinero comenzaba a escasear, Bette seguía enrocada en Inglaterra a pesar de las súplicas de todos, incluso de su marido, que decidió volverse a América para aceptar una oferta de trabajo.

Así rememora la actriz su enfrentamiento brutal con la productora: «Entre nosotros no había igualdad de ambiciones ni en nuestro sentido de soberanía. Este era el quid de nuestro problema». Bette perdió el juicio y tuvo que abandonar Inglaterra y trabajar de nuevo para la Warner que, como se trataba de una de sus estrellas rentables, perdonó su rebeldía y decidió coronarla y no enterrarla de por vida. Pasada la tormenta, a Bette le seguían obsesionando los mismos temas: el dinero, su madre, su hermana y su marido. Necesitaba ganar mucho dinero para mantener el tren de vida de todos, sobre todo el de su madre, que decidió no abandonar Chanel e hizo de Hollywood su patio de recreo.

Una gran decepción

Una de sus primeras decepciones y batallas perdidas durante este periodo profesional (los años treinta), fue no encarnar a Scarlett O'Hara a pesar de que todas las encuestas populares la ofertaban como una posible y real opción en la búsqueda mítica de la actriz idónea para el papel, pero la Warner no estaba dispuesta a ceder a una de sus grandes estrellas para una superproducción de la Metro Goldwyn Mayer, que era la competencia. El éxito de *Lo que el viento se llevó* y que ella no fuera la protagonista hicieron que nadie pudiera nombrar esta película en su presencia sin que se desatara su ira.

Poco tardaría en llegar «el papel ideal para la zorra sureña», tal y como se dice que Jack Warner se expresó pensando en Bette Davis para *Jezabel*. El litigio había servido para crear esa imagen de mujer fuerte, independiente, inteligente, que es capaz de plantar cara a todo hombre y que Bette tanto había deseado. El 25 de octubre de 1937 comenzó el rodaje con Bette como protagonista y William Wyler como afamado director. Fue uno de los pocos directores que Bette admiró y con el único que vivió un apasionado romance que podría haber terminado en boda. Desde el principio, la actriz se sintió fascinada por él, por su ambición y por su talento; todo lo contrario que su todavía marido Ham. La pasión y el perfeccionismo de ambos provocaron un montón de problemas durante el rodaje y un desgaste más que considerable para la salud de Bette. Esconder el romance resultó turbador para ella y postergarlo en el tiempo un riesgo poco asumible.

Al poco sustituyó a Wyler por Howard Hughes, quien mantenía un romance con Katherine Hepburn, pero no fue freno para que Bette le arrebatasc la pareja. La leyenda negra de Hollywood habla de que Bette consiguió curarle la impotencia al extravagante millonario y que Ham los pilló... Su todavía marido amenazó con difundir la historia y obtuvo setenta mil dólares a cambio de salvaguardar la reputación de Bette.

Jezabel se estrenó con el éxito esperado y la colocó en el olimpo de las diosas del celuloide a la altura de la Garbo o Hepburn, pero Bette seguía peleando por tener el mismo trato económico que ellas. Obtuvo su segundo Oscar y tuvo que esperar el inicio del rodaje de *Amarga victoria,* de Edmund Goulding, para llevarse el peor chasco de su vida. El 22 de noviembre de 1938 Ham presentó definitivamente la demanda de divorcio, alegando que su mujer prestaba más atención a los libros que a él. El juez les concedió el divorcio y Bette guardaría de por vida una carta que recibió de una admiradora que desaprobó la ruptura y le deseaba que acabara en el infierno. *Amarga victoria* la confirmó en el estrellato y la reafirmó en su soberbia desmedida, con la magnífica creación de su melodramático personaje, una millonaria caprichosa con enfermedad mortal. Durante el rodaje recibiría una carta de William Wyler que, por orgullo, tardaría días en leer, los suficientes para perder «al hombre de mi vida». La misiva dejaba claro que solo si ella no se lo impedía, Wyler se iba a casar con una joven con la que llevaba un tiempo saliendo, y Bette llegó demasiado tarde a su cita. Curiosamente su segundo trabajo juntos fue una película llamada *La carta*, cuyo rodaje sería un nuevo infierno de enfrentamientos e inseguridades, pero con el tiempo Bette daría la razón a Wyler sobre el enfoque que quería dar a su personaje y a la historia. De nuevo *La carta* (1940) la enfrentaba a un personaje duro de una novela de Somerset Maugham, donde protagonizaba una historia de amor pasional, con adulterio, venganza y asesinato incluido.

1940, UN AÑO DECISIVO

1940 fue decisivo porque ya ganaba cuatro mil quinientos dólares semanales y celebró además su boda con su segundo marido, Arthur Farnsworth, un ingeniero de aviones que tampoco le dio la inalcanzable perfección en el amor que tanto buscaba.

Wyler apareció de nuevo en escena para ofrecerle otro de sus grandes trabajos, *La loba* (1941). Este fue su último trabajo juntos y las diferencias se hicieron irreconciliables, tanto que Davis llegó a abandonar el rodaje por ataques de inseguridad. *La loba* se ha convertido en un clásico que con el tiempo gana poderío, una historia icónica de cómo el deseo de hacer dinero puede imponerse al deseo sexual. Así, Bette Davis está increíble como la soberbia Regina Giddens, que lucha hasta traspasar todos los límites de la moral contra sus hermanos varones para hacerse con un negocio familiar, y, para conseguir sus propósitos, incluso deja morir fríamente a su esposo enfermo. Este rodaje supuso el final de lo que podía haber sido una gran historia de amor. Nunca volvieron a rodar una película juntos.

El desgaste del rodaje de la película llevó a la actriz a nuevas crisis nerviosas y también tuvieron la culpa accidentes desafortunados, como la mordedura de un perro, que la sumieron en una montaña rusa emocional de la que fue incapaz de bajarse durante toda su vida.

Sus éxitos no terminaban de llenarla y tampoco su segundo marido, al que apenas veía. Por otra parte, Bette fue nombrada la primera mujer presidenta de la Academia de las Artes y Ciencias en 1941. Apenas duró en el cargo unas semanas, no pudo romper con lo establecido, pero sí influyó en la decisión de que durante la guerra se siguieran celebrando los Oscar.

La soledad y tristeza de la actriz

En 1943 Bette Davis, a sus 35 años, parecía haber alcanzado una mínima estabilidad emocional y éxito laboral que la colocaban en el lugar que nunca había imaginado: un ser afortunado. Pero poco tardaría el destino en darle el mazazo realista para sacarla de una patada de ese condenado espejismo. El 23 de agosto de aquel mismo año Arthur, su segundo marido, sufrió en pleno Hollywood Boulevard un repentino ataque que lo desplomó en el suelo con convulsiones hasta dejarlo prácticamente inerte. Durante dos días se debatió entre la vida y la muerte en el Hollywood Receiving Hospital al lado de su mujer, la gran Bette Davis, que apenas supo cómo encajar esa repentina desgracia. La cosa se complicó al investigar los motivos de su fallecimiento, pues la autopsia evidenció un golpe en el cráneo que descartaba la muerte natural. Meses más tarde las investigaciones dieron con el meollo del asunto. El marido de Bette Davis había iniciado una relación con la esposa de un compañero de trabajo. Este, un hombre fuerte y violento, les había sorprendido en la cama en un motel y había golpeado a Arthur en la cabeza con una lámpara. El marido de Bette no se recuperó nunca del golpe y la herida fue agravándose hasta que cayó desplomado. Se demostró que las cosas no eran del color edulcorado con el que Davis había pintado su matrimonio y la gran diva tuvo que acarrear con el mazazo de ser una viuda joven por una «cornamenta» mal dada.

La muerte de su segundo marido, el derroche desmedido de su madre y los nuevos brotes de desequilibrios mentales de su hermana provocaron en Bette un sentimiento de soledad y tristeza que únicamente apagaban los platós, las discusiones con los directores y la necesidad imperiosa de seguir ingresando dinero por las grandes deudas que acumulaba.

Durante esos años Bette se tomó muy en serio el Hollywood Canteen, un club de entretenimiento para los soldados de permiso durante la Segunda Guerra Mundial. Bette fue una de las impulsoras, pero hubo más de tres mil voluntarios entre estrellas y gente del medio que acudían a la cantina para entretener a los soldados. Su tiempo lo destinaba a los platós y a la cantina porque Bette adoraba a Roosevelt y era capaz de cualquier cosa, mientras se hiciera frente a Hitler y al nazismo. Ella junto a otros grandes rostros como Marlene Dietrich, Ava Gardner, Judy Garland, Rita Hayworth o Katherine Hepburn ayudaban a la causa con su presencia en la cantina. El día de la inauguración, el 3 de octubre de 1942, los espectadores pagaron cien dólares para acomodarse en las tribunas, disfrutar del espectáculo y ver cómo un millar de soldados cruzaban la puerta de la que colgaba un cartel que se quedaría hasta el cierre del local en noviembre de 1945: «Por este portal pasan los uniformes más bellos del mundo».

El sueño de la maternidad

Era la estrella que en parte había deseado, pero ahora necesitaba ser madre y estaba soltera. Quizá fuera una de las causas que le llevaron a enamorarse del joven pintor de 29 años William Grant Sherry con el que contraería matrimonio y llevaría a cabo sus deseos de maternidad. A finales de 1945 Bette se casó con el joven Sherry con separación de bienes y a pesar de que su madre y su hermana estaban en contra de este matrimonio. ¡Quizá fuera por ello que la estrella siguió adelante con la boda! Como se anunció en la prensa del momento: «Bette Davis, estrella de cine se casa con William Grant Sherry, de 30 años, artista y exboxeador profesional, a quien conoció hace un mes (...)».

Lo único bueno de ese matrimonio es que Bette se quedó embarazada en cuestión de meses y apenas un año más tarde estrenaba maternidad. Bette Davis tenía 40 años. El mal carácter del joven y su incapacidad para ganarse la vida hicieron que la convivencia de ambos fuera una tortura y, quizá, esta época se convirtió en una de las más desgraciadas para la actriz. A la falta de amor, se unieron sus gastos excesivos y que sus películas ya no tenían tanto éxito.

Los problemas con Jack Warner seguían pero, a diferencia de otros tiempos, Bette comenzaba a ser considerada como una actriz en declive. El nacimiento de su hija Barbara hizo que abandonara durante un año los platós y que se olvidase de todo, excepto de su hija.

Su tercer matrimonio terminó abruptamente cuando Bette decidió que había tenido bastante. Ella recuerda con sus propias palabras: «Le abandoné para siempre cuando una noche, sin motivo alguno, me tiró una cubitera de plata». Se separaron en noviembre de 1947.

Su vuelta a las pantallas no mejoró su situación. Acumulaba fracasos de taquilla y aumentaba su ira en los platós, tanto que en *Más allá del bosque* (1949), de King Vidor, la actriz decidió, como en otras ocasiones, poner entre las cuerdas a Jack Warner. Y le hizo elegir entre el director o ella. La respuesta de Jack Warner fue muy contundente: «Muy bien, Bette, tú».

En poco más de media hora, el estudio tenía listos los papeles y Bette no solo firmó sin pronunciar palabra, sino que terminó con exquisitez su último trabajo para ellos. Al terminar, cogió el coche y se fue a casa. Habían terminado dos décadas de éxitos, de trabajo conjunto, de rodajes en platós.

Su vida podría haber dado un vuelco y comenzar el ocaso si no hubiera sido por la oferta de la Metro Goldwyn Mayer con la sublime *Eva al desnudo* (1950), de Joseph L. Mankiewicz, que le devolvería el éxito y sería además donde conocería a su cuarto marido: Gary Merrill. El último y al que siempre confesó haber amado más apasionadamente. Juntos adoptaron a dos niños, Margot y Michael. Cuando la pequeña tenía 3 años, detectaron que tenía problemas. La sometieron a distintas pruebas, hasta que comprobaron que tenía lesiones cerebrales y un cociente intelectual de 60. La decisión más difícil para Bette fue ingresarla en un centro especializado para que pudieran cuidarla. Quizá fue el principio del final de su último matrimonio, sumado a que Merrill no terminaba de triunfar y se sentía frustrado al lado de la superestrella Bette.

Después de *Eva al desnudo* (donde había encarnado a la maravillosa actriz de teatro con miedo al envejecimiento y el fracaso, Margo Channing, que se enfrentaba a una carita de ángel que pretendía arrebatarle su cetro), Bette encadenó numerosos fracasos de taquilla, volvió al teatro durante una temporada para intentar oxigenar un matrimonio que estaba en la UCI. Gary y Bette hicieron una gira juntos con un espectáculo conjunto. Todo fue inútil y en la primavera de 1960, Bette Davis presentaría su cuarta y última demanda de divorcio. Reclamó solo un dólar de pensión de su exmarido y lo hizo por si algún día los beneficios y la suerte de Merrill cambiaban. Su imperante necesidad de seguir facturando dinero la hizo acercarse a la televisión y aceptar papeles de estrella invitada. Esto le permitió, por ejemplo, cobrar cincuenta mil dólares por su participación estelar en un único episodio de una serie.

La actriz siguió buscando fórmulas para ingresar un dinero que necesitaba para mantener a toda su familia, y para que entre otras cosas su madre no perdiera su tren de vida o ella pudiera seguir permitiéndose todos los caprichos. Así que escribir un libro de memorias, *The lonely life,* fue otra vía para que entrase dinero, y además se convirtió en un éxito de ventas. Sin embargo, terminó muy mal con Sandford Dody, el periodista que escribió estas memorias junto a ella.

Bette seguía teniendo el mismo carácter endiablado de siempre y no dudaba en enfrentarse a cualquiera que pusiera en duda su talento, aunque por esas fechas los éxitos no la avalaran. Así, por ejemplo, se refirió en una ocasión al actor Glenn Ford, con el que trabajó en *Un gánster para un milagro* en 1961: «¿Quién es ese hijo de perra que se ha atrevido a decir que ha ayudado a que me llamasen de nuevo? ¡Ese tío de mierda no me hubiera ayudado ni a salir de una cloaca! ¡Jamás debí volver a Hollywood! ¡Os odio a todos! ¡Debo de estar loca al volver!».

LA MUERTE DE RUTHIE

A todo esto un año antes de su divorció de Gary, la madre de Bette, Ruthie, murió de forma repentina, aunque su relación se había enfriado a lo largo de los años, la actriz sintió su pérdida y acrecentó el sentimiento de soledad que siempre la había acompañado.

En 1962 la fortuna volvió a llamar a la puerta de Davis de la mano del director Robert Aldrich con *¿Qué fue de Baby Jane?*, el magistral drama sobre el éxito, la decadencia, la envidia y la soledad de dos hermanas, soberbiamente interpretadas por dos enemigas públicas: Bette Davis y Joan Crawford. Su rivalidad y odio fueron tan sonados que incluso se ha escrito una obra de teatro llamada *Bette & Joan,* que describe la tortura mutua a la que se sometieron durante la única película que rodaron juntas.

La película fue un aplastante éxito de taquilla y de crítica. Obtuvo cinco nominaciones a los Oscar y Bette ganó un Globo de Oro a la mejor actriz de drama. Sin embargo, los premios y el éxito no hicieron más que acrecentar el odio entre ambas. Incluso cuando murió Crawford, Bette le dedicó unas duras palabras: «Cuando alguien se muere no se pueden decir cosas negativas, solo frases positivas. Así que: qué bien, se ha muerto Joan Crawford».

Fue justamente antes del éxito de la película cuando Bette Davis publicó un famoso anuncio en la revista *Variety* que sorprendió a toda la profesión e incluso algunos la tomaron por una loca acabada. Pero Davis demostró que seguía haciendo lo que le viniese en gana y que hacía oídos sordos a todas las críticas que recibía. El anuncio decía así: «Busca empleo actriz. Madre de tres hijos de 10, 11 y 15 años. Divorciada. Americana. Treinta años de experiencia en el cine. Capaz aún de moverse y más afable de lo que dicen los rumores. Desea empleo estable en Hollywood (estuvo ya en Broadway). Bette Davis. c/o Martin Baum G. A. G. Referencias sobre la demanda».

Las relaciones con su exmarido y las batallas legales por ver a su hijo Michael fueron constantes. Bette lo acusaba de violento y borracho, y él prometía una y otra vez que estaba recuperado y que podía ver al niño. Lo consiguió muy a pesar de Bette y los miles de dólares que se había gastado en una legión de abogados.

Su hija biológica Barbara D. Hyman sería fuente continua de conflictos. Durante su gira por Europa por el reciente éxito de su película con Aldrich, su hija le comunicó que se iba a casar. Tenía 15 años y su madre, como cualquier madre, montó en cólera y le vaticinó un matrimonio fugaz. Muy al contrario de Bette, su hija supo mantener un matrimonio longevo y sólido, aunque económicamente dependiente de ella. Aunque Bette hizo el esfuerzo de trasladarse cerca de su hija, pudo comprobar que el distanciamiento era evidente y que Barbara no quería apenas saber nada de ella, ni de lo que significaba su comportamiento despótico ni de sus aires de grandeza. En 1977, con el nacimiento de su nuevo nieto, cuando su hija no compartió esta noticia con ella, Bette comprendió y asumió que Barbara no quería contacto alguno con ella.

La rechazó, pero siempre dependió de ella para vivir con su marido, y Bette jamás dejó de ayudarla. Con su hijo Michael tenía mejor relación, pero se casó joven también y pronto se dedicaría a su vida, dejando a Bette con su soledad. Para evitarla contrató a una serie de secretarias personales que aguantarían todo de Bette, incluidos los litros y litros de alcohol. Apenas trabajaba ya y, cuando lo hacía no acariciaba el ansiado éxito. Muchos vieron oportunismo en la aparición de la joven veinteañera Kathryn Sermak, que se convirtió en una sombra de la vieja gloria. Después de la muerte de su hermana en 1979, Bette se había quedado muy sola y sin ganas de reclamar más amor a los suyos, así que lo buscó fuera del ámbito familiar.

Contrató a la joven Sermak como secretaria personal y esta terminó convirtiéndose en su confidente y en la única persona capaz de ofrecerle cariño. Mientras continuó trabajando como actriz. Consiguió ganar un Emmy a la mejor actriz secundaria por *Strangers,* protagonizar a principios de los ochenta una miniserie para la televisión y participar en la famosa serie *Hotel* del prestigioso productor Aaron Spelling.

La enfermedad

En 1984 le detectaron un cáncer de mama; aunque ella no quería dejar de trabajar porque la actividad la mantenía viva, su desmejoramiento físico hizo que se recluyera durante un tiempo, evitando ser vista por el público. Durante esta reclusión apenas fue visitada por sus hijos. Los problemas económicos de Barbara D. Hyman hicieron que aceptara escribir un libro sobre su madre, *My mother's keeper* (1985). El libro se convirtió en un *bestseller* pero a base de criticar a su madre en más de cuatrocientas páginas. Bette aparecía como una mujer maniática, tirana, egocéntrica y más preocupada por su carrera y sus maridos que de sus propios hijos. La actriz se acababa de recuperar de serios problemas de salud como una vasectomía, un infarto y la rotura de una cadera, pero no pudo superar el dolor por la publicación de aquel libro que llegó a tener segunda parte con un éxito mucho menor. Bette Davis jamás le perdonó a su hija lo que hizo y lo que escribió. Jamás entendió el odio que la profesaba, después de haberla ayudado económicamente durante toda su vida.

Aunque en 1987 Bette Davis decidió escribir el segundo tomo de sus memorias, *This'n that,* el daño hecho era irreparable y jamás volvió a ver a su hija.

Su última película fue *La bruja de mi madre,* que ni siquiera pudo terminar, pero el director, Larry Cohen, rehízo el guion para poder meter el metraje de Bette Davis. Muy enferma y con el cáncer extendido viajó a San Sebastián para recibir el premio Donostia en homenaje a toda su carrera. Por unos días pareció que su salud mejoraba. El calor del público le hizo revivir su gloria pasada y soñar con un futuro mejor.

A los pocos días, el 6 de octubre de 1989, Bette Davis fallecía a los 81 años en París. Lo anunció su abogado en Nueva York y a las pocas horas muchas personalidades pronunciaron sentidas condolencias, entre ellas el entonces presidente y excompañero de reparto Ronald Reagan: «Para Bette rodar era más que un oficio, era un arte».

La lectura del testamento se hizo a los pocos días y sorprendió por su contenido, exactamente en la página diez había escrito que «declaro que intencionalmente y con pleno conocimiento omito dejar herencia a mis hijas, Margot Mosher Merrill y Barbara Davis Hyman, así como a mis nietos, Ashley Hyman y Justin Hyman». Davis decidió ser más explícita y dejó constancia de la razón por la que apenas había conocido a sus nietos: «Desgraciadamente la madre (Barbara Davis Hyman) hizo que sus hijos siguieran su camino, y no el de sus propios corazones... A la larga ellos se sentirán apenados y dentro de veinte años dirán: "Esta era mi abuela, ¿por qué no la conocimos?"». La fortuna de la diva se repartió entre su hijo adoptivo Michael y su fiel secretaria. Los recuerdos quedaron para la memoria colectiva de aquellos que durante siete décadas la habían admirado, odiado, temido y querido en la gran pantalla.

Una mirada que desafía al mundo

Al final de los ochenta murió una de las grandes del cine, de las pocas, como dijeron algunos, que resumían la historia del séptimo arte con su extensa filmografía. Más de ochenta películas, once nominaciones a los Oscar y una incontinencia verbal que la llevó a pelearse con las productoras, con los actores y con los directores. Luchó siempre por sus derechos como mujer y también por no dejar de estar en la cima del éxito. Buscó el amor, pero no consiguió el que ansiaba. Gozó de privilegios, pero tuvo que cargar con una madre que no dio palo al agua y vivió de ella, una hermana con serios problemas mentales, un padre que la ignoró toda su vida y una hija que supo dar donde más le dolía.

Buscó el olimpo de los afortunados, el escenario del éxito, y lo consiguió al precio de una soledad que tantas veces le resultó insoportable. Han pasado casi treinta años de su muerte y su mirada sigue seduciéndonos a la par que continúa desafiando al mundo y a cualquiera que se le ponga por delante. Sin embargo, y a pesar de ser quien fue, ella siempre quiso que la recordaran como «una verdadera yanqui, nacida en Nueva Inglaterra».

II. GULA

«Copia ciborum, subtilitas impeditur».
(«La abundancia de alimentos entorpece
la inteligencia»).

SÉNECA

Acaso no estamos predispuestos o tentados diariamente a jalar todo tipo de sensaciones, situaciones, palabras o pensamientos que, *a posteriori,* somos incapaces de digerir sin ayuda externa? Confieso que me he tragado algún improperio o engullido una bolsa de magdalenas por pura ansiedad, ataque de rabia o ira que poco o nada tiene que ver con el placer. Más tarde y sin ansias de ofender a nadie, sino nombrando el símbolo de la gula..., ¡me he sentido como una verdadera puerca!

No quiero usar eufemismos ni andarme con pies de plomo para hablar de los pecados capitales porque al tiempo que nos engordan la fastidiosa y acaparadora ¡CULPA!, también nos hermanan y nos hacen sentir en un mismo mundo/paraíso.

La gula es un pecado tan primitivo que incluso los ancestros lo vanagloriaban en sus pinturas rupestres. Es el más simple y al mismo tiempo el más difícil de erradicar o superar. Nace de la necesidad imperiosa de comer para no desfallecer ni morir, si nos referimos tan solo a los alimentos o al oxígeno. La esencia de este pecado, como en la mayoría, está en la desmedida, en la falta de control o en el exceso. Pero la gula es un pecado mucho más diabólico y enrevesado que el simple hecho de beber y comer en demasía y descontroladamente.

¿Quién ha podido resistirse a la tentación de engullir más allá del placer de ingerir? En algún momento de nuestras vidas hemos recurrido a sellar nuestra boca con excesos; hemos comprobado cómo a través de la opulencia en el manjar o en el propio vocabulario nos sentíamos mucho más satisfechos. El exceso de parloteo, de charlatanería, es primo hermano de la gula. Ambos provienen de la misma familia porque tienen que ver con el ansia en todas sus facetas, con la necesidad de acaparar, de consumir, de proveernos de cualquier placer que tape nuestra incontinencia, nuestro pozo sin fondo.

Es por eso que la gula se considera desde siempre el pecado más simple pero el más difícil de esquivar. Practicamos poco el ayuno..., ¿acaso deberíamos? Nos llenamos en demasía de cargas, de responsabilidades, de obligaciones, de creencias, de falsos valores que provocan una sensación de abotargamiento permanente, de mala digestión, de conductos obstruidos, de vidas sin apenas sueños ni ilusiones. ¿Quién no se ha visto alguna vez como un simple tragón?

La gula está en todas partes, incluso en aquellas virtudes como la misericordia, el perdón o el amor por encima de todo. Antes de llegar a eso y por obediencia —a la tradición judeocristiana— nos hemos tenido que tragar emociones, sensaciones y sentimientos que también nos provocan una mala digestión. La continencia, aunque muchos hablan de virtud, no es otra cosa para mí que otra arista de la gula porque ¿quién dice que ignorar el placer no es tragar infelicidad?

Pero si lo llevamos a su esencia, considerada como el deseo desordenado, exagerado de comer o beber, nos llevamos la palma en occidente. Ya en el Imperio romano se convivía con la glotonería empedernida en forma de copiosos banquetes con el único objetivo de comer y beber hasta explotar y, antes de que eso ocurriera, hacían uso de cualquier ventana, echaban lo ingerido y regresaban al festín. «In vino veritas», o lo que es lo mismo: en el vino está la verdad, y muchos en nuestra sociedad siguen invocando a Baco diariamente para llamar a la verdad o cubrirla.

La religión decidió, como en los otros pecados capitales, erradicar el placer de comer, de beber y ahondó mucho más con la gula; quiso terminar con el deseo de querer consumirlo todo, incluido todo tipo de conocimiento. Pero la supervivencia en este mundo ha llevado a que sigamos preservando los llamados pecados hasta en ocasiones verlos convertidos en virtudes por y para muchos.

Las virtuosas pecadoras de la gula podrían ser una larga lista, pero me he decantado por tres, porque forman parte de mis adoradas, mis grandes maestras y admiradas.

Sería imposible no incluir a la mujer de la comunicación de mayor influencia en el mundo, Oprah Winfrey. De origen humilde, con una infancia complicada, más allá de sus desajustes con su peso, ella ha devorado a quien se le ha puesto delante. Oprah es un ejemplo de hambre de poder. Provoca a la vez los siete pecados al mundo, pero ella se los echa a la espalda y vive como quiere y con el peso de ser una de las grandes líderes de opinión.

La segunda pecadora era una bebedora compulsiva de fiesta, de placer, de hombres y sueños. Su tercer marido, y para muchos el amor de su vida, Frank Sinatra, le puso el apodo que la inmortalizaría, «el animal más bello del mundo». Me refiero a Ava Gardner. Lo mismo que bella, fue el animal más insaciable del mundo.

A la tercera de la lista no puedo dejar de incluirla porque ella misma reconoció que «por beberme me he bebido hasta la vida». Chavela Vargas ha sido considerada por muchos una pecadora capital por excelencia; una rebelde virtuosa para otros tantos que han sabido valorar su valentía, su coraje y su talento virtuoso. Ella decidió comerse todos los pecados a la vez y seguir su camino. Vestía como un hombre, fumaba tabaco, bebía mucho, llevaba pistola, era lesbiana y decía y hacía lo que le daba la gana a pesar del mundo, a pesar de todos...

Con estas tres mujeres vuelvo a poner a prueba, en este caso, vuestras tripas para ver si ellas definitivamente son unas pecadoras o unas virtuosas que hicieron y hacen lo que pudieron o supieron. Oprah Winfrey, Ava Gardner y Chavela Vargas son mis golosas favoritas.

Capítulo 7

Oprah Winfrey

*Se ha comido sus propios miedos
y a sus enemigos para alcanzar el éxito*

Mississippi, 1954
@Oprah

«Rodéate solo de personas que te eleven».

«Mi idea del cielo es la de una gran patata al horno y alguien con quien compartirla».

«Siempre supe que estaba destinada a la grandeza».

«Cuando miro el futuro es tan brillante que me quema los ojos».

«¡Adelante! ¡Déjate caer! El mundo se ve diferente desde el suelo».

«Todavía tengo los pies en la tierra, simplemente uso mejores zapatos».

Lleva tatuada la palabra éxito mucho más allá de la epidermis. Oprah Winfrey ha logrado ser ella misma una fábrica de productos que la gran audiencia ha comprado a lo largo de más de tres décadas en el mundo de los medios. Es la gran diva, la reina, la maestra, la gurú de millones de personas que desean hacer la genuflexión ante cualquier afirmación, crítica o alabanza de Oprah.

Con la facilidad de hacer realidad lo que sueñas ha conseguido escalar a la velocidad de un rayo hasta estar en el pico de la pirámide sin perder el equilibrio, y son muchos los que han intentado que caiga de la cima. Para tejer sus sueños y lograrlos en vida ha tenido que enfrentarse a etapas oscuras de su pasado, cercar su intimidad y desafiar a cualquiera que quisiera destronarla. Ella comenzó siendo Oprahcienta, pasando sus primeros años junto a su abuela materna en una cabaña de los suburbios en Kosciusko, Mississippi, el estado más racista de Estados Unidos, y ha terminado por proclamarse como la primera mujer negra multimillonaria del mundo, ha construido un imperio de la comunicación e incluso su propia vida, alejada de sus orígenes y de su familia biológica. Muchas sombras planean sobre su infancia.

Muchos la critican por haberse alejado de los suyos, pero es difícil dar con la verdad. ¿Decidió distanciarse para olvidar o para protegerse de la codicia de los de su propia sangre? Ella misma afirmó: «No puedes ser amigo de aquel que desea tu vida». Quizá por ello decidiera alejarse de tantos familiares y cuidar de sus hermanos, de su padre y de su madre desde la distancia; A su manera, y a través de esa lejanía emocional, ha logrado transformarse en un ser diametralmente opuesto a lo que seguramente el destino le tenía predestinado. Pero Oprah superó sus propios límites e inventó su propia nave para viajar a otro planeta sin pestañear por las ausencias necesarias. Ella no quería ser rica sino multimillonaria, y ya de adolescente se permitía afirmar con convicción, ante la mirada atónita de sus compañeros, que lo lograría. Hoy su fortuna sobrepasa los dos mil quinientos millones de dólares, pero parece que no tiene suficiente y esta soberbia acumulación de dólares no le rebaja la imperiosa necesidad de seguir sumando logros. Por eso, para hablar de Oprah es necesario hablar de millones como churros. Así fue capaz de sorprender al mundo, cuando el pasado 26 de enero de 2016 ganó doce millones de dólares con un solo tuit y un vídeo de treinta segundos sobre cómo perder doce kilos sin renunciar al pan. «Comer pan. Perder peso. ¿Quéééé? Venid, uníos a mí», escribió Oprah junto al vídeo.

Oprah consiguió que las acciones de la compañía Weight Watchers, de la que ella es la mayor accionista individual, subieran un 18 por ciento, logrando así un beneficio récord. Su propia revista *O* sigue siendo una de las más vendidas; goza de su propio canal Oprah Winfrey Network; su productora y un largo listado de acciones filantrópicas. A lo largo de su carrera ha sido bautizada por distintos medios como «una de las cuatro personas que han dado forma al siglo XX y al inicio del siglo XXI» o «la mujer más influyente de su generación» y, por si fuera poco, ¿cuál ha sido el secreto de su éxito?: hacer de sus propias miserias un logro con su magnánimo poder de transformación. Lo hizo al confesar que había sufrido abusos sexuales de un familiar en un programa de televisión que la catapultó a nivel nacional; lo hizo con la revelación de un embarazo adolescente y muerte del neonato; con sus problemas con las drogas y con las decenas, por no decir centenares, de ataques recibidos a lo largo de su carrera con la intención de destronarla o ganarse unos miles a costa de ella. Una de las llaves del éxito de esta comunicadora nata es la siguiente frase: «El descubrimiento más grande de todos los tiempos es que una persona puede cambiar su futuro con solo cambiar su actitud».

LA COMIDA, UN CONSUELO

Hablar de Oprah y no hablar de peso es quitarle importancia. Sus devaneos con los kilos han sido tan famosos como su programa, su fortuna y sus libros. Oprah se ha consolado siempre con la comida, quizá porque la relación con su cuerpo ha sido su talón de aquiles. La periodista Kitty Kelley, en el libro *O*, recoge el testimonio de Hilda Ford, compañera de terapia en los Comedores Compulsivos Anónimos de Baltimore: «Las dos éramos mujeres negras y gordas (...). Asistíamos a las reuniones, hacíamos ejercicio en el gimnasio juntas y luego íbamos a la charcutería favorita de Oprah y nos atracábamos de pollo frito».

Jamás se ha casado ni ha tenido hijos, pero sí los ha adoptado y mantenido desde la distancia. Apenas ha dado explicaciones sobre su vida sentimental, pero lleva más de treinta años junto a Stedman Graham. Muchos han sido los rumores sobre su sexualidad, pero desde 1986 ha permanecido al lado de su compañero en lo que consideran una «unión espiritual». Lo que es cierto es que de su vida privada poco se sabe, todo son especulaciones porque nada se ha filtrado. Después de varios hachazos, la comunicadora tomó el control y desde 1995 exige a cualquier empleado de su imperio de comunicación que firme un acuerdo de confidencialidad. En ese acuerdo los trabajadores se comprometen a no revelar nunca nada acerca de Oprah, nada que tenga que ver con su vida profesional y personal.

Desde siempre ha tenido claro la comida que más deseaba en el plato: el éxito y el dinero, y pocas cosas han cambiado de ese menú a lo largo de los años. No ha llegado a la cima ni se ha mantenido sin pagar un alto precio: no ha parado, aunque en el camino haya tenido que sacrificarse, haya sufrido o haya tenido que dañar a aquellos a quien quería. Pero el arrepentimiento jamás la detuvo porque ella decidió, ya de adolescente, que de nada servía mirar atrás y que lo más importante era cultivar el poder de escribir tu propia vida. Aunque su vida fuera un infierno, su gula por estar ahí ha hecho que jamás perdiera el objetivo de su existencia. Oprah es tan virtuosa de la codicia que necesita que se multiplique para sentirse saciada, aunque sea por poco.

«UN TROZO DE CARNE DE COLOR, CON PELO DE PASA»

El 29 de enero de 1954, en una zona rural de Mississippi, nació «un trozo de carne de color, con pelo de pasa». Oprah Gail Winfrey así ha definido decenas de veces su nacimiento. Su nombre, tan aclamado hoy, fue fruto de una equivocación de la comadrona que escribió mal el nombre bíblico. Orpah, nombre bíblico correspondiente a la cuñada de Ruth, hubiera sido su nombre, pero fue escrito como Oprah en la partida de nacimiento. Aunque también se escondía un error relacionado con la paternidad, que se descubriría más tarde. Fue un bebé de madre soltera, Vernita Lee. Sin embargo, Vernon Winfrey fue elegido como padre biológico entre los tres posibles candidatos que habían compartido lecho con su madre durante ese periodo. Años más tarde Vernon comprobó, a través de su historia militar, que no podía ser el padre de Oprah, pero no dijo nada porque la pequeña ya le llamaba papá. Es un tema que, sin duda, ha marcado la vida de O, y aunque ha tratado de localizar a su verdadero padre, jamás lo ha conseguido, y quizá ya dé por perdido el encontrarlo.

Como decía Oprah, nació en el seno de una familia desestructurada. Una familia pobre de recursos, como la mayoría de población negra de ese estado. Y los primeros años los pasó bajo el cuidado de su abuela materna, Hattie

Mae Presley. Aunque algunos, incluso la propia Oprah, han fabulado con que era familiar lejano del gran Elvis..., su realidad es que proviene de un linaje de esclavos y, aunque su infancia fue gris, ella misma ha contribuido a ponerle más cemento a sus penurias. Por eso sus relatos de infancia son conocidos por muchos como el cuento de Oprahcienta porque poco o nada, según cuentan, tiene que ver con la realidad. Al convertirse en una estrella de la televisión, llegó a decir en más de una ocasión que jamás tuvo una muñeca, que de animal de compañía tan solo poseyó una mísera cucaracha y que vivía rodeada de mugre. Su madre en cambio la recuerda como una rebelde consentida que imploraba siempre ser el centro de atención. Su abuela era analfabeta, pero su hija Vernita conocía la Biblia y fue con lo que la pequeña aprendió a leer junto a su abuelo Earlist Lee, que murió cuando apenas tenía 5 años. Fue el principio de una vida nómada que duraría hasta la adolescencia. El delicado estado de salud de su abuela hizo que la enviaran con su madre, que hacía unos años se había marchado para buscar trabajo en Milwaukee. La pequeña llegó a una pensión y se encontró con la sorpresa de un nuevo bebé en los brazos de Vernita. El 3 de junio de 1959 nacía su hermanastra Patricia Lee. Si bien es cierto que pudiera haber sentido celos por la nueva, siempre consideró que por su piel más oscura sería más discriminada o menos querida que ella. Para una niña que sentía la necesidad de ser el centro de atención, esa cadena de sucesos y el vivir en una familia desestructurada le afectaron, y esto provocó que la pequeña Oprah arrastrara unas carencias afectivas que en el futuro recordaría siempre.

Estas carencias la llenaron de agujeros emocionales, pero también hicieron que surgiera de su interior una fuerza que le hizo salir del socavón que era su vida. Con apenas 6 años ya deseaba ser como Shirley Temple y quería tener una nariz respingona como los blancos. Según recuerda la comunicadora: «Al crecer en Mississippi a los niños blancos los querían más. Recibían más. Y sus padres eran más buenos con ellos. Así que yo quería esa clase de vida». Cuando apenas llevaba un año conviviendo con su madre y su hermana, llegó otro hermano, Jeffrey Lee, el 14 de diciembre de 1960. Y ese nuevo bebé fue el motivo por el que Oprah tuvo que irse a vivir con su padre, Vernon Winfrey, en Nashville.

Vernon había rehecho su vida. Se había casado dos años antes y trabajaba como conserje en la Universidad Vanderbilt. Era un hombre de costumbres, creía en las normas estrictas y en practicar una vida decente. Oprah fue feliz, aunque debía cumplir las reglas establecidas y para una rebelde empedernida como ella no debió de ser fácil; por ejemplo, solo tenía acceso a la televisión durante una hora y nunca los domingos. Por otra parte, estaba en su naturaleza que cualquier obstáculo a sus objetivos era motivo para salir corriendo. Así lo hizo en cuanto tuvo oportunidad.

«Quiero ser Diana Ross»

En el verano de 1963 regresó con su madre ante la promesa de una boda, una familia al fin normal y tantas horas de televisión como deseara. Precisamente y tal como hicieron miles de jóvenes negros, entre ellos Michael Jackson, estuvo pegada al televisor un 27 de diciembre de 1964 para ver a Diana Ross y The Supremes en *El show de Ed Sullivan* y así decidir que quería ser negra y triunfar como Diana. Así lo cuenta con sus palabras: «Era la primera vez que veía a alguien de color con diamantes que sabía que eran de verdad (...). Quería ser Diana Ross (...). Tenía que ser Diana Ross».

La pequeña y soñadora Oprah se dio cuenta de que su color no era un impedimento para llegar a ser una estrella; podía ganar mucho dinero, ser famosa y respetada. Además de Diana Ross, se lo demostró también Sidney Poitier, que ganó el Oscar en 1964 por *Los lirios del valle*, de Ralph Nelson. La joven Oprah había descubierto con tan solo 10 años su camino: la fama y el éxito sin mesura ni límites. Esa mentalidad la llevó a relacionarse con la gente blanca sin prejuicios, sin sentir la diferencia tan patente como el resto, porque estaba convencida de que llegaría más lejos que todos. Pero la realidad fue que era capaz de hacer cualquier cosa para aparentar, para formar parte del grupo de élite, de los afortunados, de los elegidos por la varita de la fortuna. Si eso pasaba por robar a su madre, empeñar joyas o cualquier otra locura adolescente para gozar de dinero, Oprah lo hacía sin pestañear.

Su hermana Patricia confesaría años después en las líneas de un tabloide a cambio de dinero que O llegó a prostituirse para conseguir dinero. Oprah reconoció más tarde su promiscuidad sexual, también habló de los abusos sexuales que sufrió siendo una adolescente, pero no se ha pronunciado con el tema de la prostitución.

Una adolescencia complicada

Fue en el verano de 1968 al ir a visitar a su padre en coche junto a su tío Trenton. La joven Oprah sufrió abusos por parte de su tío y, durante años según contaría más tarde, se sentiría culpable por ello como muchas otras víctimas de abusos sexuales. Al llegar a casa de su padre, la niña contó lo ocurrido pero creyeron a Trenton antes que a ella.

Tenía apenas 14 años y estaba tan perdida como enfadada por todo lo que le estaba sucediendo. Se escapó de casa de su madre, estuvo desaparecida cerca de una semana. Poco después fue devuelta a Nashville con su padre; durante esta época Vernon ya se había enterado de que no era su padre biológico, pero decidió seguir ocupándose de ella como si fuera su hija.

Aunque Vernon llenó la convivencia con normas, disciplina y tareas que Oprah debía cumplir a cambio de seguir en aquella casa..., de poco sirvieron para impedir que se quedara embarazada. Como cualquier adolescente, intentó ocultarlo con chaquetas dos o tres tallas más grandes. Cuando el volumen era más que evidente, su madrastra la llevó al médico y confirmó las sospechas. Se puso de parto al séptimo mes; el bebé nació prematuro, con severos problemas de salud y murió un mes y ocho días después de nacer. Fue una experiencia traumática para Oprah, tanto que la borró de su mente. Sin embargo, una vez convertida en estrella, su hermana lo contó a los cuatro vientos a cambio de dólares para conseguir droga. Oprah explicó que en aquella época: «Volví a la escuela y no lo supo ni un alma. De lo contrario, no habría logrado esta vida que tengo».

Son muchos los que después de conocer los hechos se han preguntado cómo pudo borrarlo y no volver a hablar más de aquello. Son muchos también los que se sorprendieron tanto de su adolescente promiscuidad como de sus posteriores escarceos con las drogas. Oprah se había criado en la América profunda y para salir a flote, recorrió todos los caminos de supervivencia posibles, fueran erróneos o no. La diferencia es que ella lo tuvo mucho más claro que el resto, y finalmente encontró su camino y no lo soltó. «Yo sabía que el embarazo era resultado de malas elecciones. No tenía límites, el haber sufrido abusos desde los 9 a los 13 años me volvió una persona promiscua y me sentí aliviada cuando perdí ese bebé con el que no tenía ningún tipo de conexión», Oprah tenía 56 años cuando hizo estas declaraciones y explican cómo durante esos años, ella decidió ser una superviviente y por eso comenzó a tragarse todo aquello que la impidiera salir adelante. Así enterró su secreto en su interior y decidió convertirse en una alumna modelo que sobresalía en los concursos de oratoria y teatro. Todo su pasado la llevaría a pronunciar una de sus frases más conocidas: «El descubrimiento más grande de todos los tiempos es que una persona puede cambiar su futuro por un simple cambio de actitud».

Oprah se convirtió en una adolescente en el Nashville de los años setenta, donde la división social entre negros y blancos era firme y real, a pesar de que la ley obligaba a la integración en las escuelas públicas. Ella deseaba ascender de clase y para ello se relacionaba con los blancos, y los negros la criticaban por ello. En aquella época la bautizaron como Oreo: negra por fuera, blanca por dentro. Pero ni ese mote ni todos los insultos raciales pudieron detenerla. Ella misma recuerda frases que la ayudaron a seguir adelante, como una de su padre que se refería a su cerebro: «Tienes algo ahí dentro que nadie te puede quitar». Se pasaba los días estudiando en la biblioteca, haciendo resúmenes semanales de libros que le encargaba su padre, soñando con ser famosa y recreando todas sus aspiraciones contemplando la televisión en esa hora al día que se le permitía.

Fue por pura casualidad que apareció en la emisora WVOL de Nashville, la escucharon hablar con una dicción impecable y le pidieron que grabara una cinta. Era un momento en que las emisoras públicas debían aplicar la discriminación positiva si deseaban seguir conservando su presupuesto. Con tan solo 17 años empezó todo. La contrataron en la emisora a tiempo parcial y supo ver al instante que la comunicación era lo suyo y por eso se negó a ir a la universidad.

EL SALTO A LA TELEVISIÓN

Su padre la obligó a proseguir con los estudios y ella decidió compaginarlo todo, matriculándose en la universidad estatal de Tennessee, un lugar para los hijos de la clase obrera negra. Para Oprah siempre ha sido motivo de humillación el sitio donde estudió porque da una pista de sus orígenes, esos orígenes que maquilló mucho en un principio y a los que aplicó mucho la goma de borrar: «Me irrita que la gente pregunte: ¿A qué universidad fuiste? Lo preguntan para saber si perteneces a su clase».

A la televisión llegó por dos motivos: tanto por su descaro como por la necesidad en los medios públicos de seguir con la incursión de personas negras entre sus profesionales. Así consiguió su primer contrato como reportera: ella creyendo en sus méritos y mintiendo para conseguir el trabajo, como reconocería más tarde. Pero el poder de su voz, su tremenda sonrisa y seguridad consiguieron que se convirtiera en la primera mujer negra de Nashville que salía en televisión en 1974. Su primer sueldo fue de ciento cincuenta dólares a la semana y obtuvo varios premios que la catapultaron hasta convertirse en una personalidad de la ciudad como copresentadora de noticias.

Pasaría apenas un año y medio para que diera un salto en su carrera: de Nashville a Baltimore con un sueldo de cuarenta mil dólares al año para seguir presentando noticias. Oprah, sin embargo, no firmó un contrato de cinco años con la WJZ de Baltimore, pues pensaba que «dentro de cinco años seré demasiado vieja para hacer lo que quiero hacer», pero sí se instaló en la ciudad y ascendió a un mercado televisivo más amplio. Como ha pasado siempre durante su vida, en cuanto abandonó Nashville olvidó ese lugar, borró esa ciudad de su memoria y a todos los que la acompañaron profesionalmente.

Llegó con 22 años a Baltimore, una ciudad con más de la mitad de su población de raza negra, dispuesta a triunfar al lado de quien ya era una institución, Jerry Turner. Pero las cosas no fueron como ella las soñó. Apenas tenía conocimientos, era inexperta y las críticas fueron demoledoras. Después de ocho meses Oprah fue relegada a dar los avances informativos de primera hora de la mañana. Contaba con un contrato de tres años y todo apuntaba a que iba a quedarse en un rincón de la emisora hasta que terminase con su compromiso laboral. Irse hubiera significado una derrota y necesitaba el dinero para seguir manteniéndose en el lugar que deseaba. Quizá por eso jamás mostró resentimiento alguno hacia su copresentador ni hacia al jefe de informativos por haberla arrinconado. Necesitaba calmar sus ánimos y encontró la manera de saciarse a través de la comida. La relación que mantiene con la comida para rellenar vacíos ha sido desde siempre conocida, no solo por sus oscilaciones de peso, sino por sus más que comentados atracones de comida. Sería años más tarde cuando apareció por primera vez en la televisión nacional como invitada en *Tonight show*, cuando la presentadora Joan Rivers la retó a que perdiera más de seis kilos en seis semanas y que volviera al programa. Así lo recrea Kitty Kelley en su libro *O*: «"¿Cómo engordaste?", preguntó Joan. "Comiendo", respondió Oprah. "Eres guapa y estás soltera. Adelgaza"».

Cierto es que Oprah la hubiera podido abofetear por la humillación y el atrevimiento, pero sabía que era promoción y aceptó la oferta con una gran sonrisa. La prensa siguió con interés su despedida con una gran comilona e ingresó en una conocida clínica de adelgazamiento, pero su papel de Sofía en *El color púrpura* (1985) de Steven Spielberg le impidió ganar la apuesta. «Si pierdes un solo kilo, pierdes el papel», le aseguró el director de casting. Se libró de aquella batalla por adelgazar, pero no sería más que un primer *round*... porque Oprah sería famosa por sus dietas, sus luchas con su cuerpo y su continua disconformidad con él. A los 23 años, antes de engordar, gastaba una talla 38 y confesó en más de una ocasión que ya se veía gorda. Seguramente tenía mucho que ver con buscar esa perfección estética que siempre deseó y tanto admiró años más tarde en grandes estrellas de Hollywood, como su gran amiga Julia Roberts.

El carrito de la grasa

En *The Oprah Winfrey Show,* del 15 de noviembre de 1988, mostró una delgada figura embutida en unos vaqueros de Calvin Klein de la talla 40, mientras llevaba un carrito con los treinta kilos de grasa que había perdido. Aunque la figura le duró poco, ese programa se ha convertido en uno de los hitos de la televisión americana. Se le conoce como «el carrito de grasa» y alcanzó el 44 por ciento de la cuota televisiva y fue el más visto en su carrera. Ella fue la máxima protagonista y confesó lo que le había costado la gesta: «Ha sido lo más difícil que he hecho en mi vida..., mi máximo logro».

Como escribió Tim Teeman en uno de sus artículos de *The Times:* «Si Oprah será recordada por algo, será por su figura, que refleja la obsesión de Estados Unidos con su propio cuerpo». Así tan solo un año más tarde, y después de una persecución de la prensa, Oprah protagonizó otro programa en *The Oprah Winfrey Show,* recordado con el nombre «El dolor de recuperar», donde confesó lo que ya era evidente para todos. Había recuperado los treinta kilos que perdió y alguno más. Aunque no quiso decir exactamente cuántos, afirmó pesar más que Mike Tyson. Quizá fue entonces cuando comenzó a aceptar sus problemas con su peso y la gordura. La propia Oprah, como recoge Kitty Kelley en su libro *O,* dice que «siempre me sentí más a salvo, más protegida, cuando estaba gorda, aunque en realidad no supiera que trabajaba para protegerme, como tampoco sabía de qué tenía miedo».

LA ESTRELLA DE BALTIMORE

Si retrocedemos a la Oprah de Baltimore, estaba deprimida, se sentía sola y repudiada por el éxito. Ella no entendía ni encajaba la derrota y se tomó como un fracaso que le ofrecieran presentar el programa matinal *People are talking.* Aunque años más tarde confesaría que estaba destinada a ello, su primer pensamiento fue de decepción ante la oferta que la llevaría al estrellato.

El 14 de agosto de 1978 comenzó la verdadera Oprah en televisión. Había nacido el cachorro que luego sería un verdadero animal de la pequeña pantalla; ella se dio cuenta nada más empezar de que servía para ello y disfrutaba entrevistando a personas que vivían casos extraños o que ellas mismas eran extravagantes, pintorescas o raras. También le gustaba hablar con los asistentes como si estuviera tomando el té con ellos. El programa empezó a ganar relevancia gracias al estilo de Oprah, que poco a poco fue abriéndose a otro tipo de entrevistas, como a famosos o a escritores de promoción.

Aunque era demasiado local para convertirse en un gran *show* nacional, con solo 28 años Oprah se había convertido en una estrella de Baltimore, continuaba soltera y cargaba grandes dosis de soledad. En ese momento estaba preparada para la decisión más difícil de su vida: quedarse allí o marcharse a Chicago para arriesgarse y lograr escalar posiciones en el tercer mercado de la televisión americana.

'The Oprah Winfrey Show'

En 1983 Oprah hacía las maletas cargada de recuerdos y con dieciocho kilos de más, que había engordado durante los meses de espera, hasta el nuevo traslado laboral. Pronto fue consciente de su éxito en la calle, la gente se paraba a saludarla y la felicitaba por su talento. Los ciudadanos no habían visto jamás a una mujer negra en la televisión con esa espontaneidad y seguridad en ella misma. Oprah supo que eso era un filón comercial y también era consciente de que debía promocionarse aceptando centenares de entrevistas para posicionarse en lo más alto. Por eso no dudó en 1986, al pasar al mercado nacional, en exigir por contrato poder gestionar ella misma la relación con la prensa. La primera definición de Oprah en medios nacionales fue en *Newsweek:* «90 kilos de mujer negra, criada en Mississippi, descarada, poco sofisticada, espabilada y enternecedora». Y estas palabras no le hicieron demasiada gracia, pero se dio cuenta de que por encima de todo estaba el haber aparecido por primera vez, haber enseñado la patita.

Mediados de los ochenta fue sin duda una maravillosa época para Oprah. Quincy Jones la llamó para presentarse al casting de una película de Steven Spielberg, la ya nombrada *El color púrpura*. Parecía que los astros se estaban uniendo para convertirla en lo que más había deseado desde pequeña: una estrella de cine. Consiguió el papel, una nominación al Oscar, una promoción que le sirvió para llevar su programa a nivel nacional y creyó además que iba a formar parte del exclusivo círculo de Hollywood. Lo consiguió todo, pero no el éxito como actriz. Aprovechó la película al máximo y realizó una promoción sin precedentes que la terminó catapultando a la fama. Como señala Kitty Kelley, en *O*, a través de las palabras de Oprah, en aquel momento esta mujer se sintió en la cima: «Tengo la intención de hacerlo y tenerlo todo. Quiero hacer carrera en el cine, en la televisión y en los programas de entrevistas (...). Mi vida será maravillosa (...). Creo en mis propias posibilidades, es decir, creo que puedo hacer cualquier cosa que me crea capaz de hacer y, siento que puedo hacerlo todo».

El color púrpura obtuvo once nominaciones a los Oscar, pero, tal y como previno Quincy Jones, fue un producto demasiado prematuro porque en Hollywood: «Nadie quería hacer una película de negros». Hubo polémica racial porque la película refleja a los hombres negros como bestias y estos se sintieron ofendidos y maltratados en la pantalla. Quizá por eso pasó algo inaudito en la ceremonia: la película no consiguió ningún Oscar de sus once nominaciones. Oprah perdió frente a Anjelica Huston en la categoría de mejor actriz de reparto.

Oprah necesitaba seguir creciendo y un par de años más tarde el programa cambió y pasó a llevar su propio nombre. El 8 de septiembre de 1986 nacía *The Oprah Winfrey Show* con ella como conductora y productora con Harpo Inc. Nadie esperaba que aquella mujer de sonrisa espontánea y lengua desbordante se fuera a convertir en la mayor estrella de la televisión con el programa matinal más longevo: veinticinco temporadas.

No consiguió el Oscar pero sí el Emmy en 1987 por su programa. Aquel año Oprah se convirtió en millonaria. La revista *Variety* publicó que sus ganancias alcanzarían los treinta y siete millones de dólares. Oprah prometió lo que siempre había dicho, que cuando fuera millonaria haría ostentación de ello y disfrutaría consumiendo mucho. Pero Oprah jamás se olvidó de los suyos, ni de los de sangre ni de su familia elegida. Siempre ha demostrado ser muy generosa y como parte de la leyenda está el cheque de más de un millón de dólares que se dice que extendió a su amiga Gayle King para que las dos pudieran sentirse millonarias. Muchos han criticado la obsesión de Oprah por el dinero, por no tener suficiente jamás. Como reconoció la famosa periodista y escritora de *betsellers* estadounidense, Sugar Rautbord, la escritora en *Interview:* «Hay un hambre maravillosa en ella. Algunas personas anhelan ser libres. Oprah anhela ser rica».

¿Acaso hay algo de malo en desear que el reconocimiento también te llegue por los bienes materiales que posees? ¿Acaso es la envidia lo que ha llevado a tantos a pregonar unos lujos que Oprah jamás escondía? Compró casas a sus padres, le regaló una valorada en 3,7 millones de dólares a su amiga Gayle. Pagó viajes, cumplió sueños de sus seres más queridos y gastó todo lo que quiso en ella. Llegó a afirmar sin remilgos que se había destinado al año algo más de un millón de dólares para gastárselo en lo que quisiera. Quizá habría que preguntarse: ¿quiénes están más obsesionados por el dinero, Oprah o su entorno?

En aquellos años de ascensión al estrellato, donde el dinero le comenzaba a salir por las orejas —nunca más dejaría de hacerlo—, sufrió un cambio de actitud al darse cuenta, incluso en su madre, que la codicia sin amor es muy ingrata. Oprah contó que llegó a extender cheques por valor de doscientos mil dólares a nombre de Vernita y que nunca tenía suficiente. Así mismo, se topó con otros que daban por sentado que la recién millonaria debía hacerse cargo de sus vidas. Aquellos primeros años fueron esenciales para que Oprah elaborara una lista de familiares codiciosos a los que dejaría de ver, incluso se despegaría emocionalmente de ellos para siempre. En esa lista incluyo a su madre, pues según ella misma confesó: «Nunca nos hemos abrazado, nunca nos hemos dicho ¡te quiero!». Así, respecto a este tema, a la comunicadora se le han escuchado otras frases como: «Son tantas las personas que se dirigen a mí porque quieren que les dé o les preste dinero... Les digo: os daré hasta la camisa siempre que no me la pidáis».

De millonaria a magnate

1987 fue sin duda el gran año de Oprah. Fue su primera portada en *People* y finalmente se graduó en una universidad a título honorífico, dándole el gusto a su padre. Oprah tenía claro que el siguiente paso como millonaria era convertirse en magnate y para ello se empeñó en comprar derechos de libros, y soñaba, por aquel entonces, en ser la protagonista de su propia serie. Algo que conseguiría años más tarde, después de dejar su programa. Para alcanzar sus sueños, Oprah iba invirtiendo en infraestructura y así se convirtió en la primera mujer afroamericana propietaria de un estudio de producción cinematográfica de más de cuatro mil metros cuadrados. Harpo Inc. fue la matriz de todo el imperio que llegaría más tarde: Harpo Studios, Harpo Films, Harpo Entertaiment Group... Su primera gran producción fue *The Women of Brewster Place* para la ABC en 1989 en la que ella también actuaba y, tal y como vaticinó, se convirtió en la miniserie más vista hasta el momento, superando en audiencia a estrenos televisivos como *El retorno del Jedi*.

La ascensión de Oprah iba unida también a las revelaciones sobre su vida que vertían a la prensa personas que habían formado parte de su círculo más íntimo. De esta manera, la estrella acabó despreciando a la prensa amarilla por fabricar «pornografía verbal». Por ejemplo hablaron exparejas, como Randy Cook, que amenazó con publicar *El mago de O, la verdad detrás del telón. Mi vida con Oprah Winfrey* si no era recompensado por ella económicamente. En ese libro salía a la luz la relación de Oprah con las drogas y la culpaba de haberse vuelto un adicto a ellas. Años más tarde la propia Oprah reconocería en otro programa su devaneo y consumo de drogas. Oprah apagaba los fuegos de su vida, confesándolos ella misma en su programa. Había creado un nuevo género televisivo, conocido como *Oprihcation* y que consistía en confesiones televisadas. Quizá la mayor confesión, por obligada y por espinosa, fue su embarazo adolescente. Su hermanastra Patricia Lee vendió a la prensa su pasado promiscuo, su embarazo con 14 años y la muerte prematura del bebé. Así Oprah dijo en su momento: «Confiaba en que este asunto siguiera siendo algo privado, hasta que yo fuera totalmente capaz de enfrentarme a mis propias y profundas emociones. Me entristece profundamente que una publicación pague una enorme suma de dinero a una drogadicta. Siento una auténtica compasión por mi hermanastra».

Oprah se alejó de su hermanastra durante un tiempo, pero luego siguió costeando sus continuos ingresos en clínicas de desintoxicación. No se sentía unida a ella, pero le compró una casa y le donó cientos de miles de dólares. En 2003 murió de una sobredosis accidental. Quince años antes, en 1989, había perdido a su hermanastro Jeffrey Lee cuando este tenía 29 años, pocos meses después de que concediera una entrevista hablando de su hermana Oprah, donde denunciaba que lo había repudiado y que se había negado a ayudarle con el tratamiento del sida. Oprah jamás hizo declaraciones al respecto. Por lo que parece, le entregaba dinero a su madre, Vernita, para pagar indirectamente el tratamiento. En los ochenta las muertes por sida a causa del virus VIH fueron una auténtica plaga que sembró el terror sobre todo en la comunidad homosexual. Jeffrey era gay y su hermana apenas habló de ello, algunos la acusaban de que se avergonzaba de él. Quizá fuera así, quizá su educación conservadora le hacía rechazar las relaciones entre personas del mismo sexo. Años más tarde hizo en su programa uno de los *outings* más esperados, el de Ellen DeGeneres y, de puertas para fuera, se ha proclamado defensora pro derechos de los homosexuales. Incluso la prensa amarilla ha rumoreado y especulado sobre su presunta relación lésbica con su amiga Gayle King. Oprah, en una entrevista con la prestigiosa periodista americana Barbara Walters, confesó después de años de acoso que ni ella ni Gayle eran lesbianas, pero afirmaba con rotundidad que si Gayle fuera un hombre ya se hubiera casado hace mucho tiempo con él. Ellas siguen siendo uña y carne; acuden a cenas y a ceremonias, veranean juntas y llevan una vida como amigas íntimas. La prensa, a pesar de la negativa de la diva, no ha dejado de seguir buscando pruebas de su relación mucho más estrecha que una fuerte amistad.

CONTRA VIENTO Y MAREA

Lo cierto es que Oprah lleva décadas al lado del mismo hombre: un hombre tan alto y apuesto como la diva había pedido siempre. Stedman Graham se unió sentimentalmente a Oprah en 1986 y no se han separado desde entonces. Aunque su relación no ha estado vacía de supuestos. Al principio los propios trabajadores ponían en duda que un hombre tan guapo pudiera fijarse en su jefa. Descartados los motivos económicos, la prensa llegó a insinuar que era una historia tapadera para ambos..., pero lo cierto es que nadie apostaba porque la relación durase y menos ¡más de tres décadas! Ellos están unidos «espiritualmente», nunca se han casado, aunque una vez estuvieron a punto pero Oprah zanjó los rumores: «El matrimonio es una institución tradicional y hay ciertas expectativas que van aparejadas al matrimonio. La verdad es que él tiene su vida y su trabajo y yo tengo la mía, y no funcionaría».

Ellos han soportado juntos acusaciones sobre sus relaciones sexuales, sobre su vida en común, sobre las revelaciones de la vida privada de Oprah y..., a pesar de todo, han seguido unidos contra viento y marea. Acompañados en muchas ocasiones por Gayle King, pero sin alterar su buena armonía.

El giro radical de Oprah hacia la espiritualidad hizo que pasara del sensacionalismo a convertirse en una gurú para muchos, empezando por el ejemplo de superación que era su propia vida. Así se podía escuchar en sus programas: «Si yo puedo, tú puedes» o la frase mantra que hizo registrar como marca, «Live your best life» («Vive tu mejor vida»). El giro de la diva hacia la autoayuda provocó que tuviera un éxito mayor y una unión con otros gurús famosos. Entre ellos, J. Z. Knight, que lleva décadas proclamando su credo o mensaje y dice que viene de Ramtha, un ser que vivió hace treinta y cinco mil años. Y que ese credo ella debe transmitirlo para preparar a la humanidad para un gran acontecimiento. Ramtha tiene millones de seguidores y, entre ellos, Oprah, que proclama su enseñanza de que el poder está dentro de uno mismo.

El poder de Oprah

El magnetismo de la diva y el hermetismo con su vida han construido un mito sobre ella misma difícil de traspasar: la magnate de la comunicación, la gurú que todo lo que toca lo convierte en oro. Su sección de libros en su programa no solo promovió *bestsellers,* sino que ella creando su propio club del libro consiguió que en su primer año de vida se llegaran a vender doce millones de ejemplares de literatura contemporánea. Las editoriales debían permitir que el logo del club del libro de Oprah apareciera en la cubierta del libro, una O amarilla sobre fondo blanco, y comprometerse a dejar de mostrar esas O pasado el mes de recomendación. Los escritores se pegaban por aparecer en el programa y por conseguir que la diva hiciera su gestualidad con el ejemplar en la mano para asegurarse de que iban a ser líderes de ventas. La escritora Blair Sabol lo contaba en declaraciones a Kitty Kelley para su libro *O:* «Para convertirse en *bestseller,* Oprah tenía que subir el libro hasta sus pechos (...) si lo sostenía encima de la falda, en dos semanas tu libro se colocaba en las listas de los más vendidos. Si lo sujetaba a la altura de la cintura, en una semana. Si lo apretaba contra su seno, ibas directo al número uno».

Oprah jamás ha publicado una autobiografía, pero estuvo a punto. El 20 de septiembre de 1993 debían salir setecientos cincuenta mil ejemplares de su autobiografía, pero la imprenta se paró porque Oprah decidió repentinamente y sin justificación suficiente echarse atrás. Son muchos los que pensaron que no era prudente contar con sus palabras y de golpe su temprano embarazo, los abusos sexuales que había sufrido, su promiscuidad, su consumo de drogas duras como el crack..., podía ser el despertar de la caja de truenos para una mujer en la cúspide que había conseguido parar o superar cualquier contratiempo o confesión sobre su vida. Para compensar a la editorial, entregó un año más tarde un libro de recetas bajas en grasa y ella misma escribió el prólogo. *In the kitchen with Rosie* rompió todos los récords de cualquier libro de cocina. En tan solo tres semanas se vendieron un millón de ejemplares.

Oprah siguió escalando puestos en *Forbes,* ampliando su fortuna, modificando su *show* hasta convertirlo en un paso imprescindible para que artistas confesaran o se mostraran en una actitud fuera de lo común. Ella fue la que entrevistó en su rancho de Neverland en 1993 ante más de sesenta millones de espectadores a Michael Jackson. Consiguió momentos memorables con todas las estrellas de Hollywood, incluida esa subida al sofá de Tom Cruise, mientras proclamaba su amor por su novia de entonces Katie Holmes. Oprah decidió llevar a políticos a su programa y lo hizo en el año 2000 con la entrevista a Al Gore y George Bush. Pero sin duda el momento más crucial de Oprah en política fue su apoyo directo, como nunca lo había hecho, al senador Barack Obama. Fue en las primarias contra Hillary Clinton, en un mitin en Iowa en 2007, y para muchos fue decisivo para el despunte de Obama como candidato demócrata a la presidencia.

Oprah dio por concluido su *show* en 2011, después de veinticinco años en antena. Era el momento de decir adiós, de sentirse agradecida por todo lo vivido en *The Oprah Winfrey Show,* pero debía seguir su labor de productora y ocuparse de su propio canal de cable recién estrenado, OWN; de sus distintas y variadas labores filantrópicas; de su revista *O;* de su empeño por difundir que la fuerza está en uno mismo, que todos somos creadores de nuestra propia realidad... Oprah sigue siendo una de las mujeres más influyentes del mundo. Continúa conectada a las redes, incansable, demostrando que la ilusión por crear no se termina nunca ni su amplia sonrisa se la apaga nadie.

La soledad del éxito

Ha llegado hasta donde ha soñado; y se ha bebido entero el elixir del éxito mientras se ocupaba de inventar otro que le abriera las puertas del nuevo milenio. Ha logrado verse bella, tal y como deseaba, en una famosa portada de *Vogue* en 1998. Apenas nadie sabe cómo lleva el infierno de no terminar de aceptar su cuerpo; de asumir que su compulsividad de poseer la lleva a la incapacidad de controlar su apetito. Muchos la odian tanto como quieren su lugar, su fortuna y su prestigio. Ella ha decidido gobernar, salir a la lucha, librar batallas y pensar siempre en ganar la guerra. Seguramente ha terminado aceptando que jamás sabrá, por mucho que lo haya intentado, quién es su padre biológico. La soledad va encadenada al éxito, al igual que los elogios y los insultos. Se ha comido a quien ha intentado destruir su palacio. Se ha desprendido de los que ya no le eran útiles, porque para subir hay que saber dejar atrás. Ella lo tuvo claro con 14 años, después de la muerte de su bebé prematuro, y lo sigue llevando a rajatabla. ¿Quién y cómo es la verdadera Oprah Winfrey? ¿Una virtuosa o una pecadora? El personaje ha engullido a la persona y son tan solo unos pocos los que tienen acceso a lo que queda tras ese grueso armazón. «Piensa como una reina porque una reina no le teme al fracaso. Porque ese es tan solo otro escalón hacia lo grandioso».

Capítulo 8

Ava Gardner

*El animal más bello e insaciable
del mundo*

*Carolina del Norte, 1922-
Londres, 1990*

«Deben ser mis genes de campesina los que me mantienen fuerte y saludable. No importa los esfuerzos que hago por autodestruirme, me las arreglo para sobrevivir».

«Se necesita talento para vivir de noche y esa es la única habilidad que siempre he estado convencida de poseer».

«Cada vez me resulta más difícil divertirme, y cuando ya no consiga ni aburrirme será el fin».

«En el fondo, soy bastante superficial».

«Llega un momento en el que te enfrentas al hecho de que te has convertido en un viejo putón».

«Mis vicios y mis escándalos son mucho más interesantes que cualquier cosa que nadie se haya inventado sobre mí».

Ava Lavinia Gardner empezó en el cine por casualidad y por su acaparadora belleza. Se convirtió en un mito erótico para la gran pantalla y en una pantera de la noche que desesperadamente buscaba saciar su soledad infinita con la bebida, la fiesta y los amantes. De carácter fuerte y caprichoso, de naturaleza robusta capaz de aguantar noches de fiesta y días de rodaje —¡ni Hemingway podía con ella!—, pero de una fragilidad tan penetrante como escurridiza. Ava tuvo decenas de amantes, muchos menos de los que se le adjudican; se casó tres veces, pero ninguno de sus matrimonios fue longevo. A pesar de divorciarse de Frank Sinatra, jamás perdieron el contacto, ni la pasión ni la necesidad de odiarse para volver a distanciarse. Los dos eran animales heridos deseosos de amor, pero incapaces de aguantar el propio peso del sagrado sentimiento. Nunca se perdieron de vista, y Ava jamás se apartó del tocadiscos que le regaló Sinatra ni de sus canciones. Ella se comportó demasiadas veces como un tren sin conductor que no quería detenerse ni parar a repostar. Solo la detuvo la tristeza y la impotencia de no haber sido madre. Se enamoró de

España, vivió cerca de doce años en un país en blanco y negro, de silencios costosos, de toreros, de flamencas y pasodobles donde la fiesta y el caos residían en la trastienda y la censura en la escena. Llegó con la primera producción americana en nuestro país y supo que aquella tierra de gente humilde llena de arte, deseosa de color, estaba hecha para ella. Detestaba Hollywood, ser una estrella de cartón piedra controlada y esculpida por los estudios..., los mismos que la bautizaron como «el animal más bello del mundo». Esa belleza fue su suerte y su desgracia. Una hermosura capaz de abrir las aguas, como Moisés, o de hechizar a cualquiera que se cruzara con ella. Esa misma belleza fue la que se quedó con todo, la que absorbió lo demás. Ava Gardner decidió beberse la vida a tragos y no a sorbos; devoró a sus amantes queriendo de ellos hasta su alma. Era tremendamente celosa, posesiva y racial, capaz de arañar a su presa antes que soltarla. Así la recordaba Lola Flores: «A Ava Gardner parece que la estoy viendo en la Feria de Abril de Sevilla, con aquel hoyo en la barbilla, aquel corte de cara... Nadie como ella para saber estar en un sitio, hasta que dejaba de estarlo, porque bebía demasiado».

Deseó construir una vida plena, pero fue incapaz de controlar a esa pantera que arrasaba cualquier signo de plenitud. «Se podría definir mi vida en una sola frase: "Hizo películas, hizo el amor e hizo de su vida un verdadero desastre. Pero nunca hizo mermelada"». Quizá elaborar compotas era con lo que soñaba, igual que con una vida familiar y tranquila, pero su espíritu rebelde y roto desde pequeña la convirtió en un ser tan huidizo como el viento, incapaz de comprometerse, de sostener esa vida plena ansiada. Se crio en la pobreza absoluta, liando cigarros a los 5 años y fumando el primero a los 8. Apenas leyó más que fragmentos de la Biblia y soportó oscuros pasajes de una familia numerosa que sufrió la ausencia temprana del cabeza de familia. Ella misma declaró años más tarde que hubiera deseado estar muerta. Quizá por eso se pasó la vida huyendo de un fantasma llamado soledad. Bebió cantidades desorbitadas de alcohol, no porque le gustase sino porque perseguía salirse del peso de la realidad, de ella misma y de ese tormento que pocos comprendían extasiados por tanta belleza. «Deseo vivir ciento cincuenta años, pero el día que muera, deseo que sea con un cigarro en una mano y en la otra un vaso de whisky». Eligió el exceso, la locura permanente y el disfrute sin final. Se marchó sin hacer ruido, entre sueños y demasiado sola para lo que ella hubiera deseado. Tenía 67 años.

Una infancia difícil

Ava Lavinia Gardner nació el día de Nochebuena de 1922 en Grabtown, una comunidad de plantadores de tabaco minúscula y pobre. Fue la menor de siete hermanos. Hija de un granjero irlandés alcohólico, Jonas Bailey Gardner, al que siempre adoró y perdió a causa de una bronquitis cuando apenas tenía 13 años, y Mary Elisabeth, *Molly*, Baker una baptista escocesa con la que nunca se llevó bien, de moral victoriana, que la educó en un puritanismo exacerbado al que puso fin cuando se casó con Mickey Rooney, su primer marido. La vida que llevaría en un futuro Ava jamás la hubiese aprobado su madre, demasiado pecaminosa para una granjera de Carolina del Norte. Ava era solo una adolescente cuando su padre murió y además su familia se vio azotada por la crisis. Así como muchas otras familias de granjeros, la Gran Depresión se llevaba por delante su estilo de vida. Tan solo tenía 13 años cuando su familia tuvo que emigrar para encontrar trabajo en Wilson, un suburbio. Allí su madre pudo ejercer de cocinera y limpiar casas de profesores para poder mantener a sus hijos. Su madre insistió para que Ava continuara con sus estudios.

Así recordaba la futura actriz su adolescencia: «Cuando tienes 13, 14, 15 años y tienes que ir a la escuela con el mismo abrigo verde que te ha comprado tu madre de saldo, con la misma camisa y el mismo suéter que lavas, suavizas y secas todas las noches…, tú sabes que eres pobre».

Terminó graduándose en la Rock Ridge High School en 1939. El verano de aquel año, y con tan solo 16 años, cambiaría por completo su vida. Su suerte estaba echada cuando fue a visitar a su hermana mayor Beatrice *Bappie* Gardner a Nueva York. Su hermana acababa de casarse con Larry Tarr, un fotógrafo que tenía un estudio familiar en la Quinta Avenida. Sorprendido por la descomunal belleza de Ava, su cuñado le pidió hacerle unas fotos, que posteriormente colocaría en el aparador de la tienda y la llevarían en un futuro próximo al estrellato. Y esto fue así porque un cazatalentos se interesó por la chica de aquella fotografía, pero Larry, sospechando que solo quisiera cenar con ella y prometerle el paraíso para ver si picaba el anzuelo, decidió que se personaría él mismo en los estudios con las fotos de Ava.

SUS INICIOS EN EL CINE

El 23 de agosto de 1941 Ava Gardner acudía a los estudios de la Metro Goldwyn Mayer para una prueba de cámara. Tenía 18 años, no sabía caminar con tacones y poseía un acento del sur tan cerrado que era casi imposible entenderla. Sin embargo, aunque hubiera andado descalza y hablado en chino, el efecto deslumbrante hubiera sido el mismo. Así lo corroboran las palabras que exclamó el productor Louis B. Mayer: «No sabe hablar, no sabe actuar pero ¡es impresionante!».

Firmó un contrato de siete años con la Metro Goldwyn Mayer con un sueldo de cincuenta dólares a la semana y sin apenas derechos. Debía aceptar todas las películas, someterse a todas las sesiones de fotos que se le exigieran y pedir permiso al estudio siempre que deseara abandonar Los Ángeles. Su vida dio así un giro de ciento ochenta grados. Abandonó su estudios de secretariado y emigró a Hollywood junto con su hermana Bappie. Esta acababa de separarse de Larry y se convertiría durante años en su fiel consejera.

Ava empezó a tomar clases de dicción con una de las mejores profesoras por orden de B. Mayer y acudía regularmente a los estudios. Era imposible que pasara inadvertida, cualquiera que se cruzara con ella preguntaba por la joven de abrumadora belleza o se interesaba por conocerla. Por aquel entonces Ava era una puritana del sur, que poco sabía de los hombres y menos del sexo. Pero no tardaría en experimentarlo todo a la vez con uno de los actores del momento: Mickey Rooney. Este era toda una estrella, y aunque medía apenas 1,57 centímetros, tenía fama de galán y de no perder ocasión para una nueva conquista.

«Recuerdo con claridad la primera vez que lo vi, probablemente porque llevaba un frutero en la cabeza... Iba caracterizado como Carmen Miranda, con las pestañas y los pechos postizos, y pintalabios», así confesaba Ava Gardner su impresión en las grabaciones que concedió al periodista Peter Evans a finales de los ochenta. Estas grabaciones eran el material para unas memorias que finalmente no se publicaron, y parece ser que tuvo que ver en ello Frank Sinatra. Pero en pleno siglo XXI las grabaciones han visto la luz en forma de libro: *Ava Gardner. Conversaciones secretas.*

Rooney estaba rodando junto a Judy Garland *Chicos de Broadway* (1941), de Busby Berkeley, y no pudo evitar sentirse fascinado por aquella joven de 19 años, ojos verdes y cabellera morena que le sacaba una cabeza. Antes de veinticuatro horas, el actor ya había conseguido su teléfono, había llamado a Ava y esta había dado evasivas a una posible cita. Mickey no se rindió y cortejó durante semanas a Ava, hasta que la actriz principiante cedió a cenar con él, en contra de su hermana y de los propios estudios, que no veían con buenos ojos que Rooney pudiera perder por esto a sus fans.

Cenaron en el Chasen's, el restaurante más caro de Los Ángeles, con Bappie, la hermana de Ava, aguantando las velas. A Mickey Rooney no le importó porque se quedó prendado de ella y comenzó a llenarla de flores y agasajarla de lujos sin que nadie pudiera evitarlo. «Life is too short» («La vida es demasiado corta») no solo fue el nombre de su propia autobiografía, sino el *leitmotiv* de su vida. Aunque era muy joven, apenas 21 años, Rooney siempre tuvo claro que la vida debía vivirse intensamente y siguiendo en todo momento los impulsos. Contradiciendo los consejos de los estudios, el 10 de enero de 1942, Rooney y Ava se casaron en la iglesia presbiteriana de Ballard, en un pequeño pueblo cerca de Santa Bárbara. Aunque el matrimonio apenas duró un año, tuvo la intensidad suficiente para que la joven Ava despertara sexualmente, así como para que empezara a disfrutar de la fiesta continua. «Cuando pienso en aquel matrimonio, pienso en los clubs de noche, como el Palladium o el Cocoanut Grove (...). Allí es donde aprendí a beber, a beber de verdad. Aunque todos los clubs eran estrictos con la venta de alcohol a menores —no llegaba a los 21 años—, Mick me servía los martinis secos en tazas de café». Así de rotunda se mostraba Ava en las *Conversaciones secretas,* junto al periodista Peter Evans, que ya he mencionado y que se publicaron en 2012. Rooney no estaba dispuesto a perder su libertad sexual por estar casado y las infidelidades no tardaron en llegar; del mismo modo, Ava pronto renunció al sueño de convertir aquello en un hogar ideal, donde el fuego siempre estuviese encendido y el aroma de galletas recién hechas se encontrase siempre presente. Discutían constantemente, Ava se metía con la altura de Rooney llamándole «enano», y cuando parecía que todo estaba perdido, sonaba una risa explosiva y entonces los dos se reconciliaban dejándose llevar por la pasión. La Metro seguía preocupada con que Rooney perdiera seguidoras adolescentes al estar casado y por eso no dejó de atosigarlos y de vigilar cada uno de sus pasos. Mickey Rooney tenía una imagen inmaculada. La imagen que vendía era la de un joven encantador, de sonrisa contagiosa, que gustaba a cualquier mujer. «Éramos unos críos. Nuestra vida estaba en manos de otras personas y no tuvimos la menor oportunidad». Ava finalmente pidió el divorcio, para no entorpecer la carrera de Rooney, por «incompatibilidad de caracteres». El divorcio coincidió con la muerte de la madre de Ava, que estaba enferma de cáncer. Ella podría haber pedido la mitad de los bienes de Rooney, pero se conformó con veinticinco mil dólares, un coche y todas las joyas y abrigos que él le había regalado, incluido el anillo de compromiso, con un diamante enorme. Rooney se casó otras siete veces y tuvo nueve hijos. En una de sus últimas entrevistas mostró que conservaba intacta su infinita vitalidad: «No lamento nada de lo que he hecho. Solo no haber hecho más cosas».

Ava se trasladó con su hermana Bappie a un apartamento en Westwood, cerca de Hollywood. Siguió acudiendo a los estrenos importantes y aderezando su vida social y nocturna con visitas al Mocambo, al Romanoff o en el Ciro's. Disfrutaba de la fiesta y de compañía de actores amigos, como Lana Turner. Apenas unos meses después de su divorcio, comenzó a salir con el excéntrico multimillonario y coleccionista de actrices Howard Hughes. El multimillonario mantuvo durante su vida romances con actrices como Katharine Hepburn, Bette Davis, Joan Fontaine, Olivia de Havilland o Ginger Rogers..., pero Ava fue sin duda una de sus perdiciones. Hughes sufrió tres negativas a sus propuestas de matrimonio, pero se relacionó con ella durante veinte años, de forma intermitente, y siempre estuvo dispuesto a ayudarla.

En 1945 la carrera de Ava comienza a despuntar con su primer papel protagonista en *Whistle Stop,* de Léonide Moguy. Sin embargo, fue la siguiente película, *Forajidos,* de Robert Siodmak, junto al joven Burt Lancaster, la que le dio el reconocimiento esperado y la convirtió en una estrella. Así describió Lancaster el impacto de una joven Ava: «La primera vez que besé a Ava Gardner en el rodaje de *Forajidos* tuve una erección».

Ava fue cedida por los estudios para grabar esta película con un sueldo de trescientos cincuenta dólares a la semana. Esta producción cinematográfica se convirtió en un éxito de taquilla con dos actores prácticamente desconocidos, pero fue el anuncio de que ambos se convertirían en grandes de Hollywood. Él era El Sueco, un exboxeador atormentado que ve cómo su vida se rompe en pedazos por su relación con una *femme fatale* con cara de Ava. No hubo Oscar, pero Ava volvió a la Metro reforzada, aunque con ciertos problemas con el estudio. Meses antes del estreno de la película había conocido al director de orquesta Artie Shaw con cuatro matrimonios a sus espaldas. Ella se sintió cegada por el talento y la cultura del director de orquesta; él, por su belleza. Tardaron poco en irse a vivir juntos en la casa del músico en Sunset Boulevard, poniendo en un brete a los estudios, que veían cómo su nueva estrella empezaba una relación con un hombre divorciado. Después de aguantar presiones, y porque deseaban estar juntos, finalmente se casaron el 17 de octubre de 1945. Otro matrimonio fugaz, donde la actriz no suplió ninguna de sus carencias afectivas y además se sintió insegura por su falta de cultura. Ava Gardner no había leído más allá de *Lo que el viento se llevó* y fragmentos de la Biblia. «Yo estaba loca por él, pero no teníamos ningún interés común ni podíamos vivir juntos. Me marché antes de que me anulara». Exactamente un año después de su boda, obtuvo el divorcio y tampoco reclamó la mitad de los bienes de Shaw. Se refugió en los brazos de Howard Hughes, pero no aceptó una petición de matrimonio ni duró demasiado esa *affaire*. La prensa, que le seguía los pasos nocturnos, le colocó varios amantes. Había despertado la pantera, la mujer insaciable que necesitaba alcohol y compañía para sobrevivir.

En 1947 coincidió en *Mercaderes de ilusiones,* de Jack Conway, con Clark Gable, uno de sus mitos. Solo por estar junto a él aceptó una película mediocre. «Estaba enamorada de Gable desde que era una niña». De hecho, la primera película que vio Ava de pequeña fue precisamente una protagonizada por Gable, *Tierra de pasión* (1932), de Victor Fleming, y como todas las jóvenes soñaba con casarse con él. Su relación fue fluida y divertida desde el primer momento. Ava consoló a un Gable atormentado por haber perdido a su amada, Carole Lombard, en un accidente de avión y él le enseñó a ser paciente ante una producción y tener una actitud liviana con todo. Clark Gable, según se recoge en *Beberse la vida* de Marcos Ordóñez, le dijo a Ava: «Sé que piensas que no eres actriz; bueno, yo tampoco estoy seguro de seguir siendo actor». A lo largo de su vida se convirtieron en buenos confidentes, compañeros de más películas y de bebida, pero jamás compartieron cama. De hecho rodarían juntos *Mogambo*, el remake de *Tierra de pasión*.

Ava siguió rodando películas y, mientras, acumulaba amantes de una noche, de semanas o inventados por la prensa. Y así se forjó el mito. Fue su papel en la película *Venus era mujer* (1948), de William A. Seiter, donde Ava interpretaba a una escultura de la diosa Venus que vuelve a la vida al ser besada por un empleado de grandes almacenes, lo que hizo que siempre se la recordara como una diosa de inmortal belleza. Ava aumentó su caché, ya ganaba mil doscientos cincuenta dólares a la semana y todos la querían conocer. No dejaba de trabajar ni de ser solicitada para protagonizar distintas películas, algunas de ellas grandes fracasos de taquilla, como la superproducción *El gran pecador* (1949), de Robert Siodmak, junto a Gregory Peck.

Precisamente Peck diría que: «A los 23 años ya era una mujer como para morir por ella. La conocí durante cuarenta años y siempre me sorprendía... Quizá bebía más de la cuenta, pero en el trabajo nunca vi ningún indicio de alcohol. Nunca llegaba tarde, siempre sabía su diálogo y siempre fue disciplinada». Coincidieron en otras películas y cultivaron una gran amistad, tal es así que al morir la estrella, Peck se hizo cargo de su ama de llaves y de su perro *Morgan*, enterrado en el jardín de la casa del actor.

AVA Y FRANK

En 1949 se cruzó en su vida Frank Sinatra y además comenzaba su mejor década profesional. La leyenda de su primera noche habla de locura sin control, mucho sexo y alcohol. Cruzaron el desierto en un Cadillac, rompieron farolas y escaparates, dispararon con un revólver del 38 y terminaron en la cárcel. A las pocas horas fueron puestos en libertad con una fianza de treinta mil dólares. Eran dos almas explosivas que no tenían límites. Había empezado su historia de amor, esa que jamás terminó. «Nos convertimos en amantes para siempre. Eternamente», dijo el animal más bello del mundo.

Sinatra estaba casado con Nancy Barbato y tenía tres hijos. Las cosas no iban bien en el matrimonio y por eso se había trasladado a un apartamento de Sunset Towers en Hollywood junto a dos compañeros. El destino quiso que tuviera como vecina a Ava Gardner, que al separarse de

Shaw se había instalado allí. Durante unos años Ava consideró a Sinatra como caprichoso, arrogante y neurótico. Todo cambió en esa noche de desierto, pasión, locura y desenfreno. El amor de ambos fue autodestructivo, tan pasional como neurótico, lleno de escenas que coparían cualquier buen guion de cine rebosante de celos y pasión.

Después de ese primer encuentro comenzaron a verse asiduamente. Eran confidentes y cómplices de la noche, pero había una diferencia notable entre ambos. Ava estaba en plena ascensión hacia la fama absoluta y Frank en pleno descenso. No llenaba en sus conciertos y su paso por Hollywood solo le había reportado fracasos.

A Ava le habían ofrecido *Pandora y el holandés errante,* de Albert Lewin, su primera película en color y la primera superproducción americana que se rodaría en España. Un film mediocre que, sin embargo, marcaría los siguientes doce años de Gardner. Sinatra le pidió que aplazara el viaje hasta su actuación en el Copacabana. Ava accedió, conoció a su madre y el cantante le aseguró que se divorciaría de su esposa. Pero para eso todavía quedaban unas películas por vivir en la historia de amor entre ambos.

Antes de marcharse a España fueron pillados *in fraganti* por la prensa y la noticia prácticamente dio la vuelta al mundo en cosa de minutos. La reacción de la mujer de Sinatra fue pedir de inmediato el divorcio, aunque la batalla legal duraría algo más que un ataque de ira, y los estudios se preocuparon por las críticas que recibió su estrella: la definían como una destroza matrimonios y esto podía afectar su carrera. Una campaña organizada por la sociedad americana más conservadora llegó a pedir que se prohibieran todas sus películas.

Ava y Frank estaban sometidos a mucha presión y cualquier movimiento era noticia. Sus enfados eran explosivos, tanto que un día Sinatra, enloquecido porque Ava había vuelto a casa de su ex, el músico Artie Shaw, la llamó despidiéndose y dejando escuchar dos disparos. Ava corrió al hotel despavorida, temiéndose lo peor. Encontró a Sinatra sonriente en un sillón, con dos disparos en la almohada.

Esa situación límite la llevó a aceptar las órdenes de la Metro y poner rumbo a España. Necesitaba respirar: de Sinatra, de la prensa, de las críticas, de las obligaciones del estudio. Lo que nunca llegó a imaginar es que esa oxigenación se convertiría en parte de su vida. Tenía por delante dieciséis semanas que darían un vuelco a su vida y que ofrecerían a una España en blanco y negro, un mundo de color y *glamour*.

Las localizaciones elegidas para la película fueron Tossa de Mar y Calafell en Cataluña, más concretamente una gran casa labriega entre pinares y donde se encontraba la salvaje y virgen playa del Castell, vacía de turistas pero centro neurálgico de artistas e intelectuales de la época.

Después de hacer escala en París y Londres, Ava llegó acompañada de su hermana Bappie a Madrid para pasar unos pocos días antes de irse a Barcelona y de allí a Tossa de Mar. «Nada de lo que hice antes o después de Pandora tuvo el mismo impacto en mí. Gracias a Pandora descubrí España. Y en España viví como nunca había vivido». Ava se paseó por los cabarets y locales nocturnos de la capital, sin saltarse ningún aperitivo ni cóctel. España todavía estaba gobernada por los militares y la férrea dictadura, pero entre bambalinas se abría un mundo canalla de mezcolanza de artistas y aristócratas que bailaban al son de la fiesta sin fin.

Después de su paso por Madrid y Sevilla, Ava llegó a Tossa el 20 de abril de 1950 y se hospedó en el hotel Ancora. El pequeño pueblo de pescadores fue invadido por Hollywood y alumbrado por la presencia y belleza de Gardner. La leyenda de haberla visto desnuda grabando la escena más famosa de *Pandora y el holandés errante* ha sido contada de generación en generación.

Ava desataba pasiones por donde pasaba, dentro y fuera del rodaje. El romance más sonado y publicitado fue con el torero-actor Mario Cabré, contratado para la película. Las malas lenguas cuentan que el torero puso mucha imaginación al idilio que vivió con la actriz; otras que Ava se dejó querer para dar celos a Sinatra. Publicaciones como *Fotogramas* regalaron los siguiente titulares: «La Costa Brava, escenario de un amor ficticio y un romance real» o «Ava Gardner y Mario Cabré captados por la cámara indiscreta».

No fue hasta que salió en una columna de *Variety*, que el romance con el torero llegó a los oídos de Sinatra. Al cantante le faltó tiempo para reaccionar, cogió el primer avión con destino a España, preso de los celos y con un collar de esmeraldas. Por otra parte, hay versiones muy diferentes del romance de la actriz con el torero. Según

Mario Cabré, «esta mujer supone para mí un cambio completo de mi existencia». Sin embargo, Ava, en su biografía, definiría el idilio con el torero como «un error de una noche de vino tinto». Mario Cabré le dedicaría a la actriz un libro de poesías. Quizá la realidad habría que buscarla entre medias de las dos versiones: un amor tan fugaz como pasional, con resultados muy diferentes para el torero y la actriz.

La promoción de ese amor entre la actriz y el torero y la llegada fugaz de Sinatra muerto de celos no fueron ingredientes suficientes para que *Pandora y el holandés errante* no resultara un fracaso de taquilla. A la actriz le importó muy poco porque había llevado una vida intensa y paralela al rodaje. Una vida repleta de fiesta y alcohol, donde un mundo en blanco y negro cuando caía la noche se teñía de technicolor. Ava Gardner era consciente de que «representaba todo lo que ellos censuraban, una mujer que vivía sola, que no era católica, estaba divorciada y además actriz». A Tossa de Mar también le importó poco el fracaso de la película, el pueblo decidió inmortalizar los hechos con una estatua de Ava, que domina el mirador de Vila Bella.

Tras ese patinazo en taquilla, llegaron unos cuantos más con *Magnolia* (1951), de George Sidney, y *Estrella del destino* (1952), de Vincent Sherman. Ava seguía con Sinatra pero su relación oscilaba entre el tormento y el éxtasis. No fue hasta octubre de 1951 cuando finalmente se formalizó el divorcio con Nancy, que a Sinatra le costó una fortuna aparte de la custodia de sus tres hijos. No le importaba nada con tal de tener a Ava consigo y solo para él. El 7 de noviembre de 1951 Ava Gardner y Frank Sinatra se casaron en Filadelfia. Pasaron la luna de miel entre casinos, sexo y alcohol..., y Ava se instaló en la casa de Frank en Palm Springs. «Éramos grandiosos en la cama. Los problemas aparecían camino del bidé», así de gráfica fue Ava al definir su matrimonio con Sinatra.

Los celos y el descenso de Sinatra en éxito y popularidad fueron parte de su problema. Ava no dejaba de adquirir fama y él había perdido la voz y estaba arruinado tras el divorcio. Ella seguía sumando películas, entre ellas todo un clásico que siguió cimentando su mito, *Las nieves del Kilimanjaro* (1952), de Henry King. Otra de sus películas junto a Gregory Peck.

La personalidad de Ava era clara, atrevida y rebelde ante cualquier provocación. Tenía carácter, igual o más que su marido, y por eso las broncas entre ambos eran notorias y demasiado continuadas. Las reconciliaciones se teñían de la misma efusividad e intensidad y eso permitía que a pesar de que el matrimonio se tambalease, apostasen por seguir juntos a pesar de todo.

Ava estaba a punto de marchar a Nairobi para rodar la ya mencionada *Mogambo,* de John Ford, junto a su adorado Clark Gable y Grace Kelly. Antes, decidió hablar con los productores del futuro proyecto estrella de Columbia *De aquí a la eternidad;* Sinatra se había leído la novela y le había confesado que solo él podía interpretar a Angelo Maggio. Ava le dijo al productor que se ofrecía a trabajar gratis a cambio de una prueba para Frank. Este hizo la prueba y lo contrataron por tan solo ocho mil dólares, una minucia, pero representó la vuelta al ruedo de Sinatra.

Frank acompañó a su mujer al rodaje de *Mogambo* cuando cumplían su primer aniversario como casados. El director John Ford estaba haciendo la vida imposible a Ava porque había sido impuesta por los estudios en contra de su voluntad. John era un rudo irlandés de fuerte carácter al que no le gustaban las directrices de nadie. Marcos Ordóñez en *Beberse la vida* recoge, sin embargo, el momento en el que se produce la reconciliación entre ambos. Una cena con el gobernador británico de Uganda: «"¿Por qué no le cuentas al gobernador qué ves en ese renacuajo de cincuenta kilos con el que te has casado?". "Claro, señor Ford —dijo—. Verá hay tres kilos de Frank y cuarenta y siete de polla».

Su relación no solo mejoró sino que fue el confidente de su primer embarazo. Sufrió un par de desmayos rodando y tras un reconocimiento médico, descubrió que estaba embarazada. Ava se negó a contárselo a Sinatra y John Ford intentó detenerla sin éxito. El 23 de noviembre de 1952, acompañada por su agente de prensa y tras pedir una semana de permiso en el rodaje, Ava Gardner abortó en una clínica privada de Londres. Informaron a la prensa que la actriz había contraído disentería en África.

En aquella ocasión decidió no informar a su marido, pero meses más tarde, volvió a quedarse embarazada y no pudo ni quiso ocultárselo. Sinatra quería tenerlo, Ava no. No hubo forma y quizá fuera una de las decisiones erróneas de su vida que años más tarde la atormentaron. Estaba a punto de rodar en Londres *Los caballeros del rey Arturo* (1953), de Richard Thorpe, y Frank se fue a Hawai a rodar *De aquí a la eternidad* (1953), de Fred Zinnemann.

Las noches en el Pasapoga, el Rex o el Florida Park

A la espera de comenzar el rodaje, Ava volvió a Madrid. Su matrimonio hacía aguas..., se desvanecía por los celos, las discusiones y la nueva obsesión de Sinatra: el trabajo. Ella se refugió en esas noches de color, sonrisas y alcohol en lugares tan célebres como el Pasapoga, el Rex o el Florida Park. Era imparable, invencible en aguantar despierta y salir a la mañana siguiente resplandeciente. En el fondo tanta fiesta era necesaria para tapar la tristeza que iba acumulando en su vida diaria. Un matrimonio al que apenas le quedaba mecha y dos abortos demasiado seguidos como para que no crearan una sombra de desdicha en su interior. No estaba contenta con el estudio, se sentía explotada y nada reconocida. Necesitaba deshacerse de Hollywood y esa vida de cristal, necesitaba huir de un nuevo fracaso amoroso... ¡Necesitaba España! Todos los que la conocieron en aquella época destacan su cegadora belleza y su necesidad de beber para olvidar. Como recordó Tedy Villalba, productor de cine, en un testimonio recogido en *Beberse la vida* de Marcos Ordóñez: «Era indescriptible lo que podía llegar a beber. Desayunaba con champán y diez minutos después estaba tomando un chinchón, y diez minutos más tarde un rioja, y luego un whisky doble y un martini, y así todo el día, y aguantaba de pie, como una jabata».

De aquí a la eternidad se estrenó no solo con éxito sino con unas críticas buenas y un tiempo después Frank Sinatra se llevó el Oscar al mejor secundario. La suerte volvía a estar del lado de La Voz, pero había empezado el declive de la relación entre Ava y él. Parecía que cada uno hacía vida por separado, no solo por ciudades sino también en compartir lecho con otros.

Fue en aquella época cuando apareció en escena Luis Miguel Dominguín. Durante un año y medio no pudieron impedir, ni quisieron, dar rienda suelta a una pasión tan torrencial como tormentosa. El torero había decidido hacer un alto en el camino del ruedo y descansar a base de fiestas y buena compañía. Sus primeros encuentros fueron poco fluidos por la falta de entendimiento en el idioma. Ava no estaba pasando su mejor momento, sentía que la tristeza la embargaba y necesitaba agarrarse a la vida. Luis Miguel se quedó prendado de la belleza animal de aquella mujer. Era un conquistador, el don Juan preferido por todas, difícil de resistir por su gran atractivo y por ser un gran embajador en las fiestas y en los ambientes sociales. Aunque no sea cierta una de las miles de anécdotas sobre la actriz según la cual en su primer encuentro sexual en el Hilton, ella le preguntara: «¿Adónde vas?», y él le respondiera: «¡A contarlo!», sí es verdad que los dos amantes se sintieron mutuamente fascinados. Nadie puede afirmar a ciencia cierta si ese diálogo ocurrió, como poco sabemos de lo que ambos vivieron en realidad. Se conocieron en la primavera de 1953 y hasta 1954 en Nueva York no dieron rienda suelta a su pasión. «Cuando le vi por primera vez, supe con absoluta certeza que era para mí». Sin embargo, fueron muy precavidos para que Sinatra no se enterara del idilio, mientras el matrimonio hacía aguas. No tardó en llegar el divorcio, apenas un tiempo después del estreno de *Mogambo.*

El 29 de octubre de 1953 Ava Gardner y Frank Sinatra anunciaban en un breve comunicado su divorcio a la prensa. Según la nota enviada por Howard Strickling, jefe de prensa de la Metro: «(...) Ambos expresaron su profundo pesar y el más grande respeto mutuo. Su separación es definitiva». Sin embargo, Frank finalmente no se presentó a la firma del divorcio, a pesar de haberlo solicitado. En aquel periodo, Ava se fue a rodar a Italia una de sus más míticas películas donde quedaría en la memoria colectiva que la actriz era el «animal más bello del mundo», *La condesa descalza* (1954), de Joseph L. Mankiewicz. En la película era una bailarina española, María Vargas, que se convertía en toda una estrella en Hollywood pero nunca encontraba el amor. En Roma pasó un tiempo junto a Sinatra, aunque no fue lo más acertado y solo acentuó su soledad. La actriz había cumplido 30, y durante una temporada siguió viéndose con Sinatra y a escondidas con Dominguín. Por ejemplo, la Nochevieja de 1953 la pasó con Sinatra en Roma, y el día de Reyes, con el torero. Dominguín capeó a los periodistas y a los curiosos y se presentó en la capital italiana para estar junto a su amante, cuando La Voz había retornado a Hollywood. Como dijo irónicamente su compañero de reparto en *La condesa descalza,* Humphrey Bogart, según recoge Marcos Ordóñez en su imprescindible libro sobre la actriz, *Beberse la vida:* «Las mujeres de medio mundo se arrodillarían a los pies de Frank Sinatra y resulta que Ava pierde la cabeza por un tipo que usa capa y zapatillas de bailarina».

España, los toros y la fiesta

Lo cierto es que Ava adoraba España, los toros, la fiesta y la aventura y aquel hombre reunía todo aquello que la apasionaba. Él le mostró el poderío de la cultura española con Picasso, Dalí, Hemingway, Orson Welles, Lola Flores..., y lugares emblemáticos donde el flamenco llenaba los vasos como el Villa Rosa, Los Gabrieles o el punto de encuentro de los Dominguín en la plaza Santa Ana: la Cervecería Alemana. Al terminar el rodaje de *La condesa descalza* y alejarse, por fin, de Bogart, que se había empeñado en hacerle la vida imposible, retornó a España para caer rendida en brazos de Dominguín. Los dos estaban bien así, amándose y disfrutando de la noche madrileña. Durante su romance, Ava sufrió un cólico nefrítico y tuvo que ser hospitalizada, no solo fue atendida por los médicos sino que el torero no se despegó ni un minuto de su lado. Los dos amantes estaban sumergidos en una burbuja que tarde o temprano iba a estallar.

Ava debía hacer frente al divorcio con Sinatra, volver a Estados Unidos y ganar dinero para soportar el tren de vida que llevaba y Dominguín debía volver a hacer las Américas. Cuentan que fue en ese momento cuando regresó de nuevo Howard Hughes para pedirle por tercera vez matrimonio a Ava y recibir la tercera negativa. Parece ser que Dominguín acudió a Nevada, pero el multimillonario le amenazó y el torero salió por patas. Según recoge el libro *Luis Miguel Dominguín: el número 1*, de Andrés Amorós, el torero declaró que: «Era la más guapa y la más fiera. Tenía una loba muy feroz en una jaula». Durante un periodo, Ava se quiso alejar de todo, y encontró en su amigo Hemingway y en Cuba un refugio perfecto para olvidar las torpezas del multimillonario, del torero y de La Voz. Finalmente la relación entre la actriz y Dominguín terminó en Nueva York con una pedida de matrimonio y la negativa de Ava.

Estuvo un tiempo huyendo por el mundo, aprovechando la gira promocional de *La condesa descalza*. De momento no cerraría su historia con Sinatra, seguía sin haber una firma de divorcio, pero sí se compró una casa en La Moraleja, en Madrid. La Bruja, como así se llamaba la casa, fue su morada durante un tiempo, pero quizá el no instalarse un teléfono o encontrarse tan apartada..., hizo que jamás sacara un pie del Hilton, su otra casa en la capital española. Ava siguió viéndose con Dominguín, incluso se hizo amiga de Lucía Bosé y compartieron risas y fiestas. Ava rodaba películas para ganar dinero pero se sentía cada vez más alejada del cine, de esa vida de decorado. Disfrutaba de España entre rodajes. La actriz gozaba de esa vida de castañuelas, de vendedores ambulantes, de fiestas privadas organizadas por los propios americanos y de esa farándula tan deseosa del divertimento como ella, aunque por motivos distintos. Ella, para huir de la soledad, y ellos, de una dictadura castradora.

Ava y Sinatra jamás rompieron del todo su vínculo como pareja. Él seguía haciéndole sonoros regalos los días de su cumpleaños y ella escuchando sus canciones para sentirse acompañada. Quizá fuese ese uno de los motivos por los que Sinatra aceptó rodar *Orgullo y pasión* (1957), de Stanley Kramer. El rodaje era en Madrid y su exmujer se encontraba allí. Durante unos días, Ava se negó a ver a Sinatra y el cantante pagó su frustración amargando el rodaje de la película. Luego sus encuentros fueron numerosos, lo mismo que sus peleas. Habían pasado los años, pero ellos seguían siendo los mismos. Se amaban, se necesitaban pero eran incapaces de mantenerse juntos. Aquel viaje a España terminó con el regalo de un tocadiscos de Sinatra a Ava. Ese objeto la acompañó a todos lados hasta el día de su muerte. Ava siguió flirteando con la noche, acumulando amantes, algunos pura leyenda y otros de carne y hueso, y odiándose cada día un poquito más. Viajando y rodando por el mundo, pero sin desprenderse de esa España que la hacía sentir libre. En julio de 1957 ella y Sinatra firmaron su divorcio de mutuo acuerdo. Ava, muy al contrario que Nancy, solo le pidió a Sinatra que pagara las tasas y los honorarios de los abogados.

Ava no había hecho nunca mucho caso de su belleza, pero se vio presa de su propio mito cuando tuvo un accidente montando a caballo que le provocó un hematoma en la mejilla. La prensa compró fotografías de su rostro herido y se cebó con ella en los textos anunciando que el animal más bello del mundo no volvería a recuperar su esplendor. A pesar de los pesares, la actriz continuaba acumulando amantes, obsesiones, aumentaba también su nivel de caprichos y desarrollaba una desconfianza hacia todos aquellos potenciales vendedores de su vida, que ofrecían informaciones a los paparazi. Los años no traían la calma a su vida, su temperamento campaba cada vez más libremente y aumentaba su neurosis.

AL FIN LIBRE

Un cambio significativo llegó cuando se liberó de la Metro, y quedó en libertad para elegir proyectos y ganar todo el dinero del mundo para quemarlo más tarde. Lo que sí es cierto es que tras veinte años respaldada por un estudio... ¡Ava se moría de miedo con su nueva situación! No tardó, sin embargo, en recuperar su altivez. Su primera película como estrella independiente la llevó a Australia. Se trataba de *La hora final* (1959), de Stanley Kramer, y de nuevo acompañada por Gregory Peck. Las ventajas de su aventura como estrella independiente fueron visibles por las condiciones de su contrato: ganó la innombrable cantidad de cuatrocientos mil dólares más gastos y el derecho de un séquito de profesionales que la acompañara. Era 1959, Ava Gardner tenía 37 años, seguía acumulando romances, escándalos y mucha leyenda en torno al mito... También arrastraba tres matrimonios, dos abortos y una decena de películas de éxito, pero aún sentía el mismo vacío que la hacía rodearse de extraños y beber sin ponerle fin.

Seguía alejada de Estados Unidos, solo viajaba allí para visitar a la familia y por asuntos laborales. Una vez concluidos los compromisos regresaba a Europa, a España. 1960 fue un año extraño para Ava: sentía por primera vez inseguridad sobre el futuro de su carrera; perdía a Clark Gable, uno de sus grandes amigos; Sinatra se posicionaba como uno de los actores más taquilleros y, por último, vendía su casa de La Moraleja para instalarse en un precioso dúplex en la calle Doctor Arce de Madrid. Aunque seguía refugiada en las fiestas hasta el amanecer y las llamadas de madrugada a Sinatra no se interrumpían, parecía que su ánimo no remontaba. El suicidio de Hemingway en junio de 1961 fue otro duro golpe para ella: «(...) fue el único hombre que no pretendió cambiarme, cuando murió le lloré como si hubiera muerto mi propio hermano».

Llegó entonces el rodaje de la última película del productor Samuel Bronston en España, *55 días en Pekín* (1963), de Nicholas Ray. La película fue un fracaso de público y una pesadilla para la actriz. No se llevó bien con el actor protagonista, Charlton Heston, que criticaba su falta de patriotismo y su excesiva rebeldía. La película, con unos seis mil extras, un presupuesto ruinoso y todos los retrasos imaginables, se estrenó con críticas negativas por parte de la prensa especializada y con una taquilla irrisoria. Marcos Ordóñez recoge en *Beberse la vida* cómo Heston contó la última vez que vio a Ava Gardner, en la fiesta de final de rodaje: «Era muy tarde cuando abandoné la reunión. (...) Eché a andar y de repente la vi sola, bellísima, en mitad de la avenida desierta, con su resplandeciente traje de satén blanco y toreando con su capa roja a los pocos taxis que pasaban a aquella hora. Triste, triste dama...».

Ava seguía rodando, filmando por dinero, y así aceptó participar en *La noche de la iguana* en 1963, junto a Richard Burton y Deborah Kerr, dirigida por John Huston, que adaptaba un relato breve del dramaturgo Tennessee Williams. Viajaron a México y parecía que, por el temperamento de los actores y la aparente poca química entre ellos, se avecinaba tormenta. Pero aquella experiencia fue reveladora para Ava. Dio lo mejor de ella como actriz y congenió con Burton que, además de ganarle la partida bebiendo, era un bromista compulsivo. La película resultó modesta en taquilla, pero Ava recibió buenas críticas de la prensa por su interpretación de Maxime, la madura pero sensual y solitaria propietaria de un hotel aislado. Es difícil dilucidar qué hay de verdad y qué de leyenda en la anécdota que se cuenta sobre el dramaturgo Tennessee Williams que al quedar impactado con el papel de Ava, encadenó una iguana a su porche y la llamó *Miss Ava Gardner*.

El camión de la basura

Pasaba la cuarentena pero Ava seguía seduciendo y provocando la misma sensación que cuando los ascensoristas de Nueva York la eligieron como «la chica con la que nos gustaría quedarnos atascados en lo alto del Empire State

Building». Ava no dejaba de sorprender a sus admiradores. Así Marcos Ordóñez cuenta en su libro una anécdota hermosa de cómo unos basureros madrileños la llevaron una noche en el camión a su casa, y que recibieron cinco mil pesetas cada uno y dos besos de Ava. Probablemente tardarían tiempo en digerir lo ocurrido. Era una fiera indómita, un animal sin dueño ni collar.

Aunque seguía ganando dinero, comenzaba a acumular demasiados fracasos de taquilla y su vida había iniciado un declive también emocional. El abogado de Ava en España, Antonio Recoder, como se recoge en *Beberse la vida,* contó una confesión que le hizo la actriz una noche: «No he nacido para ser actriz, sino para tener hijos», y también describió una escena que vivió una y otra vez con Ava: «Cuando había bebido mucho, yo le humedecía una toalla y se la colocaba sobre la cara para que se despejase. Ava se la quitaba y hacía con ella una especie de muñeco. La abrazaba como si fuera un niño..., ¿comprende?». El fracaso de su vida amorosa y el no haber tenido hijos fue desencadenando una espiral autodestructiva que la llevaría a caer en el abismo, hasta tal punto que tuvo que ser ingresada en una clínica especializada de enfermedades nerviosas. Según narró la propia actriz en *My story:* «Cuando me deprimo, la situación es difícil para mí. Puedo razonar sobre ello, buscar un sentido y saber qué demonios está pasando en mi vida en ese momento. Puedo deprimirme, pero no caer de tal modo que no pueda salir nunca».

Después de casi doce años en España, Ava decidió que había llegado el momento de dejar ese país que tanto le había dado. Recuperada de su crisis nerviosa, con Sinatra casado y divorciado a los dos años de Mia Farrow y varias muertes de amigos a sus espaldas, Ava decide cerrar una etapa. En 1969 después de que durante un tiempo su vida oscilara entre Madrid y Londres, además de que le surgieran varios problemas con los gobernantes españoles y Hacienda, decide instalarse definitivamente en la capital inglesa. Había terminado una etapa importante de su vida, pero como ella misma expresó: «Una vez el viaje termina, cariño, no suelo nunca mirar hacia atrás».

Su retiro en Londres

Comenzó su camino hacia el retiro, pues aunque siguió haciendo películas..., Ava se instaló en Londres con el deseo que siempre había querido: abandonar el cine. Rodaría películas como *Terremoto* (1974), de Mark Robson, siguiendo la moda del cine catastrofista; o el estrepitoso fracaso de la superproducción *El pájaro azul* (1976), de George Cukor, junto a Liz Taylor. Durante esa década, seguiría filmando por dinero, pero sin apenas pasión ni energía. Ella gozaba de su vida en Londres, redecorando una y otra vez su apartamento de Ennismore Gardens, visitando anticuarios y haciendo negocio de sus compras y ventas de joyas.

Fue en 1986 cuando todo cambió al sufrir su primer ataque de apoplejía. La actriz tuvo que ser ingresada en el Saint John's Hospital de Santa Mónica. Una vez recuperada, se trasladó definitivamente a Londres, donde se recluyó voluntariamente, pues no se recuperaría del todo de la apoplejía. Le había dejado secuelas importantes de movilidad y, por otra parte, la lista de bajas de sus amigos iba aumentando cada vez más con nombres nuevos: George Cukor, Howard Hughes... Estuvo años sin trabajar y por eso, necesitada de dinero, grabó esas conversaciones con el periodista Peter Evans que no llegaron a ver la luz hasta veinte años después de su muerte, como he contado en líneas anteriores. Sus problemas de salud se acrecentaron con un enfisema pulmonar y un cáncer de útero. Fue Sinatra quien cubrió todos los gastos médicos. Jamás desconectaron el uno del otro. Ava nunca dejó de viajar para verlo en un concierto y disfrutar de su compañía. Ella y Frank siguieron encontrándose toda la vida, coincidiendo en distintos lugares del mundo. Aunque les fue imposible convivir, desde que se cruzaron por primera vez, ambos supieron que eran dos almas gemelas. Como expresó un Frank Sinatra ya más maduro: «Los dos tenemos el mismo sentido del humor. Sabemos mirar las cosas de frente y llamarlas por su nombre. Por el momento, nos hacemos compañía mutua como dos ancianos. Sacamos el polvo al pasado. Nos contamos viejas historias. Y bebemos alguna que otra Coca-Cola».

Se pasó los últimos días de su vida escuchando a Sinatra y a Maria Callas en su viejo tocadiscos. Murió a los 67 años, el 25 de mayo de 1990, por la noche y en su cama de Londres. Cuatro días más tarde se instaló la capilla ardiente cerca de su lugar natal, en Smithfield. La actriz iba vestida con un vestido rosa y cien rosas sobre su ataúd como pidió. Ese día azotó una tormenta con furia, como si ella estuviera despidiéndose de este mundo, con esa bravura que la caracterizó. Riéndose de ella misma, de la vida..., de sus aciertos y de sus fracasos. Según se dice, una solitaria limusina negra aparcó detrás de la muchedumbre, unas quinientas personas, que asistió al entierro de Ava. Nadie salió del vehículo, pero se asumió que el anónimo ocupante era Frank Sinatra. Un arreglo floral ante la tumba de Ava llevaba su dedicatoria: «Con amor eterno, Francis».

La sepultura de Ava Gardner se encuentra en el Sunset Memorial Park de Smithfield (Carolina del Norte, Estados Unidos), al lado de sus hermanos y sus padres, Jonah y Molly Gardner.

Se fue centelleante, llevándose consigo el arrojo de haber vivido intensamente. De haber rozado varias veces los límites permitidos, de haberse mofado de todo aquel que la intentó alguna vez poseer. Ava fue un animal tan libre como malherido desde la infancia, que no encontró la caricia que la consolara, que la saciara, que la colmara para construir aquello que eternamente deseó pero infinitamente temió: una familia, un hogar estable para cocinar y vivir plácidamente. Su existencia, al contrario, se convirtió en una gran tormenta. Repleta de truenos, rayos, nubarrones y arcoíris maravillosos que ofrecían una belleza descomunal.

La propia Ava dejó una triste explicación de su existencia: «Mi vida... Mi vida me da risa. He trabajado mucho, de acuerdo. Pero odio mi trabajo. No sirve para llenar una vida. No he sido capaz de construir en serio una cosa que valiera la pena. En relación con mi vida he sido siempre una hábil destructora».

Un animal bello, libre y malherido

Terminó sola, acompañada de la voz de Sinatra y sus canciones, de sus muebles antiguos, de sus demonios que tantos litros de alcohol le hicieron ingerir... Terminó apagándose la estrella que cautivó al mundo entero, la musa de tantos, la mujer que algunos creyeron poseer... Ava Gardner se fue habiendo disfrutado de la fiesta, intentando ahogar sus penas, su soledad... Con estas palabras desgarradas describía Ava su secreto más íntimo en *My story:* «Tú podrás sobreponerte al pánico, a la soledad, a la decepción y al amor, pero nunca superar el dolor, pues dura para siempre».

Estoy segura de que el animal más bello del mundo nos sigue de cerca, con la copa de martini en una mano y el incombustible cigarrillo en la otra..., acompañado todo con una ácida sonrisa que mantiene eternamente. Fue una mujer, como la definió Charlton Heston, tan bella como triste, tan insegura y obsesiva como talentosa y rebelde. Fue un alma que no descansó hasta apagarse, que estuvo batallando contra ella misma, buscando el sedante adecuado para el dolor profundo que siempre la acompañó. La temprana pérdida de su padre, la soledad de ser incomprendida por los suyos, la renuncia a la maternidad y al cálido hogar... Todos pagamos el precio de nuestras decisiones y Ava Gardner, aunque fue una diosa en películas, no se libró tampoco...

Capítulo 9

Chavela Vargas

Una indómita superviviente

Costa Rica, 1919-México, 2012

«El amor no existe, es un invento de las noches de borrachera».

«Me tomé cuarenta y cinco mil litros de tequila. Por eso soy mitad sangre, mitad tequila».

«Ama sin medida, sin límite, sin complejo, sin permiso, sin coraje, sin consejo, sin duda, sin precio, sin cura, sin nada. No tengas miedo de amar, verterás lágrimas con amor o sin él».

«No soy un ave fénix sino una mujer con una fuerza brutal que logró salir de los infiernos».

«Lo que duele no es ser homosexual, sino que te lo echen en cara como una peste».

«Las personas simplemente aman o no aman. Los que aman lo harán siempre a todas horas, intensa y apasionadamente. Los que no aman, jamás se elevarán un centímetro del suelo. Hombres y mujeres grises sin sangre».

Mujer indómita con una fuerza sobrehumana que consiguió salir de las fauces del alcohol y de sus propios demonios llamados soledad y tristeza para entregar al mundo su canto-llanto, y convertirse en la gran CHAMANA en el escenario para evangelizarnos con su rugido de libertad. Chavela Vargas supo vivir en la sombra y en la luz, en las profundidades del infierno y tocando el cielo y las estrellas. Despreciada en la infancia por sus padres y por la Iglesia porque nunca renunció a ser tal y como se sentía, sin maquillajes y sin disimulos. Por ser lesbiana fue tratada como «rara» e insultada por hombres y mujeres que ni comprendían ni deseaban hacerlo. Buscó refugio con su libertad, y siendo muy joven, y tan valiente como inconsciente, se fue a México donde aprendió a base de dureza y de pasar hambre. Como la propia cantante escribió en su biografía sentimental, *Y si quieren saber de mi pasado:* «México me golpeó, me agarró a patadas y me dijo: "O te haces o te mueres"».

Vivió la época de un despertar y se rodeó de figuras relevantes que hicieron de México una polvareda de arte: Frida Kahlo, Diego Rivera, Guadalupe Amor, Álvaro Carrillo, José Alfredo, Toña La Negra... Encontró la gloria en las cantinas y en los escenarios, junto a los grandes compositores, grandes compadres de noche y tequila, de parrandas sin fin. Vivió el éxito y ella misma decidió refugiarse en el ocaso; retirarse a beber, a olvidarse de ella, a darle la espalda a la vida. A morir, a desaparecer de un mundo que tantas veces se le había hecho hostil. Corre la leyenda de que algunos se la cruzaron entre teporochos, bebiendo; otros la dieron por muerta. Pero lejos de eso, comenzó su ascensión en un bar sencillo de Coyoacán. Las mujeres, aquellas que siempre adoró y estaba siempre dispuesta a piropear, la rescataron del olvido, del pozo. Le pidieron que volviera para consolarlas, para seguir en la lucha. Un poco antes fue un cáncer de boca del que sobrevivió el que hizo que se despidiera de sus habanos y de sus parrandas de alcohol. Estuvo quince años perdida para volver otros veinte y dar al mundo el evangelio de la libertad, del coraje, del amor sin medias tintas. Volvió a llenar los escenarios sola, con sus dos guitarras y su presencia ceremoniosa, alzando los brazos, dejando que la agonía la atravesara y se convirtiera en lamento cantado con esa voz fuerte y rota, casi flamenca. Chavela se convirtió en «la dama del pelo plata», en la CHAMANA resucitada para despertar conciencias con su canto rasgado, golpeando los corazones y hablando de alma a alma. Como dijo el escritor mexicano Carlos Fuentes: «Oír a Chavela es saber que no formamos parte del rebaño, parte del montón. La oímos y sabemos que canta para nosotros y, sentimos que nos quiere, que nos aprecia, que nos necesita».

Vivió una gloria nueva, un reconocimiento mundial y encontró un refugio de artistas y amigos, como Almodóvar, Sabina, Martirio... enfundada en su poncho —jorongo—, con sus gafas de sol y sus zapatillas de deporte. Se fue tranquila, después de mil despedidas, habiendo cumplido sus sueños como cantar en el Olympia de París. Y también habiendo vivido amores pequeños e inmensos, protegiéndolos del morbo y de ese deseo de saber pero para desvirtuar. Harta de hablar de su querida Frida, de por qué llevaba pistola, de esos habanos fumados o los tequilas compartidos... se fue con los deberes hechos a los 93 años. Se fue sin lamentos, con la sonrisa puesta y los brazos extendidos, para recibir allá en lo alto a todos aquellos seres queridos que perdió en vida. «Algún día voy a detener mis pasos y me voy a ir por ahí cantando». Se fue un 5 de agosto de 2012, pero el mito sobrevive y muchos son los que la siguen buscando de compañera de borracheras, de soledad y tristeza. «Eso es vivir. Una vida monótona no tiene por qué ser... un día bien, el otro mal... hasta que se acabe».

NACIDA PARA ROMPER LAS REGLAS ESTABLECIDAS

María Isabel Anita Carmen de Jesús Vargas Lizano nació el 17 de abril de 1919 en San Joaquín de Flores, Costa Rica. La segunda de cinco hermanos, de padres humildes, labriegos y estrictos en sus costumbres que no pudieron o no quisieron aceptar a la hija que llegó dispuesta a romper con lo establecido. Aunque la familia Lizano era gente mucho más abierta de mente que los Vargas, pues contaba una hermana de su madre que era lesbiana y que fue aceptada de buen grado en la familia. No corrió con la misma suerte Chavela que vivió la falta de cariño y el rechazo desde joven.

Chavela tuvo una salud delicada. A los nueve meses pensaron que estaba ciega y los médicos casi le quemaron los ojos. Tres años después contrajo la poliomielitis que la dejó postrada en una silla, llena de hierros que le llagaron el cuerpo. En las dos situaciones fueron los chamanes los que la salvaron la vida y no los médicos. De ahí su fe ciega toda la vida en ellos. «El chamán te cura con esperanza, con amor; el otro te retaca de medicinas». Apenas sabían si saldría de esta y su madre, como cuenta Begoña García Merino en *Chavela Vargas: vida, canto y cancionero*, desesperada, se fue a encomendársela a la Virgen, pero el ruego fue que se la llevara y no la mantuviera más en el mundo: «La puso a sus pies y le dijo: "Toma esta niña, yo no la quiero. No tiene remedio, ahí te la dejo para que muera. Porque yo no puedo sacarla adelante"».

CHAVELA, UN ALMA SALVAJE

Pero Chavela salió adelante con la vida y siguió a sus instintos, a su alma salvaje, más allá de lo establecido. Comenzó a llevar pantalones, porque así podía trepar cómodamente por los árboles y no mostrar las piernas delgaduchas que le había dejado la polio. Estudió hasta sexto grado; nunca le gustó la escuela y siempre que podía se escapaba para estar entre la naturaleza... danzando en libertad y cantando por las calles. Ya desde muy pequeña cantaba porque le hacía sentir acompañada, pues no tenía apenas amigos y siempre andaba con la soledad a cuestas. De nuevo me remito a su biografía *Y si quieren saber de mi pasado* para leer sus palabras sobre su infancia: «Viví con mucho desamor, que no me quisieron, que la familia era un nido de soledades, que desde muy niña aprendí a defenderme a la fuerza, que el mundo es un mortero y hay que ser duro para que los golpes no te desmenucen».

Los padres de Chavela se separaron cuando era una niña, por infidelidades y causando un gran escándalo en una comunidad conservadora. Chavela, por rebelde y por intratable, fue apartada del resto de sus hermanos. Ella contó que decían que la habían visto besarse con la hija de la cocinera. No le gustaba jugar con muñecas, sino andar con pistolas y subirse a los árboles imaginándose guerras. Su padre la envió a vivir con sus tíos paternos a Ascensión: «Hasta que te endereces o te mueras», pero allí no falleció y sí vivió el infierno. Se levantaba temprano a cortar café, otras veces iba a los naranjales a recoger naranjas o a arrear el ganado..., y sin descuidar las labores de la casa: hacer las camas, lavar los platos, planchar... Sus primos la insultaban y se la educó como si fuera un ser salvaje. De hecho, una Chavela adolescente lloró de espanto cuando le bajó el periodo y también cuando vio que le crecían los pechos. Vivió una infancia sin amor. No se sintió querida y siempre recordó esta etapa de su vida como un dolor que se quedó muy profundo en su alma.

De nuevo en las líneas de *Y si quieren saber mi pasado* dejó la descripción dura de su infancia: «No tuve la mesa puesta, ni sábanas de hilo, ni me decían: "Ven, que yo te quiero". De modo que ni el mundo me quiso ni yo quise al mundo. Me dejó sentir los miedos de la soledad y tuve que armarme de coraje; ya sé que por ello me llaman valentona, indomable y arrogante, retadora como filo de puñal, pero jamás he odiado a nadie, porque el odio acaba consumiendo la sangre y odiar, como se dice en América, me friega mucho».

En aquella época, y para defenderse de las culebras, le enseñaron a usar armas. Esas armas le hacían compañía en una infancia solitaria, quizá por eso años más tarde se la recuerda cantando, acompañada de su pistola. No tardó en escaparse de aquel lugar y fue en busca de su familia. Primero vivió de nuevo el rechazo de su padre. Se acercó a él y le dijo: «Señor, haga algo por mí», y su padre contestó: «Eres mi hija pero eres rara». No volvió a verlo. Su padre murió tempranamente de cirrosis sin haber bebido una gota de alcohol, Chavela nunca supo dónde le enterraron ni quiso saberlo. La Iglesia también la rechazó y su hermana Ofelia la llamó «lesbiana de mierda». A pesar de los pesares fue su hermana del alma, la quiso, aunque estuvo lejos porque su vida no era comprendida, ni siquiera con el paso de los años.

Chavela se fue a vivir finalmente con su madre y su hermana Ofelia. Trabajó en una fábrica de chocolate para mantenerlas y siguió sufriendo por lesbiana exclusión social, familiar y eclesiástica. Narran que su despertar sexual fue temprano, a los 14 años, y a manos de una prostituta. Apenas sabremos nunca cuánto hay de leyenda, incluso de sus relatos surrealistas, de sus recuerdos edulcorados o fragmentados. Sin embargo, cierto es que le tocó vivir una época cruel no solo para la mujer, sino para la mujer homosexual que decidía no esconderse. «Nunca he temido al qué dirán. Cada uno hace con su chingada como mejor le parece, si hubiera tenido miedo del mundo, no hubiera llegado a ninguna parte». Nadie ni nada pudo pintarle de negro el alma, detener sus impulsos, terminar con sus sueños de grandeza o acabar con sus ganas de hablarle a la luna, de viajar mucho más allá de la oscura realidad que conocía.

Un pasaje hacia la libertad

Por ello y después de vender un becerril y una vaca, consiguió el dinero para comprarse el billete a la libertad: el pasaje de avión rumbo a México. Tenía 15 años, algunos dicen que 17, viajaba con una prima que compraba cosas en México para luego venderlas. Apenas llevaba dinero, apenas sabía nada de aquel país, pero deseaba con toda su fuerza abandonar Costa Rica, esa tierra tan hostil que jamás la quiso ni cuando fue grande. Fue un viaje sin retorno y siempre recordó su lugar natal como un accidente: «Con Costa Rica me he comportado como cualquier persona sensata: no te quieren, no quieras».

El México de los años treinta respiraba vanguardia, arte y parranda. Era un lugar de acogida a artistas y Chavela estaba convencida desde que pisó esa tierra que había encontrado su lugar en el mundo. «Tiene un olor que se te mete en las entrañas..., las calles, las gentes, el saludo, el hablado, el acento, la nostalgia, el amor, la venganza, el odio, la gloria, el desastre..., todo unido en un solo paño de una inmensidad... Es el barón de América». Llegó y se alojó en una pensión regentada por mujeres nicaragüenses. Estuvo dos años deambulando por las calles, buscando trabajo, subsistiendo como podía, alimentándose de lo que encontraba. Trabajó de chófer, en cocinas económicas... Se movía y hacía audiciones pero solo recibía frases como: «Canta usted muy feo, señorita Vargas, no va a triunfar nunca». Se juntó con un grupo de mujeres homosexuales, pero le costaba entender la militancia. «No milito en nada porque yo nací así, soy así. Yo no alardeo, más bien es un orgullo ser como soy». Mientras andaba por las calles, viviendo y buscando su oportunidad, aprendió a tocar la guitarra, observando a los grandes en las cantinas, y enamorándose de la canción mexicana que otras mujeres hicieron grande. Trabajó su acento y, con esfuerzo, se acostumbró a la comida picosa, incluso llegó a retar a sus compadres a una comida de chiles. A ella le gustaba retar, le gustaba probarse a sí misma y no ponerse ningún límite.

Trabajó cantando para aquellos que la solicitaban en fiestas privadas del hotel Mocambo en Veracruz. Ella recuerda esas noches de *glamour,* de champán, luces y lentejuelas. «Las mujeres más hermosas del mundo estaban allí. (...) Me reclamaban en sus reuniones, yo animaba la fiesta y cantaba algunas canciones. Les gustaba y... ellas me gustaban a mí, desde luego». La Segunda Guerra Mundial trajo gente de todas partes a México, un país con ciertas libertades y facilidades para quedarse.

Chavela, como muchas otras, viajó a Cuba por amor, apenas cantó pero se relacionó con los grandes como Olga Guillot o Bola de Nieve y conoció al poeta Nicolás Guillén que le presentó a la hermosa María Calvo Nodarse, apodada como *Macorina*. Esta mujer ya había inspirado los versos de Alfonso Camín que rimaba los atractivos de aquella mujer hermosa, mitad negra mitad china. Chavela no solo se quedó extasiada con su belleza, sino que le prometió que un día llevaría su nombre al mundo. Macorina la tomó por loca, pero pudo comprobar que no la había engañado. Hasta 1959 no grabó la canción de «Macorina», que se convirtió inmediatamente en un símbolo de los amores prohibidos y que sigue siendo uno de sus grandes éxitos. «"Macorina" ha sido mi guion, mi bandera. Buena parte del público me conoció con "Macorina" y mi nombre ha ido unido al suyo durante mucho tiempo. (...) Amigos me siguen recordando que esa canción les hace estremecer».

Chavela y Frida

Cuando se acabó el amor por el que se había ido a Cuba, regresó a su México querido. Comenzaba una nueva década, los dorados cincuenta. Pasaron unos meses, después

I. Avaritia

Hillary Clinton

«Los derechos humanos son derechos de la mujer y los derechos de la mujer son derechos humanos».

«Las mujeres son la más grande reserva de talento sin utilizar en el mundo».

«Toma en serio las críticas, pero no personalmente... Trata de aprender de ellas. Si no, deja que pasen de largo».

Madonna

«El poder es muy afrodisíaco y yo soy una persona muy poderosa».

«Es mejor vivir
un año como tigre,
que cien como cordero».

«No me sentiré realizada
hasta ser tan famosa
como Dios».

Jackie Kennedy

«La primera vez te casas por dinero, la segunda por dinero,
la tercera por compasión».

«Hay dos tipos de mujeres,
las que quieren el poder del mundo
y las que quieren el poder en la cama».

«Las perlas siempre son apropiadas».

11. Superbia

Édith Piaf

«En lo que a mí respecta el amor significa lucha, grandes mentiras y un par de bofetadas en la cara».

«En mí canta la voz de muchos
de los marginados, de las prostitutas,
de los pobres y desterrados
de la felicidad».

«Todo lo que
he hecho en mi vida
ha sido desobedecer».

Cleopatra

Creyó que por seducción
gobernaría el mundo
y fue lo que la destruyó.

Bette Davis

«Soy la mejor dama maldita que ha existido».

«He llegado a la cumbre a base de mucho arañar, incluso habría recurrido al asesinato para conseguirlo».

«Hollywood siempre me quiso para que fuera bella, pero yo luché por el realismo».

III. Gula

Oprah Winfrey

«Rodéate solo de personas
que te eleven».

«Mi idea del cielo es la de
una gran patata al horno y alguien
con quien compartirla».

«Siempre supe
que estaba destinada
a la grandeza».

Ava Gardner

«Se necesita talento para vivir de noche
y esa es la única habilidad que siempre
he estado convencida de poseer».

«Cada vez me resulta más difícil divertirme
y, cuando ya no consiga ni aburrirme
será el fin».

«En el fondo,
soy bastante superficial».

«Mis vicios y mis escándalos son mucho más interesantes que cualquier cosa que nadie se haya inventado sobre mí».

Chavela Vargas

«El amor no existe,
es un invento de las noches de borrachera».

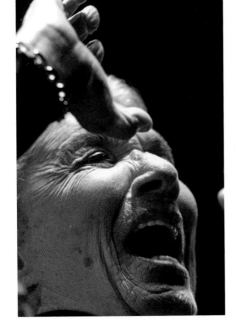

«Me tomé cuarenta y cinco mil litros de tequila.
Por eso soy mitad sangre, mitad tequila».

IV. Luxuria

Ana Bolena

«No daré mucho trabajo, tengo el cuello muy fino.
Seré conocida como la reina sans tête (sin cabeza)».

ANNA BOLINA VXOR   HENRI O

«Tú no puedo ser porque ya tiene dueña
y no seré tu amante».

Marlene Dietrich

«¿Miedo a la muerte?
Uno debería tenerle miedo a la vida,
no a la muerte».

«Hay ladrones a los que no se castiga
pero que roban lo más preciado:
el tiempo».

«A cualquier mujer le gustaría ser fiel.
El problema es hallar al hombre
a quien serle fiel».

V. Pigritia

María Antonieta

«Si no tienen pan,
que coman pasteles».

«Lo he visto todo.
Lo he oído todo.
Lo he olvidado todo».

Virginia Woolf

«La vida es un sueño,
el despertar es lo que nos mata».

«Porque es una lástima muy grande
no decir nunca lo que uno siente».

«Una mujer debe tener dinero
y una habitación propia si
desea escribir ficción».

VI. Invidia

Marilyn Monroe

«Me gusta estar totalmente vestida o si
no totalmente desnuda. No me gustan las
medias tintas».

«La imperfección es belleza, la locura es genio
y es mejor ser absolutamente ridículo
que absolutamente aburrido».

«Las desilusiones
te hacen abrir los ojos
y cerrar el corazón».

Maria Callas

«El amor es mucho mejor
cuando no se está casada».

«La vida es dura,
pero no se puede ir por el mundo
sucio y desaliñado».

«Primero perdí mi voz,
luego perdí mi figura,
después perdí a Onassis».

VII. Ira

Janis Joplin

«Libertad es otra palabra para definir "nada que perder"».

«No sé, yo solo quiero sentir tanto como puedo, es de todo lo que trata el alma».

«En el escenario le hago el amor a veinticinco mil personas diferentes. Luego me voy sola a casa».

Frida Kahlo

«Lo único de bueno que tengo es que ya voy empezando a acostumbrarme a sufrir».

«La belleza y la fealdad son un espejismo porque los demás siempre acaban viendo nuestro interior».

«El dolor no es parte de la vida, se puede convertir en la vida misma».

de su nuevo regreso a su país de acogida, y conoció a Frida Kahlo y Diego Rivera. Apenas contaba 25 años, y seguía luchando por hacerse un nombre, cuando entró en la Casa Azul por primera vez, con sus pantalones y su camisa blanca, invitada a una de esas famosas fiestas de las que tanto había oído hablar. «Frida me hizo llamar y me senté a su lado (...), ella estaba recostada en la cama y me quedé toda la noche platicando con ella». Así cuenta en *Y si quieres saber de mi pasado* el primer encuentro con la pintora. En 2009 cuando publicó *Dos vidas necesito. Las verdades de Chavela,* junto a María Cortina, incluyó una carta manuscrita de Frida a un poeta amigo suyo: «Hoy he conocido a Chavela Vargas. Extraordinaria, lesbiana, es más se me antojó eróticamente. No sé si ella sintió lo que yo, pero creo que es una mujer bastante liberal, que si me lo pide, no dudaría un segundo en desnudarme ante ella. Cuántas veces no se te antoja un acostón y ya. Ella es erótica. Acaso es un regalo que el cielo me envía».

Si la relación entre ellas fue mucho más allá de un amor platónico y de una sincera devoción es algo que siempre quedará en la duda. Algunos cuentan que se instaló con ellos un año entero, pero Chavela apenas habló de ocho días en *Y si quieren saber de mi pasado;* luego contó visitas intermitentes para charlar con los dos sobre pinturas, sobre amoríos, sobre todo un cielo abierto y liberal que la joven cantante desconocía. «Vivo para Diego y para ti. Nada más», escribió Kahlo en otra misiva. Conocidas eran las infidelidades del matrimonio y a la pintora se la había relacionado con otras mujeres. Chavela jamás confirmó más allá de su admiración y su conexión de pensamiento; su fortaleza mutua. Vivieron un sueño, en un lugar más allá porque solo desde ahí, desde el mundo onírico, podía soportar la pintora su degradante realidad. Su relación ocurrió durante los últimos años de la pintora, sumida cada día más en el sufrimiento, en el dolor que apenas le daba la vida. La última anotación en su diario fue un verso revelador: «Espero alegre la salida / espero nunca volver». El 13 de julio de 1954 Frida Kahlo murió y Chavela le cantó «Aquel amor», su canción preferida:

> «Quiera la virgen
> que el recuerdo de mis besos
> con pasión bendiga
> que me consagre tan siquiera
> un pedacito de su corazón».

Años más tarde, en 2002, Salma Hayek produciría y protagonizaría el biopic *Frida*, donde Chavela interpretaba una escena en la que cantaba otra de las canciones favoritas de la pintora, «La llorona».

En aquellos años nació la verdadera Chavela, la que dejó atrás los maquillajes para lucirse en solitario, con su poncho y sus guitarras. «Ya dejé atrás al mariachi y me enfrenté a corazón descubierto a la canción, sin más armas que mi voz, y la capacidad que tuviera para hacer que aquellos acordes y aquella historia vivieran en sí mismos». Fueron imprescindibles sus amistades de cantina, de parranda de borrachos, con compositores de gran importancia, como

José Alfredo. Chavela había cantado en anuncios o en los especiales de Lotería Nacional, pero había pasado sin pena ni gloria. Le surgió la oportunidad de participar como actriz y lo probó aun a sabiendas de que no era lo suyo. Pasó los cincuenta experimentando, en cantinas —sobre todo en la más conocida La Tenampa, un centro donde se concentraba mucho arte y también donde corrían litros de tequila—. Fue una época bohemia, de vivir la vida sin esperar el mañana. De confesarse a altas horas de la madrugada o de ir a despertar con cantos bajo el balcón de su casa a una mujer bonita.

En 1955 publicó su primer disco, apenas si fue un éxito y se retiró pronto del mercado. Acudió a programas de televisión de gran audiencia como *Así es mi tierra* o *Noches* para cantar, pero seguía pensando que la verdadera Chavela no había nacido. Así se confesó en las páginas de *Y si quieren saber de mi pasado:* «No hacía falta ser muy despierta para saber que la televisión podía procurarme un reconocimiento popular inmenso. No lo dudaba. Pero a mediados de los años cincuenta aún no estaba segura en mi estilo, y descendí otra vez a las cantinas».

La Perla

México seguía su camino de paraíso abierto para los extranjeros y fue en esa década cuando las estrellas de Hollywood pasaban temporadas en Acapulco. Se convirtió en un destino preferido para la fiesta, las noches locas llenas de *glamour* y el tequila sin fin. En 1958 Chavela Vargas debutó en Acapulco en el local llamado La Perla y allí se codeó con Bette Davis, Judy Garland, Grace Kelly, Liz Taylor... Fue la misma época en que trabajó en El Catarí en Ciudad de México; la contrataron durante siete años, y descansaba únicamente los domingos. En la década de los sesenta Chavela alcanzó buena parte de la gloria deseada y fue entonces cuando se publicó su primer gran éxito, «Macorina». Publicaría nuevos discos y recibiría un aluvión de buenas críticas por su estilo diferente y desgarrador. En 1965 fue nombrada representante de la música mexicana. Recorrió América Latina y mostró su arte por diferentes partes del mundo, así como en las fiestas privadas de las estrellas de Hollywood. Incluso debutó en Nueva York en un sugerente local llamado Blue Angel y fue visitada por la *crème de la crème* del cine. Chavela, sin embargo, no terminó de congeniar con ese ambiente de postín, con ese ambiente donde todo era aparentar. Ella era demasiado directa, honesta, como para consentir que en un ambiente de lujo y simulación la tratasen de rara. También debutó en España en el Florida Park y cantó «La llorona» en el programa de José María Íñigo. Chavela, durante aquella época y en las anteriores, vivía con intensidad y con los cinco sentidos en activo. Aunque decidió que esa vida fuese leyenda y apenas compartirla en sus entrevistas o libros. De quién se enamoró, quién ocupó su corazón o quién le robó hasta las mismas entrañas..., quedará siempre en el olimpo de los amantes o en el arcoíris de los amores sin nombre.

De nuevo hay que pasearse por las líneas de *Y si quieren saber de mi pasado* para pasear por su leyenda: «Tuve amantes locas, majaderas y necias, celosas y jodidas, pobres desgraciadas, princesas amables, postineras, coquetas, tímidas y sinceras, amantes con hijos y con nietos, amantes viudas, amantes sufridas y amantes valientes, amantes a las que no les importaría que aquí las nombrara —pero a mí sí me importa—, amantes reales, palaciegas, exiliadas y mexicanas, amantes del arte y de mis besos, amantes mentirosas, chingonas, familiares, borrachas, jóvenes de rosas; amantes helénicas, romanas, ibéricas; amantes graciosas y amantes tristes; amantes que fumaban y amantes esfumadas; de un día amantes y de siete y de veinte años amantes; amantes de Madrid, de México, de Monterrey, de La Habana, de Veracruz, de Juárez y de Acapulco; amantes que me amansaron y amantes que me enloquecieron; amantes puras, amantes nobles, amantes buenas; elegantes, respetuosas, educadas, delicadas; amantes fuimos en París, en Madrid, en México, en Grecia; amantes que imaginé que me amaban y... amantes al fin que me dejaron».

Subida a la cima del éxito, Chavela no dejaba la parranda. En los viajes, cantaba y organizaba fiestas hasta la madrugada en los hoteles. En aquella época ganó mucho dinero, se compró una casa enorme en Cuernavaca y fue feliz e inconsciente. «Gané tantos millones... que yo no sé dónde se quedaron, aunque será fácil imaginarlo: me los bebí, los gasté, los regalé, los olvidé. Pero aún no, aún no estaba borracha. Aún estaba en mis cinco y disfrutaba de la vida». La parranda con la pandilla seguía en activo..., con noches sin memoria, repletas de alcohol y malas venturas. «Aquellos años de cantinas, de fiestas, de tequila, de pachangas y chacoteos, de vida surrealista y de conocimiento profundo de las cosas configuraron mi manera de ser como persona, y mi manera de ser como cantante». Vivía la doble vida de los bajos y los altos, de las altas esferas y de las cantinas con los borrachos y las gentes que los de arriba tanto despreciaban pero que ella siempre adoró. Se unió a su inseparable José Alfredo Jiménez y se convirtieron en compañeros, en amigos, en confidentes, en admiradores del arte..., con esa sensibilidad tan frágil que necesitaba de tequila para sostenerse. Las cosas no podían irle mejor a Chavela. Participó en la película *La soldadera,* de José Bolaños. Pero la experiencia no fue del todo agradable y no volvería al cine hasta ponerse en las manos de Almodóvar en los noventa.

Descenso a los infiernos

El 23 de noviembre de 1973 murió su compadre José Alfredo a los 39 años y Chavela se hundió en la tristeza. Se cuenta que llegó inundada de tequila a su entierro; saludó a su viuda, se arrodilló ante su ataúd y cantó sus canciones hasta la madrugada. Algunos quisieron echar a esa mujer pero la viuda impidió tal gesta: «Déjenla, a ella no me la tocan. Es la mejor amiga de mi esposo y seguramente estará feliz de oírla cantar para él». Poco después de la muerte de su amigo, comenzó esa travesía del desierto que duraría quince años. «He leído muchas veces que mi enfermedad —mi borrachera— se debía a una incapacidad para asumir la fama, para asumir mi homosexualidad o para asumir no sé qué cosas. La única razón de mi desgracia fue que me gustaba beber y quise beber. Y me lo bebí todo». Bebía todo el día, de las nueve de la mañana hasta el anochecer, sin más pausa que tomar aire para el olvido. Chavela había rozado el cielo pero decidió refugiarse en el infierno. A los pocos años de conciertos desastrosos, de falta de memoria y descontrol, decidió dejar lo que más había querido y por lo que tanto había luchado. Dejó de cantar y se retiró a beber y a dejarse morir en su casa bien llamada El olvido. Se gastó todo su dinero en tequila, en las cantinas..., por ese bulevar de los sueños rotos al que años más tarde cantó Joaquín Sabina. Cayó en el pozo más profundo, en la oscuridad del alcohólico, en la soledad de a quien ya nada le importa.

Pasaron los años y la daban por muerta, por desaparecida... Pasaba días sin comer, inundando aún más la tragedia de su vida. ¿Quién se iba a acordar de la gloria que fue? Con 60 años decidió dejarlo todo, dejarse ir... Pero como ella siempre dijo, «la pelona» no la iba a buscar todavía y la vida le tenía preparada una sorpresa más grande aún si cabe. ¿Quién iba a esperar a que se le pasara la borrachera o decidiera volver a la vida? «Yo le digo a los jóvenes que beban, para que prueben el infierno. Con el alcohol se puede viajar al infierno, eso es seguro. Pero es imprescindible volver». ¿Su retorno? Chavela siempre estuvo agradecida a las jóvenes lesbianas mexicanas que le pidieron que volviera a cantar, que volviera a arrastrar lamentos, a llorar sobre un escenario para reconfortar a almas deseosas de reafirmarse con su sentir. Chavela, que llevaba poco tiempo sobria, decidió tímidamente aceptar la oferta y comenzó a acudir a El Hábito, en Coyoacán. Corría el año 1990, Chavela tenía 73 años y un miedo terrible a volver a cantar sobre un escenario sin botella de por medio. Lo hizo y estuvo año y medio más reencontrándose con su chamana, con su fuente de inspiración y fuerza. Corrió la voz de que Chavela no solo estaba viva, sino que volvía a cantar, si cabe con mayor arrojo, con una fuerza superior que solo los que han resucitado de los infiernos tienen. Fue por aquella época cuando el editor Manuel Arroyo le pidió que cantara en España. Que volviera a la tierra patria y diera un concierto.

En 1993 Chavela Vargas dio su primer concierto en la famosa sala Caracol de Madrid. Fue el primero de muchos. También cantó en el teatro Lope de Vega de Sevilla, con éxito absoluto. Chavela no solo era recordada en España, sino también querida y admirada. Después vino una gira, más focos y la consagración definitiva de «una voz tan singular como la de aquella dama que le susurraba a las almas de los presentes». Volvió a grabar discos y en 1994 cumplió el sueño de cantar en el Olympia de París y un año más tarde cantó en el famoso Palacio de Bellas Artes, en su patria. «Mi sueño era cantar en el Bellas Artes y aquí estoy. Cuarenta años para llegar acá». Su éxito se trasladó a Europa, se le concedieron premios, se la invitó a dar charlas en universidades... Comenzó a labrarse el mito de la chamana, la mujer que supo resurgir de los infiernos; la dama de cabellos de plata que todos deseaban oír. Almodóvar contribuyó a su renacimiento con la incorporación de grandes temas a la banda sonora de sus películas *Kika* (1993), *La flor de mi secreto* (1995) y *Carne trémula* (1997). «Pedro se parece a mí o, más bien, es mi continuación. Somos tan iguales, tan sucesivos que creo ver cómo todas mis emociones continúan en él. Anda diciendo por ahí que de mayor quiere ser como yo. ¡Pobre! ¡Loco como Chavela!». Almodóvar se enamoró de su arte, de su sensibilidad, de su cruda fragilidad. Así, el realizador decía que «hizo del abandono y la desolación una catedral en la que cabíamos todos y de la que se salía reconciliado de los propios errores». Él fue su embajador en España, él fue quien le dispuso una segunda familia allí con Miguel Bosé, Joaquín Sabina, Bibiana Fernández, Felipe González, Marisa Paredes... Chavela se convirtió en un mito en vida, pues la mayoría creyó que era de las inmortales; de las que merecen seguir danzando en esta vida, calmando a los que llegan, a los que lloran, a los que se van y a los que resisten. Quizá de todos los reconocimientos que obtuvo en aquellos años, el que más valoró fue el peyote de plata, una especie de grado elevado que la coloca formalmente como chamana. Los huicholes le hicieron entrega del medallón de chaquira que siempre llevaba en los escenarios y que pidió antes de morir.

MÉXICO EN EL CORAZÓN

Su vida se fue apagando muy despacio, apenas se quedó en silla de ruedas, apenas le quedaba oxígeno para vivir, pero seguía dispuesta a no dejar el canto, a no abandonar a su público. En contra de la recomendación de todos, viajó a España, ya muy enferma, para presentar su álbum *Luna Grande*, en homenaje a su amado Federico García Lorca. Terminó exhausta y hospitalizada y cuando todos pensaban que estaba echando sus últimos suspiros, ella encontró la fuerza para viajar, para retornar a su patria querida. Los próximos cuentan que mantuvo la lucidez hasta el último instante y que murió rodeada de cariño y calma. Reza la leyenda que pidió que le quitaran la máscara de oxígeno para soltar su última frase: «Me voy con México en el corazón». Los homenajes y los titulares fueron una cascada nada más saberse que había fallecido. La plaza Garibaldi se llenó de mariachis, de lágrimas, de llorones y lloronas que deseaban rendirle el primero de los muchos homenajes que recibió. Siguiendo sus deseos fue incinerada y sus cenizas repartidas entre la comunidad indígena de los huicholes y el cerro de Chalchi, donde pasó los últimos tiempos. El 5 de agosto de 2012 moría a los 93 años Chavela Vargas, pero su voz de chamana sigue sonando, sigue rugiendo por entre las casas, los bares, las cantinas... Chavela decidió vivir más allá de lo establecido, más allá de lo que se esperaba de ella; si no hubiera sido así seguramente, como afirmó, se hubiera convertido en la criada de todos en su Costa Rica natal. Se sumergió en sus infiernos pero decidió dejar de esconderse para contarle al mundo su verdad, para rezar por todos en los escenarios, para recordarnos que la vida se vive y no hay más. Ella fue una gran pecadora o una grande de las virtuosas que se envalentonaron al ser arrinconadas por la Iglesia, al ser insultadas por la calle, al no ser amada por su familia, por su madre, por su padre..., al ser apodada la rara por amar a mujeres siendo mujer. Ella no hizo bandera pero se convirtió en vida y después de muerta en símbolo de todas las mujeres homosexuales, de todas las mujeres que combaten sus infiernos y se superan más allá de lo que el propio destino les tenía preparado. Chavela, siempre Chavela. ¡Qué grande y cuánto pecado!

Y como ella decía: «Detener el camino va a ser hermoso. Y no quiero lágrimas ni tragedias. Si nadie ha vuelto de allí, será porque el lugar es maravilloso (...). No sean egoístas. Tengo derecho a descansar. Tengo derecho a ir con los míos; tengo derecho a ser viento y lluvia, ser estrellas y cielo; tengo derecho a ser el jaguar que les observa desde la espesura de la selva». Y para siempre quedará el recuerdo de su arte: «Dos guitarras, una mujer y un corazón, así son mis conciertos».

IV. Luxuria

«Luxus est vitium inclinant ad vencreorum usum inordinatum».

Siempre me ha resultado curioso que el pecado capital más tentador, la lujuria, provenga etimológicamente de la misma raíz que el lujo. Luxus, adjetivo cuya traducción es «dislocado», y luxuria, que es abundancia o extravagancia. Es verdad que los romanos jamás le dieron al luxus una interpretación de apetito sexual, sino que siempre se refirieron al derroche o la ostentación desmedida, algo tan natural como sentir sed, hambre, frío o calor. La interpretación pecaminosa del mismo llegó más tarde añadiendo al significado de la palabra «el ansia desordenada del placer carnal». San Agustín (354-430 d. C.) fue el primero en relacionar el lujo con un síntoma pecaminoso de deseo sexual. Así fue como salieron derivados como luxuriator para referirse al que vive en la prostitución.

Ha llovido mucho desde entonces, pero el peso de este pecado sigue cargando sobre nuestras espaldas y nuestros pensamientos. «No desearás»..., pues deseamos y mucho; el fuego no se nos apaga sino que se acrecienta. Nuestra sociedad es lujuriosa; está impregnada de la búsqueda de placer, de la necesidad de dejar aflorar nuestra parte animal, nuestro instinto más reprimido, a lo largo de la historia. Buscamos refugio en el pensamiento, en la privacidad de la masturbación, en el sexo cibernético, múltiple, dual o compartido; en lecturas que nos hacen sentir aquello que tanto anhelamos y que no nos atrevemos. Compramos productos porque nos han vendido sexo, carne, cuerpos bellos que supuran morbo y deseo de dejarse llevar por el instinto. ¿Somos seres enfermos? ¿Nos privamos de nuestro lado lujurioso? ¿Por qué lo hacemos a escondidas? Compartir las fantasías más profundas, divertirse y dejar que las reglas las ponga cada pareja en la cama es algo que nos cuesta... Vivimos en la hipocresía de que lo que se dice y lo que se hace es algo muy distinto. Deseamos mucho más de lo que confesamos; nuestros pensamientos están repletos de lascivia. ¡Qué más da si es buena o mala! En todo caso, hagamos una reflexión: ¿para quién lo es?

Algunos pueden pensar que hemos creado una sociedad que solo busca la autocomplacencia, pero podría hacerse otra reflexión, que, en realidad, lleva años enferma porque sigue sin librarse del peso de la culpa. Ese otro gran pecado capital que ninguno de los de arriba quiso poner porque es tan necesario para controlar al rebaño. No nos libramos de nuestra propia castración. ¿Acaso poner límites nos lleva a la felicidad? ¿En el orden está lo correcto? Hay tantas preguntas, tanto que recapacitar... Pero pocos son los que se han atrevido a traspasar las palabras y vivir como su instinto les dicta. Simplemente como les da la real gana sin importarles el qué dirán o qué pensarán. Soy plenamente consciente de que somos mucho más que animales, pero no podemos anular a la fiera que llevamos dentro. Debemos alimentarla, mimarla, conocerla y no juzgarla porque ella forma parte de nosotros.

«La lujuria no es vicio de cuerpos bellos y agradables, sino de un alma que ama perversamente los placeres corpóreos, despreciando la templanza». ¿Amar perversamente los placeres corpóreos? ¿Ansia desordenada? Eso lo dijo san Agustín y son muchos los telepredicadores que inundan las redes y canales locales para seguir la estela de la castración sexual. La palabra sexo es la más buscada en internet... El sexo es poderoso y son muchos los que intentan inhibirlo en pro de la buena evangelización. ¿Cuanto más sexo practicas, cuanta más lujuria, más lejos estás de Dios? ¿A quién se le ocurrió tal disparate? ¡Qué necesidad de erradicar la libertad de pensamiento, de sentimiento y de gozo! ¿Debemos controlar nuestros arrebatos de pasión? ¿Detener ese frenesí que multiplica las pulsaciones? ¿Evitar un beso eterno que termina con la desnudez de los participantes? Sonrío cuando hablo de lujuria y, sin que me perdonen, confieso que se me calienta la entrepierna y sin querer la imaginación más lasciva se me dispara. ¿Por qué durante tanto tiempo seguimos atando en corto nuestro deseo sexual? ¿Por qué ahuyentamos de nuestros pensamientos aquello que nos hace aflorar la ilusión, disparar las hormonas de la felicidad y subir la autoestima?

«Inclinación exacerbada que se tiene hacia el disfrute de los placeres de los sentidos», reza una de las definiciones de lujuria. Insisto en que lejos de pensar que este mundo y esta vida son el purgatorio y hemos venido a sufrir, soy de las que intento rescatar el placer y, como las conservas, que me dure el mayor tiempo posible. ¿Por qué tenemos tanto miedo a «lo incontrolable»? Iré un poco más lejos, ¿por qué tememos «al placer incontrolable»? En el control no reside la felicidad, sino el miedo a nosotros mismos y a nuestros propios deseos; a besar, a sentir, a arañar, a gozar, a que se te erice la piel, a que una espiral interna recorra tus adentros, a pensar en todas las posturas sexuales inimaginables, a crear en la cama, a que todo puede estar permitido si es acordado. ¿Acaso nos juzgamos por jugar entre sábanas?

Cuánto autojuicio a la lascivia, a la lujuria, a que nos deseen, a querer sentir a flor de piel. La lujuria está, existe en nosotros, y no podemos detenerla, pero sí simularla, esconderla y vivirla sin compartirla y con culpa. La pornografía censurada o mal vista en la calle y consumida a escondidas. Las infidelidades silenciadas, las masturbaciones repletas de deseos por otros u otras no consumados. La tentación no está en la vecina o el vecino del quinto sino en uno mismo, en nosotros que tratamos de enjaular a esa pantera llamada lujuria que siempre encuentra una brecha para dar unos cuantos zarpazos.

Por si fuera poco, de los diez mandamientos, la Iglesia otorga dos a la lujuria: el sexto —«No cometerás actos impuros»— y el noveno —«No desearás a la mujer del prójimo ni tendrás pensamientos impuros»—. ¿Alguien puede tirar la primera piedra? ¿Quién no ha deseado, pensado, imaginado... SEXO con el vecino de al lado, el compañero de trabajo, el protagonista de un anuncio o el repartidor que llega a casa un día y te deja medio tonto?

El pensamiento no puede ser controlado, en él reside nuestra libertad y nuestra compuerta a la privacidad más libidinosamente privada. Quiero reírme de las barbaridades que se han llegado a decir de la propia exploración de la sexualidad, como que produce ceguera o que la práctica por placer reduce la capacidad de raciocinio o que atrofia la mente. Cuántas grandes obras se han escrito por amor, por la falta de amor, por el deseo incontrolable de ser poseído, por admirar a quien desata su parte animal, a quien decide aullar en la noche y dejar que el cuerpo supure, segregue todo aquello provocado por la excitación, el clímax y el orgasmo. Decía Dante Alighieri que «la lujuria debía tratarse con piedad y disculpa cuando se ejerce para aprender a amar». Incluso añadiría que cuando es por puro placer. El Bosco pintó en el famoso tríptico de *El jardín de las delicias* flores y frutas para simbolizar lo efímero de la felicidad y el placer. Todos sabemos que lo que empieza acaba, pero todo final implica un principio y un nuevo aprendizaje. Una ascensión hacia algo mejor... ¿Acaso alguien no ha mejorado con su sexualidad a base de experimentar?

Son muchas las mujeres lujuriosas o acusadas de ello, ¡como si la diferencia importara! Empezando por la propia Eva o María Magdalena; siguiendo por Julia, la hija del emperador Augusto que escandalizó por su promiscuidad; o Isabel de Farnesio, segunda mujer de Felipe V, cuyo trono siempre dijeron que fue la cama; o Lucrecia Borgia, que se acostó con su propio hermano. Son solo unas pocas de las pecadoras lujuriosas que podría colocar aquí. Pero he querido hablar especialmente de dos: una, por su libertad a la hora de vivir y expresar su sexualidad como fue Marlene Dietrich, y la otra, por usar la lujuria para conseguirlo todo y perder, al tiempo, hasta la vida: Ana Bolena. Las dos, mujeres de dos épocas distintas, fueron tachadas de lujuriosas, de priorizar los deseos carnales por encima de cualquier cosa, de hacer uso del poder sexual para obtener lo deseado. Marlene Dietrich y Ana Bolena desafiaron al mundo, siendo afroditas. Ellas rompieron moldes y pagaron su precio por ello.

Lujuriosas, libidinosas, lascivas, pecadoras que fueron mucho más allá de lo establecido y superaron las barreras de ser mujer, desafiando a quien fuera con tal de conseguir sus deseos, sus objetivos... Fueron pecadoras o virtuosas. ¿Dónde está realmente el pecado? ¿En la virtud de ser casto o en la valentía de seguir tus instintos?

Como dice el académico francés, de origen chino, François Cheng: «La pasión carnal es la forma más alta de búsqueda espiritual. Es una visión de la eternidad». Cuánta razón...

Capítulo 10

Ana Bolena

*Desató la lujuria real y nació
una nueva religión*

Rochford Hall, 1507-Londres, 1536

«No daré mucho trabajo tengo el cuello muy fino. Seré conocida como la reina Sans Tête (Sin cabeza)».

«Soy un hombre cauteloso. Rara vez tomé una decisión deliberada. Pero sabía sin lugar a dudas que amaba a Ana Bolena. Que debía poseerla o moriría».

ENRIQUE VIII

«Tu esposa no puedo ser porque ya tienes esposa y no seré tu amante».

«Ana llegó al trono como la puta del rey y después de su ejecución nació el mito».

HILARY MANTEL, *Una reina en el estrado*

Ninguna mujer en la historia ha conseguido una proeza parecida: destronar a la reina consorte regente para coronarse ella, siendo, previamente, dama de compañía de la misma. El precio fue que su país, Inglaterra, dejó de ser católico y se alzó el anglicanismo como la religión dominante, con el rey Enrique VIII como cabeza de la Iglesia. Tal y como puede leerse en el Estatuto de Supremacía (1533): «La corona de Inglaterra es la única cabeza suprema en la tierra de la Iglesia de Inglaterra, llamada Ecclessia Anglicana».

No le importó o quizá demasiado... Ana Bolena fue sin duda una de las reinas consortes más poderosas y, por ello, odiadas de la historia de Inglaterra. Unos pocos creen que consiguió llegar al trono por su propia castidad, pero lo cierto es que fue una virtuosa en saber que la lujuria no solo mueve el mundo sino que es capaz de cualquier cosa. ¿Amó realmente a Enrique VIII, ya entrado en años y en carnes? ¿Amó el poder y las riquezas? ¿Fue calculadora, caprichosa y ambiciosa como muchos se han encargado de tacharla? En esa época, donde la mujer seguía siendo invisible y sin palabra y un objeto para el hombre empoderado, es difícil hallar respuestas certeras a esas preguntas. Ella encontró su camino para ascender, para llegar donde deseaba estar o donde su padre le había dicho que debía estar.

Le privó de la carne al rey, se negó a ser una amante más, y el deseo de lo no poseído y las circunstancias de no haber heredero varón hicieron el resto. Eran tiempos de conspiraciones y cualquier circunstancia era bien aprovechada para sacar tajada. Solidificó las alianzas con Francia y fue la primera plebeya inglesa en convertirse en noble por pleno derecho y no por herencia. Enrique VIII la nombró marquesa de Pembroke. Se llegó a pensar que ella era el poder detrás del trono y que era capaz de erradicar cualquier enemigo sin pestañear, llegando a influir en cualquier decisión del gobierno. Parecía que el éxito la sonreía, pero siendo reina comenzaron los problemas. No ofreció el deseado varón y, agotada la pasión en el lecho, el rey volvió a buscarlo fuera con nuevas amantes. No pudo detener lo que parecía su fatal y cruel destino. No solo fue acusada de ser infiel al rey, incluso con su propio hermano, sino también de alta traición al soberano.

Ana fue ejecutada con apenas 40 años. El discurso que hizo antes de morir pasaría a la historia, por su templanza y su saber estar ante las puertas de una muerte injusta. Tuvo demasiado poder y se labró enemigos que desearon verla sin cabeza y lo consiguieron. De haber podido engendrar un varón, ¿qué hubiera sido de la historia de Inglaterra?

El destino quiso que su única hija se convirtiera en Isabel I de Inglaterra y decidiera no casarse con nadie, solo con el pueblo. En aquella época fue venerada como mártir y heroína. La mujer que engendró a una gran reina y separó de las fauces de la Iglesia católica al pueblo inglés.

¿Fue una pecadora o una virtuosa? ¿Una víctima o una verduga? ¿Una villana o una heroína?

PREDESTINADA A UN BUEN MATRIMONIO

Incluso en su propio nacimiento, la historia es confusa pues no existe dato que indique con precisión el mismo año y se dice que llegó al mundo entre 1501 y 1507. Una horquilla muy amplia, pero ningún estudioso ha sido capaz de afirmar con rotundidad una fecha exacta. Posiblemente fue la pequeña de tres hermanos. Hija de Tomás Bolena, uno de los diplomáticos preferidos de Enrique VII, y de lady Elisabeth Howard, la hija del segundo duque de Norfolk. Los Bolena habían conseguido dejar de ser meros mercaderes de Londres para emparentarse con la nobleza y ascender. Ana provenía entonces de cuna adinerada y respetada, y si para algo parecía predestinada era para tener un buen matrimonio basado en el interés y en la ambición, y no el amor, con algún reputado noble. Pero nadie podía imaginar que se convertiría en una de las reinas consortes más influyentes de la historia de Inglaterra.

Pasó la mayor parte de su infancia en el castillo familiar en Kent, aunque poco tardaría en ser enviada a la corte de Bélgica, donde aprendió buenas manera y a escribir y leer inglés, francés y latín. Tuvo una educación exquisita. Aprendió a tocar varios instrumentos y dominó el arte de la canción y la danza. Así mismo, fue ilustrada en oratoria y una excelente amazona.

Las buenas maneras de la joven y su brillante personalidad la hicieron prosperar rápidamente. Después de los Países Bajos, estuvo varios años en la corte francesa. Ana Bolena vivió y absorbió las buenas maneras de esa corte, que se encontraba en todo su esplendor, y supo rodearse de las grandes ilustradas de la época.

Pasó nueve años en la corte francesa antes de retornar en 1522 a Inglaterra para, como cualquier gentil dama, casarse con un buen noble. Ana era una buena conversadora y su energía y vitalidad comenzaron a despertar interés y a convertirse en el centro de atención en los encuentros sociales. Como cualquier joven de buena familia, tenía la edad para recibir pretendientes, como James Butler, su primo lejano irlandés. Pero las disputas del rey con Irlanda no permitieron las aspiraciones del joven para casarse con Ana. El padre de Ana tenía claro, como la mayoría de los nobles de esa época, que el matrimonio de una hija debía servir para ascender socialmente y ganarse las gracias del rey. Sir Tomás Bolena era un maestro en el arte de la diplomacia y no estaba dispuesto a perder la oportunidad con su hija menor, que comenzaba a despertar pasiones. Ana no tenía prisa por casarse, muy al contrario de los deseos de su padre. Mientras, su hermana mayor, María Bolena, era la amante del rey Enrique VIII, y no son pocos los que aseguran que sus hijos fueron hijos del rey.

La reina Catalina de Aragón, la reina triste, tenía casi 40 años, de sus partos solo había sobrevivido una hija y todo apuntaba a que no habría más descendencia. Aunque no era la preferencia del rey, se dice que, hasta que no conoció a Ana Bolena, él había llegado a aceptar que su hija María sería su sucesora.

Ana, la obsesión de un rey

Se dice que la fecha exacta de su primer encuentro fue el 4 de marzo de 1522, en el baile del Château Vert. La presencia de la joven Ana Bolena, nueva en la corte del rey, generó tal expectación que se convirtió de inmediato en el centro de atención con sus bailes, su elegancia y su físico, de piel y cabello morenos tan poco comunes. El rey fue otro más que quedó prendado por la gracilidad de la joven y fue en ese mismo baile cuando, sabiendo que era la hermana pequeña de su amante, decidió abandonar a María Bolena y empezar a conquistar a Ana. Enrique VIII era muy caprichoso en los deseos de la carne, se dejaba llevar rápidamente por la lujuria y también estaba obsesionado por tener un hijo varón. Cuando conoció a Ana, tenía 35 años y llevaba quince de matrimonio. La reina Catalina había sido una gran esposa, consintiendo sus amoríos; ella era prudente, elegante y tan hija de reyes como Enrique. Nada hacía pensar que su matrimonio pudiera peligrar o que el rey comenzara su cruzada para tener, al precio que fuera, a la mujer deseada y un hijo varón.

Enrique VIII, como rey de Inglaterra y como ser caprichoso y consentido, no se había encontrado jamás con una negativa de lecho. Desde aquel baile sus ojos solo existían para la joven Ana, que, por otro lado, estaba prometida y feliz con Henry Percy, el hijo mayor del conde de Northumberland. Pero la cosas se torcieron para la joven porque el padre de su prometido rechazó el enlace; muchos creen que presionado por el propio rey. Fue así como Ana Bolena retornó a la corte como dama de compañía de la reina Catalina.

Durante el cortejo hasta que consiguieron casarse, los amantes se intercambiaron diferentes cartas. Del rey a Ana se han contabilizado diecisiete escritas de su puño y letra. De las que le envió Ana apenas se sabe el número. La siguiente fue escrita por Ana Bolena en el verano de 1526, después del primer encuentro, y versa sobre el apremio del rey por tenerla como primera dama de la reina.

«Señor,
Corresponde solamente a la augusta mente de un gran rey, a quien la naturaleza ha dado un corazón lleno de generosidad hacia mi sexo, compensar con favores tan extraordinarios una conversación ingenua y corta con una muchacha. Inagotable como es el tesoro de generosidad de su majestad, le ruego considerar que pueda no ser suficiente para su generosidad; porque, si usted recompensa tan leve conversación con regalos tan grandes, ¿qué podrá usted hacer por los que están dispuestos a consagrar su obediencia entera a sus deseos? Cuán grandes pueden ser los obsequios que he recibido y la alegría que siento por ser amada por un rey a quien adoro, y a quien con placer sacrificaría mi

corazón. Si la fortuna lo ha hecho digno de ofrecerlo, estaré infinitamente agradecida. El mandato de dama de honor de la reina me induce a pensar que su majestad tiene cierta estima por mí, y puesto que mi ocupación me da medios de verle frecuentemente, podré asegurarle por mis propios labios (lo cual haré en la primera oportunidad) que soy la más atenta y obediente sierva de su majestad, sin ninguna reserva».

Enrique VIII contaba con varias amantes y deseaba incorporar a su lista a Ana, pero la joven, teniendo tan cerca la historia de su hermana, se negaba a convertirse en una amante más, en una cortesana que pasaría a la historia como otra más que sació la lujuria de un rey.

La resistencia de la joven Ana provocó que el rey se sintiera cada vez más obsesionado con ella y que se enamorara más que nunca. El rey, intentando contentar a la joven, premiaba a su padre con nuevos títulos y propiedades. El padre de Ana sabía que las atenciones del rey podrían ser retiradas rápidamente si su hija ofendía o desagradaba en su comportamiento a Enrique VIII. La situación era más frágil de lo debido y, aunque intentaba que su hija comprendiera la situación, Ana seguía resistiéndose a compartir lecho con el monarca. «No está de acuerdo con ser su amante, pero consentiría en convertirse en su esposa». Así fue como le explicó al propio rey la opinión de su hija, Enrique VIII se tomó las palabras como una broma, pero poco a poco estas fueron tomando forma en su cabeza, y lo que había comenzado como el cortejo de una nueva amante se convirtió en la obsesión por hacer suya a aquella mujer. Enrique VIII comenzó a rechazar y a ver con malos ojos su matrimonio con Catalina, incluso llegó a pensar que estaba maldecido por Dios... Al haberse casado con su cuñada, la que fuera la esposa de su hermano.

Nadie podía quitarle de la cabeza la idea de que anular su matrimonio para casarse con la joven Ana era lo mejor que le podía pasar a Inglaterra: aseguraría la descendencia de los Tudor y disfrutaría de un amor apasionado como nunca había sentido. La locura que desata la lujuria no consumada puede llevar a gestas tan insospechadas como aparentemente imposibles de conseguir.

Nadie podía esperar que un monarca fuera capaz de llegar tan lejos con tal de satisfacer sus deseos carnales, pero así fue y así cambió para siempre la historia de Inglaterra. La noticia pasó de la corte al pueblo, y no eran pocos los que veían en Ana Bolena a la concubina advenediza, ambiciosa y sin escrúpulos que había hechizado al monarca con sus malas artes.

Enrique VIII estaba decidido a conseguir como fuera la anulación de su matrimonio y el primer paso fue pedírselo directamente a su esposa. A cambio de su consentimiento, le ofreció un futuro lleno de confort para ella y para su hija. Muchos creen que si no hubiera sido por su hija María, la reina hubiera aceptado las súplicas del rey. Pero declarar que su matrimonio no era válido era consentir que su hija fuese considerada ilegítima y quitarle, por tanto, la posibilidad de que un día pudiese reinar. Esa fue la razón más importante por la que Catalina de Aragón se negó a aceptar la anulación, forzando al monarca a buscar otra vía para conseguir su deseo.

En 1525 el rey hizo llegar al papa Clemente VII, a través de enviados, una misiva en la que pedía la anulación de su matrimonio con Catalina de Aragón. La carta, firmada por ochenta y tres miembros influyentes de la política y la sociedad inglesa de la época, solicitaba al entonces papa que se anulase el matrimonio del rey con Catalina de Aragón, hija menor de los Reyes Católicos y que se había casado con el heredero al trono de Inglaterra en noviembre de 1501. En ella argumentaban cómo Enrique VIII solicitaba el divorcio de la reina consorte, con la que no había tenido hijos varones que heredasen el trono, para así poder casarse con Ana Bolena. Hubo más argumentos además de que no tuvieran un hijo varón, también se decía que era un matrimonio entre cuñados y que además la salud depresiva de la reina regente podía ser un obstáculo en su cometido de reinar en ausencia del rey.

De nada sirvieron la súplicas de Enrique y sus enviados. Las relaciones de la Iglesia católica con la potencia española eran muy fuertes. Por eso son muchos los que creen que estas relaciones condicionaron que el papa Clemente estuviera entre la espada y la pared a la hora de tomar una decisión, porque sabía que Carlos V tenía interés en que no se disolviera ese matrimonio. La reina Catalina, a pesar de las presiones y las amenazas, seguía afirmando que había llegado virgen al matrimonio y, a riesgo de morir descuartizada, se consideraba la esposa legítima de Enrique y reina de Inglaterra. Catalina llevaba muchos años en aquella corte y sabía de las argucias que se tejían en torno a la obsesión de su marido por una conquista que se le había resistido. No hay más que ver todos los complejos movimientos del cardenal Wolsey haciendo pactos paralelos y perdiendo la confianza del rey por fracasar al intentar conseguir la nulidad eclesiástica de su matrimonio con Catalina. La reina era muy querida por el pueblo inglés y por eso se le pidió que se quedara recluida y se abstuviera de cualquier contacto con el vulgo. Ella se dio cuenta de que, de ser juzgada por un tribunal, saldría como perdedora, y como claro vencedor, el propio rey.

El 18 de julio de 1529 Enrique VIII y Catalina de Aragón acudieron frente al tribunal. Catalina ofreció ella misma su propia defensa. Y presentó varias causas, entre ellas, que iba a ser juzgada en un lugar hostil para ella y beneficioso para el rey; expresó su malestar contra los jueces por ser parciales y, por último, expuso su incomodidad por que se celebrara ese tribunal mientras en Roma se seguía estudiando el caso. Estas fueron las palabras de la reina, según recoge Vicenta Márquez de la Plata en su libro *El trágico destino de los hijos de los Reyes Católicos*: «Señor, os suplico por todo el amor que ha habido entre nosotros que me hagáis justicia y derecho; que tengáis de mí alguna piedad y compasión porque soy una pobre mujer, una extranjera (...). Pongo a Dios y a todo el mundo por testigo de que he sido para vos una mujer verdadera, humilde y obediente, conforme siempre con vuestra voluntad (...). En estos veinte años he sido vuestra verdadera mujer y habéis tenido de mí varios hijos, si bien Dios ha tenido a bien llevárselos de este mundo. Y cuando me tuvisteis por primera vez yo era una verdadera doncella no tocada por varón. Por ello os solicito humildemente que me ahorréis el sufrir de este tribunal, y si lo hacéis, a Dios encomiendo mi causa».

El rechazo de Roma a la anulación del matrimonio, no solo provocó el terrible enfado del rey, sino la caída del cardenal Wolsey, que había desafiado a Roma y prometido el éxito al monarca. La reina fue trasladada a Ampthill para que reflexionara sobre su situación en el aislamiento más absoluto y para que se sometiera a los deseos del rey. Mientras todo se resolvía, Ana Bolena hacía, ante la vista de todos, de sustituta de la reina con el consentimiento de un monarca cada vez más obsesionado y ciego de amor y deseo. Ella lo seducía a base de atenciones, le dedicaba bailes, le reía todas las gracias y desplegaba toda su seducción, teniendo conciencia de que el rey estaba a sus pies. El rey le ofreció la lujosa cámara de la reina, redecorada de nuevo para que ella residiera junto a él, mientras solucionaba cómo deshacer el matrimonio. El pueblo andaba revuelto y enfadado con Ana Bolena, a quien culpaba del aislamiento de su querida reina y de la locura del monarca. Se dice que, en varias ocasiones, Ana Bolena tuvo que escapar de la masa enfervorizada e iracunda.

CON UNA CORONA DE ORO

Para calmar los ánimos y la paciencia de su amada, Enrique VIII decidió dotarla de un título nobiliario, algo que hasta entonces no había sucedido con nadie, pues los títulos se heredaban. Ana Bolena fue nombrada en 1532 marquesa de Pembroke. En la ceremonia, presidida por el rey, los historiadores describen que Ana se arrodilló ante el monarca con sinuosa sensualidad para que él depositase ante ella la corona. El rey seguía dispensando privilegios a la familia de Ana con nuevos títulos y ayudas económicas, como las cien libras anuales que recibía su hermana María y la garantía de que sus hijos recibirían una buena educación. Mientras, había decidido desafiar a Roma y erigirse como cabeza de la Iglesia él mismo. El propio monarca pidió al clero inglés que retirara las imágenes supersticiosas, los rituales o las peregrinaciones católicas. Que no se mencionara a los santos y que los rituales latinos fueran reemplazados por los ingleses. Ana desempeñó un papel importante, pues estaba en contacto con los protestantes que deseaban una ruptura con la Iglesia católica y erigirse como la principal religión del reino. En 1532, y gracias a Ana Bolena, Enrique VIII consiguió lo deseado: el consentimiento del Parlamento para romper con Roma y erigirse como cabeza de la Iglesia inglesa. Lo hizo siguiendo los consejos del abogado Thomas Cromwell. No hubiera podido ser sin que se aprobara el famoso Estatuto de restricción de apelaciones que permitía el divorcio en Inglaterra sin necesidad del consentimiento papal. El que fuera el consejero del rey Tomás Moro fue sustituido por Cromwell, que cumplía certeramente los deseos del rey.

Algunos hablan, aunque no se ha podido confirmar, que, previamente y harto de tanta espera, Enrique VIII decidió en 1932 casarse en secreto con Ana Bolena. Quizá la intención del rey hubiera sido mantener en secreto el enlace durante años, pero Ana Bolena anunció su embarazo de inmediato, hecho que provocó la alegría del rey ante el próximo nacimiento de un posible varón. En enero de 1533, Enrique VIII se casó con la que sería su segunda esposa, Ana Bolena, en Dover. Cuatro meses más tarde, la corte declaró el matrimonio de Catalina y Enrique como nulo y, por consiguiente, válido el de Ana con Enrique. A Catalina se le prohibió personarse como reina de Inglaterra ante sus súbditos y sus sirvientes debían referirse a ella como princesa viuda.

El 30 de mayo Ana Bolena desfiló ante el pueblo con una corona de oro sobre una litera con dosel. No fueron pocos los que la repudiaron y la tacharon de bruja, pero ella, más allá de cualquier pronóstico, estaba a punto de ser coronada reina de Inglaterra. Fue al día siguiente, en la tradicional ceremonia celebrada en la abadía de Westminster, aunque a diferencia de su predecesora ella fue coronada con la corona del rey Eduardo IV para que nadie tuviera dudas de su legitimidad.

Todos los movimientos se fueron sucediendo, de tal manera que a continuación el Parlamento declaró hija ilegítima a la princesa María, hija de Catalina de Aragón. Cualquiera que dudara tanto de la legitimidad del matrimonio con Ana o de lo hecho con la princesa María sería acusado de alta traición y colgado o descuartizado por ello. Los cambios se habían producido y todo el pueblo y la corte debían aceptar las buenas nuevas.

Ana Bolena, ataviada finalmente como reina, se recluyó en palacio para vivir con alegría su embarazo. El nacimiento se produjo el 7 de septiembre de 1933, pero la sorpresa fue que era una niña y no el esperado varón. Fue bautizada como Isabel, en honor a sus abuelas, y, aunque su padre se hundió al conocer su sexo, había llegado al mundo la que sería una de las reinas más poderosas y carismáticas de la historia de Inglaterra. A la nueva princesa se le dieron todos los privilegios, pero la reina Ana estaba preocupada por la ilegítima María; las dos se odiaban con toda su alma.

Ana había proferido maldiciones y amenazas graves como: «Cuando sea reina esta joven pagará por su insolencia. Será mi servidora y la daré en matrimonio a uno de mis criados. Y a su madre, que alienta semejante insolencia..., ¡ojalá la vea ahorcada!». María nunca dejó de reclamar su título de princesa y de desafiar a quien se lo negara. Enrique VIII, que ya no la visitaba, enviaba comitivas para hacerla entrar en razón, pero ella respondía con gritos y ataques de ira a quien se personaba, clamando que era hija de rey y de reina y le correspondía por la gracia de Dios el título de princesa. Poco a poco se le fueron reduciendo las retribuciones y la servidumbre. Así llegó el día en el que fue trasladada a la casa de Isabel, la princesa de Gales. Sin poder evitarlo Ana Bolena, las dos niñas convivirían en el mismo hogar. Para María se acabaron los privilegios, la servidumbre, el buen nombre y la buena vida. Lady María, como se la hacía llamar, pasó a formar parte del séquito de damas de compañía de la nueva princesa

Isabel. Ana no soportaba a la niña rebelde y algunos aseguraron que dio orden de que se la abofeteara cada vez que se declarara princesa «por maldita bastarda que es». Ana sabía que la adolescente contaba con el apoyo del pueblo, de la nobleza y del clero; todo lo contrario que ella, que era considerada la «ramera del rey».

El amor obsesivo de Enrique VIII no duraría demasiado, y pronto comenzaría a ver en el ingenio y la lengua atrevida de Ana cualidades poco adecuadas para una reina siempre al servicio del monarca. El rey se irritaba por sus celos, su control, y sentía también cierto cansancio por su rebeldía ante sus deseos. La realidad era que estaba terriblemente decepcionado con el nacimiento de una niña y no de un deseado hijo varón. Ana seguía acumulando enemigos y en cuanto podía se las arreglaba para forzar su ejecución, como ocurrió con la mano derecha y consejero del rey, Tomás Moro. Ante la impopularidad de la nueva reina y su insatisfacción personal, el rey comenzó a plantearse divorciarse de ella, algo que los asesores le desaconsejaron para evitar un nuevo escándalo.

Un nuevo embarazo y la consiguiente esperanza de que fuese un hijo varón aplacaron la ira de Enrique VIII. Fueron tiempos felices para los dos, disfrutaron de la buena noticia y se reconciliaron como pareja.

En las navidades de 1535 Ana fue informada de que Catalina de Aragón había enfermado y recibió la noticia con alegría, que completó con grandes fastos. La hija de los Reyes Católicos estaba confinada en el castillo de Kimbolton, en Huntingdonshire. Se pasaba los días rezando y prácticamente en ayunas. Enviaba misivas a España, y también a escondidas a su hija María, pues desde hacía años se le había prohibido cualquier tipo de contacto con ella. A pesar de sentirse abandonada y repudiada injustamente, jamás mostró odio ni recelo por Enrique VIII, al que veneró y quiso hasta su muerte. Prueba de ello es la última carta que le envió antes de morir pidiéndole que cuidara de su hija María y mostrando compasión por haber pecado de lujuria, única responsable de su separación y de su destierro.

«Mi más querido señor, rey y esposo, la hora de mi muerte se acerca..., no puedo elegir, pero por el amor que siento por vos debo advertiros de vuestra salud del alma, que deberíais preferir a todas las consideraciones del mundo o de la carne. Por las cuales me habéis arrojado a muchas calamidades y, a vos mismo, en muchas dificultades (...). Os perdono de todo y ruego a Dios que haga lo mismo».

El 7 de enero de 1536 la reina Catalina de Aragón moría, con poco más de 50 años, en brazos de su dama de honor María de Salinas. Nada más conocerse la noticia de su fallecimiento, corrió la voz de que podía haber sido envenenada, aunque rápidamente la autopsia realizada dejó al descubierto una gran mancha en el corazón. «¿Así que ahora soy reina?», fue la reacción de Ana Bolena al conocer la noticia. «¡Alabado sea Dios, que somos libres de toda sospecha de guerra!», exclamó Enrique VIII, pues con la muerte de Catalina terminaban las trifulcas con el reino de España.

La reina Catalina fue sepultada en la capilla de Peterborough, con los escudos de Gales y no de Inglaterra. En su muerte fue tratada como la princesa y viuda de Arturo, hermano de Enrique VIII. No sería hasta la época victoriana cuando obtendría el trato deseado de reina de Inglaterra y, hasta casi quinientos años después de su muerte no recibiría la placa conmemorativa afín a su lealtad al pueblo inglés: «Una reina amada por el pueblo inglés, por su lealtad, piedad, coraje y compasión».

Ana Bolena preparó un día después de la muerte de Catalina una gran celebración, pues la muerte de la hija de los Reyes Católicos significaba que finalmente su vida podía ser perfecta, sin nadie que la hiciera sombra. Tanto ella como el rey aparecieron vestidos de amarillo, algo muy llamativo, aunque algunos han puesto en duda que se llevara a cabo este festejo, pues el amarillo era en aquella época el color del duelo en España.

LA REINA MALDITA

Pronto, justo el mismo día que enterraban a Catalina de Aragón, el 29 de enero de 1536, Ana Bolena sufrió un aborto y perdió al hijo que llevaba dentro. Enrique VIII quedó desolado ante tal funesta noticia y coincidencia; comenzó a pensar que estaba maldito y que la supervivencia de la dinastía Tudor estaba en juego. Pensó que Dios le había abandonado e hizo responsable de la situación a su esposa. Como piezas del dominó, la vida de Ana empezó a resquebrajarse sin poder evitarlo. Parecía estar viviendo una maldición, pues una vez muerta la reina a la que ella reemplazó, comenzaron los desastres que terminarían decapitándola con apenas 30 años. El rey cayó en el convencimiento de que su matrimonio debía anularse porque Ana lo había hechizado para alejarlo de la difunta reina y casarse con él. ¿Era real ese convencimiento o una argucia argumental para declarar nulo el enlace? La matrona que examinó a Ana Bolena dijo que el feto llegaba con malformaciones, señal en la época del pecado de adulterio o brujería. En su obsesión por tener un hijo cayó en la cuenta de que Ana estaba maldita y jamás le daría lo prometido y deseado. Los ataques de ira y celos de Ana ante las amantes del rey eran sonados en la corte y el monarca no estaba dispuesto a soportar ese carácter. En su cabeza ya rondaba un nuevo matrimonio con la joven Jane Seymour y nuevas esperanzas de continuidad para la dinastía de los Tudor. Esta joven era todo lo contrario en obediencia, modestia y humildad a Ana Bolena. Durante esas horas bajas de Ana Bolena en la corte, se abrió la veda a las ganas de venganza de aquellos enemigos que había cosechado durante su breve periodo de poder, todos ellos con importantes cargos, entre ellos el secretario y consejero del rey, Thomas Cromwell. Fue él el principal instigador de las acusaciones a Ana que le costarían la muerte y el que convencería al monarca de que la reina solo le traería problemas. La nueva anulación de matrimonio podía resultar dañina para el monarca, pues le haría parecer caprichoso y desataría una nueva lucha de poder. Fue Cromwell, ante las prisas del rey, quien sugirió la posibilidad de culpar de infidelidad a Ana con algunos cortesanos; lo que significaría que podía acusar a la reina de alta traición. Tras haber sembrado las sospechas ante el rey, Cromwell solo necesitaba que alguno confesara. De los cinco acusados, entre ellos el propio hermano de la reina, el único que admitió tres encuentros sexuales fue el músico Mark Smeaton, que fue previamente torturado. Esa declaración, junto a pruebas recogidas de encuentros con otros cuatro hombres, era suficiente para acusarla y arrestarla. Comenzó así una investigación exhaustiva y la corte se transformó en una corte de terror, donde cualquiera podía ser detenido y ejecutado.

El 2 de mayo de 1536 Ana Bolena se convirtió en la primera reina de Inglaterra acusada de alta traición y fue encerrada en la torre Verde de Londres, lugar del que bien sabía Ana no se solía salir vivo. Los cargos contra Ana eran adulterio, incesto y conspiración contra el rey. Acostarse con cinco hombres era algo inaceptable, lujurioso e imperdonable. En aquella época se decía que una mujer era lujuriosa debido a la incapacidad de su marido en la cama y resultaba de una gravedad suprema que recayera la sombra de la duda sobre el rey. Pero el delito de traición, y que fuera acusada de conspirar para matar al rey, era demasiado grave. Aunque ella en una misiva enviada al rey se declaró del todo inocente, hay quienes sembraron la duda sobre si realmente había sido tan casta y no se había acostado con otros, ante las constantes infidelidades de su esposo. Así puede leerse en su última carta a su esposo Enrique VIII, recopilada en *The life and legacy of Anne Boleyn:*

«Habiéndome elegido como su reina y su compañera mucho más allá de mi deseo. Le pido, mi rey, que si me encuentra digna de tal honor, no deje su majestad dar luz al mal consejo de mis enemigos (...), déjeme tener un juicio legal, y que no sean mis enemigos jurados y los que se sienten como mis acusadores y jueces. Convoque un juicio abierto, pues mi verdad no temerá llama abierta y se podrá ver con claridad mi inocencia y vos colmada su consciencia sobre esas sospechas; deteniendo la ignominia y la difamación del mundo y mi culpabilidad declarada abiertamente (...). Pero si ya han decidido, incluso mi muerte, basada en una gran calumnia para disfrutar de su felicidad ansiada; le pediré a Dios que perdone el gran pecado en sí mismo, del mismo modo para mis enemigos (...). Mi última petición sería que cargara yo solo con la culpa y no las inocentes almas de aquellos caballeros pobres, que (como yo lo entiendo) han sido impresionados por mi causa. Si alguna vez he hallado gracia a sus ojos, si alguna vez el nombre de Ana Bolena ha sido agradable a sus oídos, entonces déjeme obtener esta solicitud (...).

Desde mi doloroso encierro en esta torre, el 6 de mayo (...), su más leal y siempre fiel esposa.

Ana Bolena».

El 15 de mayo tuvo lugar el juicio de Ana Bolena y de su hermano ante dos mil personas. Un teatrillo hecho para acusar a la reina y dejar que la historia y los deseos del rey avanzasen. Ana Bolena se declaró inocente en todo momento y las pruebas presentadas para culpabilizarla no solo eran poco convincentes, sino que se podía demostrar fácilmente que eran mentira. ¿Acaso Ana hubiera puesto en riesgo su posición con el adulterio o hubiese participado en una conspiración contra quien le ofertaba su posición de reina? La esposa del hermano de Ana habló de una «sospechosa familiaridad» entre ambos. Los interrogatorios no consiguieron demostrar la culpabilidad de los hermanos, sin embargo, fueron declarados culpables y sentenciados a muerte.

El 17 de mayo fueron juzgados y decapitados los cinco hombres, incluido el hermano de Ana. Mientras, Ana Bolena pasaba sus últimos días de encierro y agonía entre la risa y el llanto; entre la locura y la cordura. Muchos son los que apuntan que en sus últimas horas escribió el poema *Oh, muerte, méceme hasta que me duerma*. Otros, sin embargo, creen que el poema se escribió años más tarde y hacerlo suyo contribuyó a engrosar su mito. «Oh death! rock me asleep, / bring on my quiet rest; / yet pass my very guiltless gosth. / Out of my careful breast: / ring out the doleful knell, / let the sound of my death tell, / for I must die, / there is no remedy, / for now I die...». («Oh, muerte, méceme hasta que me duerma, / trae mi descanso tranquilo; / deja pasar mi fantasma muy inocente. / Fuera de mi cuidado pecho: / resuena el toque lúgubre, / deja que suene mi muerte, / debo morir. / No hay remedio, / debo morir...»).

«Tengo un cuello pequeño»

La muerte asignada para una alta traición como la de Ana era ser quemada en la hoguera. Tal vez por un atisbo de remordimiento por parte del rey, este cambió la cruel muerte por una decapitación e hizo traer un experto verdugo francés que realizaba la condena con una espada de doble filo, en lugar del hacha común.

El 19 de mayo de 1536, acompañada de sus cuatro damas, su carcelero sir Kingston y doscientos terratenientes, fue escoltada de la torre al andamio preparado para ella. Se dice que asistieron un millar de personas a la ejecución de Ana Bolena y que un día antes había dejado de ser reina al haberse anulado su matrimonio con Enrique VIII. Sus últimos minutos de vida devuelven a una mujer que no abandonó la templanza ni la belleza. Así contó su carcelero lo que la reina destronada y condenada le confesó el mismo día de su muerte: «"Sir Kingston, oigo que no moriré antes del mediodía, y siento mucho por ello, ya que pensé estar muerta para esas horas y por delante de mi sufrimiento". Le dije que esto no debería ser ningún sufrimiento, que sería muy breve. Y luego ella dijo: "Oí que dicen que el verdugo es muy bueno, y tengo un cuello pequeño", y luego puso sus manos en el cuello, riendo cordialmente».

La ejecución fue rápida y ante el riesgo de no saber qué palabras podía decir antes de ser decapitada, aceptando el derecho de cualquier condenado, se decidió que su ejecución no sería en la Tower Hill, con acceso abierto al público, sino dentro de la torre, sobre el prado contiguo a la iglesia. Vestida de color gris oscuro, con una cofia de lino blanco, habló por última vez mostrando su coraje ante la audiencia concentrada: «Buena gente cristiana, he venido aquí a morir, de acuerdo a la ley, y según la ley se juzga que yo muera, y por lo tanto no diré nada contra ello. He venido aquí no para acusar a ningún hombre, ni a decir nada de eso, de que yo soy acusada y condenada a morir, sino que rezo a Dios para que salve al rey y le dé mucho tiempo para reinar sobre ustedes, para el más generoso príncipe misericordioso que no hubo nunca; y para mí él fue siempre bueno, un señor gentil y soberano. Y si alguna persona se entremete en mi causa requiero que ellos juzguen lo mejor. Y así tomo mi partida del mundo y de todos ustedes, y cordialmente les pido que recen por mí».

Ana Bolena no atacó con sus últimas palabras, pero no confesó sus pecados sino todo lo contrario. Dejó entrever su inocencia hasta su último suspiro, pero como dama de cuna ilustrada acató la ley y respetó hasta el final a su rey. La ejecución fue rápida, consistente en un solo golpe: según la leyenda, Ana Bolena contó con la piedad del verdugo. El verdugo francés se apiadó de ella y dijo: «¿Dónde está mi espada?», y luego la degolló, para que ella pensara que todavía tenía unos momentos más para vivir y no sospechara cuándo llegaría el certero golpe. La segunda esposa de Enrique VIII murió y las gentes llanas llenaron el eco de leyendas sobre el día y el momento de su ejecución, confesando que habían visto muchas liebres —un símbolo de brujería— correr de estampida.

El rey no mostró piedad ni clemencia, incluso ya muerta no le proporcionó un entierro a su altura. Cabeza y cuerpo fueron depositados en un arca alargada y fue sepultada en una tumba sin nombre en la capilla de San Pedro ad Vincula. Durante el reinado de Victoria, en unos trabajos de restauración, se encontraron sus restos, se identificaron, y fueron sepultados con su nombre y con honores regios. Actualmente está enterrada en la torre de Londres y no son pocos los que, generación tras generación, cuentan que su espíritu se aparece cada noche en busca del amor que la llevó a la muerte.

La reina que perdió su cabeza

Ana Bolena pasó a la posteridad como una mujer demasiado avanzada a su tiempo, tan ambiciosa que cambió su destino, pero el mismo destino le jugó una mala pasada. ¿Qué hubiera sido de ella si hubiese alumbrado un heredero? La historia no sería la misma, muchos piensan que hubiera conservado la cabeza y se hubiese convertido en una reina o madre de rey mucho más influyente de lo que fue. ¿Fue víctima de una conspiración? ¿De los caprichos de un rey despiadado y obsesionado por la continuidad de su dinastía?, o ¿fue tan fría, calculadora y ambiciosa que incluso participó en una conspiración contra Enrique VIII?

El pueblo la quiso poco, la miró con ojos desconfiados y fue llamada de mil maneras, como, por ejemplo, «la ramera de los ojos saltones». Bolena fue condenada y perdió por ello su vida y su cabeza... Buen símbolo para quien años antes hizo que la perdiera el propio rey, consiguió desterrar a una reina y apartar a Roma y su influencia de Inglaterra. Fueron tiempos de intrigas palaciegas, de luchas religiosas y una mujer estuvo en medio de todo ello. ¿Ana Bolena fue sexualmente tan descontrolada? Usó la lujuria y fue condenada por ella... Reinó tres años y medio con el emblema real de «The most happy» («La más feliz») para diferenciarse del de su predecesora, la reina Catalina de Aragón, «Humble and loyal» («Humilde y leal»). No tuvo un final feliz, demasiado pronto, sin haber cumplido los treinta años. Fue una reina maldita y ni siquiera su hija, Isabel I, pudo remendar del todo su gloria perdida, aunque para la historia sea la propia Isabel, la Reina Virgen, la que represente su mayor legado. La historia se encargó de glorificarla y la colocó en el lugar de las mujeres poderosas, pecadoras, adoradas y tan misteriosas que hacen que su leyenda nunca termine. Ana Bolena sigue siendo un misterio..., ¿fue tan inteligente como algunos apuntan? ¿Fue pecadora o virtuosa? Una superviviente más... El resto forma parte de la fabulación y de la imaginería colectiva.

Capítulo 11

Marlene Dietrich

Amó a hombres y mujeres indistintamente desafiando a Hollywood y su Star System

Berlín, 1901-París, 1992

«¿Miedo a la muerte? Uno debería tenerle miedo a la vida, no a la muerte».

«A cualquier mujer le gustaría ser fiel. El problema es hallar al hombre a quien serle fiel».

«Hay ladrones a los que no se castiga pero que roban lo más preciado: el tiempo».

«Si pudieras marcharte ahora y volver a hace diez años».

«La educación de un niño comienza cien años antes de su nacimiento».

«Con champán da la impresión de que todo el día es domingo».

«*Glamour* es lo que vendo, es mi mercadería mercancía».

«La queja es la muerte del amor».

«En América el sexo es una obsesión, en otras partes del mundo es un hecho».

«Cuando mueres, has muerto. Eso es todo».

«En el fondo soy un caballero».

Ella supo convencer al mundo de que se podía vivir desde la reivindicación permanente y el desafío a lo establecido. Ella labró su propio mito con esa mirada que era capaz de arrancarte el corazón; dejó que el mundo, tanto hombres como mujeres, la colocara en el estandarte del erotismo femenino. Marlene Dietrich, la mujer, la imagen, el mito, el icono, fue y sigue siendo la imagen de la provocación, de dar rienda suelta a los deseos, a los impulsos más íntimos, a los secretos más allá de la convención. Nació en los albores del siglo XX, vivió apasionadamente y murió tardíamente y aislada del mundo. Su propio mito la atrapó hasta convertirse en él en vida y olvidarse del ser que habitaba tras él. Ella, con su mirada desafiante al mundo, se convirtió en el nuevo modelo de mujer independiente que necesitaba gritar «¡Libertad!» en todo momento. Se casó, tuvo una hija y, aunque jamás se divorció, apenas ejerció de esposa. Como madre, aunque siempre lo consideró lo más importante, su propia hija, Maria Riva, se encargó de contarle al mundo su fracaso en tal tarea, en la biografía que escribió sobre su progenitora: «Nunca pensé en ella como una madre. Todos trabajábamos en la idea de la Dietrich, en el mito de la Dietrich, en la leyenda de la Dietrich. ¿Si la echo de menos? Primero has de tener algo para echarlo de menos». No son pocos los que la consideraron caprichosa, cruel, manipuladora y tan egocéntrica que quizá fuera incapaz de amar realmente, tal y como su hija retrató. Fue una mujer compleja y trató de vivir en la ligereza de sus posibilidades, aunque no fuera fácil. Reconoció su bisexualidad y la vivió sin silenciarla diferenciándose así de la mayoría en aquella época. Renunció a su patria y se enfrentó al nazismo labrándose el rechazo de la prensa de su país y de muchos de sus compatriotas. Fue combativa y no dudó en estar al lado de los soldados en los últimos años de la Segunda Guerra Mundial. No dudó en conquistar corazones y dejarlos cuando el suyo había comenzado a latir por otro. Marlene Dietrich pudo haber sucumbido a un destino de cabarés y a una guerra cruel, pero supo tomar el camino correcto hasta alcanzar esa fama que siempre había deseado. Ella pudo haber inventado el *glamour,* porque lo tejió en su propia piel hasta no saber salir a pasear sin él. Su presencia era hipnótica, rodeada siempre de ese algo de misterio, y su voz ronca y de pausada sofisticación... Todo estaba perfectamente medido para conseguir el efecto deseado: contentar a una audiencia enfervorizada para ver y sentir el mito de aquella mujer que significaba mucho más que pasión. Cuando su estrella en Hollywood se fue apagando, se atrevió a cantar, a interpretar, a provocar todo tipo de sensaciones a una audiencia que jamás la abandonó. Viajó por todo el mundo, hasta los 65 años, interpretando sus grandes éxitos, que se convirtieron en himnos, como «Lili Marleen». Sin embargo, su hija escribió en su libro aseveraciones tan fuertes que rompían el mito que su madre había hilado con tanto esmero durante toda su vida: «Era asexuada». ¿Acaso lo fue? ¿Qué había detrás de la máscara? ¿Qué había tras esa figura cautivadora, promiscua y liberal? Apenas importa ya quién fue o qué sintió la verdadera Marlene Dietrich. Alcohólica, obsesionada por la imagen, cruel, vulnerable..., una personalidad tan compleja que ni los que la tuvieron más cerca pudieron escanearla. No obtuvo el preciado amor de su hija; quizá nunca lo mereció, aunque dijo que era lo que más deseaba. Pero sí se le concedió la longevidad que jamás hubiera creído. «Mi hija es todo para mí. Nadie sabe por qué estoy tan apegada a ella. Porque nadie sabe que es lo único que tengo. Creo que moriré pronto. Ojalá que viva hasta que ella crezca». Fue otra más que a golpe de provocativa lujuria encendió las pasiones de medio mundo, pero que también enfureció a quienes dio la espalda hasta convertirse en vida en inmortal. Aunque para muchos no fue una actriz talentosa, su personalidad traspasaba cualquier barrera, cualquier límite y, quizá por ello, es considerada la novena mejor estrella femenina de todos los tiempos, según el American Film Institute. A pesar de pasarse más de tres décadas obsesionada con la muerte, falleció a los 92 años en su lujoso domicilio de París... Cuenta la leyenda que la última frase que dijo a un amigo que la acompañaba fue: «Lo quisimos todo y lo conseguimos, ¿verdad?». No sabremos si consiguió todo lo deseado, pero sí que logró construir un mito sobre ella que todavía hoy perdura, y casi veinticinco años después de su muerte se confirma que Hemingway tenía razón cuando sentenció: «La muerte es algo que a ti no te concierne, Marlene, tú eres inmortal». La leyenda crece cada vez más y el personaje se diluye en ella.

Una rebelde en Berlín

Maria Magdalena Dietrich nació en el suburbio berlinés de Schöneberg el 27 de diciembre de 1901. Hija de un oficial prusiano, Otto Dietrich, y de la hija de una adinerada familia de joyeros, Elisabeth Josephine Felsing. Josephine se casó con Otto Dietrich con la oposición de parte de su familia, que consideraba a su prometido de rango menor, con un apellido ciertamente vulgar que en alemán significa «ganzúa». Su padre murió cuando Marlene solo tenía 6 años y apenas recuerda de él su alargada silueta, el brillo de sus botas y el olor del cuero del uniforme. Un hombre rudo, común y muy distinto a la madre de Marlene, que, sin lugar a dudas, marcaría su infancia y parte de su juventud. Según la hija de la actriz, en su libro *Marlene Dietrich*, su abuela era: «aficionada a la música, entregada pianista, con buena voz, que educó a sus hijas con dos premisas importantes: carácter, disciplina y deber para convertirse en las perfectas esposas de buena sociedad. (...) Aprendieron a repasar la ropa, a fregar, sacar brillo, sacudir, cepillar y frotar, mientras una serie de señoritas les enseñaban francés, inglés, piano, violín y modales». Durante su infancia se mantuvo más o menos obediente en esa educación, pero, muy al contrario que su hermana, desde muy temprana edad empezó a despuntar su carácter rebelde por encima de todo. «Mi madre no era amable ni compasiva sino implacable e inexorable». Desde que a los 11 años le regalaran un cuaderno rojo, Marlene, la pequeña Lena, empezó a escribir sus sentimientos más íntimos en él. Su naturaleza rebelde hizo que desde siempre mantuviera una relación tensa con su madre, a la que apodaba como «la buena generala». Josephine estaba empeñada en educar a sus hijas no solo en el deber y la disciplina, sino también en las buenas maneras, y formaba parte de ello aprender a no mostrar los sentimientos. Fue una niña solitaria y tímida que no disfrutaba de la escuela, pero, sin embargo, destacaba como alumna aventajada por toda la educación que le había dado su madre. Disfrutaba de su tiempo libre y de su pasión por la música. Marlene comenzó tocando el piano para luego seguir con el violín. También montaba a caballo, patinaba, estudiaba inglés y francés y tomaba clases de baile. Marlene estaba siendo educada para convertirse en una señorita de la buena sociedad berlinesa. Ese era el sueño de su madre pero no el de Marlene. Ella disfrutaba durante las vacaciones en el apartamento de su tío Willy, hermano de su madre, que estaba muy conectado con la gente del teatro. Un mundo que desaprobaba por completo la madre de Marlene, pero que encandiló a la futura actriz. Así mismo, la importancia de vestir bien y con buenos complementos fue un conocimiento que obtuvo de su abuela materna, siempre a la última en joyas y con los mejores vestidos llegados de París.

Marlene crecía y su rebeldía y diferencias con su madre lo hacían también. Había estallado la Primera Guerra Mundial. El miedo a la epidemia de la gripe hizo que su madre tomara la determinación de huir de la ciudad. Se trasladaron a cien kilómetros de Berlín, a Dessau, con nueva escuela, nuevas compañeras y unas reglas mucho más estrictas que no ayudaron a que Marlene se sintiese integrada. La guerra continuaba y a Marlene solo parecía importarle el amor, los chicos y sentirse guapa. Así lo reflejaba una y otra vez en su diario rojo, tal y como cuenta Maria Riva en su libro *Marlene Dietrich:* «Estoy loca por Ulle Bülow (...). Su madre es o era judía y, claro, tiene un algo especial, un aire de casta muy atractivo, con mucha clase. ¡Además es muy chic! Tiene 16 años y antes no me hacía caso, pero ahora sí».

La guerra marcó la educación y las vacaciones: una victoria alemana significaba fiesta para toda la escuela: una muerte cercana también significaba días libres para la alumna afectada. La guerra ofreció no solo cambios en la educación, sino también la crueldad en la puerta del hogar. Josephine se casó con el mejor amigo de su difunto, Eduard von Losch, con el rechazo de toda la familia de él, que consideraba a la madre de Marlene ambiciosa y aprovechada. Con el matrimonio se trasladaron a un barrio elegante de Berlín y cesaron las cartillas de racionamiento. Pero los derroches y caprichos duraron menos de lo esperado. Eduard se alistó como voluntario y acudió al frente, Josephine sintió un mal augurio. Poco después recibió una ordenanza del regimiento anunciándole la muerte de su marido. Viuda por segunda vez, con 40 años y dos hijas a las que mantener. Con la pensión que le correspondió por la pérdida de su marido pudieron mudarse a un pequeño apartamento, aunque la madre de la futura actriz arrastraba una nueva muerte temprana. Marlene se había convertido en una joven atractiva que había perdido la timidez y comenzaba a desear protagonismo; ella quería destacar por encima de todas las cosas. Su gran preocupación era gustar, ser deseada y consumar el gran apetito sexual que se le había despertado. Comenzó a despuntar y a ser admirada por su manera de vestir, por sus maneras y su mirada. Se graduó y en el libro firmó y sentenció: «Al final la felicidad llega a los diligentes». Su rebeldía todavía andaba demasiado tierna para desafiar a tantos años de férrea educación.

Al terminar la guerra, Berlín se ensombreció y la pobreza era un ciprés demasiado alto y alargado como para que no ennegreciera las vidas. Centenares de miles de desempleados y casi un millón de muertos por los estragos de la guerra y las enfermedades.

Marlene seguía practicando a diario con su violín, pensando que podría ser el salvoconducto para su libertad e independencia. En 1919, Marlene fue enviada a Weimar, a doscientos kilómetros de Berlín, para completar sus estudios en un internado de señoritas. Según recoge Maria Riva en el libro sobre su madre, esta escribió el 7 de octubre de 1920: «Dan ganas de llorar. Aquí lo único que me proporciona un poco de placer es la lección de violín del profesor Reitz. Pero ¿es eso bastante para mí, acostumbrada a ser amada y ahora, aquí, de pronto nada?».

Leía compulsivamente y tocaba el violín cinco horas al día. Durante el resto de la jornada se dedicaba a seducir a cualquiera, descubriendo el placer que le reportaba convertirse en el centro de atención. En Weimar no solo comenzó a fumar, sino también a distanciarse de la disciplina y el refinamiento para acercarse a una incipiente nueva vertiente, la Bauhaus, que desafiaba cualquier convención. Se dio cuenta de que existía otra manera de comportarse, de ser más libre, y que nada tenía que ver con lo estricto de su educación y las buenas maneras inculcadas por su madre. Marlene comenzó a practicar ese rol y a espaldas de su madre, que la visitaba cada tres semanas, vivió un romance con su profesor de violín, el señor Reitz, un reputado músico, casado y con hijos. Pronto fue un secreto a voces y un escándalo que llegó a oídos de la madre, quien, sin dudarlo, la hizo retornar a Berlín con la excusa de la alta inflación y las dificultades económicas. Berlín, con el marco devaluado, comenzaba a ser un lugar perfecto para vivir y, pocos años después, se convertiría en la tercera ciudad más poblada del mundo, llena de oportunidades y alegría para gastar el dinero de aquellos que lo tenían y deseaban divertirse. La ciudad se fue llenando de cabarés y teatros que ofrecían espectáculos y divertimento como consuelo a la frustración que había dejado la Gran Guerra. El presente parecía importar sobre todas las cosas, el pasado era indeseable y el futuro demasiado incierto.

Marlene no volvió a casa con su hermana y su madre, sino que prefirió mantener su independencia. Así, trabajó tocando el violín en clubs nocturnos y a la vez vendía periódicos de día. Empezó a relacionarse con la nueva mujer de su tío Willy, joven y bella, que tenía deseos de triunfar tanto en los escenarios como en Hollywood. Comenzaban los años veinte y Marlene había empezado a saber cómo impresionar con su atuendo: antes de salir se probaba distintos turbantes y complementos de joyas que sabía iban a llamar la atención. Su madre, por supuesto, no aprobaba el tipo de vida que estaba llevando su hija al lado de su tío Willy y de todos aquellos jóvenes que no solo vivían la noche sino que soñaban con el triunfo en los escenarios. Marlene iba perdiendo el interés en las horas de ensayo de violín y vivía con el objetivo de disfrutar, de pasarlo en grande sin pensar más allá. Así comenzó su primera relación medianamente estable con una mujer, con la joven Gerda Huber. Ambas vivieron en una pensión y juntas vieron cómo Berlín florecía y se abría a pasos agigantados al descaro, la fiesta y la transgresión.

Marlene, bajo una máscara de placer

El estudio Universum Film Aktiengesellschaft (UFA), creado en 1917, nació con el objetivo de hacer films de propaganda satisfactorios y tras la guerra se convertiría en la principal productora de cine alemán. Marlene comenzó su incursión en el cine tocando el violín en las orquestas de los cines, aunque pronto dejó este trabajo pues sus espectaculares piernas alteraban demasiado al resto de músicos, que no se concentraban en presencia de la bella violinista. Finalmente, Gerda encontró trabajo de periodista en Hannover y se separaron sus caminos. Marlene seguía empeñada en divertirse, en lucir su cuerpo, su imagen chic y en encontrar trabajo más allá de la música. Incluso vendió su viejo violín a espaldas de su madre, que pensaba que su hija estaba labrándose una carrera musical.

La casualidad quiso que la hermana de Marlene se casara, para disgusto de su madre, con el propietario de un pequeño cabaré y fuera precisamente él quien colocara a Marlene por primera vez encima de un escenario. Marlene comenzó su estrellato formando parte de un grupo de baile conocido como las Thielscher-Girls, cuyo requisito principal era tener unas piernas de escándalo y moverse con gracia. Poco después participaría en espectáculos de revista, bailando y cantando en clubs donde la clientela era principalmente homosexual. Marlene siguió buscando la oportunidad de avanzar en el teatro y meter la cabeza en el cine. A través de su tío Willy consiguió en 1922 su primera prueba y, cuando le preguntaron por qué estaba tan interesada en hacer cine, ella respondió con descaro y sin pestañear, según se puede leer en el libro *Dietrich: a biography:* «Porque... he nacido para ello». Aunque ella lo tenía muy claro, la prueba de cámara fue un desastre, ni siquiera la consideraron apta para hacer de extra. Sin embargo, la suerte o una cadena de casualidades hizo que, a pesar de ese mal comienzo, un director novel, ambicioso y con poco presupuesto llamara a la puerta de Marlene para participar en su primera película, pero sería años más tarde. Entonces ingresó, no sin dificultades, en la prestigiosa escuela de teatro Reinhardt porque necesitaba refinarse en la interpretación y porque había decidido que a eso iba a dedicarse. Tomó clases de voz y siguió estudiando, mientras encontraba la ansiada oportunidad. El 7 de septiembre de 1922 apareció por primera vez en un espectáculo producido por la Reinhardt. Para Marlene no era suficiente y se sentía desesperada y desanimada. Estaba condenada a aparecer de extra en la película *Tragödie der Liebe* (*Tragedia de amor,* 1923), de Joe May, pero la belleza y la fuerza de su personalidad la llevaron a formar parte de algunas de las escenas de una fiesta de chicas en un casino. No era lo que Marlene deseaba, aunque había logrado traspasar la frontera de extra a figurante. En esa producción conocería a su futuro y único marido, Rudolf Sieber, un joven productor de 25 años, atractivo, inteligente y ambicioso. Continuó actuando en el teatro en distintas producciones y, gracias a Rudolf, siguió con papeles en el cine.

Marlene necesitaba alejarse lo antes posible de la influencia de su madre y, curiosamente, eligió el camino que le pareció más rápido, casarse. Se entregó en cuerpo y alma a seducir a Rudolf hasta conseguir su objetivo: el 17 de mayo de 1923 se casaban por lo civil y se fueron a vivir a un pequeño apartamento de Kaiserallee. La idea o fantasía de convertirse en la perfecta ama de casa le duró demasiado poco, pues enseguida se dio cuenta de que, como su personalidad, su matrimonio sería de todo menos convencional. Firmó tres años de contrato para el teatro y empezó a practicar una vida promiscua, acostándose con otras actrices, sin que eso fuera un impedimento para su matrimonio ni para que naciera su primera y única hija. El 13 de diciembre de 1924 nació Maria Elisabeth. Marlene volvió a la ensoñación de convertirse en la madre perfecta y entregada a su hija. Como cuenta Maria Riva en su libro: «Mi madre me dio de mamar con tanta perseverancia que durante el resto de mi vida tuve que oír que yo era la única responsable de que tuviera los pechos caídos, ya que su turgencia juvenil había sido sacrificada a mi gula infantil». Pero la ambición por convertirse en una actriz conocida y famosa pudo más que el ideal de familia tradicional. En 1925 participó en dos películas, aunque con papeles poco destacados.

Marlene se convirtió en parte fundamental de la vida nocturna de Berlín, porque acudía a las fiestas y los cabarés más conocidos. Para ella era una forma de divertirse pero al mismo tiempo de promocionarse. Vestía con ropa y accesorios que llamaban la atención, como usar un monóculo o una maravillosa boa de colores. La noche berlinesa se había convertido en pura transgresión y se practicaba mucho sexo, de todo tipo (sado o fetichismo, por ejemplo) y para todo el mundo (transexuales, lesbianas, gais). Todo estaba permitido y Marlene tenía una personalidad y un *look* tan específicos que podía estar en todas las fiestas. «En Berlín importa poco si se es hombre o mujer. Hacemos el amor con cualquiera que nos parezca atractivo». Marlene se entregó a la promiscuidad y en un solo día podía acostarse con tres personas diferentes. Para ella el sexo se convirtió en un instrumento más para relacionarse, para disfrutar de muchos hombres y mujeres que serían sus amigos durante años. Como recordó su hija Maria Riva en su libro: «Mi madre era como de la realeza. Cuando ella hablaba, la gente escuchaba. Cuando se movía, la gente observaba. A los 3 años, yo sabía sin lugar a dudas que no tenía una madre: yo pertenecía a una reina».

En aquella época rodó una escena de la película *Bajo la máscara del placer* (1925), del director Georg Wilhelm Pabst, protagonizada por una actriz sueca llamada Greta Garbo. Marlene, que seguía haciendo apariciones breves en las películas, salió también en esta producción, pero el rodaje fue sin duda lo menos importante. En el libro *Greta y Marlene. Safo va a Hollywood,* la autora Diana McLellan marca el rodaje de esta película como el presunto origen del romance que vivieron las dos actrices. Su relación jamás se confirmó, e incluso siempre simularon no haberse conocido y sentir una cierta animadversión la una por la otra. McLellan, sin embargo, cuenta que vivieron en Berlín una apasionada historia de amor. Garbo, apenas tenía 19 años, era todavía una actriz sueca desconocida, tímida y reservada que se quedaría prendada por el arrojo, el descaro y la extravagancia de la joven Marlene. Compartieron una única escena en la que Marlene participó y, desde luego, existe mucha leyenda sobre ella, al igual que de sus días como inseparables en la noche berlinesa. No escondieron su amor, pero este se truncó abruptamente con la partida de la Garbo a Hollywood. Las malas lenguas hablan de que la envidia se apoderó de Marlene, que no pudo soportar que el ansiado éxito le llegara antes a la joven y desgarbada sueca. Años más tarde no solo simularían no conocerse, sino que Dietrich se explayó criticando a Garbo, a la que tachó de «estrecha de mente, ignorante y provinciana», o también vulgaridades como que «lleva la ropa interior sucia». Greta Garbo jamás contestó y el único encuentro público que se conoce, incluso como presentación oficial de ambas estrellas, fue en 1945 en una fiesta privada de Hemingway.

Lo cierto es que las dos pertenecieron al famoso «círculo de costura», un club privado de mujeres lesbianas, bisexuales o ávidas de experimentar de Hollywood que floreció desde los años veinte hasta la década de los cincuenta. Después de restablecerse la moral en el mundo del cine y en sus películas, entre otras cosas, con el código de censura conocido como código Hays, las estrellas eran obligadas a firmar un contrato donde se comprometían a no hacer gala de su homosexualidad en público. Esos clubs nacieron con la excusa de conocer a otras mujeres y bajo el absurdo paraguas de reunirse para bordar pañuelos. Greta Garbo, Marlene Dietrich, Tallulah Bankhead, Joan Crawford, Barbara Stanwyck y Ava Gardner se convertirían en asiduas. Incluso la prensa de la época se hizo en alguna ocasión eco de esos círculos, llamando a Garbo y Dietrich «Caballeros de los corazones», o escribiendo que eran miembros del mismo club. Aunque poco se sabe y mucho se dice de estos círculos, entre los rumores existe el que insistía en que Garbo y Dietrich llegaron a competir por amantes.

Marlene tendría que esperar todavía unos años para hacer el mismo viaje a Hollywood que Garbo. Por el momento siguió en los teatros, con la vida canalla, con su matrimonio, su hija..., y siendo considerada por la UFA como una actriz mediocre. En 1929 la llegada del director americano Josef von Sternberg con el deseo de verla cambiaría el rumbo de su vida. Su hija Maria Riva describe en su libro cómo Marlene y su marido discutieron por la ropa que la actriz llevaría a la entrevista. En realidad carecía de importancia cómo se presentara Marlene aquella mañana, porque Sternberg al verla supo que era exactamente el tipo de mujer que tenía en su cabeza para protagonizar su próximo film, *El ángel azul,* la primera película sonora del cine alemán. Necesitaba una mujer con el *glamour* chic parisino y la insolencia del erotismo al mismo tiempo. Esa era Marlene. Durante la audiencia con el director, Marlene se mantuvo fría, con un cierto desdén e indiferencia que terminó cautivando al afamado realizador. Pues este vio que ella era su personaje: Lola-Lola, la cabaretera que hará perder la dignidad y la razón al solitario profesor Rath. Acababa de conseguir su primer gran contrato con la UFA por veinte mil marcos. El propio rodaje de la película le ofreció, antes de estrenarse, el pasaporte a Hollywood. Un ojeador de la Paramount se desplazó a Berlín para ver a Marlene. Después de describirla como sensacional, le ofrecieron un contrato con el estudio, aunque contaba con incompatibilidades con el de la UFA que hicieron posponer su ansiado pasaporte a Hollywood. En cuanto se presentó la oportunidad, la diva comenzó a sentir la inseguridad del viaje y el miedo al fracaso. Mientras dudaba por la culpa de dejar a su hija y la perseguían además los fantasmas de viajar a la tierra prometida, Sternberg consiguió un nuevo contrato de la Paramount en el que la obligaba a hacer solo dos películas y, si luego decidía volverse a Berlín, podía hacerlo a condición de que no trabajara para otro estudio americano. La Paramount por fin había encontrado a una estrella con la que competir contra la Metro y Greta Garbo. «La mujer que hasta las mujeres pueden adorar» fue el eslogan del estudio para presentarla en sociedad. La leyenda de Dietrich comenzaba a labrarse.

Miss Dietrich, reina del 'glamour' en Hollywood

Su primer proyecto americano de la mano de su querido director Josef von Sternberg fue *Marruecos*. Todo el mundo conocía a la nueva estrella de la Paramount, pero ahora había que crearla, que cerciorarse de que era verdadera. Marlene necesitaba seducir a la audiencia, con la mirada y con una voz demasiado marcada por su acento alemán, que le llevaría a repetir hasta la extenuación tomas para conseguir el efecto deseado. Los dos, director y actriz, iniciaron una relación tan pasional como tormentosa, impulsada por el talento de él y la necesidad de ella de aprender, de seguir todas las indicaciones necesarias para convertirse en la estrella que habían vendido. Sin embargo, los dos eran muy abiertos sexualmente y vivieron en el rodaje *affaires* con otros. Marlene tuvo una con el coprotagonista, el joven Gary Cooper, que dio lugar a rencillas con el director por ser el nuevo amante de Marlene. Sternberg hablaba muchas veces en alemán para dar indicaciones a Dietrich, algo que molestaba sobremanera a Cooper porque se sentía completamente excluido. Maria Riva relata que, al terminar el rodaje, Marlene dejó una nota en el bolsillo del pantalón de Sternberg: «Tú, el único, el dueño, el dispensador de todos los dones, la razón de mi existencia, el maestro, el amor que han de seguir mi corazón y mi cerebro».

Marlene pasó las navidades de 1930 en Alemania, serían los últimos días que pasaría en su tierra. Había aprovechado la promoción de *Marruecos* en Europa para visitar a su marido y decidir trasladarse definitivamente con su hija Maria a Hollywood. Tenía 29 años y al fin había alcanzado el deseado estrellato mundial.

Comenzó el rodaje de *Fatalidad,* que no fue coprotagonizada por Cooper, quien se unió a la larga lista de actores que se negaban a trabajar de nuevo con Sternberg. Lo hizo Victor McLaglen, que rápidamente pasó a la lista de amantes de Marlene. La actriz seguía con su intensa vida amorosa, en ese momento también estaba con Mercedes de Acosta, que a su vez vivía una *affaire* con Greta Garbo.

Según su hija Maria Riva, en la biografía que publicó sobre su madre: «Yo nunca juzgué a mi madre por su glotonería sentimental sino por su manera de tratar a los que la querían (...), la rapidez con la que cambiaba de compañero de alcoba podía resultar embarazosa».

Fatalidad no superó las expectativas del estudio, cuyos miembros andaban muy preocupados con los escándalos de la vida privada de Marlene, además de por su *affaire* con Sternberg, en vías de divorcio y con una exmujer con sed de venganza hacia la diva alemana.

Von Sternberg comenzó los preparativos de su quinta película juntos (rodarían en total siete), *El expreso de Shanghai* (1932), donde Marlene interpretaría uno de sus papeles más populares, el de la aventurera Shanghai Lily. Sternberg decidió dejar de lado la parte misteriosa de su musa y explotar la sensualidad en todas sus aristas, consiguiendo un resultado de luz, ambiente e interpretación que ha pasado a la historia de los clásicos del cine. De la Marlene que descubrió Sternberg en Berlín quedaba bien poco. Había adelgazado quince kilos, dejó de tener redondez y empezaba a vislumbrarse su característica mandíbula, aunque jamás confirmó que se quitara las muelas del juicio. También se depiló las cejas a lo Garbo y se convirtió en una mujer inquietante, sofisticada, extraña e inalcanzable que iría construyendo las claves del mito. Ella seguía con su colección de amantes, conquistándolas a ellas con ramos de violetas y cocinando para todos sin importarle el sexo o su condición civil. Casados o solteros, a Marlene le era totalmente indiferente con tal de que expresaran su devoción y deseo por ella.

El expreso de Shanghai fue un éxito no solo de crítica sino también de taquilla y consiguió las nominaciones a los Oscar como mejor película, mejor director y fotografía. Finalmente obtuvo la estatuilla a la fotografía. Sin embargo, el éxito no frenó los problemas con Sternberg ni tampoco que el siguiente proyecto con Marlene fuese considerado demasiado escandaloso. Los dos fueron sancionados por los estudios al negarse a seguir sus directrices. En el tormentoso proceso de lucha de poder entre los estudios y ella, la diva se planteó aceptar la oferta de trabajar en Alemania y abandonar el país. En abril de 1932 el partido nazi avanzaba con fuerza y Marlene intuía que cualquier movimiento que hicieran, en Alemania sería interpretado como un gesto político, hecho que le hizo rechazar el proyecto.

Sternberg tuvo que ceder a alguno de los requisitos del estudio y cambiar matices de la trama. El estudio se encontraba en un momento delicado por la crisis y necesitado de éxitos. La controvertida película era *La venus rubia* (1932). Dietrich aparecía cantando con un frac blanco; en *Marruecos* ya había llevado esta indumentaria pero en negro. Esta imagen la acompañaría para siempre y seguiría vistiéndose así en sus conciertos. Uno de los compañeros de reparto de Dietrich fue un joven Cary Grant. Y no se llevaron muy bien. El actor siempre ocultó su bisexualidad y esto no fue visto nunca con buenos ojos por parte de la actriz, que durante una entrevista declararía que el comportamiento de Grant merecía un «suspenso, por marica». La película revalidó el éxito del tándem Sternberg y Dietrich, aunque ya eran una pareja profesional consolidada. Como explica Maria Riva en su libro: «Muy pocas personas llegaron a adivinar la capacidad de mi madre para verse a sí misma en tercera persona: una cosa, un producto superior que debía ser examinado constantemente (...) a fin de conseguir una creación soberbia. Von Sternberg y ella fueron los inventores y guardianes del culto durante más de cincuenta años».

Después llegaron otros proyectos a la carrera de la actriz, como *El cantar de los cantares,* dirigida por Rouben Mamoulian. El rodaje estuvo plagado de tensiones y varios devaneos amorosos para no perder la costumbre. Marlene comenzó un *tour* promocional por Europa para hacer de la nueva película de la estrella de la Paramount otro éxito. No pudo acercarse a Berlín por recomendaciones de su todavía esposo Rudolf, con el que siempre mantendría contacto y al que escucharía con atención. Estuvo en París y se reunió con él en Viena. Finalmente decidió volver a Estados Unidos, dispuesta a seguir trabajando y olvidarse de su querido Berlín. Se puso otra vez en las manos de Sternberg, dando vida a la reina rusa Catalina la Grande en *Capricho imperial* (1934). Las preocupaciones por volver a encargarse de un personaje llegaron nada más desembarcar. Los recuerdos en Europa quedaron atrás. Fue un rodaje con las tensiones acostumbradas entre director y actriz, lleno de nuevos amantes y huevos revueltos en casa para desayunar.

El nacionalsocialismo había logrado el poder en Alemania y Joseph Goebbels, su ministro de Propaganda, tenía puesto el ojo en Marlene. Él adoraba el entretenimiento, incluso el cine norteamericano, y consideraba que hacer películas amenas con pequeñas dosis de propaganda era mucho más eficaz que cualquier otra cosa para controlar a la masa. Las películas eran para él el instrumento más poderoso para entrar en las conciencias. Sin embargo, Marlene no pudo pisar su Berlín natal en su viaje a Europa antes del rodaje de *Capricho imperial* y en el barco de vuelta conocería a Ernest Hemingway, que se convertiría en un amigo y admirado confidente. Durante décadas, hasta la muerte del escritor, se intercambiaron numerosa correspondencia y, aunque jugaron a la rumorología, jamás fueron amantes. «Nunca hemos estado en la cama. Fuimos víctimas de una pasión poco sincronizada».

Marlene seguía siendo la reina del *glamour* y la elegancia, deseada por todos para descubrir qué había más allá de ese halo de bruma misteriosa. Se mudó a una casa en el barrio de Bel Air y comenzó a rodar a las órdenes de Von Sternberg *El diablo es una mujer* (1935), un film que terminaría en los cajones de la Paramount. Uno de los motivos fue que el gobierno de la República en España no solo prohibió la película, sino que llenó el estudio de quejas por la imagen negativa que esta daba de nuestro país. Fue la última película del tándem Sternberg-Dietrich. El mismo director lo dejó claro en una entrevista: «Todo lo que pueda tener que decir acerca de Miss Dietrich lo he dicho ya con la cámara». La ruptura profesional y personal entre ambos provocó que Marlene recibiera en su casa una copia en mano de un editorial firmado por Goebbels y publicado por todos los periódicos alemanes. «Ahora Marlene debería regresar a la patria para asumir su papel histórico de exponente de la máxima industria cinematográfica alemana y dejar de prestarse a ser instrumento de los judíos de Hollywood». Marlene tuvo que enfrentarse a una de las decisiones más difíciles de su vida y lo hizo, sin pestañear, con muchas lágrimas derramadas. La bofetada más grande al emergente nazismo fue anunciar que solicitaba la ciudadanía estadounidense. Cuatro meses antes de que se iniciara la Segunda Guerra Mundial, en septiembre de 1939, Marlene recibió su primer pasaporte estadounidense. Marlene en su autobiografía explicó: «Cambiar la nacionalidad no es fácil tarea, aunque desprecies las creencias que tu país ha adoptado. Te digas lo que te digas, el negar lo que te enseñaron a apreciar te hace sentirte desleal. En mi corazón sigo siendo alemana. Alemania en mi alma, sea donde esté esa alma ahora».

Antes de la guerra, en el Hollywood dorado, las estrellas como Marlene vivían refugiadas en fiestas privadas, relacionándose entre ellas, para salvaguardar lo que los estudios deseaban: que eran estrellas deseables pero intocables, como si no fueran de carne y hueso. De aquella época era un olimpo de celuloide dorado donde habitaban estrellas como Joan Crawford, John Gilbert, Gary Cooper, John Barrymore, Clark Gable, Cary Grant o Gloria Swanson. La guerra lo cambiaría todo.

LENTEJUELAS DORADAS EN TIEMPOS DE GUERRA

Marlene siguió trabajando a destajo como el resto de estrellas contratadas por los estudios. Cintas como *Deseo* (1936), de nuevo junto a su amado Gary Cooper, o *El jardín de Alá* (1936), con Charles Boyer. Y ese año, 1936, vivió la devastadora noticia de la muerte de uno de sus amantes, el actor John Gilbert, de un ataque al corazón a los 40 años. Curiosamente, Gilbert había protagonizado varias películas junto a Greta Garbo, y también vivió una intensa relación con la diva sueca. Sintió una culpabilidad tremenda porque creía tener cierta responsabilidad en su muerte, pues Gilbert por celos había vuelto a beber encarecidamente. Marlene quiso encargarse de su hija Leatrice y, a la semana del funeral, le envió una nota: «Adoré a tu padre, deja que te adore a ti», junto a un enorme ramo de flores. Marlene continuaba siendo una de las grandes estrellas consagradas de la Paramount con *Ángel* (1937) o *Arizona* (1939), recibiendo buenas críticas, pero menores beneficios de taquilla. Eso provocó que otras actrices la adelantaran en la carrera del éxito y comenzara a perder fuelle como gran producto de masas.

En 1937 Marlene inició su declive profesional. Seguía teniendo contrato con el estudio, pero comenzaba a ser considerada una vieja estrella venida a menos. Se refugió en la radio, por aquel entonces eran muchos los que protagonizaban dramas radiados. En mayo de 1938 el presidente de la asociación de propietarios de salas de cine de Estados Unidos publicó tanto en *Variety* como en *The Hollywood Reporter,* las cabeceras del entretenimiento, una lista de los actores que resultaban ruinosos o, mejor dicho, veneno para la taquilla, entre cuyos nombres estaba el de Marlene. Fue una época difícil para ella, al tener que asumir que su estrella se difuminaba. Por primera vez se encontraba sin un proyecto. Viajó a Europa para intentar hacer algún trabajo que le devolviera el esplendor y, en aquellas horas bajas, fue Goebbels quien seguía llamando a su puerta para pedirle que dejara Nortemérica y se uniera a su patria para hacer películas. Se encontró en Viena con su madre y su hermana para tratar de convencerlas de que huyeran de Alemania, pues cada vez era más inminente la posibilidad de una gran guerra. En París conoció a actores exiliados, homosexuales y judíos que la mantendrían informada de todo el horror que se estaba cociendo, pero que todavía no había explosionado. El antisemitismo se había convertido ya en el requisito esencial de la lealtad nacional. No pudo disuadirlas, no supo cómo, y aquella fue la última vez que las vio en años. Su marido, que trabajaba para la Paramount en Alemania, decidió también quedarse, aunque confesó que se había dado cuenta de cómo empezaban a desaparecer de las listas de empleados los trabajadores judíos. Todas las películas americanas de Marlene se prohibieron en Alemania, como respuesta a las reiteradas negativas de trabajar para y por su «patria». Marlene se había convertido en una enemiga para el nazismo. La prensa alemana no dejaba de criticarla a la vez que le recomendaba que volviera a su país a trabajar en su lengua materna. Para los nazis, la estrella, hija de un oficial prusiano, significaba una mujer alemana de pura raza: alta, rubia, de ojos azules..., pero también una traidora que se había dejado comprar por los judíos norteamericanos. Abatida por las críticas recibidas en la prensa de su país, por la falta de trabajo y por el descenso de su fama, se retiró al sur de Francia el verano de 1939.

Recibió entonces la oferta de rodar *Arizona* y volvió a América con la conciencia de que estaba a punto de suceder en Europa algo horrible. Desde entonces y hasta el final de la guerra, Marlene abrió las puertas de su casa a refugiados que había conocido en París. Así es como acogió y se enamoró del actor francés Jean Gabin. «Por ti me gustaría convertirme en la mejor mujer del mundo, pero no lo soy. Te amo». Marlene se dejó llevar por la pasión de su nuevo amor, compartieron casa y sufrieron juntos el estallido de la guerra y cómo la nación americana se mantenía al margen de las atrocidades que iban llegando del otro lado del océano. Según Maria Riva, «su aventura amorosa sería una de las más perdurables, apasionadas y dolorosas de sus vidas y, naturalmente, Gabin fue el que más sufrió». Riva recordaba que los domingos era el día de reunión en la casa de Marlene y que se convertía en un auténtico santuario galo.

El ataque a Pearl Harbour hizo que finalmente Estados Unidos participara en la guerra. El odio a lo japonés no se disimulaba en las calles, con carteles en comercios del tipo «Se afeitan japoneses. No se responde de accidentes». Comenzaron las campañas en Hollywood para recaudar millones de dólares para bonos de guerra. Se abrió la famosa Hollywood Canteen para los soldados estadounidenses donde los «dioses americanos bajaban de la pantalla y se convertían en seres tangibles de carne y hueso (...), todas las estrellas que cruzaron el puente entre la ficción y la realidad pasaron a ocupar un lugar especial en el que el público sustituye la admiración por el verdadero afecto», tal y como cuenta Maria Riva en su libro. Jean Gabin se encontraba desolado con la ocupación alemana de Francia y necesitaba imperiosamente unirse a la resistencia, a las fuerzas de la Francia Libre. Marlene sintió la partida de su amante, pero, aunque en ese momento estaba atrapada con un contrato de la Universal, le prometió y perjuró que lo iría a buscar. Marlene decidió hacer giras por el país para vender bonos y ayudar a Estados Unidos a recaudar fondos, dinero para comprar material militar para combatir contra los alemanes. Su madre y su hermana seguían viviendo en Alemania y no sabía nada de ellas desde que empezó la guerra. Marlene alternaba los rodajes con su compromiso con la causa, quería sentirse útil, necesitaba hacer algo más que entretener con el cine. Así se unió a la compañía de la United Service Organizations (USO), decidida a actuar en el frente. Trabajó de abril de 1944 a julio de 1945. Por seguridad, los actores no conocían su destino antes de partir. Pero Marlene no solo lo sabía, sino que había elegido destino. Trataba de propiciar su encuentro con Gabin. Participaba en la radio del frente y no solo eso, sino que además fue utilizada para hacer discursos en la radio, en los que pedía y trataba de convencer a las mujeres, los hombres y los soldados alemanes de que detuvieran esa guerra absurda, y también a través de canciones melancólicas que expresaban el cansancio emocional de todo un pueblo. Allí convirtió en un himno la canción «Lili Marleen». Marlene necesitaba estar en el frente y compartir el horror con los soldados de esa guerra injusta. Ella no deseaba ser vista como una estrella de Hollywood, sino como una compañera más dispuesta a cantarles o darles un espectáculo para subir la moral. Existía siempre la idea de que cuando los actores estaban con ellos no iba a suceder un gran ataque.

Su hija lo cuenta de una manera emotiva: «Ella es como un faro. Las lentejuelas doradas reflejan los haces de luz de las linternas que convergen con el cuerpo. Los sonidos del combate se mezclan con los acordes de una única guitarra, como acompañamiento infernal. Ella canta suavemente, sosteniendo el improvisado micrófono entre sus manos acariciadoras, para aquellos hombres estafados por la guerra, ella es el sueño semiolvidado de todas las mujeres deseadas».

La guerra continuaba y, en contra de las recomendaciones de abandonar el frente, Marlene fue de los pocos civiles que solicitó atravesar el suelo ocupado por los alemanes. Decidió visitar la primera ciudad tomada por los norteamericanos, Stollberg, con la mayoría de los edificios bombardeados, arrasada, devastada... Estaba preparada para un recibimiento muy cruel y duro porque había abandonado su Alemania natal y la prensa del Führer se había encargado de mostrarla como el diablo. Pero entonces recibió el aplauso de las mujeres que la reconocían, y para ella fue muy importante porque era una señal de que entendían y aprobaban su comportamiento. La guerra había terminado y Marlene necesitaba volver a Berlín para buscar a su madre. En un principio no se le permitió acceder a la ciudad y ella recurrió a todos sus contactos para conseguir el permiso. Encontraron a su madre, vivía en un apartamento muy pequeño y le hicieron llegar una misiva en la que se le informaba de que le entregarían víveres y todo lo que necesitara. Finalmente consiguió contactar con ella por teléfono y se vieron obligadas a hablar en inglés. Semanas más tarde obtuvo el permiso para entrar en Berlín y se reunió con su madre. Nuevamente recibió la negativa, tras hacerle la petición, de llevarla a Estados Unidos; su madre no deseaba abandonar Alemania. Luego fue a buscar a su hermana en Bergen-Belsen, donde regentaba un cine de entretenimiento para los alemanes. Tuvo que salir para defender a su propia hermana ante las tropas británicas y alejarlas de la sospecha de que Elisabeth hubiese colaborado con los nazis. La guerra había terminado definitivamente, ahora era momento para vivir los estragos, para abrir la caja de los horrores y ver lo que el nazismo había creado. Retorna a París con su amor Jean Gabin, pero, como a tantos otros, la guerra le había cambiado. Ya nada era lo mismo. Allí la actriz se enteró de que su madre había fallecido y pidió ayuda al ejército para poder repatriar su cuerpo a París. Marlene deseaba volver a Norteamérica, Gabin quedarse en París y formar una familia.

La abuela seductora

La vuelta a casa fue desoladora. Apenas le quedaba dinero, estaba casi en la ruina después de dos años sin trabajar y con un dispendio desmedido. Hollywood había cambiado y habían nacido nuevas estrellas. Marlene Dietrich, afectada por la guerra, había cambiado su visión del cine, ahora lo vivía como una frivolidad y solo era soportable por el dinero que podía ganar. Pero no fue fácil conseguir de nuevo trabajo y tuvo que vender joyas para poder mantenerse.

Quien la rescató de la ruina fue Billy Wilder, ofreciéndole el papel protagonista de su nueva película *Berlín-Occidente* (1948). Al mismo tiempo que llegaba la oferta del afamado director, el Departamento de Guerra anunció que Marlene Dietrich había sido condecorada con la medalla de la libertad, la máxima condecoración que un país podía darle a un civil. Poco después su hija Maria la hizo abuela con el nacimiento de su primer nieto, John Michael Riva. La revista *Life* dedicó a esta noticia una portada, en la que nombraba a Marlene «la abuela más seductora». Hizo lo mismo que cuando fue madre, autoengañarse y pensar que se dedicaría de lleno al papel de abuela con una devoción infinita. Duró tan poco como su devoción por ser la esposa y madre perfectas. Para reconciliarse con su hija le compró una casa en la East 95 Street y ella se trasladó al hotel Plaza para estar más cerca. Siguió acumulando amantes, siguió sin poder soportar ni querer la soledad. Se enamoró de un actor casado llamado Yul Brynner, el divino calvo, y durante cuatro años mantuvo en secreto el idilio para no dañar la imagen de su amado. Marlene continuaba haciendo películas, aunque de manera intermitente. En 1951 cumplió medio siglo, era una mujer madura pero se comportaba con la fuerza seductora de cuando tenía 20 y con la inconsciencia de quien no desea envejecer. Tenía un ritmo de vida alto y sus películas eran escasas. Necesitaba ingresos y llegó la oferta de cantar en

Las Vegas. El local Sahara, el más grande, le ofrecía la friolera de treinta mil dólares a la semana. En diciembre de 1953 comenzó su andadura en la ciudad del juego y la diversión. Fue el principio de temporadas anuales en Las Vegas, donde la gente acudía para idolatrar a Dietrich. Un espectáculo lleno de emoción donde la diva se vestía, por ejemplo, con su famoso frac, y dejaba a los espectadores satisfechos oyéndola cantar «When have all the flowers gone?», su mítica «Lili Marleen» o «Go away from my window». Su inesperado éxito en Las Vegas y la suculenta nueva fuente de ingresos la colocaron otra vez en la cúspide. Saboreaba la admiración de su público y la diversión de la noche. Se había convertido en una de las estrellas de la capital mundial del espectáculo.

Se comportaba como una jovencita. Con noches de fiesta, alcohol y todo el tabaco posible. Comenzó entonces a sentir problemas en las piernas, molestos calambres que la impedían en ocasiones caminar. Ella misma aprendió a automedicarse, a probar cualquier nuevo medicamento o remedio natural para los dolores en las extremidades inferiores. Se acostumbró a inyecciones aderezadas con anfetaminas y a seguir actuando a pesar de los dolores.

Durante su madurez realizó alguna de sus mejores interpretaciones cinematográficas a las órdenes de Billy Wilder, Orson Welles, Alfred Hitchcock, Stanley Kramer o Fritz Lang. Pero su principal fuente de ingresos seguían siendo los conciertos en Las Vegas, Nueva York, sus giras a América Latina (Argentina o Brasil) y también las giras europeas. En 1960 Marlene aceptó hacer una gira por Alemania. Era su regreso después del ocaso, de la tragedia, del hundimiento, del horror vivido y visto. En Berlín hubo mucha gente que la apoyó, pero en otros lugares predominó el silencio porque no se olvidaba de que ella había cantado al ejército norteamericano. Tampoco se olvidaba de que había solicitado la nacionalidad estadounidense y que, por tanto, huía de sus compatriotas. Habían pasado dieciséis años de la guerra, la ciudad de Berlín estaba dividida por un muro y el dolor se respiraba en el ambiente. Le gritaron y la llamaron «traidora» a la cara. Alemania había cambiado, poco tenía que ver con la de su juventud. Se sintió desterrada, alejada de su patria por primera vez y, consciente o no, no volvió a pisar Alemania.

En 1961 rodaría *¿Vencedores o vencidos? El juicio de Nuremberg* y pronunciaría una de las frases que el mundo necesitaba escuchar de alguien como Marlene para perdonar al pueblo alemán del genocidio nazi: «Nosotros no sabíamos nada».

Ese mismo año perdería a Hemingway y a Gary Cooper. Y también se le diagnosticó la razón de sus dolores en las extremidades inferiores: sufría de arteriosclerosis avanzada. Desistió de operarse y se tomaba todos los medicamentos que descubría para favorecer el riego sanguíneo. Volvió a llevar pantalones y tanto botas como zapatos de varias medidas para compensar la hinchazón del pie izquierdo.

Continuaban las muertes de sus amigos y en 1963 falleció su querida amiga Édith Piaf. Su hija recuerda en su libro que «mi madre lloró a Piaf como un marido a su esposa y le consoló que "su pequeño gorrión" fuera enterrada con la cruz de oro que ella le regaló en el día de su boda». La Dietrich se negaba a abandonar los escenarios. Por otra parte, estaba obsesionada con la delgadez y convencida de la eficacia de lo macrobiótico. En 1965 le dieron la noticia de que su hermana había muerto, y como tantas otras muertes se la echó a sus espaldas y siguió viviendo, recolectando amantes..., y cosiendo la propia ficción que cubrió el manto de su vida para continuar siendo ese mito viviente, sin edad y eternamente seductor. Pero la muerte que sin duda más le afectó fue la de su marido Rudolf Sieber, del que nunca se había querido divorciar a pesar de que siempre llevaron vidas sentimentales separadas. Decidió no acudir a su entierro y quedarse en París por miedo a que la prensa captara la imagen de una mujer en silla de ruedas. Aunque la verdad era que no pudo hacer frente al dolor de haber perdido a su amigo fiel, a su compañero de vida. Meses después murió su otro gran amor, Jean Gabin.

Marlene, enferma, obsesionada con la pérdida del *glamour* y de que su mito se consumiera, se retiró para siempre de los escenarios. Decidió retirarse a París y prácticamente aislarse del mundo. Solo se comunicaba a través del teléfono y apenas se movía de la cama. Sus piernas se habían atrofiado definitivamente. En 1982, haciendo caso a una idea de su hija Maria Riva, grabó su propio documental, *Marlene*, narrado con su voz, pero sin mostrar su imagen. Las conversaciones con el director y actor Maximilian Schell se mantuvieron en tres idiomas: alemán, inglés y francés. Fue un éxito de crítica y en los festivales que se exhibió, pero no para Marlene, que apenas había reconocido la voz que hablaba.

Con los años de reclusión, su habitación se convirtió en un mausoleo donde colgaba los retratos de sus antiguos amantes y de los compañeros que se iban muriendo. De nuevo su hija describe en su libro este periodo: «Aunque sus opiniones reflejaban su edad, su ego y su ascendencia teutónica, mi madre nunca perdió la curiosidad. Encorvada sobre su enorme lupa, devoraba los periódicos y revistas de cuatro países y recortaba los artículos que le parecían dignos de su interés (...), ella tenía algo que decir sobre casi todo, siempre algo negativo, crítico, cruel y, muchas veces, feo».

Marlene siguió enamorándose, viviendo amores platónicos, de ficción, que la alejaban de esa realidad de estar impedida y sin querer salir al mundo exterior desde hacía años. Poco a poco se fue apagando la mujer que protegía al mito, a la diva que nunca desfallecía sino que cada año se hacía más grande. El 6 de mayo e 1992 murió Marlene con la imagen de su belleza intacta. Fue su nieto Pierre Riva quien dio la noticia: «Acostada en su salón, rodeada de fotos de sus amigos, Maria Magdalena Dietrich ha muerto en un hermoso día de primavera». Según su deseo expreso, fue enterrada con una blusa de seda blanca, pantalón negro y chaqueta. En el funeral estuvieron presentes la familia y unos pocos amigos y fue enterrada en el pequeño cementerio berlinés de Friedenau. Su tumba tiene una lapida sencilla con el solo nombre de Marlene y una frase del poeta Theodor Körner: «Estoy aquí en el último escalón de mi vida».

Así se dio la noticia de su entierro en *El País*, el 17 de mayo de 1992: «Un cortejo de bicicletas serpenteando el tráfico siguió al Cadillac negro que transportaba los restos de Marlene Dietrich hasta su última morada en el cementerio de Friedenau, en su barrio natal de Schöneberg, a pocos metros de donde reposa su madre. No fueron muchos los berlineses que en una espléndida mañana de primavera se dignaron a sumarse al cortejo o acercarse a las puertas del cementerio (...); a las puertas del camposanto, una gran pancarta de color rosa firmada por el colectivo de homosexuales y lesbianas daba su último adiós a su Ángel Azul».

El ángel azul

Marlene murió a los 90 años en su refugio de París, aislada desde hacía doce años, alejada de la prensa, resguardando el mito por encima de todo. Dijo en una ocasión: «Cuando muera, mi cuerpo debe quedar en Francia, mi corazón en Inglaterra y en Alemania, nada». No mencionó en ningún momento esa patria que fue Estados Unidos y que tantos éxitos le reportó. Muchos se quedaron en el camino del recuerdo, otros fueron directos al olvido... Obsesionada por la imagen, por el personaje, por la audiencia, fue la perfecta arquitecta de ella misma. Supo alcanzar lo que siempre había deseado: el éxito, y fue más allá de lo establecido, más allá de las reglas marcadas. Con su voz y su sonrisa profundas, Marlene Dietrich vivió compartiendo cama con cientos de amantes, que sabían que sería imposible poseerla. Ella se aburría, gastaba pasiones y encendía otras sin culpa ni remordimientos. Necesitaba alimentarse del deseo de los otros y de la admiración de su público. Obstinada, obsesiva, caprichosa y tan cruel como aquellos que son capaces de cumplir sus deseos sin importarles el precio ni el daño causado. Fue, según su hija, viuda de muchos, esposa de uno y amor de nadie. Estuvo con hombres y mujeres; fue la primera en vestir frac; pionera en llevar pantalones y resultar tan atractiva para hombres como para mujeres. Dejó una colección de tres mil vestidos, correspondencia y fotografías que completarían el mito y esconderían a la persona. Como otras estrellas..., poco importa qué hubo de realidad en lo que nos ha llegado. Marlene sigue inspirándonos para vivir valientemente con la libertad soñada, más allá de los miedos y de lo establecido. Marlene es transgresión, es pasión, es erotismo, es deseo carnal... ¡Viva Marlene!

V. Pigritia

«Vitanda est improba siren desidia»
(«Debes permanecer atento a la malvada
tentación: la pereza»).

HORACIO

La pereza te tienta cada día, pues en cada exhalación debes combatirla. Es la que pone freno a tus deseos, la barrera entre la acción y tú. Es fácil dejarse llevar por ella; abandonarse al «dolce far niente», a la siesta boba y seguir la máxima de Scarlett O'Hara: «Ya lo pensaré mañana».

El pecado capital de la acedia es el puro descuido a realizar acciones, movimientos o trabajos. Puede considerarse como el pecado más metafísico, puesto que no solo habla de la desidia exterior, sino también de la interior, que es mucho más preocupante y que puede coincidir con el desinterés por la vida, por el mundo, por el entorno. Ese desinterés mental nos lleva a la tristeza, incluso a la depresión.

En nuestra vida hay picos de flojera, de holgazanería, de no hacer por inapetencia: puede ser alimentaria, sexual, emocional, incluso mental. ¿Quién no ha pasado temporadas inapetente? ¿Por pereza? Quizá sean muchos los que se nieguen a aceptar que el bicho de este pecado también revolotea sobre ellos. Que, como los pecados capitales, siempre nos tienta, nos sobrevuela para elevarnos a su dominio. La creencia de la no realización de nuestros deseos nos lleva siempre a la no acción, al dejar de hacer porque no hay beneficio rápido o a corto plazo. Primo hermano de la pereza es el aburrimiento, la pérdida de ilusión o de curiosidad por la vida. Desencanto o hartazgo por todo o casi todo.

¿Quién no ha llenado su vida de múltiple actividad mental, construyendo deseos, tirado horas y horas en un sofá? ¿Quién no ha sentido frustración al llegar el final del año y ver cómo la hoja de los deseos y buenos augurios está por completar?

La no acción y el exceso de pensamiento nos llevan a la frustración, tan difícil de combatir si no nos demostramos a nosotros mismos que, cuando uno comienza a andar, se aventura a un horizonte de nuevas posibilidades.

La pereza es el pecado de la mente que nos dice basta, que nos cuenta que todo lo por hacer ya lo hemos vivido, que nos advierte de que se acabaron las sorpresas, que nos lleva al precipicio del «¿Y para qué?»...

Sin embargo, es el primer pecado capital que ha hecho que la Iglesia católica reflexione sobre sus virtudes intrínsecas que, estoy convencida, existen en cada uno de los siete pecados. El papa Francisco lo ha dejado de considerar capital: «Gracias a la pereza se ha logrado el avance tecnológico que podemos disfrutar en la actualidad. Cada invento que facilita la vida del ser humano tiene origen en la pereza». Quizá con esa reflexión pudiéramos ver el resto de los pecados capitales y plantearnos si en cada uno de ellos no existe también virtud.

Con la pereza, el pontífice nos invita a la reflexión, a la pausa, al dejar de hacer sin sentir culpa. Puede que una forma de combatir la pereza sea llevar al extremo nuestras vidas; sentir la velocidad; encadenar una cosa con otra sin tiempo para respirar; dormir lo menos posible; huir del tiempo para pensar; dejarse llevar por la frívola pasión sin obligaciones, sin disciplina ni deseos concretos...

¿Acaso nos hemos vuelto enfermos de la acción sin pensamiento? La fundadora de *The Huffington Post*, Arianna Huffington, publicó un libro que hablaba de la terapia del sueño, de la necesidad de reposar, del dormir..., que es la base del éxito y la felicidad. El agotamiento o la sobreexplotación cerebral nos lleva a enfermar, a sentir cómo ese repiqueteo de «No me importa» gana terreno en las distintas áreas de nuestra vida hasta sentirnos inundados por la desidia.

Ciertamente vivimos en la sociedad de lo *fast: food, love, sex, job*... Todo cobra un ritmo vertiginoso; hay tanta oferta que la novedad siempre supera lo adquirido. Los deseos son de papel desechable; no son permanentes sino volubles porque apenas permanecen un tiempo en nuestra vida. La determinación, la lucha por conseguir lo deseado, se esfuma y, para mí, esconde en las profundidades de ese comportamiento otro tipo de pereza. ¿Acaso renunciar a plantearnos nuestros propios sueños no es una forma de pereza? Aunque es tendencia también lo *slow* como nueva forma de vida, queda mucho para que reine el disfrute de la lentitud, el dejar de hacer carreras con la vida; porque el goce es el camino y no la meta.

Se sigue confundiendo el descanso con la vaguería; la reflexión con la no-acción. El psicólogo terapeuta Kalman

Glantz dijo: «La vagancia se hizo posible cuando se comenzó a planear para el futuro». Quizá tenga razón, pero uno puede ser invadido por la pereza sin necesidad de planear su futuro. El poder de la nada mal invertido. La pereza nos mete de lleno en el autoconvencimiento de que todo será posible, pero «mañana, mañana» o «luego, luego»; justificaciones para no hacer cuando se tiene que hacer. Esa posición origina un anquilosamiento degenerativo de las capacidades de actuar. La pereza nos llena de tristeza, de desgana, y agarrota la voluntad. Dejamos de disfrutar la vida, de desear, porque al final despreciamos el tiempo, aquel que... nunca más vuelve, que se esfuma delante de nuestras narices.

En este pecado, como en el resto, son muchas las pecadoras que podría haber incluido, pero me he decantado por dos de distinto rasero. Elegí a la última reina de Francia, la desdichada María Antonieta, que decidió refugiarse en el ocio y la frivolidad ante su cruda realidad. ¿Arruinó ella a Francia con sus derroches y frivolidades? ¿Tuvo otra salida que el disfrute ante la desdicha? ¿Las severas acusaciones sobre ella fueron justas? Séneca dijo que «estar en ocio muy prolongado, no es reposo, sino pereza». Ella lo estuvo, decidió no pensar y sumergirse en el placer hasta que el infortunio la golpeó duramente con un trágico final.

Trágico final también fue el que escogió la escritora británica Virginia Woolf, acechada desde joven por depresiones que la alejaban de su pasión, la escritura. Luchó por abastecer a la mujer de las necesidades básicas, como la independencia económica, el espacio personal, el derecho a la formación y el propio y básico de ser feliz. ¿Se rindió? Una mente privilegiada que nos ha dejado un legado prolífico. Un ser excesivamente sensible que decidió dejar de ser, dejar de existir.

María Antonieta y Virginia Woolf, dos perezosas de trágico final. Dos virtuosas que supieron sobrellevar el infortunio; dos vidas que no dejan indiferente, navegando entre la locura y la inacción; entre los deseos y las decepciones; entre la vida y la muerte.

Capítulo 12

María Antonieta

Entregada a la ociosa pereza perdió la cabeza

Viena, 1755-París, 1793

«Si no tienen pan, que coman pasteles».

«Estoy aterrorizada de ser aburrida».

«Fui reina y te llevaste mi corona. Esposa y mataste a mi marido. Madre y me privaste de mis hijos. Mi sangre permanece sola. Tómala pero no me hagas sufrir mucho».

«¿Valor? ¡Hace años que hice el aprendizaje, y justo en el momento en que mis males van a terminar, tenga la seguridad de que no me va a faltar!».

«No hay nada nuevo, excepto lo que ha sido olvidado».

«Nadie entiende mis males, ni el terror que llena mi pecho que no conoce el corazón de una madre».

«Lo he visto todo. Lo he oído todo. Lo he olvidado todo».

«Cuando todo el mundo pierde su cabeza, es importante mantener la tuya».

«Tuvimos un bonito sueño y eso fue todo».

La última reina de Francia es uno de los personajes de la historia moderna que generan una fascinación eterna. Su carácter rebelde e indisciplinado la llevó a realizar cambios en las recias normas de la opulenta corte francesa, y también a dejarse llevar por la ociosa frivolidad, por el deslumbramiento de la belleza. Para muchos fue una *fashion victim* precursora, llegó a acumular tantos vestidos que necesitaba cuatro cuartos de palacio para almacenarlos. Fue prematura en todo. Se casó a los 14, a los 18 fue reina y a los 37 perdió literalmente la cabeza y la vida. Educada para reinar a pesar de ser la decimoquinta hija y tener pocas papeletas para lograrlo, jamás mostró devoción por los estudios ni las bellas artes. Aguantó siete años de matrimonio en absoluta castidad, pero no quiso renunciar a su espacio, a su propia libertad, en una corte que rehusaba los cambios. ¿Fue una mujer entregada al ocio sin más? ¿Una niña mimada y consentida hecha mujer? Son muchos los que la han bautizado de mujer frívola y voluble. Una reina de gustos caros que se recluyó en la opulencia y con una camarilla que le proporcionaba todos sus caprichos y se ocupaba de su divertimento. Recibió apodos crueles, como «la otra perra» o «Madame Déficit», y acusaciones que la hicieron responsable de la caída de la monarquía absolutista. Tuvo que lidiar con la soledad, los desplantes de su marido y la incomprensión del pueblo, que muy tempranamente la consideró «la extranjera» y siempre entregada a los intereses de Austria. El pueblo la castigó con la pena de muerte, meses después de la ejecución de su marido, el rey Luis XVI. Fue retratada en su belleza y esplendor en numerosas ocasiones, pero quizá el dibujo del pintor de la Revolución, Jacques-Louis David, es significativo y cruel. Uniendo arte y política, retrató a la destronada reina, desprovista de lujo, belleza y *glamour*, camino del patíbulo para ser decapitada. Ataviada con camisola de piqué y pañoleta de muselina, con gesto contrariado e imagen de una plebeya más que de una reina. David azotó con el dardo de su lápiz, y dio el estoque final a María Antonieta..., a la realeza absolutista, a la frivolidad y al dispendio sin fin frente a la hambruna de la masa. A los 37 años, sin saber nada de sus hijos, con las manos atadas y subida a una carreta, que no carruaje como se hizo con Luis XVI, llegó a la abarrotada plaza de la Revolución y recibió su pena: la guillotina.

¿Merecía su ociosidad y opulencia el trágico destino? ¿Se hubiera podido evitar de ser disciplinada, humilde y condescendiente? ¿Una revolución no necesita sus malvados, sus culpables y sus mártires? No se ahorraron difamaciones para llevarla al patíbulo; corrieron litros de tinta engrosando sus perversidades, incluso fue comparada en el juicio con las grandes malvadas de la historia como Mesalina o Agripina. Ella no fue una más de los quince mil guillotinados por la Revolución. Ella fue, junto con su marido, el símbolo de la abolición del absolutismo, de la opresión de la monarquía al pueblo. El odio que desencadenó queda reflejado en las palabras del revolucionario, periodista y político Jacques René Hébert en el periódico *Le Père Duchesne*, refiriéndose a su muerte: «¡Por fin esa maldita cabeza se separó de su cuerpo de ramera! ¡Pero debo reconocer que aquella carroña fue valiente y arrogante hasta el final!».

La pequeña Toniette

María Antonia Josefa Juana de Habsburgo-Lorena nació en el palacio de Hofburg el 2 de noviembre de 1755 como decimoquinta hija de la emperatriz de Austria, María Teresa, y del emperador, Francisco I.

En un tiempo donde las alianzas entre linajes eran imprescindibles para mantener el trono a salvo y evitar la guerra, la pequeña Toniette, como así la llamaban, fue moneda de cambio para unir a los Borbones con los Habsburgo. Su madre, la única mujer que gobernó su dinastía en seiscientos cincuenta años, considerada como la más poderosa de Europa y con fama internacional de buena estadista y modelo de reyes, fue quien se preocupó de atar bien el enlace de su hija con el delfín del rey de Francia, Luis XV.

Hasta los 12 años, cuando es conocedora de su destino, Toniette se crio con cierta mano ancha; nadie esperaba que la penúltima hija de los emperadores fuera a convertirse en reina de Francia.

La muerte prematura de su padre el emperador de un ataque de apoplejía dejó a la niña sumida en una tristeza que la llevaría toda su vida a tratar de agradar a su madre, que, con el fallecimiento de su amado, se volvió más severa, lejana y autoritaria si cabe. No dejaría de vestir de luto hasta el final de sus días.

La soberana apenas se hizo cargo de sus hijos, pero mostraba con todos un carácter controlador. De entre todos ellos, no le pasaba inadvertido que Toniette, de innegable belleza, profundos ojos azules y cabello rubio, se interesaba poco por los estudios. Pero su carácter alegre provocaba en sus institutrices cierta indulgencia.

El destino de Toniette cambió cuando, después de un largo y complejo proceso diplomático que duró varios años, el embajador de Austria comunicó a María Teresa: «El rey de Francia se ha manifestado en tales términos, que vuestra majestad ya puede considerar el proyecto como asegurado y resuelto».

Su hija María Antonieta estaba prometida con el delfín de Francia y cuando la atención de la soberana recayó sobre su penúltima hija, se dio cuenta de que, a sus 13 años, no sabía escribir correctamente alemán ni francés, ni poseía los conocimientos esenciales de cultura general y geografía. Ante el desierto educativo, la soberana se puso manos a la obra, pero fue Francia quien impuso como preceptor de la futura reina al abate de Vermont, para completar su educación. Y fue este quien dijo: «Tiene más inteligencia de la que se sospechó en ella durante largo tiempo, pero, por desgracia, esta inteligencia, hasta los 12 años, no ha sido acostumbrada a ninguna concentración. Un poco de dejadez y mucha ligereza me han hecho aún más difícil el darle lecciones».

Después de seis años de negociaciones, se fijó la fecha para la gran boda, el día de Pascua de 1770. Meses antes y haciendo las labores de una buena estadista, María Teresa le informó al rey Luis XV que María Antonieta había dejado de ser una niña y su naturaleza estaba en orden para procrear. Asunto que en años venideros preocuparía personalmente a la soberana, pues su hija tardó ocho años en quedarse embarazada. Según Stefan Zweig en su biografía, la emperatriz María Teresa, preocupada por la incultura de su hija, hizo que María Antonieta compartiese habitación con ella durante los dos meses previos a su partida para terminar de instruirla en el rigor y la disciplina que debía tener una futura reina. Antes de su partida, la emperatriz María Teresa le hizo entrega de un directorio de «buena conducta» junto con una misiva en la que la invitaba a revisar cada 21 de mes el escrito, pues «no temo para ti más que tu negligencia para orar y hacer lecturas y los descuidos y pereza que vendrán de ello». Madre e hija intercambiarían correspondencia durante años y hasta la muerte de la soberana madre, pero nunca más volverían a verse.

El 21 de abril de 1770 la joven archiduquesa, que días antes había renunciado a sus derechos sucesorios, abandonó Viena para dirigirse al que sería su hogar hasta el final de su vida: Versalles. Los días anteriores habían constituido una fiesta continuada, una demostración de poderío, pompa y lujo de la casa de Habsburgo. El traslado de la joven y su llegada a Francia se convertirían en la oportunidad de los Borbones para mostrar su majestuosidad y despilfarro. Luis XV encargó solo para ir a recoger a la prometida de su nieto, según Stefan Zweig en su libro *María Antonieta:* «Dos coches de magnificencia nunca vista antes: de maderas finas y lunas centelleantes, el interior tapizado de terciopelo, por fuera adornados profusamente de pinturas, remate de coronas en lo más alto de su cubierta».

Las dos casas, Habsburgo y Borbón, hasta el momento enfrentadas, harían un flaco favor a la joven María Antonieta que, desde el principio, será señalada como «la extranjera». Es por eso que nada más llegar a Francia se la desposeyó de cualquier ropaje o accesorio y de cualquier miembro relacionado con la casa de Austria. La joven fue vestida con telas de París, medias de Lyon y calzado del zapatero de la corte, y abandonada por sus damas de compañía para recibir a la condesa de Noailles, elegida para ser la institutriz de la delfina, a la que odiará profundamente y bautizará como «Madame Etiquette».

El primer encuentro con su futuro marido y el rey de Francia se produce en el bosque de Compiègne. Rompiendo todo protocolo, la joven María Antonieta se precipitó con distintas reverencias ante Luis XV, que, complacido por la gracia de la muchacha, escribió a María Teresa que «la familia real está maravillada con la señora archiduquesa». El delfín, Luis Augusto, su futuro marido, un adolescente tímido y rezagado, muy influenciado por el espíritu antiaustriaco, recibió con displicencia a su futura esposa.

UNA VIRGEN EN VERSALLES

Los fastos de la ceremonia fueron de una magnificencia descomunal. La boda se celebró el 16 de mayo de 1770 en la capilla de Luis XIV en Versalles. Los cónyuges se colocaron el anillo en el dedo anular y se intercambiaron las tradicionales trece monedas, frente a la bendición del arzobispo de Reims. En las calles, la ciudad de París engalanó sus fuentes y celebró el nuevo enlace, y unos seis mil nobles lograron invitación para unirse al espectáculo. Después de horas de ceremonial y copioso banquete, María Antonieta y Luis Augusto se retiraron para pasar su noche de bodas... Nada ocurrió, el matrimonio tardó en consumarse siete años.

Pasados los primeros meses, la emperatriz María Teresa en una de sus misivas aconsejó a su hija «caresses et folies» al delfín de Francia para obtener lo deseado. Como la situación se alargaba, esto preocupó a la emperatriz, que comenzó a pensar en la «conduite si étrange» del joven esposo. No obstante, la dedicación de María Antonieta a su esposo iba surtiendo efecto, pues él comenzó a mostrarse completamente rendido a sus pies. Si bien hacía todo lo que ella deseaba, sin embargo, no cumplía con sus obligaciones de alcoba, y empezaron a surtir efecto los rumores sobre la impotencia del joven. El rey de Francia, Luis XV, será quien descubra que su nieto sufría de fimosis, problema que se podía solucionar con una operación. El joven, temeroso e hipocondríaco, tardaría años en dar el consentimiento para ser intervenido. Algo que desestabilizaría a la pobre María Antonieta, los chismorreos de la corte. Como remedio contra el sufrimiento, la joven delfina se refugió en la diversión, en la frivolidad, que, aunque nada regia, la ayudó a soportar las miradas y sonrisas de burla de ciertos cortesanos. Aunque su marido desaprobaba los gustos ociosos de su mujer, la desafortunada y desmedida espera y el amor que sentía por ella hicieron desarrollar un sentimiento de culpabilidad que desembocó en un consentimiento total de los deseos de María Antonieta. Ese sentimiento marcaría para el resto de sus días la relación de los futuros soberanos de Francia. La desgraciada fimosis del delfín fue el principio de la fatalidad. La necesidad de engendrar un sucesor en la casa Borbón se convirtió en cuestión de alta política e hizo que todas las casas europeas tratasen el tema con cierto asombro, mientras hacían cábalas por si el futuro heredero al trono no fuera capaz de engendrar hijos y por consiguiente no hubiera un sucesor.

María Antonieta seguía evitando la alcoba de noche para no encontrarse con una nueva negativa a copular y se refugiaba en los espectáculos de ópera disfrazada con caretas, en las salas de juego y en cenas en compañía, donde descargaba su ira por tener un esposo impotente. María Antonieta tenía además sus propios problemas con la severidad de la corte francesa en Versalles, pero su temperamento terco, rebelde y dado al puro placer la llevaron a mirar con deseo París y toda su oferta de distracción. Sus traslados a la capital empezaron a ser demasiado frecuentes; de día, con un amplio cortejo, y de noche, con un íntimo séquito para entregarse al teatro y los bailes. Cuanto más conocía París, más arcaica y petrificada le parecía la corte en Versalles. Las diversiones en París, sus paseos en una lujosa carroza por las calles de la ciudad, ignorando a un pueblo que sufría, crearán una imagen de soberana consentida, caprichosa y superflua. Esa misma imagen será la que ayude, años más tarde, a la prensa revolucionaria a destruirla. Por otra parte, los chismes sobre los posibles engaños de la delfina iban en aumento; incluso se componían canciones y versos burlones que pasaban de la corte al vulgo, muy entretenido con la cuestión. Se cuenta, no obstante, que mantuvo su virginidad intacta durante los siete años que duró el infierno. Las intrigas palaciegas andaban a sus anchas por la corte, pues, si María Antonieta y su esposo no daban un heredero, serían los hermanos del rey quienes tendrían derecho al trono.

LA VENUS DEL ROCOCÓ

El 10 de mayo 1774, tal y como marca la tradición, se extinguió el cirio. Había muerto Luis XV, redoblaron los tambores, se alzaron las espadas y se gritó al unísono: «El rey ha muerto, viva el rey». Había llegado la hora de sostener el peso de la corona y, solo una persona sentía angustia ante tal acontecimiento: la emperatriz María Teresa. Con su regia experiencia, sabía lo que podían perjudicar para dicho acontecimiento las debilidades de su hija por el mundo frívolo, los gustos excesivos y su aversión a lo serio. Se intercambiaron misivas en las que María Teresa derramó decenas de consejos para tratar de enderezar la vida placentera de su hija, aunque de poco sirvieron. Con menos de 20 años, muerto el rey Luis XV, Luis Augusto de Borbón fue proclamado nuevo rey de Francia bajo el nombre de Luis XVI. La nueva pareja se mostró al mundo con los chismorreos de la impotencia del rey, de tez apesadumbrada y triste, y los supuestos flirteos e infidelidades de la caprichosa reina. Con 19 años, María Antonieta se convirtió en la Venus del Rococó, el prototipo de la moda de la época, pues toda mujer que deseara ser bella imitaba a la nueva reina. Siempre preocupada, incluso obsesionada por los ropajes, los perfumes, los peinados y la diversión; siempre huyendo de la vida reposada de palacio, de la lectura y la reflexión que su madre le aconsejaba carta tras carta. Rechazó todos los sabios consejos de su progenitora y se rodeó de todos aquellos que la divertían, la consentían y le daban conversaciones banales y frívolas. Su estilo de vida era: «Vivir para los sentidos y no pensar en nada».

Los dos soberanos representaron formas opuestas de vivir; él, reposado, ávido de lectura y reflexión; ella, resuelta, espontánea, alegre y vivaz. Él el Sol, ella la Luna. Cuando el soberano se iba a dormir, para ella empezaba la diversión. Sus vidas se mantendrían en polos opuestos durante toda su existencia. Pero, a pesar de sus distintas naturalezas, los dos se respetarían y se amarían toda la vida.

La espera y frustración de no poder ser madre llevarán a María Antonieta a llenar ese vacío con compras, caprichos y gasto desmedido. Sería reconocida con el tiempo como la impulsora del *prêt-à-porter,* pues con la modista Marie-Jeanne Rose Bertin crearía a conciencia cada vestido. Bertin llegaría a tener mucho más poder sobre la reina que cualquier consejero; un ejército de costureras se encargaban de los excesivos trajes de la soberana. María Antonieta recibía a Marie-Jeanne Rose Bertin dos veces por semana. A la modista se le atribuye la imagen excesiva y totalmente opulenta de la reina y sus damas que ha llegado hasta nuestros días. Los zapatos de tacón eran de unos ocho centímetros, las telas más usadas para los vestidos y accesorios: seda e hilos metalizados, siempre a juego con el resto del atuendo. Al igual que los abanicos, acabaron siendo auténticas obras de arte. Nunca se había visto en Versalles vestidos tan extravagantes, con escotes pronunciados y líneas femeninas. En un reportaje del suplemento SModa del diario *El País,* «La apasionante historia de Rose Bertin, la costurera de María Antonieta», se explica que: «Dos veces a la semana, la modista plebeya Rose Bertin acudía a un exclusivo *jour fixe* (día de prueba) con la reina..., y la corte se reconcomía de celos. Así, en el plazo de pocos años, los gastos que se destinaban a vestimenta, joyas y lujos similares se dispararon. María Antonieta se convirtió en una derrochadora y Rose Bertin se hizo de oro».

La emperatriz María Teresa recibió con espanto las noticias de que su hija se había convertido en un icono de la moda a seguir y temía que se comportara como una cómica y no como una reina. No solo llamaba la atención con sus vestidos, sino también con sus peinados. Cada mañana, el señor Léonard hacía una escultura con la cabellera de la reina, para que fuera contemplada por la corte, que debía seguir la tendencia de la soberana. La verticalidad de los peinados hizo incluso que se modificaran los dinteles de las puertas y que se abovedasen los techos para que las damas no necesitaran inclinarse al pasar. Lo mismo que el protocolo marcaba que la soberana no podía repetir vestido, decidió además ampliar sobremanera su colección de joyas y accesorios. El gasto desmedido en la compra de joyas no hizo otra cosa que ponerla en contra de un pueblo que cada día pasaba más hambre.

LOS CAPRICHOS DE «MISS DÉFICIT»

Después de siete años de espera, el 19 de diciembre de 1778, María Antonieta dio a luz a una niña, bautizada como María Teresa. Aunque no fuera un varón y no recibiera ciento un cañones sino veintiuno, la alegría del nacimiento por parte de los reyes fue desmedida. Según narró Stefan Zweig, en la biografía de María Antonieta: «Son enviadas estafetas a todos los países de Europa, se reparten limosnas por toda la nación, son puestos en libertad presos por deudas y presidiarios, cien prometidos son equipados a costa del rey, casados y provistos de una dote». Durante un tiempo la maternidad hizo que María Antonieta olvidase la diversión y la vida nocturna de París. Apenas dos años más tarde recibió la fatal noticia de la muerte de su madre, la emperatriz María Teresa, tristeza solo consolada por la noticia de un nuevo embarazo y el posterior nacimiento del delfín. Fue bautizado como Luis José. Los festejos del heredero a la corona se multiplicaron, los gremios deseaban ofrendar al delfín y sus desfiles al palacio duraron días; en las calles se sintió la alegría y, aunque por poco tiempo, el pueblo estuvo con los soberanos. Dos veces más dará a luz María Antonieta, en 1785, el segundo varón y futuro rey de Francia, Luis XVII; y, en 1787, una niña, Sofía Beatriz, que lamentablemente moriría a los pocos meses.

Por amor y culpa, el rey le había regalado a María Antonieta su lugar privado e íntimo para celebraciones, representaciones teatrales y paseos por los fastuosos jardines en Versalles: Le Petit Trianon. Será su refugio tras su maternidad, un lugar libre de los regios protocolos de la corte en Versalles. Con el tiempo, lo ampliará con once edificios rústicos para sentirse como en su infancia en el palacio de Schönbrunn y hará construir una pequeña aldea, donde se trasladará en ocasiones para rememorar una vida campestre. La construcción de «la modesta aldea» tendrá un coste muy elevado, motivo de críticas del pueblo francés, que ya sentía aversión por la frívola soberana. Poco a poco María Antonieta se aisló de Versalles, sin poder ni querer evitar que las conspiraciones contra ella se fueran gestando. En el Parlamento los gastos y caprichos, cada vez más voluminosos de la soberana, como la propiedad del castillo Saint-Cloud, eran vistos con alarmante preocupación. Así nació un nuevo apodo de la reina, «Miss Déficit», y se propagaron rápidamente ecos de que los problemas económicos del país residían en las desorbitadas sumas de dinero gastadas en los caprichos de María Antonieta. El pueblo ignorante se creyó tal historia y poco a poco empezó a calar la idea de que la responsable de la hambruna tenía un solo nombre: María Antonieta.

Siguiendo las líneas de la apasionante biografía de Stefan Zweig: «Cada año tiene la reina un nuevo antojo; instalaciones cada vez más selectas y naturales deben hermosear su imperio. No quiere esperar a que estén pagadas las antiguas cuentas. Tiene ahora su juguete y quiere seguir jugando con él». Aunque Luis XVI intentó convencer a su mujer para que llevase una vida más austera, era incapaz de no cumplir sus deseos. El odio del pueblo hacia María Antonieta comenzó a palparse en las calles de París, influenciadas por los panfletos propagandísticos de la Revolución, que habían encontrado una buena diana. Consciente del influjo de la reina sobre el soberano, completamente subyugado a su voluntad, la burguesía ilustrada pensaba que era ella la que dirigía los asuntos de Estado; y se rebela, pues comprueba cómo las deudas no dejan de crecer, cómo Francia pierde colonias y poder internacional sin que Luis XVI haga nada. El embajador Mercy dijo las siguientes palabras: «Apenas oye cuando se le dice algo y casi nunca existe la posibilidad de tratar con ella ningún asunto serio o importante o de atraer su atención hacia una cuestión trascendental. La sed de placeres ejerce sobre ella un poder misterioso».

En poco tiempo se gestó una verdadera camarilla de burgueses, aristócratas e intelectuales contrarios al absolutismo de la monarquía, que, por el despilfarro y la ignorancia del padecimiento del pueblo, estaba llevando a la ruina a Francia. Lo que en principio comenzó con conversaciones en voz baja y cuchicheos terminó convirtiéndose en la base organizativa de la futura Revolución francesa. Apuntaban a la reina como adúltera y caprichosa, al rey como un cornudo y al heredero al trono como un bastardo. El desprestigio de la corona se cocía en los panfletos y llegó a convencer al vulgo harto de hambruna.

La estocada final para la imagen de la reina fue un famoso collar de diamantes. El joyero de la corte pidió audiencia a la reina para hablarle de un costosísimo collar que supuestamente la soberana había encargado meses antes con el acuerdo del pago a plazos. Vencido el primer plazo, acudió para reclamar a María Antonieta el pago, ya que los acreedores estaban apretando. Un collar valorado en un millón seiscientas mil libras. Al parecer, la condesa Valois había declarado que la reina quería comprar la alhaja y fue quien hizo toda la operación a través del cardenal Rohan. Finalmente el cardenal fue acusado de la estafa, pero el pueblo pensó que se estaba culpando a un inocente para salvar a la reina. Pocos creyeron a la soberana, quien solicitó al rey que defendiera su honor pidiendo un proceso público en el Parlamento para que quedase limpio su nombre. La sentencia, con veintiséis votos a favor y veinte en contra, absolvió al cardenal, y María Antonieta quedó condenada públicamente. Por primera vez, la reina de Francia fue consciente del daño que sufría su imagen y de lo lejos que se encontraba de la vieja nobleza y el pueblo. ¿Demasiado tarde para tomar conciencia? Ahora no solo el Parlamento la consideraba la responsable de las deudas, sino el pueblo entero, que, al popularizarse lo del collar y conocer al detalle el dispendio, la hizo responsable de que los graneros estuviesen vacíos. María Antonieta dejó de ir a París. Era insultada y silbada por sus súbditos, que, lejos de esconderse, ahora no ocultaban su malestar y rechazo hacia la soberana.

«Muerte a la reina»

La reina intentó reaccionar y se acercó sin éxito a sus antiguos consejeros para aplacar la ira del pueblo. Se terminaron los fastuosos bailes, se redujo el coste de vida en palacio, pero ya era demasiado tarde. Con la muerte de su hija, la princesa Sofía, María Antonieta recibió un duro golpe y se convirtió en una mujer triste, apartada, que pasaba muchas horas en silencio. Su hijo mayor, el delfín, tenía además problemas graves de salud que empeoraban día a día. En 1789 la situación en Francia era muy delicada: gran hambruna, las arcas vacías y comenzaba a brotar el convencimiento de que la solución pasaba por un cambio de sistema; terminar con la monarquía absolutista. El pueblo no creía ni en las promesas del rey ni en las acciones del Parlamento. María Antonieta, que había comprendido al fin el peso de la corona y la responsabilidad que conllevaba, se refugió en su papel de madre y se mantuvo distante y silenciosa, apartada de todo júbilo. La salud de su hijo, lejos de mejorar, había empeorado y se debatía entre la vida y la muerte. En junio de 1789 murió con tan solo 8 años. Era uno más de los desastres que estaban por suceder. En pleno luto de los soberanos por la muerte del delfín de Francia, la Asamblea Nacional aprobó, desafiando al rey, el Tercer Estado y también una nueva Constitución; el absolutismo tenía los días contados. Apenas un mes más tarde estalló la Revolución con la toma de la Bastilla. El poder de la monarquía había caído; en Versalles, los ministros del rey le recomendaron que partiese con su familia de inmediato al extranjero. Sobre todo la soberana, pues el odio del pueblo se centraba en María Antonieta, «la extranjera» a la que acusaban de haber traído solo desgracias a Francia. A los pocos días se precipitaron los gritos de «Muerte a la reina» a las puertas de palacio. Es el momento, aunque ya tardío, de huir.

Consiguieron salir ilesos de Versalles, pero el trágico destino ya estaba escrito. La familia se trasladó al palacio de las Tullerías, un silencioso paréntesis antes de la tormenta final. María Antonieta tomaba por primera vez las riendas para tratar de salvaguardar la corona por el bien del país. Al fin sacaba la entereza y solemnidad que le había pedido anteriormente su madre, la emperatriz María Teresa; pero todo fue inútil. Demasiados años de inconsciencia, de irresponsabilidad y ocio. Los partidarios de la Revolución eran demasiado numerosos; no había otra salida que la huida del país. Una fuga excesivamente preparada y lujosa que terminó por delatarles.

El 22 de junio de 1791 fueron descubiertos y detenidos en Varennes. La vuelta a París fue el primer infierno que tuvieron que pasar, escuchando insultos del pueblo y el llamamiento a la muerte de la reina. Luis XVI se vio obligado a aceptar la nueva Constitución y limitar así el poder de la monarquía.

Los acontecimientos se precipitaron hasta que los soberanos fueron trasladados a la fortaleza del Temple en agosto. El 21 de septiembre de 1792 se proclamó la República; los días estaban contados para María Antonieta. Cuatro meses más tarde tendría lugar la ejecución de Luis XVI en la plaza de la Concordia. En las crónicas quedaron recogidas las últimas palabras del rey: «Pueblo, muero inocente de los delitos de los que se me acusa. Perdono a los que me matan. ¡Que mi sangre no recaiga jamás sobre Francia!».

Se cuenta que María Antonieta, que no pudo ni ver ni despedirse de su marido, mantuvo la calma con la única obsesión de cuidar y educar a sus hijos cuando todo el infierno pasase. El segundo duro golpe fue ver cómo arrancaban de su regazo al futuro rey de Francia, su hijo Luis Carlos, cuyo cruel destino sería estar encarcelado y maltratado hasta su muerte a los 10 años. El pequeño murió pensando que sus padres vivían pero que le habían dejado de querer, según le hicieron creer con saña sus carceleros.

La barbarie había estallado con fuerza después de estar demasiado tiempo contenida y en aquellos tiempos fue imposible detenerla. Después de más de un año de encierro en un calabozo, María Antonieta recibió su fatal sentencia en el Palacio de Justicia: la pena de muerte.

En las horas previas a su ejecución se le otorgó un lápiz y un papel para poder escribir sus últimas voluntades, que dirigió a su cuñada la princesa Isabel: «Es a vos, hermana mía, a quien yo escribo esta última vez. Acabo de ser condenada, no exactamente a una muerte vergonzosa, eso es para los criminales, sino que voy a reunirme con vuestro hermano. Inocente como él, espero mostrar la misma firmeza que él en sus últimos momentos. Estoy tranquila, como se está cuando la conciencia no tiene nada que reprocharnos, tengo un profundo dolor por abandonar a mis pobres hijos, vos sabéis que no vivo más que para ellos, y vos, mi buena y tierna hermana, vos que por amistad habéis sacrificado todo por estar con nosotros en qué posición os dejo».

El 16 de octubre de 1793 María Antonieta fue trasladada en un carro de heno, con las manos atadas y los cabellos cortados, al patíbulo para ser ejecutada. Nadie puede saber cuáles fueron sus últimos pensamientos, pero los contemporáneos describieron su semblante ido, de tristeza infinita y oscurecido por la desgracia. La plaza de la Revolución estaba abarrotada y jubilosa. Diez mil asistentes esperaban el momento de ver cómo era ejecutada una reina. Con los nervios, María Antonieta pisó a su verdugo, y pronunció una frase que pasó a la historia: «Os pido que me excuséis, señor, no lo he hecho a propósito». Acusada de conspirar contra Francia y calificada como «el azote y la sanguijuela de Francia», fue guillotinada sin haber querido confesarse con el sacerdote constitucional. Recibió sepultura en el cementerio de la Madeleine con la cabeza entre las piernas. Allí permaneció hasta 1815, año en que su cuerpo se exhumó y pudo ser transportado a la basílica de Saint Denis.

Tenía solo 37 años pero parecía haber vivido dos vidas y soportado en los últimos años las desgracias de una existencia dedicada ciegamente al júbilo y al placer. No fue educada para ser reina, pues como penúltima hija de la emperatriz de Austria no estaba en su destino que tuviera que serlo. Se sirvió de sus encantos para soportar las conspiraciones de la corte francesa; prefirió dedicarse al placer que asumir sus responsabilidades, pero ¿acaso ella debía cargar con ese peso? Luis XVI no supo dirigir el país; lo hizo sin prever la catástrofe, el fin del absolutismo. María Antonieta desplegó sus alas en su talento y dio a la corte el *glamour* que hoy, seguramente, muchos admirarían y desearían para sí. Fue desgraciada con siete años de abstinencia sexual y cuchicheos sobre su persona y el futuro de Francia. Vivió el rechazo del pueblo; la muerte de dos de sus hijos y la de su propio marido. Para ser una mujer que siempre huyó de las conversaciones serias y se acercó a la frivolidad, la vida le ofrendó aguas negras y profundas en los últimos años de su existencia. Se acabaron los festejos, los bailes, los centenares de trajes, las joyas, los placeres mundanos... «Ya no hay nada que me cause dolor».

María Antonieta, la reina del Rococó, de la opulencia y la abundancia, sigue fascinando al mundo. Su infantil narcisismo llegó a marcar tendencia y hoy todavía es fuente de inspiración de muchos creadores. Eligió el placer de la vida..., era, por eso, ¿merecedora de perder la cabeza?

Capítulo 13

Virginia Woolf

*Sucumbió a la muerte temprana
en la partida de la vida*

Londres, 1882-Lewes, 1941

«Perezosa e indiferente la garza regresa; el cielo cubre con un velo sus estrellas; las borra luego».

«Puedes cerrar todas las bibliotecas si quieres, pero no hay barrera, cerradura ni cerrojo que puedas imponer a la libertad de mi mente».

«Porque es una lástima muy grande no decir nunca lo que uno siente».

«La vida es un sueño, el despertar es lo que nos mata».

«Una mujer debe tener dinero y una habitación propia si desea escribir ficción».

«Siempre hay en nosotros un demonio que susurra "amo esto, odio aquello" y es imposible acallarlo».

«Todo es efímero como el arcoíris».

«Sin seguridad en uno mismo somos como bebés en la cuna».

«Solo el cielo sabe por qué lo amamos tanto».

Considerada como una de las escritoras más importantes de Inglaterra y precursora del feminismo, vivió a caballo entre dos épocas. Virginia Woolf sufrió las dos grandes guerras, y la Segunda Guerra Mundial terminó destruyendo su propia vivienda en Londres. Tuvo una infancia desgraciada con la temprana muerte de su madre y una de sus hermanas, y hay quien piensa que los abusos sexuales por parte de su hermanastro fueron el desencadenante de sus crisis nerviosas. Después de su muerte, algunos especialistas diagnosticaron que la escritora había padecido bipolaridad.

Es de todas las «pecadoras» con la que he sentido mayor simbiosis entre el pecado asignado y ella. Es bien cierto que me ha costado embarcarme en las tripas de su compleja existencia. He vivido con angustia y pereza su «locura», sus desequilibrios, sus intentos de desatar las ataduras del perfecto armazón de la sociedad victoriana plenamente patriarcal... Virginia Woolf vivió para la escritura. Describió a la perfección en sus diarios sus tormentos, sus crisis..., y también lo hizo en su amplia correspondencia, donde se puede explorar además cuáles fueron los mayores lazos emocionales que tuvo en su vida: su hermana Vanessa, su amante Vita y su compañero de vida y protector, Leonard Woolf.

Fue de las pocas mujeres contemporáneas que obtuvieron el éxito y el reconocimiento en vida. Ella se convirtió en una escritora prolífica a la que le afectaba más de lo deseado la crítica de su círculo íntimo sobre sus obras. Virginia ansiaba el éxito y la difusión de sus obras y más tarde que pronto lo logró. Se convirtió no solo en una influencia para otros, sino que su obra se exportó a nivel internacional. Vivió siempre a caballo entre la ciudad y el campo; solo sus crisis le impidieron escribir. Virginia se casó tarde y puede que obligada por la sociedad victoriana.

Durante toda su vida tuvo complicidad con distintas mujeres, quizá con la única que se permitió ir más allá fue con la escritora Vita Sackville-West, a la que describió así: «Si en algún momento una mujer fue una vela encendida, un brillo, una iluminación que cruzara el desierto (hacia Persia) y me dejara... Fue Vita». No acierto a saber si Virginia Woolf no disfrutaba con el sexo o si dejó de interesarle. En sus propios diarios se definió como «sexualmente cobarde», y a veces incluso, fruto de su inhibición sexual, había llegado a afirmar tener la sensación de «no ser una verdadera mujer». Virginia quiso completarse como mujer victoriana y ser madre como su hermana Vanessa, pero no lo logró y fue una opción descartada por decisión de su marido y de los médicos que, fruto de sus fuertes depresiones, desaconsejaban esa posibilidad. Curiosamente, años antes, en una misiva a su amiga Violet, la autora describiría su rechazo a la maternidad: «Dudo que alguna vez llegue a tener un hijo. Su voz es demasiado terrible, un grito sin sentido, como un gato negro de mal agüero».

Tuvo habitación propia y dinero, incluso fue dueña, junto a su marido, de su propia imprenta para publicar libremente, pero no logró la libertad ansiada más allá de su escritura. Ella, como muchas otras mujeres combativas, tenía el ancla de una sociedad patriarcal donde la estructura familiar reposaba en el sacrificio de las hijas solteras, que destilaban complacencia y sentían en silencio, cuando la madre fallecía antes de tiempo. Virginia terminó liberándose de semejante situación pero siguió influenciada por esa estela, y en ciertas ocasiones fue tachada de clasista por seguir cumpliendo con ciertas convenciones sociales de una época ya desaparecida. Virginia fue una mujer prolífica, que se codeó con los grandes intelectuales del momento, que luchó por el sufragio universal, que combatió la subida del nacionalsocialismo... Virginia fue una humanista, una superviviente que no pudo dejar atrás su tormento ni su pasado, al que recurría con frecuencia para escribir sus novelas. Quizá fue la literatura el lugar donde encontró el atrevimiento que no tuvo fuera de la ficción.

Una vida llena de abusos, enfermedad y un matrimonio donde encontró, según algunos, más a un carcelero que a un marido. Ni siquiera él pudo evitar su trágico final. Ni su querida hermana Vanessa, a la que en misivas le profirió palabras de amor. Virginia se fue, decidió atajar su vida, ponerle fin sin más explicación que dos breves cartas dirigidas a su marido y a su hermana. El 28 de marzo de 1941 salió de su casa enfundada en un abrigo largo, llenó los bolsillos de pesadas piedras y se zambulló en las aguas del río Ouse, en Sussex. Era la tercera vez en su vida que intentaba suicidarse y en esa ocasión lo logró. Tenía 59 años y, según ella misma, su locura le impedía hacer lo que más le gustaba en la vida: escribir. No soy quién para juzgar y menos un final abrupto y escogido; no deseo abrir debate sobre ello, pero sí señalar la duda de si Virginia Woolf se permitió vivir tal y como sentía o se privó de ello. Ella tan solo contó con una libertad total para escribir su obra. Viajar con ella ha sido sin duda un aprendizaje, un paseo por los miedos propios y ajenos de perder la cordura y quedarse atrapada por las fauces de la locura. Ciertamente he tenido sentimientos encontrados, incluso la propia pereza en mis carnes de adentrarme en su universo, en una existencia contradictoria que tuvo como compañera la tortura mental. Su personalidad enigmática, su obra extensa y su trágico final la han convertido en un icono del siglo xx. Su foto de perfil sigue siendo una de las más vendidas de la National Portrait Gallery, y muchas de las casas en las que vivió ostentan la característica placa azul con letras blancas con las que se indica en Londres los lugares donde residieron personalidades relevantes. Algunas de sus obras han sido llevadas al cine o a la televisión, al igual que su propia vida, público su universo privado y, aunque siempre quiso ser una *outsider,* sus buenos modales, sus orígenes y su prestigio internacional se lo impidieron. «Me veo como un pez en una corriente, desviado, sostenido, pero no puedo describir la corriente». Si pecó, lo hizo de valiente, pero la espesura de su martirio la llevó a decir «¡Basta!» en muchas ocasiones de su existencia. «La verdad es que no se puede escribir directamente acerca del alma. Al mirarla se desvanece».

UNA NIÑA VICTORIANA ENTRE BARROTES

Adeline Virginia Stephen nació el 25 de enero de 1882 en la cuna de una familia victoriana. Tercera hija de Leslie Stephen y Julia Prinsep, aunque formó parte de un entramado familiar complejo. Su padre, Leslie Stephen, reputado crítico e historiador, tenía una hija llamada Laura de su primer matrimonio con Harriet Thackeray, pero se quedó viudo; entonces se casó con la madre de la futura Virginia, Julia Prinsep Duckworth. Esta a su vez era también viuda y tenía ya tres hijos: George, Stella y Gerard. Con Leslie, su nuevo marido, tuvo cuatro hijos más: Vanessa, Thoby, Virginia y Adrián. Todos juntos vivieron en «La jaula», como bautizó Virginia a la residencia de cinco pisos en el 22 de Hyde Park Gate, sin luz eléctrica, repleta de libros, carbón, grandes camas y aparadores antiguos de caoba. Virginia describió dos lugares fundamentales de aquella enorme casa victoriana: el fastuoso salón presidido por un retrato de Leslie donde se recibía a los invitados, se charlaba o se tomaba también el té y, en el primer piso, «la habitación matrimonial», «el centro sexual, el centro de nacimiento, el centro de la muerte de la casa». Allí en ese cuarto nació Virginia y murieron también sus padres.

La infancia victoriana transcurría con horarios establecidos, pocas horas para disfrutar de los padres y el resto del tiempo en compañía de niñeras. De bien pequeña la apodaron por su cara rolliza y redonda como Beauty, Ginny o Ginia... Aunque su cara era de dulzura, tempranamente mostró un carácter que no pasó inadvertido ni a sus hermanos ni a la familia. En las anotaciones de su padre, este recuerda una anécdota bien gráfica al respecto de su avispada personalidad y que puede consultarse en el libro de Irene Chikiar Bauer: «Miss Virginia, de 2 años y medio, araña a su hermano de 4 años. Insisto y al fin consigo una disculpa o un beso. Se muestra muy pensativa durante un rato y luego pregunta: "¿Para qué tenemos uñas, papá?"».

La educación para Virginia, que años más tarde reclamaría en sus escritos, no fue en la escuela, sino siguiendo los preceptos de esa sociedad, donde las niñas tan solo debían tener buenos modales, unas nociones de danza y música y poco más. Su hermana Vanessa, con la que mantendría unos fuertes lazos durante toda la vida, y ella misma mostraron desde pequeñas sus deseos por el arte. Vanessa deseaba convertirse en una gran pintora y Virginia en escritora. Tempranamente, cuando solo tenía 9 años, fundó junto a su hermano Thoby el periódico *Hyde Park Gate News,* con la única intención de ver la cara de satisfacción y aprobación de su padre. Se conserva tan solo un ejemplar del periódico, pero deja entrever el temprano talento de Virginia y la época feliz de los Stephen, antes de las tragedias y los años negros que tanto afectaron a la escritora. Aunque convivían todos los hermanos sin demasiadas simpatías entre ellos, el sustento y la armonía se basaba en el amor que sabían que había en la pareja de progenitores. Durante toda su vida Virginia sentiría una fascinación/rechazo por su madre que al tiempo que gozaba de una rapidez y alegría desbordante, podía mostrarse muy fría y rígida con sus hijos. La temprana viudez le había dejado una sombra de tristeza y angustia vital que sus propios hijos sentían y sufrían. Sin apenas atisbarlo, y de manera repentina, llegó el primer gran golpe del dominó de la vida que Virginia tendría que encajar: la muerte de su madre.

El 5 de mayo de 1895 Julia moría de fiebre reumática a los 49 años. «Qué inmensa debe ser la fuerza de la vida que transforma un bebé que apenas puede distinguir una gran mancha azul y morada sobre fondo negro en una niña de 13 años que apenas es capaz de sentir todo lo que yo sentí (...) cuando mi madre murió». Tenía 13 años y la última escena que recuerda de su madre fue cómo esta le recordaba que caminara erguida. Durante un tiempo Virginia no sintió absolutamente nada por la muerte de su madre..., como con el resto de golpes de la vida, mostró siempre una incapacidad para enseñar sus emociones acompañada por la dificultad de digerir lo que había sucedido. «El duelo nos hundía en la oscuridad, nos embotaba. Nos transformaba en seres hipócritas, inmersos en los convencionalismos del dolor». La carga familiar, como marcaba la época, recayó sobre la hija mayor soltera de Julia, Stella, que entonces tenía 26 años; ella fue el ejemplo perfecto de lo que Virginia más tarde bautizaría como «hijas de los hombres con educación», porque a su vez siempre andaba a expensas de los hermanos varones, y con una clara indiferencia por los libros y la ilustración. Virginia, en cambio, despuntó desde pequeña en sus deseos por aprender; prueba de ello es que su padre consideró oportuno dejarle libre acceso a la biblioteca, dándose cuenta más tarde de que la joven se había convertido en una «peligrosa» devoradora de libros.

Con la nueva estructura familiar, la paz duró poco, puesto que enseguida Stella enfermó y el 19 de julio de 1897, tan solo dos años después de la muerte de su madre, moría. Este suceso provocó que Virginia rechazara a los médicos durante toda su vida. «En momentos como esos la vida (...), compuesta por muchos incidentes que se vivían por separado, se recogía y se hacía una, como si fuera una ola que la arrastrara a una con ella, y la arrojara, de golpe, sobre la playa».

De 1897 a 1904 sería el periodo que Virginia bautizaría como los siete años de infelicidad. Fueron Vanessa y Virginia las que sucedieron a Stella para llevar el hogar y vivir en sus propias carnes las consecuencias de ser las «hijas de los hombres con educación». Todo estaba organizado por estrictos horarios y basado en el buen comportamiento y en los modales. En esos años Virginia no solo soportó los barrotes de la sociedad victoriana, sino una relación con su hermano mayor, George, que desencadenó abusos sexuales de los que jamás se recuperaría. El aislamiento del padre, tras la muerte de su esposa y de su hijastra, convirtieron a George en el cabeza de familia y en un ser tan poderoso como despótico con el resto. Los abusos de su propio hermano fueron un tema al que siempre haría referencia, aunque de forma velada... Algunos han relacionado esos abusos con sus futuras depresiones y con el cierto desinterés que sentía por el sexo.

La sociedad victoriana también imposibilitaba la comunicación en torno a cuestiones que se consideraban indecorosas, como las intimidades de la alcoba, es decir, todo lo relacionado con el sexo. Virginia, en busca de referentes femeninos, encontró consuelo durante su adolescencia y juventud intercambiando correspondencia con mujeres bastante mayores que ella del propio círculo familiar y social. Centenares de cartas que algunos han interpretado como una mezcla de complicidad cultural y sentimientos de atracción platónica. A lo largo de su vida Virginia no dudó en declararse «susceptible a los encantos femeninos» y a la vida aristocrática llena de conversaciones leves e intrascendentes. La amiga imprescindible de aquella época fue Violet Dickinson, a quien le dedicó unas memorias propias, en su libro *Friendship's*

Gallery, y una infinidad de cartas que muestran cómo con el paso del tiempo su amistad se hacía más estrecha hasta encabezar las misivas con el íntimo «Mi querida mujer» y despedidas tipo «Tu amante». Algunos expertos interpretan esas expresiones como un destello de amor lésbico, pero otros las ven acordes con las relaciones íntimas de complicidad que había entre las mujeres de aquella época; relaciones que no llegaban a albergar implicaciones de índole sexual. Sea como fuere, no queda explícito en las misivas que la relación con Violet fuera más allá, como sí lo fue con su gran amor tardío. De hecho, en aquella época, a Virginia solo le interesaba una cosa: escribir y convertirse en una afamada escritora. Había comenzado escribiendo reseñas para el *The Guardian,* gracias a la propia Violet, y en su correspondencia con ella compartía nuevos proyectos.

El 22 de febrero de 1904 moriría su padre, momento en el que se cerraría una etapa de su vida. «Un doctor es peor que un marido», una frase que la definiría durante el resto de su vida en su relación con los médicos y los maridos, carceleros de las libertades de la mujer.

Contra la locura, la escritura

Con este nuevo golpe, terminaba por fin la etapa en el edificio de cinco plantas de Hyde Park Gate que la había visto nacer. Con el luto a cuestas y, de nuevo, con la imposibilidad de digerir la cruda realidad, fue en ese tiempo cuando sufrió su primera gran crisis, donde su cabeza comenzó a crear irrealidades. Dejó de comer, se debatía entre la realidad y la locura y, en los peores momentos, tres enfermeras eran incapaces de retenerla. En aquella época se produjo su primer intento de suicidio. La recuperación fue lenta y, durante todo aquel tiempo, se sintió incapaz de leer ni escribir. Ella comprendió que debía asimilar una tristeza vital, y llegó a la conclusión de que «valía la pena vivir, aunque fuera de una manera más triste». El luto de su padre la llevó a recopilar el centenar de misivas que este había escrito a lo largo de su vida y convertirlas en un libro. Escribía reseñas de libros, recomendaciones de viajes, aunque siempre con cierto conflicto porque su estilo distaba mucho de ser convencional y eso provocaba ciertos problemas con los editores. Durante una época escribió en *The Guardian* y también en *The Times,* así se colmaba su faceta periodística, mientras intentaba decidirse si escribía novelas o no. El temor a la exposición, a la crítica despiadada, la llevaba a reprimir sus propios instintos respecto a la escritura.

Se trasladaron al barrio de Bloomsbury, un suburbio bohemio que daría paso a uno de los grupos de intelectuales más influyentes en la Inglaterra de principios del siglo xx. Se inició con las llamadas «veladas de los jueves» que organizaba su hermano Thoby en casa.

Una nueva tragedia no tardó en caer como una granada en la familia. Su hermano mayor Thoby moría a causa de un mal diagnóstico de fiebre tifoidea que provocó una peritonitis aguda. Nadie podía comprender de nuevo cómo la muerte había vuelto a llamar a la puerta de los Stephen. Fue en ese momento cuando las dos hermanas reaccionaron de modo muy distinto al luto. Virginia nuevamente perturbada por el triste acontecimiento y Vanessa anunciando, para sorpresa de todos, su compromiso y futuro matrimonio con el crítico de arte Clive Bell. El 7 de febrero de 1907 la hermana mayor de Virginia, su compañera fiel, se casaba, dejando a la escritora en un limbo de orfandad difícil de superar. «Odio que se vaya», llegó a soltar. La ausencia de su hermana se le hizo difícil pero fue todavía más duro cuando recibió la noticia bomba de su primer embarazo. «A quien llamábamos Nessa, pero eso significa marido y bebé, y de hermana queda menos de lo que solía haber». Puede que fuera porque ya sentía que todo el mundo la apuntaba con el dedo o por propia necesidad de olvidarse de su realidad, que Virginia, por fin, tomó la decisión de empezar a escribir su primera novela, *Melymbrosia.* Fue su nuevo proyecto, un nuevo anclaje para seguir la comunicación no solo con su hermana, sino también con su cuñado Clive, al que la presencia de Virginia le resultaba «vívida, extraña y desconcertante».

Virginia ya contaba con 27 años y luchaba por su independencia, aunque se debatía con los convencionalismos de su propia educación. El matrimonio no dejaba de ser la salvaguarda para la mujer. Por aquel entonces, recibía algún pretendiente, seguía siendo virgen y le costaba definir su propia sexualidad. Sin embargo, Virginia continuaba con la terquedad de huir del matrimonio, rechazando a todos y centrándose en su escritura y también en la lucha por el sufragio universal. Aunque no llegó a ser una sufragista, sí apoyaba el movimiento para el cambio. Así mismo en 1910 comenzó a considerarse que lo privado era político, puesto que toda costumbre castradora para la mujer debía tener una dimensión que fuera más allá de lo privado para que pudiera llegar y recaer en los legisladores. El grupo de Bloomsbury se hacía más y más fuerte liderando rebeliones y debates al respecto.

Cuando Virginia ya había prácticamente abandonado al idea de casarse, apareció Leonard Woolf recién aterrizado en Londres después de varios años de oficial colonial en Ceilán. A los pocos meses, Leonard le pidió matrimonio y Virginia solicitó más tiempo para pensárselo, a pesar de que podía ser su última oportunidad para casarse. Durante ese periodo intercambiaron numerosa correspondencia en la que sorprende la franqueza de Virginia sobre sus propios sentimientos hacia Leonard. A su futuro marido le escribió, según puede leerse en el libro *Virginia Woolf. La vida por escrito*, de Irene Chikiar Bauer: «A veces pienso que si me casara contigo podría tenerlo todo...Y entonces, ¿es acaso el aspecto sexual el que se interpone entre nosotros? Como ya te dije en forma brutal el otro día, no siento ninguna atracción física hacia ti. Hay momentos, uno fue cuando me besaste el otro día, en que no siento nada, como si fuera una piedra. Y, no obstante, el hecho de que sientas cariño por mí casi me abruma». Finalmente Virginia aceptó la propuesta y se casaron para sorpresa de todos, incluida su hermana Nessa, el 10 de agosto de 1912. Virginia tenía 30 años y una absoluta inexperiencia amorosa. «¿Por qué algunas amigas cambian tras perder la castidad? Probablemente mi edad avanzada lo vuelva menos catastrófico; pero creo que se exagera demasiado con el clímax». El matrimonio se consumó, pero fue un lazo intelectual, que no carnal, el que les había unido. Durante ese tiempo, y a punto de ver publicada su primera novela después de siete años de intenso trabajo y kilos de inseguridad acumulada, Virginia volvió a sentir fuertes dolores de cabeza, episodios de inapetencia e insomnio. Después de un breve viaje, Virginia tuvo otra gran crisis que desató una de las obsesiones que la acompañarían para siempre: la sensación de que la gente se mofaba de ella. Leonard se encargó del estado de su esposa y forzó que la visitara un médico que le diagnosticó neurastenia-debilidad nerviosa. De poco sirvió, pues días más tarde la encontraron inconsciente en el cuarto de baño por haber ingerido un cóctel mortal de medicamentos. El 25 de marzo de 1915, tan solo un día antes de la publicación de su primera novela, *Fin de viaje* (que como he dicho antes originariamente se llamó *Melymbrosia)*, Virginia tuvo un fuerte episodio alucinógeno que la dejó en coma y fue internada. «Parece como si se le hubiera agotado el cerebro», llegó a decir su hermana Vanessa al verla ingresada. Virginia tardó meses en recuperar su vida, en volver a leer y algo más de tiempo en poder escribir. Ella misma quiso llevar detalladas anotaciones sobre sus cambios de humor, subidas y bajadas. «Así objetivados, el dolor y la vergüenza se tornan mucho menores». A lo largo de su vida volvió a vivir bajadas emocionales, pero fueron pocos los brotes de alucinaciones que, como aquel, le hacían perder el sentido de la realidad. Ella deseaba vivir y construir la base de la felicidad. Leonard tomó cartas en el asunto y, durante los veinticuatro años siguientes, anotó metódicamente las fechas del periodo de Virginia, las horas de sueño y descanso y los medicamentos que debía tomar; por eso muchos le consideraron el carcelero o el castrador de su mujer. El enorme éxito que llegó a tener Virginia ha sido siempre fuente de discusión entre los biógrafos de ambos, pues algunos llegan a apuntar que siendo Leonard un hombre educado en la era victoriana es difícil que no se sintiera celoso del triunfo de su mujer.

VIRGINIA Y SU CUARTO PROPIO

En 1917 ocurrió un episodio que cambiaría la vida del matrimonio. En un cotidiano paseo, entraron vencidos por la curiosidad a una empresa dedicada al suministro editorial para pedir información. Al salir de la tienda, los Woolf se habían convertido en propietarios de una pequeña imprenta a la que llamarían Hogarth Press y que les reportaría en el futuro no solo suculentos beneficios, sino también la posibilidad de publicar sin depender del filtro editorial. Publicaron no solo los ensayos revolucionarios en su forma de Virginia, sino otras obras que consideraron importantes. Bien es cierto que la poca capacidad de la propia imprenta hizo que rechazaran algunas obras tan importantes como *Ulises,* de James Joyce.

Al tiempo, la Revolución rusa albergó en la cabeza de muchos intelectuales de la época la posibilidad de una nueva sociedad con poder popular que aboliera las libertades sociales. El final de la Gran Guerra provocó en Virginia un nuevo episodio depresivo, pues estaba convencida de que, restablecida la economía y terminada la pobreza, la memoria colectiva llevaría al olvido los estragos y la crudeza de la guerra.

A pesar de su íntimo ánimo bajo, Virginia se iba convirtiendo en una celebridad de la época y su vida pública y social aumentaba con las numerosas invitaciones que recibía.

Poco a poco, Virginia fue notando que entraba en la madurez sin haber sido madre durante su matrimonio, y esto le provocaba un vacío vital que solo podía llenar con una prolífica actividad literaria y mucha vida social. Cumplía 40 años y, aunque era una escritora conocida y respetada, para ella el nivel de frustración era cada día más alto por no haber alcanzado el éxito y el prestigio deseados. Virginia no dejaba de escribir y de hacer con sus novelas exorcismos de su propia vida, infancia y temores. Fue en esa época cuando se enfrascó en *La señora Dalloway* (1925), uno de sus grandes éxitos, una novela que explora los límites de la cordura y la locura y que para ella misma fue una complicada inmersión. «Uno de los más atormentados y refractarios libros».

El éxito de Virginia aumentaba. En 1924 la revista *Vogue* la incluía en un reportaje sobre la moda y las expresiones culturales y artísticas llamado «Nombrados para el templo de la fama». A partir de este periodo, Virginia tuvo un lanzamiento profesional mayor por el éxito de ventas de la novela *La señora Dalloway,* de sus ensayos literarios recogidos en el volumen *El lector común,* y por sus artículos y conferencias. Pero no hay que dejar a un lado el encuentro con la que para muchos sería el gran amor de Virginia: la escritora y poeta Vita Sackville-West. Una mujer de fuerte carácter, grandes pasiones que, a pesar de estar casada, jamas ocultó sus relaciones con mujeres. La relación de absoluta confianza que tenía con su marido hizo que reparara en todo tipo de detalles a la hora de describir sus primeras impresiones sobre Virginia: «Simplemente adoro a Virginia Woolf, igual que lo harías tú (...). Es muy afectada, sin adornos y viste bastante atroz. Cuando de primeras crees que es normal, una belleza espiritual se apodera de ti y te encuentras observándola con fascinación». Vita se dio cuenta desde su primer encuentro que había quedado prendada por aquella escritora que le resultaba tremendamente interesante. Mantuvieron tres años de estrecha e intensa relación, donde la correspondencia mantenida entre ellas o compartida con otros evidencia que hubo sexo entre ellas, amor y pasión. Como puede verse en el extracto de una carta de Virgina a Vita, fechada en 1927, y recopilada en el libro de David H. Lowenherz, *The 50 greatest love letters of all time:* «No soy fría, no soy farsante, ni débil. ¿Qué soy? Quiero que me lo digas tú. (...) Abre el primer botón de tu blusa, allí me verás anidando, como una ardilla de hábitos inquisitivos, pero de todos modos adorable».

La historia de ambas ha sido plasmada en documentales y en películas En aquella época el amor entre mujeres, como en tantas otras, era confuso e incluso medio tolerado, pues era visto como un modo de expresión mayor entre ellas. Había una diferencia considerable de edad, pero no fue impedimento para vivir el romance. Virginia jamás lo confesó públicamente, incluso rechazaba el lesbianismo, y prefería referirse a ella misma y a su relación con las mujeres como «safista».

Podemos contar con las propias palabras de Virginia Woolf para entender más su relación con Vita y lo que pensaba sobre ella: «Estas lesbianas estiman a las mujeres. Con ellas, la amistad siempre queda teñida de pasión y de deseo. Me gusta Vita y me gusta estar con ella y su esplendor, me gusta su caminar a grandes pasos con sus largas piernas que parecen hayas, una Vita rutilante, rosada, abundosa como un racimo, con perlas por todos lados. ¿Qué efecto me produce todo eso? Muy ambiguo. Veo una Vita florida, madura, con su abundante pecho: sí, como un gran velero con las velas desplegadas, navegando, mientras que yo me alejo de la costa. Quiero decir que tiene mundo, que sabe estar..., en una palabra: ella es (y yo no lo he sido nunca) una mujer de verdad. Mentalmente no tiene mi clarividencia, pero bien, ella se da cuenta de todo y me prodiga esta protección maternal que, por los motivos que sea, es lo que más he deseado siempre, de quien fuese».

La historia de amor con Vita fue la fuente de inspiración de una de las novelas más famosas de Virginia: *Orlando*. Ya estaba consagrada como escritora con el éxito de su anterior libro, *Al faro* (1927), que le permitió comprobar que la fama le había llegado. La reclamaban en Oxford como conferenciante, sus ejemplares se vendían a miles y todo parecía marchar según sus propios sueños de infancia. Con la intención de homenajear a su amada Vita y satirizar el género de la biografía, que tan bien conocía por su propio padre, se comenzó a gestar *Orlando* (1928). Una biografía basada en un caballero que viviría desde 1500 a 1928, que no envejecería más allá de los 36 años e iría cambiando de sexo, convirtiéndose en el primer gran protagonista transexual y rompiendo todos los convencionalismos. La crítica calificó la novela de «obra maestra», y muy pronto contabilizaría más de dos mil libras de beneficio solo por esta novela. Tenía 47 años y estaba en la cúspide como pocos autores del momento, pero su frágil salud mental se resentía con los viajes, las charlas y el ajetreo. Sin embargo, su prolífico trabajo en esta década no dejaba espacio para el descanso entre éxito y éxito. Su ensayo *Un cuarto propio* (1929) se convertiría en los años setenta en una de las guías del feminismo. Contiene una de sus frases más famosas: «Para escribir novelas una mujer debe tener dinero y un cuarto propio». Con cada publicación superaba a la anterior, en talento y ventas. Así sucedió con *Las olas* (1931), otro de sus grandes éxitos.

Con los bolsillos llenos de piedras...

El tiempo parecía ir a favor, pero con el *crack* del 29 llegó la Gran Depresión y en el mundo los índices de paro y pobreza subieron y afectaron a todos los estratos sociales. Esa crisis económica favoreció la subida del fascismo en Europa, aunque nadie podía imaginarse la llegada de otra gran guerra y el Holocausto. En aquellos años Virginia volvió a sufrir leves recaídas que la dejaban algunos días inhabilitada para la lectura y la escritura. Ella comenzó a obsesionarse con el fascismo y llegó a relacionar su subida con el sistema patriarcal y el patriotismo. En su propio diario anotaba su miedo a lo que todavía nadie era capaz de vislumbrar en Inglaterra: «Aquí en Inglaterra ni siquiera hemos comprado nuestras máscaras de gas. Nadie se lo toma en serio. (...) Creo que hay motivos para esperar que Oxford Street se vea inundada de gas venenoso». En 1935, en un viaje por Europa donde tuvieron que atravesar Alemania, Leonard y Virginia pudieron comprobar el antisemitismo. Vieron carteles del tipo «El judío es nuestro enemigo» o «Los judíos no son bienvenidos».

Virginia se refugiaba en sus citas sociales y en su escritura, pero no podía obviar el temor por lo que estaba a punto de ocurrir en Europa. Le seguían lloviendo las ofertas, las peticiones de artículos, charlas, cuentos... Los años iban pasando en la misma medida que aumentaba su melancolía la desazón por el mundo. El estallido de la Segunda Guerra Mundial solo evidenció el estado de ánimo de Virginia. La vida, «una ilusión que pasa demasiado rápido», transcurría entre libros y conversaciones de arte y cultura. Ella calificó el inicio de la guerra como el fin del tiempo de paz para el mundo; físicamente se sentía agotada y emocionalmente perturbada para poder sostenerse en el ambiente tan hostil que llegaba. El miedo oscurecía cada día las calles, esperando a recibir los bombardeos alemanes. Tardó poco en llegar el racionamiento; Londres había perdido la luz y se había convertido en una ciudad sumergida en las tinieblas, sin apenas gente, sin luz para la cultura. Virginia perdía hasta la ilusión para escribir, «¿acaso alguien querría leer en tiempos desalmados?». A medida que avanzaba el conflicto, en casa de los Woolf se dilucidaba la posibilidad de la invasión alemana y se preguntaban que qué harían. Ganaba la opción del suicidio. Años más tarde, cuando se descubrieron las listas del líder nazi Himmler en su libro negro, había más de dos mil setecientos nombres de ciudadanos británicos que debían ser inmediatamente apresados nada más invadir Inglaterra. En esa lista estaban Virginia Woolf y su marido, Winston Churchill y Freud.

Llegaron los bombardeos sobre Londres. Virginia tenía 58 años y se encontró con su propia casa devastada. «Todas las ventanas habían estallado. La mayor parte del cielorraso había sido derribado, (...) las bibliotecas habían sido arrancadas de las paredes y los libros yacían sobre montones de escombros». Virginia, que intentaba buscar inmunidad en la belleza que encontraba en los libros, apenas podía escribir.

El 28 de marzo de 1941, y sin que su marido, carcelero y enfermero pudiera detectarlo, se fue de casa sobre el mediodía, dejando dos notas escritas: una para su marido y la otra para su hermana Vanessa. Algunos vecinos la vieron pasear sola, enfundada con un abrigo largo. Se precipitó en el río Ouse, con los bolsillos llenos de piedras. Su marido y su hermana la buscaron durante días y la policía no localizó su cuerpo hasta días después. El 1 de abril *The Times* publicaba la muerte de la escritora. Tenía 59 años y mucha vida por delante... Nadie acierta a saber cuál fue el motivo real. ¿La locura? ¿La guerra? ¿La depresión? ¿Todo unido? Apenas importa... A Virginia le dejó de interesar el mundo, se inhabilitó de lo que tantos años la mantuvo en vida: su escritura. Se dejó llevar por la desolación y decidió dejar de sufrir. Para ella, si no podía escribir ni leer, su existencia carecía de sentido, porque se convertiría en un fantasma entre vivos. Su talento y sus escritos supuraron rebeldía, lucha, crítica, protesta social... Ella fue combativa, una mujer que, por encima de todo y por encima de las dificultades, cumplió con sus sueños y compartió su talento con el mundo. Decidió adelantar su adiós, su despedida, su final..., ¿pecadora o virtuosa?

Termino su biografía con la carta de despedida para su esposo, Leonard Woolf: «Querido: estoy segura de que me vuelvo loca de nuevo. Creo que no puedo pasar por otra de esas espantosas temporadas. Esta vez no voy a recuperarme. Empiezo a oír voces y no puedo concentrarme. Así que estoy haciendo lo que me parece mejor. Me has dado la mayor felicidad posible. Has sido en todos los aspectos todo lo que se puede ser. No creo que dos personas puedan haber sido más felices hasta que esta terrible enfermedad apareció. No puedo luchar más. Sé que estoy destrozando tu vida, que sin mí podrías trabajar. Y sé que lo harás. Verás que ni siquiera puedo escribir esto adecuadamente. No puedo leer. Lo que quiero decir es que te debo toda la felicidad de mi vida. Has sido totalmente paciente conmigo e increíblemente bueno. Quiero decirte que... todo el mundo lo sabe. Si alguien pudiera haberme salvado, habrías sido tú. No me queda nada excepto la certeza de tu bondad. No puedo seguir destrozando tu vida por más tiempo. No creo que dos personas pudieran haber sido más felices de lo que lo hemos sido nosotros».

VI. INVIDIA

Aquel que mira con malos ojos

Alguna vez has sentido que te molesta la felicidad del otro porque quieres disfrutarla? ¿Te has mirado en el otro porque tu vida no te completaba? ¿Has recelado hasta que la angustia y el resentimiento han florecido dentro de ti? La envidia, el último pecado capital en incorporarse, es sin duda el más difícil de confesar. Se tomó el nombre de la diosa romana Envidia, que habitaba en una sucia caverna y que basaba su existencia en envenenar todo lo bueno, pudriendo los campos y los cultivos a su paso. Todo quedaba cubierto por el ardor de no poseer lo del otro, ya fuera una cualidad o una materia. La envidia es como un manto de poderosa putrefacción que acaba convirtiendo tu vida en miserable. No son pocos, sin embargo, los que la consideran un potenciador del mérito, pues gracias a ese sentimiento se han conseguido grandes logros. «La envidia de los estudiosos aumenta la sabiduría», reza el judaísmo. Pero soy del otro equipo, de aquel que la ve como un camino sin retorno a la infelicidad. Si te dejas llevar por la falsa competencia o resentimiento, disfrazado de admiración, comienzas a caminar por el sendero del olvido de uno mismo hacia el desagrado permanente y el sentimiento de inferioridad. Es difícil librarse de la envidia o del envidioso en una sociedad donde el estatus se construye sobre la base de lo que se posee y lo que se consigue.

En el siglo VI el papa Gregorio Magno incluyó la envidia como pecado capital: «De la envidia surge el odio y la alegría por la desgracia de nuestros semejantes, así como el dolor por su prosperidad». Como debían ser siete, el número de los pecados capitales, para poder incluir la envidia entre ellos, el papa juntó la tristeza y el desánimo para convertir estos dos términos en un pecado único, la pereza.

De la envidia al odio hay un paso —«Te odio porque tienes algo que yo quiero»— y es mucho más común de lo confesado, quizá porque la envidia habita y se hace más grande en el interior de cada uno. Puede disfrazarse de falsa competencia o, incluso, de una humildad que si rascas un poco saca la zarpa de la crítica feroz.

La envidia es uno de los pecados capitales que no encuentra nunca satisfacción; dicen que la sonrisa de la envidia dura apenas unos segundos hasta que encuentra otra cosa o persona a quien envidiar. No son pocos los que, a falta de méritos o satisfacción con su propia vida, llegan a desear, en lo más profundo de su ser, el mal ajeno. Cuando uno envidia no llega a ver el mundo como es, sino en comparación con el resto; todo tiene que ver con lo que le rodea y no con lo que tiene. Por eso este pecado está relacionado con el famoso «mal de ojo», que no es otra cosa que desear la fatalidad para alguien. ¿Cómo librarnos de este pecado? ¿Existe un antídoto para no sentirlo? Sería evitar la compasión hacia nosotros mismos y potenciar el gozo de aquello que acontece en nuestro camino; en dejar las miradas ladeadas y buscar en lo nuestro la felicidad y la satisfacción. Quizá sea entonces cuando se invierta el péndulo y el que era envidioso pase a ser envidiado. Dice un proverbio: «Nunca grites tu felicidad en alto porque la envidia tiene el sueño muy liviano». ¿Acaso no podemos proclamar a los cuatro vientos nuestro bienestar, nuestra tranquilidad de espíritu y compartir la sonrisa del alma? Algunos, ante el pavor de ser envidiado, esconden su dicha; otros son tan dichosos de cuerpo y alma que ni ahogando su alegría podrían evitar ser envidiados.

Marilyn Monroe, una de las mujeres más deseadas de la historia del siglo XX, ha sido también una de las más envidiadas. No solo por su belleza ni por su éxito, sino por su incapacidad para envidiar o desear el mal ajeno. Ni siquiera tras la desdicha, ni el maltrato recibido de maridos, directores o actores ella puso en su boca malas palabras. Ella brillaba a pesar de que las fauces de la envidia fueran muy profundas. Como más cómoda se sentía era desnuda, quizá porque nada tenía que perder ni que esconder. Ella no pecó de envidia tanto como fue envidiada hasta ser devorada por el infortunio de los que la rodeaban. ¿Pecadora o virtuosa?

Mi segunda pecadora no hay duda de que fue virtuosa en el bel canto. No hay otra igual a Maria Callas, la mujer del semblante triste, aquella a quien ni su propia madre quiso y, que no solo envidió su talento, sino que trató de considerarlo menor. Quizá por el sentimiento de inferioridad que le esculpió su progenitora para ella nunca fue suficiente el éxito alcanzado. Necesitaba más, envidiaba más, pero quizá su mayor desdicha fue no poseer aquello que tanto amó: el corazón de un hombre y su vida junto a él. Envidió una vida que no tuvo y algunos dicen que perdió la voz por la tristeza de la infelicidad. Ni Marilyn ni la Callas obtuvieron la felicidad ansiada, las dos amasaron fortuna y éxito..., las dos construyeron un personaje que sirvió de armazón durante un tiempo y luego se convirtió en su propia celda. Maria Callas y Marilyn Monroe, con ellas he viajado a lo más profundo de la envidia y he visto cómo ese manto de putrefacción terminó con sus vidas sin poder evitarlo.

«Lo único que los mueve es la envidia. No hay que tenerles miedo. La envidia de los sapos nunca pudo tapar el canto de los ruiseñores».

EVA PERÓN

Capítulo 14

Marilyn Monroe

La más deseada, la más envidiada

Los Ángeles, 1926-1962

«En Hollywood te pueden pagar mil dólares por un beso, pero solo cincuenta centavos por tu alma».

«Me gusta estar totalmente vestida o si no totalmente desnuda. No me gustan las medias tintas».

«Las desilusiones te hacen abrir los ojos y cerrar el corazón».

«La imperfección es belleza, la locura es genio y es mejor ser absolutamente ridículo que absolutamente aburrido».

«Una carrera nace en público; el talento, en la intimidad».

«Vivo para tener éxito, no para complacerte a ti o a cualquier otra persona».

«El éxito hace que mucha gente te odie. Desearía que no fuese así. Sería maravilloso disfrutar del éxito sin ver la envidia en los que están a tu alrededor».

«Un símbolo sexual te convierte en una cosa. Odio ser una cosa».

«Vivir sola es como estar en una fiesta donde nadie te hace caso».

«Alguien que te trata bien solo cuando sabe que está a punto de perderte no merece que regreses».

«La vida es corta, sonríele a quien llora, ignora a quien te critica y se fiel con quien te importa».

«No soy una víctima de conflictos emocionales, soy humana».

«Ser normal me aburre».

Marilyn Monroe es uno de los grandes iconos del siglo xx y de este siglo xxi que empieza. Resulta difícil pasear por el centro histórico de cualquier ciudad del mundo y no encontrarse con una imagen de ella, reproducida en una camiseta, en un mechero, en un bolso, en una libreta... Es uno de los grandes mitos que, ya en vida, abandonó a la persona y se multiplicó en un personaje; ella fue la actriz, la musa erótica de los cincuenta. Ella misma fue la creadora de Marilyn porque desde pequeña quería triunfar —«Vivo para tener éxito, no para complacerte a ti o a cualquier otra persona»—, pero estoy segura de que su imaginación y sus sueños no volaron tan alto hasta imaginar en lo que se ha convertido para el mundo. El referente de sensualidad y fragilidad que nos sigue acompañando a todos lados. Marilyn Monroe es un clásico, una imagen que no envejece con el paso de los años, sino, todo lo contrario, que se revaloriza. En 1999 la revista *People* la nombró la mujer más sensual del mundo y sobre ella se han llegado a escribir más de seiscientos libros y casi doscientas piezas audiovisuales, entre documentales, películas y *tv-movies* que hablan sobre ella. Warhol la inmortalizó como otro símbolo de la cultura pop en su famoso cuadro de Marilyn en distintos colores. Incluso Madonna en los ochenta, una década en la que en Estados Unidos se homenajeaba al *star system* de los cincuenta, recreó en el videoclip de «Material girl» la famosa secuencia de Marilyn cantando «Diamonds are a girl's best friend» en la película *Los caballeros las prefieren rubias* (1953), de Howard Hawks. Sin embargo, la reina del pop quiso distanciarse de Marilyn ante cualquier posible símil: «Marilyn Monroe fue una víctima y yo no. Por eso no hay comparación posible». ¿Una víctima de quién? ¿De ella misma? ¿De los que la rodeaban? ¿De su propio éxito? Murió con tan solo 36 años, con poco más de veintinueve películas y deseando ser valorada como actriz cómica más allá de su poderoso imán sexual: «Todos nacemos como criaturas sexuales, es una lástima que muchos desprecien y destruyan ese don tan natural». Vivió atormentada por su infancia, llena de madres adoptivas y de abandonos recurrentes que la dejaban en orfanatos sin ser huérfana. La persiguió la locura de su madre y la necesidad de encontrar en hombres maduros el amor y un refugio. Con ese anhelo y la soledad del alma, Marilyn vivió atormentada sus noches de insomnio y pesadillas; se refugió en la terapia para encontrarse y lo que encontró fue la adicción a los barbitúricos que acabaron con su vida. Marilyn necesitaba la aprobación, el ser querida por el mundo, por el público..., el éxito para sobrevivir en un mundo que desde pequeña le había parecido muy hostil. La fama mundial y el poder que el personaje de Marilyn llegó a tener hicieron que muchos vivieran de él, pero esto provocó que no les importara la persona que estaba detrás del personaje. Una mujer que, más allá de ser una simple *blondie*, tenía un cociente intelectual de más de 160, una sensibilidad extraordinaria y una intuición exquisita para saber lo que el público y el mundo deseaba en la América de los cincuenta. Como escribió uno de sus biógrafos, Donald Spoto, en *Marilyn Monroe. La biografía*, ella era «una mujer audaz, lujuriosamente sensual, con el pelo cada vez más rubio (finalmente platino) y los labios húmedos que sonreía a las multitudes y cantaba con picardía para miles de personas». Marilyn necesitó de sus profesores de interpretación para superar su miedo escénico en cada secuencia, de sus terapeutas para curar un alma llena de culpa y tristeza y de la propia imagen que ella meticulosamente había creado para mostrarse al mundo. «Cuando la gente me mira lo que quiere ver es a una estrella». Marilyn Monroe consiguió convertirse en el gran objeto de deseo, incluso para el hombre más poderoso de América: el presidente de Estados Unidos, John Fitzgerald Kennedy. No había quien pudiera apagar la luz que desprendía al pasar. El mundo entero se había rendido al hechizo de Marilyn, difícil no convertirse en el objetivo de los envidiosos que quisieron su luz, desearon su fracaso y vilipendiaron su talento. La actriz y mujer de Yves Montand, Simone Signoret, definió a la perfección el cortejo de veneno adulador que siempre rodeó a la actriz: «En la vida de Marilyn había habido una rápida sucesión de gente que se había esforzado en explicarle que era cualquier cosa menos una actriz... Pensaban que Marilyn, la estrella principiante, era encantadora, pero la detestaban por haberse convertido en Monroe, la actriz». Ella misma fue consciente, pero sabía que era un precio que debía pagar por el éxito y su provocadora forma de hacer lo que le apetecía en cada momento. «Es bueno tomar caviar todos los días, pero suscita demasiada envidia». Si no le importó la envidia..., sí le afectó en su trágico final, pues muchos se creyeron poseedores de Marilyn Monroe y se opusieron a que ella quisiera desembarazarse de su personaje y dejar de ser una marioneta de unos cuantos. Ella quería comenzar a llevar las riendas de su propia vida y para eso tenía que aceptar su voluptuosidad emocional, su dificultad para engendrar hijos y su dolor incrustado por tener una madre encerrada en centros psiquiátricos que murió antes que ella. Marilyn deseaba ser ella misma, pero existían demasiados intereses y demasiadas personas que comían de su trabajo. Como tantas otras estrellas y seres talentosos, fue víctima de aquellos que quisieron quedarse, absorber y dominar la fábrica de dinero en la que se había convertido. Marilyn fue mal aconsejada porque todo se hacía para seguir alimentando al mito, pero se pensó muy poco en la actriz dependiente de pastillas, de somníferos; en el ser desvalido que necesitaba dos sesiones al día de psicoanálisis para sobrevivir. Murió con muchos proyectos, con la ilusión de volver a casarse con su segundo marido, Joe DiMaggio... Murió demasiado joven y en circunstancias que hoy siguen sin estar resueltas a ciencia cierta. ¿Suicidio? ¿Accidente con dosis letal? ¿Asesinato?

Las misteriosas circunstancias sin resolver de su muerte alimentan el mito, a la fascinante Marilyn Monroe, que como definió su buen amigo Truman Capote era «una adorable criatura». O como escribió su tercer marido, el dramaturgo Arthur Miller, en su autobiografía *Vueltas al tiempo*, fue muy difícil para la actriz evitar su trágico final: «Para haber sobrevivido, ella tendría que haber sido mucho más cínica o haber estado mucho más lejos de la realidad de lo que estaba. Pero no, ella era una poeta en una esquina tratando de recitar entre una multitud que le arrancaba la ropa».

Una niña llamada Norma Jean

El 1 de junio de 1926 nacía Norma Jean Mortenson en el Hospital General de Los Ángeles. Su madre, Gladys Monroe, rellenó en la partida de nacimiento el nombre inventado del padre, Edward Mortenson, de profesión panadero y domicilio desconocido. Marilyn jamás llegaría a conocerle, ni siquiera sabía de quién se trataba. En realidad, tampoco llegaría a conocer a ciencia cierta quién era su madre, a la que durante sus primeros años reconocería como la mujer de pelo rojo. No podía ser de otra manera, pues Gladys entregó a la pequeña Norma a una familia de acogida, dos semanas después de su nacimiento, a unos pocos kilómetros de su domicilio. «Probablemente fui un error (...). Mi madre no me quería. Seguramente me interpuse en su camino y debí de ser una desgracia para ella». Su madre era muy joven y estaba tan obsesionada con la herencia que cargaba de enfermedades mentales que apenas consiguió vivir en la realidad mucho tiempo. La muerte de su madre —la abuela de Marilyn— a los 51 años y su diagnóstico de psicosis maniacodepresiva aumentaron el temor de Gladys a padecer lo mismo..., y pocos años más tarde fue ingresada de por vida en hospitales psiquiátricos por enfermedad mental.

Marilyn estuvo los primeros años de su vida al lado de los Bolender, conservadores y protestantes, que le ofrecieron una educación estricta basada en ir a la iglesia y en ser austera tanto en maneras como en su comportamiento, donde la limpieza y el orden eran vistos como cualidades virtuosas. Quizá por eso Marilyn se convertiría en una obsesiva de la limpieza y llegaría a confesar que se lavaba unas quince veces al día la cara. El biógrafo Donald Spoto recoge en su libro sobre la estrella sus palabras sobre aquel periodo de la infancia: «Todas las noches me decían que rezara para que no despertara en el infierno. Tenía que decir: prometo, con la ayuda de Dios, no comprar, beber, vender ni dar alcohol mientras viva. Me abstendré de probar el tabaco y nunca tomaré el nombre de Dios en vano. Siempre me sentí insegura». Con los Bolender no recibió amor sino una disciplina castradora, conviviendo con otros niños que, al poco, abandonaban el hogar de acogida para retornar con sus familias. Todos menos Marilyn, que seguía con los Bolender, buscando su cariño y agradarlos, y con las visitas esporádicas de «la mujer de pelo rojo». Cuando la futura actriz cumplió 7 años, su madre decidió, por fin, hacerse cargo de ella o, por lo menos, lo intentó. Marilyn dejó a los Bolender y se trasladó a un dormitorio subarrendado en el 6812 de Arbol Drive, en una casa donde vivían también los Atkinson, una pareja de actores ingleses con ganas de triunfar en Hollywood. Gladys trabajaba de montadora de cine junto a su amiga Grace McKee, la mujer que se convertiría en la segunda madre adoptiva de Marilyn. La vida de la pequeña cambió radicalmente en un ambiente de farándula, que para los Bolender era un mundo de perversión y pecado. Todo en lo que se había convertido para agradar ahora era diametralmente opuesto y fue en aquel tiempo cuando descubrió el cine y la soledad, pues mientras su madre trabajaba, ella se quedaba la tarde entera en el cine. Cuando todo parecía que comenzaba a recolocarse, llegó la noticia de la muerte del padre de Gladys. Esto afectó de forma negativa a la madre de Marilyn, pues erróneamente le informaron de que su padre había padecido un arrebato de locura. Esto hizo que regresaran a Gladys los miedos sobre la frágil salud mental de su familia y cayó en una depresión de la que nunca llegó a recuperarse. En 1934 a Gladys Pearl Monroe Baker la trasladaron a una casa de reposo en Santa Mónica y después empezó su peregrinaje por distintos hospitales especializados en salud mental.

Marilyn volvió a sentir el abandono de «la mujer de pelo rojo» y se quedó al cuidado de los Atkinson y de Grace, que poco a poco fue haciendo el papel de madre adoptiva y, entre otras cosas, le inculcó la necesidad de estar siempre resplandeciente y de convertirse en una estrella de cine. Grace se ocupó de trasladar a la cabeza de la pequeña el mundo ideal de las estrellas del celuloide y soñar con que algún día sería una de ellas. Grace, que se pasaba horas montando, como cortadora de negativos de la RKO, y alterando las secuencias para resaltar a las estrellas, sabía mejor que nadie lo que el público deseaba, lo que quería ver en sus ídolos. Ella no podía tener hijos, pero trasladó a Marilyn todos sus sueños e ideales..., entre ellos, que la pequeña Norma Jean se convirtiera en una gran actriz de Hollywood al estilo de la actriz Jean Harlow, el mito erótico de los años treinta. Con el tiempo Marilyn sería comparada con ella, por su sensualidad, su comicidad y su trágico y temprano final. Ella misma, al igual que Grace, la tuvo como referente.

Durante un tiempo la pequeña se fue a vivir al orfanato de Los Ángeles, más tarde con la madre de Grace, mientras el tribunal daba por válida la petición que había hecho esta para convertirse en tutora legal. El 1 de junio de 1935, cuando cumplía 9 años, fue aceptada la petición y parecía que el sol volvía a salir por el horizonte. Sin embargo, la pequeña Norma Jean estaba condenada a una infancia itinerante que la llevaba de hogar en hogar. Grace se enamoró y en un arrebato de pasión se casó con Erwin Goddard, un texano, diez años menor que ella, divorciado y padre de tres hijos. La familia numerosa expulsó de nuevo a Norma Jean, que se fue directa al orfanato, con una nueva decepción, otra sensación de abandono y sintiéndose un objeto no deseado. Estuvo dos años allí, con visitas semanales de Grace, que la llevaba al cine y a pasear; pagaba el orfanato y le compraba ropa. A los 11 años, Grace la llevó a su hogar, pero poco tiempo duró la felicidad, pues Goddard abusó sexualmente de ella. Algunos testimonios han llegado a afirmar que no solo fue violada, sino que se quedó embarazada y que dio el niño en adopción. Un hecho que aparece en algunos libros, pero que no está confirmado, ya que además Marilyn padecía desde muy joven de endometriosis, que no solo le provocó severos dolores sino la dificultad para quedarse embarazada. Algo que la marcó de por vida.

Aquella niña fue repudiada nuevamente y se trasladó a casa de su tía abuela, Ida Martin, en Compton, que cuidaba también a los primos de Marilyn. Hay quienes aseguran que unos meses más tarde pudo sufrir el segundo abuso sexual a manos de uno de ellos, que la obligó a un contacto sexual violento. La pequeña se pasó varios días lavándose de manera obsesiva, práctica que no abandonaría.

Grace la sacó de aquel lugar y esta vez la llevó a casa de su tía Ana Lower, una divorciada rica, arruinada por el *crack* del 29, que según Marilyn fue la única persona que la quiso de verdad y a quien ella también quiso. Una mujer devotamente cristiana con la que consiguió sentirse en paz. En 1939 Norma Jean, con el cuerpo desarrollado tempranamente, sintió por primera vez su irresistible poder de seducción. Vestida con jersey ceñido y pantalones o faldas de tubo, ella acudía al instituto caminando y comprobando el revuelo a su paso. La estela de Grace había comenzado a brillar. Norma Jean sabía perfectamente cómo sacarse partido, cómo arreglarse el pelo y lucir su cuerpo sin ningún tipo de pudor. Ese descubrimiento cambió por completo la vida de Marilyn: aprendió cómo agradar y causar sensación. La enfermedad de corazón de la tía Ana supuso otro punto de inflexión en la vida de Marilyn: regresó con Grace, aunque por poco tiempo. El marido de Grace fue trasladado a Virginia Occidental y Norma no viajaría con ellos, sino que le habían preparado un destino muy distinto: casarse. Lo hizo con un joven pretendiente de 21 años llamado Jim Dougherty, cuya familia vivía al lado de Grace y Erwin. Norma tenía 16 años y era su única salida para no volver al orfanato. «No hay mucho que decir al respecto. No podían mantenerme y tuvieron que inventar algo. De manera que me casé». El 19 de junio de 1942 se casaban Jim y Norma Jean. Durante medio año vivieron en un *bungalow* alquilado. Norma había abandonado los estudios y estaba deseosa por desempeñar lo mejor posible el papel de ama de casa, pero en realidad todavía era una niña. Lo único que quería era complacer a su recién estrenado marido, en casa y en la cama. Ambos eran demasiado jóvenes para asumir el rol de marido y mujer. Jim era egoísta y aunque la quería no estaba enamorado de ella, como años más tarde confesaría. Su matrimonio fue un salvoconducto para no volver al orfanato, pero en 1944, con el estallido de la Segunda Guerra Mundial, Jim fue enviado al frente y Norma Jean sufrió un nuevo abandono.

Para subsistir se puso a trabajar revisando y plegando paracaídas por veinte dólares a la semana. Su destino cambió cuando un equipo de fotógrafos hizo una instantánea a Norma y al resto de las mujeres que trabajaban en primera línea de montaje. Entre ellos se encontraba David Conover, que se interesó por la joven Norma y le preguntó si le podía hacer una sesión en su estudio. La sesión se prolongó a un par de meses, en las que Norma descubrió su talento para posar y el deseo de seguir desarrollándose como modelo. Así que se apuntó a la agencia de modelos Blue Book y de repente dejó de escribir a su marido; consideraba que el matrimonio estaba roto porque los dos tenían aspiraciones bien distintas. En 1946 se había convertido en una modelo reclamada y rentable que había ocupado más de un anuncio publicitario y portadas de revistas. Norma Jean estaba hambrienta por triunfar y aceptaba cualquier invitación de un fotógrafo para una nueva sesión. La excitaba el hecho de ser fotografiada, de ser el objeto de deseo, el centro de atención. Y desde entonces tuvo una relación de amor infinito con la cámara, que, en ocasiones, mezclaba con mantener relaciones sexuales con el fotógrafo.

SUEÑOS DORADOS DE UNA RUBIA

El 13 de septiembre de 1946 se divorciaba de su primer marido. Apenas hizo declaraciones públicas, y no volvieron a verse. «Yo no conocí a Marilyn Monroe. Yo conocí y amé a Norma Jean». Se quedó a las puertas de conocerla, porque meses más tarde, después de pasar un *casting*, consiguió un contrato de medio año con la Fox con un salario de 75 dólares a la semana. Tenía 20 años y precisó de la firma de su tutora legal, Grace McKee, con la que apenas volvería a tener relación. Su agente Ben Lyon le comentó que debían buscar un nombre de actriz. El apellido Dougherty no era adecuado y Norma se acordó del apellido de su madre: Monroe. Norma Jean Monroe era demasiado largo; iban a quedarse con Jean Monroe, pero a la futura estrella no le convencía. Fue entonces cuando surgió el nombre Marilyn en honor a la actriz Marilyn Miller.

Había nacido Marilyn Monroe; quedaban unos años para despuntar y convertirse en la gran estrella de Hollywood que deseaba, pero ya tenía el nombre, ¡Marilyn Monroe!, que no inscribió oficialmente hasta siete años antes de morir.

Aunque consiguió una renovación de seis meses más por la Fox, sus papeles fueron de escaso recorrido. Marilyn era una de las tantas muchachas que aspiraban a ser estrellas del cine. Participó en dos películas, *Scudda-Hoo Scudda-Hay* y *Dangerous years,* pero no logró llamar la atención de los estudios. La Fox no le renovó el contrato y decidió irse a vivir un tiempo a Nueva York para formarse como los grandes en el teatro. Allí coincidió por primera vez con Lee Strasberg, que años más tarde se convertiría en uno de sus mentores con la hoy afamada escuela mundial Actor's Studio. Aquel grupo de intelectuales y actores interpretaban obras de denuncia y eran muy críticos con el capitalismo. Marilyn se sentía cómoda en ese ambiente, pero estaba claro que el teatro no iba a ser su camino, no por falta de talento, sino porque deseaba el éxito en su máxima plenitud.

Volvió a Los Ángeles sin trabajo y con la necesidad de costearse sus clases de teatro, su habitación y su coche. Los ahorros se habían terminado y son varias fuentes las que sugieren que en esa época practicó la prostitución. En la novela *Blondie*, de Joyce Carol Oates, la escritora recrea la voz de Marilyn Monroe: «Yo no era una vagabunda ni una puta. Sin embargo, querían verme de ese modo. Supongo que no podían venderme de ninguna otra manera. Y yo entendía que tenían que venderme. Porque entonces me desearían y amarían».

Consiguió un contrato de medio año con Columbia y abandonó su pelo natural para convertirse en rubia. Tardaría unos años en lucir el tono platino que la haría inmortal. Tuvo un papel protagonista, y no recibió malas críticas, en la película *Ladies of the chorus* (1948), pero no le sirvió para que el estudio renovara su contrato. Marilyn no cesaba en su empeño de triunfar en el cine y convertirse en una actriz valorada por el público y la crítica, y utilizó todas las armas para lograrlo. Sabía de su irresistible atractivo y no le importó que Natasha Lytess, la que fue su profesora de arte dramático durante seis años, estuviera perdidamente enamorada de ella. Tampoco mantener una relación con Johnny Hyde, vicepresidente de la agencia William Morris y uno de los agentes más poderosos de Hollywood. Hyde se enamoró apasionadamente de Marilyn, abandonó a su propia familia y le pidió decenas de veces matrimonio. Tenía una enfermedad cardíaca y deseaba pasar el tiempo que le quedaba al lado de ella, pero Marilyn declinó siempre la oferta que le hubiera asegurado un futuro porque sabía que de convertirse en la mujer del representante jamás sería valorada como actriz.

Johnny era treinta años mayor que Marilyn y no solo estaba loco por ella, sino que estaba convencido de que llegaría a ser una gran estrella. Sabía que por su enfermedad no viviría muchos años más, así que su obsesión era conseguir encarrilar la carrera de su amada. Así surgió otra oportunidad, una película de los hermanos Marx, *Amor en conserva* (1949), donde tenía un papel breve pero prácticamente creado para ella, gracias al empeño de Hyde. Aunque su papel era minúsculo, quisieron que Marilyn participara en la promoción por su belleza y gancho. Groucho Marx dijo de ella: «Es sorprendente. ¡Es Mae West, Theda Bara y Bo Peep en una sola!». Su participación no le dio más trabajo y volvió a hacer de modelo para ganar dinero y poder subsistir. En una de esas sesiones posó desnuda para el fotógrafo Tom Kelley para un calendario y firmó como Mona Monroe, recibiendo cincuenta dólares por la sesión. Tres años más tarde, nada menos que Hugh Hefner pagó quinientos dólares por la fotografía *Sueños dorados;* la publicó en la revista *Playboy* de diciembre de 1953 en las páginas centrales y obtuvo un gran éxito. Marilyn ya despuntaba y de nuevo había firmado contrato con un estudio y tuvo que argumentar que lo hizo para sobrevivir y que se trataba no de desnudos, sino de fotografías artísticas. En una entrevista con Aline Mosby de United Press International se ganó a la periodista y al público: «Yo gané cincuenta dólares que necesitaba desesperadamente. No fue una cosa tan terrible, ¿verdad? Nunca pensé que pudieran reconocerme, y ahora dicen que esto arruinará mi carrera. Necesito tu consejo, quieren que niegue que soy yo, pero no puedo mentir, ¿qué debo hacer?».

La jungla de asfalto (1950), dirigida por John Huston, cambiaría su suerte. Durante el rodaje, Natasha, la profesora de Marilyn, estuvo presente en cada toma y se podía ver cómo al final de cada una Marilyn buscaba con la mirada su aprobación. Esa práctica se repetiría siempre, causando más de un dolor de cabeza a los directores. Hizo otros pequeños papeles en otras tantas películas para la Metro Goldwyn Mayer, pero no consiguió el contrato soñado ni, por supuesto, el reconocimiento que andaba buscando.

Mientras llegaba su oportunidad, seguía con sus clases de interpretación y de la mano de Hyde acudía a fiestas, para conocer a productores y bailar al son de cualquiera que fuera capaz de ayudarla. Ella misma era consciente de su ambición y de lo que el resto podía pensar, como recoge Donald Spoto en una declaración de la actriz que aparece en la biografía que escribió sobre ella: «Supongo que nadie confía en una estrella de cine. Tal vez en aquellos primeros años no hice nada para merecer la confianza de los demás. No sé mucho de estas cosas. Simplemente intenté no perjudicar a nadie y ayudarme a mí misma».

Gracias a la insistencia de Hyde fue contratada puntualmente por la Fox para participar en la película que se convertiría en un clásico: *Eva al desnudo* (1950), de Joseph L. Mankiewicz. Se cuenta que Marilyn necesitaba ir al baño a vomitar después de las escenas con Bette Davis y que, en una de esas, la diva dijo sobre Marilyn a sus compañeros de reparto: «La pequeña zorra rubia no puede actuar sin una bolsa de papel. Ella piensa que con mover el culo y arrullos de distancia se puede llevar la escena. Pues bien... ¡Ella no puede!». En el fondo Bette Davis había intuido el potencial de aquella *blondie* y la ambición de la misma al tratar de captar la atención del espectador en toda escena en la que participaba. La envidiaba por su físico y, seguramente, por su manera de mover el culo.

Johnny Hyde murió de un ataque cardíaco y Marilyn conservaría durante toda su vida una rosa blanca que cogió de encima de su féretro. Volvía a sentirse huérfana, sola, pero con un nuevo contrato a la vuelta de la esquina. Firmó por siete años con la Fox a razón de quinientos dólares a la semana y con opción a renovación. Marilyn, siguiendo las condiciones de los estudios, estaba obligada a trabajar en cualquier papel que le ofrecieran. La única condición que se le aceptó fue que contrataran a su profesora Natasha Lytess como *coaching* de rodaje.

Fue ese mismo año, 1951, cuando conoció al que sería su tercer marido, el escritor de culto Arthur Miller. Se gustaron desde el principio y dicen muchas voces que se enamoraron desde el primer momento, pero tendrían que pasar varios años y un matrimonio para encontrarse de nuevo. La figura de Marilyn iba ascendiendo poco a poco y su ambición por perfeccionar la técnica y aprender aumentaba. Seguía coleccionando maestros a los que admirar y padres adoptivos, como el reconocido profesor de teatro Michael Chéjov con el que mantendría estrecha relación hasta su muerte. «Como alumna de Chéjov he aprendido mucho sobre interpretación, sobre psicología, historia y las buenas maneras del arte». En 1951 la revista *Quick* la designó como «la nueva Jean Harlow» y la revista *Focus* la comparó con Lana Turner o Rita Hayworth. Marilyn seguía actuando en filmes, pero sin que le llegara su oportunidad, y aunque cosechaba buenas críticas, la Fox no terminaba de darle el papel ansiado. El primero importante llegó en *Niebla en el alma* (1952), con un personaje poco habitual en su carrera: una niñera psicópata. Gracias a ese papel *Variety* declaró a Marilyn una «atracción comercial con éxito asegurado». Pero el estudio, lejos de colocarla como firme estrella, seguía ofreciéndole papeles de segunda.

Marilyn continuaba coleccionando amantes, asistiendo a fiestas y buscando su oportunidad. Eran, sin embargo, pocos los que no habían oído hablar de la nueva actriz rubia que causaba sensación por sus vestidos ajustados y su escote prominente. Fue en esa época cuando conoció a la estrella del béisbol, Joe DiMaggio. Ella tenía 25 años y él 37, y se acababa de retirar. Se enamoraron desde el primer momento a pesar de que ni ella sabía nada de béisbol ni él de cine. Pero Marilyn encontró en Joe al hombre protector que siempre había deseado, el hombre rudo, pero dispuesto siempre a estar a su lado. Pocas cosas tenían en común; Joe deseaba una familia tradicional y Marilyn necesitaba convertirse en una gran estrella. Él vivía en San Francisco y ella en Los Ángeles. El rechazo de Joe hacia el mundo del cine fue una piedra que acabaría bloqueando la historia de amor. Por el momento su noviazgo le hacía llenar columnas enteras de cotilleos en la prensa.

Con el escándalo de las fotografías desnuda, Marilyn tuvo que contraatacar contando su infancia como si fuera un cuento de Dickens; la suya había sido muy dura, pero ella supo edulcorarla todavía más. En ese tiempo seguía ocupándose de los gastos derivados de su madre, pero no mantenía contacto con ella. Nunca se desprendería de la culpa por el «abandono» de su madre y fue un peso con el que siempre tuvo que cargar.

Una mujer sensual en la meca del cine

Por fin llegó la película con una de las secuencias que la encumbraron definitivamente al olimpo de los elegidos. En *Los caballeros las prefieren rubias* (1953), de Howard Hawks, Marilyn realiza una inolvidable interpretación de la canción «Diamonds are a girl's best friend» que se ha convertido en todo un clásico y que la colocó para siempre como icono de rubia seductora y caprichosa. «Lo que más deseo es ser una gran estrella». Allí congenió con la actriz Jane Russell, que la ayudó a soportar sus inseguridades en el rodaje. Ella vio cómo Marilyn dependía de su profesora Natasha y cómo esta ejercía su poder hasta tal punto que era capaz de anular a la estrella: «Estoy segura de que Marilyn no la necesitaba en esta película... Ella habría estado bien sin ella, aunque solo necesitaba tener más confianza en sí misma». Marilyn triunfaba, pero no era pagada como una estrella. Por la película recibió sus quinientos dólares semanales y Jane Russell ganó ciento cincuenta mil. Fue el principio de una combativa lucha por su libertad y por ser pagada en proporción a sus resultados en taquilla. «Si ellos —Fox— no van a ser justos y agradables, siempre se puede salir. Puedo sobrevivir con muy poco. Después de todo, lo he hecho antes». Su siguiente película, ya como estrella consagrada, fue *Cómo casarse con un millonario* (1953), de Jean Negulesco; Marilyn recibía por entonces más de veinticinco mil cartas de admiradores a la semana y en cualquier sarao que acudía eclipsaba a todas tan solo pestañeando y mostrando su amplia sonrisa. Coincidió en el reparto con Lauren Bacall, a quien había conocido antes en el famoso restaurante Romanoff. Aunque no soportaba los retrasos en los rodajes y era terriblemente disciplinada..., lidió como pudo con Marilyn y sus llegadas tardías a plató: su impuntualidad fue algo que nunca falló a lo largo de su carrera... «No es fácil, a menudo irritante. Y, sin embargo, no podía no gustarme Marilyn. Ella no tenía maldad. Solo tenía que concentrarse en sí misma y el resto estar solo para ella». Bacall captó su necesidad de sentirse segura, con un marido protector, o una profesora dominante... «Había algo triste en ella, aunque quería le costaba confiar. No hacía ningún esfuerzo y, sin embargo, resultaba agradable. Creo que confió en mí y me gustó, como lo hubiese hecho con cualquier persona que la hubiese hecho sentir segura, a salvo».

Uno de los acontecimientos del año fue imprimir sobre el cemento los pies y las manos en el teatro Chino, en Hollywood Boulevard, junto a Jean Russell. Las dos vestidas de blanco posaron ante decenas de fotógrafos y pasaron a formar parte de la estela de estrellas que habían dejado su huella. Marilyn se había convertido en un símbolo de la América floreciente, de la mujer que deseaba gozar de su propia sexualidad y sensualidad, y no deseaba tener miedo a mostrarlo. El famoso y polémico informe de Alfred C. Kinsey dio la vuelta a la tortilla y proclamó a los cuatro vientos que las mujeres disfrutaban del sexo. Marilyn era pura sensualidad y sexo... Y Estados Unidos estaba cambiando respecto a ese tabú. Pero Marilyn comprobaba que a más éxito, más envidia. «Es curioso ver cómo, con el éxito, mucha gente te odia. Me gustaría que no fuera así. Sería fantástico disfrutar del éxito sin tener que ver la envidia en los ojos de los que te rodean». Marilyn tuvo que ver los ojos de envidia de quien fue su madre adoptiva, Grace McKee. Apenas mantuvieron relación, poca correspondencia, y, cuando se convirtió en una estrella, Grace no pudo soportar no compartir aquello que había construido con la pequeña Norma Jean. Tuvo un trágico final: murió sola, dominada por la tristeza de no compartir el éxito, y con la culpa de haber abandonado a aquella chiquilla y semiobligarla a casarse con tan solo 16 años. Marilyn apenas pronunció palabras sobre esa muerte, pero activó los demonios de una infancia dura y no resuelta.

Marilyn no estaba satisfecha con el trato que recibía de los estudios y en 1954, con 27 años, comenzó una dura batalla que terminaría por alterar los abusivos contratos a largo plazo entre los actores y el estudio. Joe y Marilyn estaban prometidos y sonaban campanas de boda, mientras la actriz luchaba por evitar un nuevo fracaso de taquilla en otra película que se veía obligada a hacer por el contrato con la Fox. El 4 de enero de 1954 la Fox suspendió a Marilyn por no presentarse al rodaje de *Pink tights*. Donald Spoto recoge de nuevo las palabras de la actriz sobre este tema en su libro: «Leí el guion y no me gustó. Ese papel no es adecuado para mí. Así de sencillo. Por supuesto, me gustaría recibir un aumento de sueldo, pero en este momento estoy más interesada en conseguir un buen guion para poder hacer una buena película». Diez días más tarde, el 14 de enero de 1954, se casaba con Joe DiMaggio en San Francisco. Cuentan que, del calor que hacía, las orquídeas que Marilyn aguantaba como ramo de novia se marchitaron y ella le pidió entonces a Joe que, si moría, fuese todas las semanas a su tumba a ponerle flores frescas. Una promesa que cumplió a la muerte de Marilyn durante veinte años.

Como gesto de buena voluntad hacia la recién casada, el estudio le levantaba el castigo, la volvía a poner en nómina y la invitaba a regresar al trabajo para rodar *Pink tights*. Se fueron de luna de miel a Japón y Joe comprobó que la estrella era su mujer. Apenas pudieron gozar sin estar rodeados de fans que deseaban ver de cerca a Marilyn. Para Joe, con una mentalidad tosca y machista, fue difícil soportar y aceptar la fama de su esposa. Tuvieron muchas broncas y cuando regresaron a San Francisco estaban ya muy lejos el uno del otro. Joe deseaba que Marilyn dejara el cine y a ella le molestaba esa postura. Marilyn estaba ascendiendo a toda velocidad, todos la deseaban y no dejaba de aparecer en titulares. Era muy consciente de la importancia de la buena relación con la prensa y de sembrar publicidad sobre su carrera y su vida. Por eso aceptó la propuesta de escribir su autobiografía, una práctica recurrente en las estrellas del momento que daba buena publicidad y cuantiosos ingresos. Se reunió con el guionista Ben Hecht y llegaron al acuerdo de que él haría de negro. Durante el mes de marzo se vieron en el hotel Beverly Hills y Marilyn se dispuso a contar su vida y sus impresiones sobre Hollywood con una sinceridad demasiado cruda para la fábrica de sueños. Así en el libro resultante, *My story,* puede leerse: «En Hollywood la virtud de una chica importa menos que su peinado (...). Pero no todo era completamente negro. Aún no. En realidad nunca lo es. Cuando eres joven y gozas de buena salud, el lunes puedes planear suicidarte y estar riendo de nuevo el miércoles». El libro no se publicó en su momento porque parte de su contenido, la mayoría, se avanzó en una revista; ella lo consideró una traición de Hecht que de esta manera impidió su publicación. El fotógrafo Milton Greene, y futuro socio de la productora de Marilyn, compró los derechos del libro, que no vería la luz hasta 1974, doce años después de su muerte.

Marilyn firmó un nuevo contrato con la Fox, aunque estaba decidida a encontrar una vía para poder hacer los papeles que ella quería. En su vida personal se mascaba mientras tanto el fracaso de su matrimonio. Tenían sensibilidades distintas y, aunque había una química muy grande entre ellos, Marilyn no estaba dispuesta a sacrificar su carrera por ser esposa de...

En 1954 el ritmo de Marilyn era frenético, mientras que Joe debía acostumbrarse a ser una estrella del béisbol retirada. Eran dos energías opuestas que cada vez resultaban más difíciles de llevar. Ese año rodó en Nueva York

La tentación vive arriba (1955), su primer trabajo con Billy Wilder, película recordada por la famosa secuencia de Marilyn con la falda blanca al viento encima de una rejilla del metro de Nueva York. Dos mil personas se agolparon para ver la secuencia en la puerta de Trans-Lux Theatre, en Lexington Avenue. La prensa se aglomeró para captar instantáneas del momento en que se levantaba la falda de Marilyn mostrando las bragas blancas y la ausencia de enaguas o combinación. Esas imágenes dieron la vuelta al mundo y fue un perfecto montaje publicitario para la película, pues, en realidad, la escena se volvió a grabar en el estudio porque había demasiado ruido para captar con excelencia el diálogo. Quien no encajó bien la trama publicitaria fue Joe DiMaggio, que se presentó a la mañana siguiente, corroído por los celos, y la golpeó provocándole varias magulladuras. Ese episodio representó el punto y final del matrimonio. Tras ocho meses Marilyn presentaba la demanda de divorcio alegando que había padecido un «intenso sufrimiento mental y angustia, y que la demandante no era responsable de los actos y conducta del demandado». Joe jamás se pronunció ni habló con la prensa respecto a Marilyn, ella siempre tuvo buenas palabras para él, pero consideraba que sus vidas eran incompatibles.

El divorcio con Joe también la llevó a querer divorciarse de la Fox definitivamente. Aprovechando la ambigüedad de algunas cláusulas del contrato y que había creado junto a Milton Greene la Marilyn Monroe Production (MMP), se anunció la retirada de Marilyn de Hollywood.

No quería volver a ser tratada de forma injusta por un jefe de estudio.

Barbitúricos y champán

Mientras buscaba un primer proyecto para embarcarse con la Marilyn Monroe Production, Marilyn comenzaba a buscar respuestas de sus demonios internos con el psicoanálisis, una terapia que no abandonaría a lo largo de su vida y que en muchos casos fue abusiva con ella. La actriz empezaba a tener problemas para conciliar el sueño y su endometriosis crónica le producía dolores menstruales difíciles de soportar si no era con sedantes. Se trasladó a Nueva York y recibió clases de Lee Strasberg en su famoso Actor's Studio, para meterse de lleno en el «método» de interpretación basado en aprender a utilizar todo lo que te ha pasado en la vida para construir el personaje. Por esta escuela pasaron grandes actores, entre los más destacados alumnos se encontraba Marlon Brando, quien confesó años más tarde haber mantenido con Marilyn una *affaire* intermitente durante años. «Marilyn era una persona sensible, incomprendida, mucho más perceptiva de lo que se supone en general. Teníamos una aventura amorosa y nos veíamos de forma intermitente hasta el día en que murió en 1962». Como si de una secta se tratara, los Strasberg adoptaron a Marilyn, que solía presentarse a altas horas de la madrugada en su casa. La aconsejaban sobre su carrera y compartían sus secretos más íntimos. Incluso Paula Strasberg se convirtió en la persona que guardaba las píldoras de Marilyn. Necesitaba dormir y comenzaba a tener serios ataques de ansiedad. En la década de los cincuenta, la proliferación de somníferos fue algo común. Muchas estrellas de Hollywood fueron víctimas del uso de hipnóticos y barbitúricos que mezclaban con alcohol para aumentar su efecto. En aquella época Marilyn comenzó a hablar de ella en tercera persona, era capaz de diferenciar a la perfección a la estrella que todos querían ver y a la pobre Norma Jean que habitaba en su interior y la atormentaba. Como narra Donald Spoto: «Truman Capote escribió acerca de una ocasión en que vio a Marilyn sentada durante un largo rato ante un espejo pobremente iluminado. Cuando le preguntó qué estaba haciendo, Marilyn respondió: Mirándola». En aquella época consumía demasiadas pastillas y demasiado champán. Su vida sentimental transitaba entre distintos amantes y la búsqueda del afecto seguro. «Sola. Estoy sola. Siempre estoy sola. Sea como sea», escribió Marilyn en uno de los cuadernos que siempre la acompañaban. Era un sentimiento que jamás la abandonaría por mucho afecto que encontrara, nada podía consolarla. Marilyn seguía manteniendo contacto con Joe, incluso se acostaban. Joe albergaba la esperanza de conseguir que la estrella le diera una segunda oportunidad, y estuvo a punto de lograrla, si no fuera porque se cruzó en el camino Arthur Miller. El 31 de octubre de 1955 llegaba la sentencia definitiva de divorcio con Joe DiMaggio.

Finalmente en 1956 la Marilyn Monroe Production firmó un nuevo contrato con la Fox con suculentos beneficios y nuevos proyectos, como *Bus Stop* (1956), de Joshua Logan, donde Marilyn haría uno de sus personajes icónicos, mezclando humor, ingenuidad y sensualidad, al interpretar a Chérie, la cantante de un club nocturno de mala muerte. Al mismo tiempo, la Marilyn Monroe Production comenzaba a trazar la grabación de una película en Inglaterra junto al gran actor Laurence Olivier. La condición del actor fue ser coproductor y dirigir la película. En el rodaje de *Bus Stop*, Marilyn dejó de contar con su profesora Natasha y decidió que fuera Paula Strasberg la que la guiara a partir de entonces en los rodajes. Marilyn seguía llegando tarde al plató, abusando de somníferos, necesitando sesiones de psicoanálisis y el apoyo de los Strasberg. Al mismo tiempo se refugiaba también en su nuevo amor, Arthur Miller, un exitoso dramaturgo, investigado por el macartismo por posibles colaboraciones con el comunismo. Su socio Milton Greene jamás vio con buenos ojos a la pareja, pues observaba en Arthur Miller cierto interés por meter mano en los proyectos de la Marilyn Monroe Production. Miller tenía que pagar una considerable pensión alimenticia a sus dos hijos (dieciséis mil dólares anuales), y hacía tiempo que no ingresaba dinero y no parecía que su sequía creativa fuese a terminar. Esta situación hizo que el escritor siempre mostrara su superioridad intelectual frente a Marilyn y delante de la gente. Necesitaba sentirse mejor que ella, moral e intelectualmente. A Marilyn le dolía que el dramaturgo la sermoneara como si fuera una rubia tonta. El 29 de junio de 1956 se casaron y Marilyn se convirtió al judaísmo, pocas semanas más tarde confesaría que había sido un error casarse.

Marilyn se fue a Londres, dispuesta a entregarse de lleno en su nueva producción, *El príncipe y la corista* (1957), dirigida por Laurence Olivier. El rodaje no resultó en modo alguno grato, pues Olivier no dejó de ridiculizarla durante el rodaje para marcar su superioridad escénica. Sintió la misma decepción que había experimentado con otros directores, como Billy Wilder o John Huston. El rodaje se convirtió en una guerra entre los dos, repitiendo escenas y abandonos continuados de Marilyn del plató en desacuerdo con lo propuesto por Olivier. Antes de comenzar una escena, Marilyn le preguntó a Olivier: «¿Cuál es mi motivación?», y Olivier le respondió: «Terminar sin balbucear tus líneas..., tratar de estar sexi». Esa humillación en público no se la perdonó jamás. Al tiempo que estaba viviendo un infierno en el plató, encontró un día el diario de su esposo abierto con una revelación que cambió para siempre su relación con él. Miller la consideraba responsable de su falta de creatividad, la veía además como una niña abandonada que carecía de personalidad y se arrepentía de haberse casado. La producción comenzaba a ser un desastre y Marilyn era un tren a punto de descarrilar. Para impedir el caos, decidieron dar rienda suelta al suministro de pastillas, sobre todo Milton, que era quien se encargaba de proporcionárselas. Sabían que la estaban destruyendo, lo más importante era sacar adelante el rodaje al precio que fuera. Marilyn entró en una depresión, en un delirio producido por la falta de amor y la certeza de que nadie la valoraba y todo el mundo se aprovechaba de ella. En ese estado se enteró de que estaba embarazada y esa era una de las cosas que más deseaba. Arthur no recibió de buen grado la noticia, la actriz quería terminar el rodaje cuanto antes..., pero sufrió un aborto natural. Laurence Olivier fue cruel con Marilyn, pero ella jamás mostró un mal sentimiento hacia él en público. «Mi odio hacia ella es una de las emociones más fuertes que he sentido», pero terminó reconociendo, aunque después de muerta, su talento: «Nada se podía hacer con aquella luminosidad, era imposible... Tal vez entonces estaba demasiado ocupado dirigiendo y no me di cuenta del enorme potencial que tuve a mi lado, hay momentos en que está maravillosa, creo que Marilyn era única».

1957 fue un año de reflexión y de permanecer apartada de la gran pantalla. Se refugió en un matrimonio que se tambaleaba, trataba de poner orden en la Marilyn Monroe Production y buscaba respuestas para la permanente infelicidad y descontento interior que sentía a través de cada vez más sesiones de psicoanálisis. Marilyn vivía al borde del abismo y seguía enganchada a esa doctrina. Entre 1957 y 1958 se refugió en la terapia, a la que acudía cinco o seis veces a la semana, y a sus sesiones con Lee Strasberg. Ese mismo año destituyó de la Marilyn Monroe Production al que había sido su socio Milton Greene por haber realizado una mala gestión y tratar de sellar acuerdos sin su consentimiento. Milton culpó a Miller de todo lo ocurrido, pues, como él mismo ya había sospechado años antes, el escritor quería controlar la carrera de su mujer y su patrimonio. Nunca volvieron a verse y ella se sometió a una última sesión de fotos para saldar cuentas con Milton.

Esas fotografías jamás vieron la luz, años más tarde Marilyn culparía a Arthur Miller de haberla alejado de su socio y amigo. Pero en aquella época Marilyn deseaba que su matrimonio funcionara y trató de salvarlo a toda costa. Apoyó a Miller en sus creaciones, se convirtió en ama de casa y aceptó con agrado que del cuento escrito para la revista *Esquire, Vidas rebeldes,* Arthur hiciera un guion cinematográfico.

Rebeldía y psicoanálisis, una mezcla explosiva

Marilyn necesitaba imperiosamente ponerse a trabajar; su vida se había convertido en un desierto que la sumía en una absoluta tristeza, que la llevaba a la ingesta de alcohol y pastillas. Había ganado ocho kilos y con tan solo 32 años todo parecía que se desmoronaba a su alrededor. Como caído del cielo llegó el guion de *Con faldas y a lo loco* (1959), su segunda película con Billy Wilder, y tan pronto como pudieron comenzaron los preparativos para el rodaje y el consecuente ataque de pánico tan característico de Marilyn, aunque de nuevo estuvo inolvidable como la cantante con ukelele Sugar Kane. «No resultaba fácil trabajar con Marilyn, llegaba siempre tarde y pedía una toma y otra y otra...», dijo Wilder. También Jack Lemmon, otro de los protagonistas de la película, recordó en el libro del crítico Mark Cousins, *Escena por escena:* «Cuando rodabas con ella sucedía algo increíble. Parecía que nada sucedía entre nosotros; era como si nos separara una pantalla de cristal..., era completamente diferente lo que sucedía entre ella y la cámara».

Marilyn consiguió exasperar a todo el rodaje con su obsesión con repetir escenas, además de saber que no se empezaba a rodar hasta que la actriz se sintiera preparada para enfrentarse a la cámara. En ese rodaje al mismo tiempo mantenía una *affaire* con Tony Curtis y se volvió a quedar embarazada. Tony Curtis recordó en sus memorias, *The making of Some Like It Hot,* cómo Marilyn reunió al actor y a Arthur Miller en una habitación de hotel para anunciar su embarazo: «Yo estaba aturdido. Simplemente me quedé ahí petrificado. Se hizo el silencio en la habitación y podía oír el ruido de las ruedas de los coches chirriando en el bulevar de Santa Mónica (...). A lo que Miller me dijo: "Acaba la película y sal de nuestras vidas"». Volvió a perder el bebé y quedó desolada ante lo que parecía su imposibilidad de ser madre. Marilyn jamás hizo público su *affaire* con Tony Curtis, ni con otros actores como Frank Sinatra o Marlon Brando.

Con faldas y a lo loco resultó ser la película más taquillera de 1959 y enseguida se metió de lleno en la comedia musical *El multimillonario* (1960), de George Cukor, junto al actor francés Yves Montand. «Junto a mi marido y Marlon Brando, creo que Yves Montand es el hombre más atractivo que he conocido jamás». Durante el rodaje vivieron una historia de amor que apenas duró unos meses, pero que terminó por hacerse pública. Acuciados en pleno rodaje por una huelga de guionistas que reclamaban mejores derechos, Miller fue al rescate del rodaje, haciéndose cargo del guion, a espaldas de Marilyn. Cuando la estrella se enteró, fue el final de su matrimonio; el defensor a ultranza de los trabajadores se había vendido por dinero. Marilyn lo dejó de admirar en ese preciso instante y era cuestión de tiempo que dieran por concluido el matrimonio.

Sin embargo siguieron juntos para llevar a cabo el proyecto de *Vidas rebeldes* (1961), de John Huston, en el que suponía que iba a convertirse en el papel más importante para Marilyn, el de la sensible Roslyn Tabor, rodeada de vaqueros crepusculares. Mientras sucedía, Marilyn cambió de psicoanalista y comenzó con Ralph Greenson una relación que acabaría convirtiéndose en obsesiva y ciertamente perjudicial para ambos, sobre todo para Marilyn. «Me miro a mí misma y me pregunto: ¿qué ha sido de mi vida? Se lo podría decir en dos palabras: a mí nadie me ha querido, no he vivido». Tenía 34 años, padecía de insomnio, era adicta a las pastillas y necesitaba imperiosamente el afecto y ser entendida. Se fue a Nevada con todo su séquito para embarcarse en la que iba a ser la película de su vida y que se convirtió en una pesadilla. *Vidas rebeldes* fue la última película que terminó. Arthur Miller y Marilyn apenas se hablaban y el escritor había introducido en los diálogos vivencias personales de la actriz que, no sin dolor, tenía que reproducir. El director John Huston, según cuenta Spoto en la biografía de Marilyn, enganchado al juego, se aprovechó de la debilidad emocional de Marilyn para disimular la deuda alcanzada con la producción y que impedía la continuación del rodaje. Para evitar ser descubierto, llamó a Greenson simulando verdadera preocupación por el inestable comportamiento de Marilyn y el excesivo consumo de pastillas. Solicitó que, por el bien de rodaje, la ingresaran en una clínica de reposo para que se recuperara y pudieran continuar. Marilyn fue internada en el hospital Westside, mientras Huston conseguía el dinero necesario para saldar su deuda. El rodaje fue un infierno para Marilyn, que solo contó con el apoyo de Clark Gable, con el que soñaba de niña que era su padre, y de Montgomery Clift, la única persona, que según la actriz, era más desgraciada que ella. Un día después de finalizar el rodaje Gable sufrió un ataque de corazón. Murió el 16 de noviembre de 1960 a los 59 años y a punto de convertirse en padre por primera vez.

1961 comenzó con la formalización del divorcio entre Miller y Marilyn, y para el bien de la promoción de la película la estrella acudió al estreno acompañada de Montgomery Clift.

Necesitó todo ese año para recuperarse de su divorcio y para encontrarle un valor a su vida. Estuvo internada en un hospital y sintió que la felicidad no era un estado para ella. Necesitó ver la oscuridad para darse cuenta de que deseaba vivir en la alegría y por ello decidió celebrar su 35 cumpleaños rodeada de amigos y dando muestras de su recuperación.

La amante del presidente

Marilyn alternaba diferentes historias, *affaires* que con los años han visto la luz, como la que protagonizó con Frank Sinatra, pero sin duda la que sonó con fuerza fue su aventura con el presidente de Estados Unidos, John Fitzgerald Kennedy. Se ha escrito mucho sobre su relación, sobre cómo Marilyn hablaba con sus íntimos de su historia con el presidente número 35. Incluso en el libro *Esos pocos días preciosos: el último año de Jack con Jackie,* su autor Christopher Andersen cuenta la escena de cómo Marilyn llamó a la Casa Blanca y habló con Jackie confesándole que mantenía una relación con el presidente y que le había prometido que iba a dejar a su familia, a lo que Jackie le contestó: «Marilyn, por mí, cásate con Jack, eso sería genial. Asume todas las responsabilidades de estar en la Casa Blanca y ser la primera dama, yo me voy y tú te quedas con todos los problemas». Pocos saben a ciencia cierta cómo fue su romance, lo mismo que el que mantuvo con su hermano Bobby Kennedy, entonces fiscal general del Estado. Se ha elucubrado mucho acerca de su romance con el hermano del presidente, incluso que pudo provocar la muerte de Marilyn. Todo, por el momento, se ha quedado en teorías de conspiración. En el libro de los periodistas Richard Buskin y Jay Margolis, *The murder of Marilyn Monroe. Case closed,* se da por cierta la teoría de que la actriz fue asesinada por encargo de Bobby Kennedy: «Bobby ordenó el asesinato poco tiempo después de que la actriz amenazara con organizar una conferencia de prensa para revelar al mundo el romance que mantenía al mismo tiempo con él y su hermano el presidente. Temeroso por su propia carrera política, la de su hermano y la reputación de la familia Kennedy, Robert decidió evitar esa conferencia de prensa a cualquier coste». Lo cierto es que no son pocos los que siguen creyendo que Marilyn no se suicidó, sino que fue asesinada. En 1972 la actriz Veronica Hamel y su esposo compraron la casa de Marilyn y, al querer hacer una remodelación, el contratista descubrió un sofisticado sistema de espionaje en todas las habitaciones de la vivienda. Este tipo de componentes era de uso exclusivo del FBI y la CIA, lo que dio mayor fuerza a los rumores de que era vigilada por los Kennedy. Apenas sabremos qué ocurrió con Marilyn realmente, pero lo cierto es que en esos momentos parecía irle bien a la estrella. Comenzaba un nuevo rodaje con George Cukor, *Something's got to give*. Aunque delgada, estaba más guapa que nunca y volvía a ser pretendida por su segundo marido, Joe DiMaggio, que nunca había dejado de quererla. Incluso estaban en los preparativos de su nueva boda con fecha incluida: el 8 de agosto de 1962. Tres días después de su muerte. ¿Acaso alguien con planes de boda se suicida? Por primera vez Marilyn deseaba hacerse cargo de ella misma y dejar las dependencias atrás. Hubo problemas con la película, se canceló, y los estudios de nuevo planeaban demandarla, pero Marilyn estaba, los que la vieron en la última etapa lo corroboran, más sólida que nunca, dispuesta a seguir adelante con sus planes y su vida. Así lo narra Donald Spoto: «Truman Capote —que estaba familiarizado con el tumultuoso mundo de las drogas— se sorprendió al descubrir que "ella nunca había tenido mejor aspecto... y había una madurez en su mirada. Ya no lanzaba risitas tontas". Como Marilyn dijo en aquel momento: "Existe un futuro, y no puedo esperar a que llegue"». Parecía que todos aquellos que durante tanto tiempo habían impulsado por interés la fragilidad, vulnerabilidad e incluso enfermedad de Marilyn deseaban seguir en ese *statu quo.* Pero Marilyn había decidido romper con las dependencias. Una de ellas y la más fuerte era la que tenía de su psicoanalista Greenson, que había traspasado todas las normas de lo profesional, no solo metiendo en su casa a Marilyn, sino involucrando a su propia familia con la actriz. También Marilyn había decidido deshacerse de Eunice Murray, su sirvienta y lacaya de Greenson. La última entrevista que Marilyn concedió, tan solo unos días antes de morir, fue al periodista Richard Meryman para la revista *Life,* donde más que nunca sus palabras fueron reveladoras: «Nada va a hundirme. Realmente me molesta la forma en que la prensa ha estado diciendo que estoy deprimida y en baja forma, como si estuviera acabada. Nada va a hundirme..., aunque podría ser un alivio terminar con el cine. Este tipo de trabajo es como correr los cien metros: enseguida estás en la línea de llegada, y suspiras y dices que lo has logrado. Pero en realidad nunca llegas. Enseguida hay otra escena y otra película, y tienes que volver a empezar».

Marilyn estaba deseosa por volver a empezar, volver a rodar y arreglar las cosas con el estudio para proseguir con las grabaciones de la película. Ya se habían producido reuniones de acercamiento y se hablaba de nuevos proyectos. Cierto que *Something's got to give* estaba condenada al desastre y los estudios comenzaron a ver salida si encontraban una razón para cancelar el rodaje y cobrar el seguro. Lo intentaron suspendiendo a la actriz por acudir a cantarle el «Happy Birthday» al presidente en su 45 cumpleaños. El 19 de mayo de 1962 Marilyn enmudeció a las quince mil personas reunidas en el Madison Square Garden. Con un vestido tan ceñido que apenas podía caminar, cantó entre susurros, para un entregado John Fitzgerald Kennedy que terminó su discurso de agradecimiento con unas palabras para la estrella: «La señorita Monroe ha abandonado el rodaje de una película para venir hasta el este y yo ya puedo retirarme después de oír un "Cumpleaños feliz" cantado de una forma tan dulce y propicia». Acallaba así las críticas sobre el tono de la actriz, demasiado sensual para cantarle a un presidente de Estados Unidos.

Una tumba con flores frescas

Marilyn seguía enganchada a las pastillas y puede que mezclara más de lo debido, porque continuaba teniendo severos problemas para dormir y dolores fuertes por su endometriosis. Existen diferentes versiones sobre lo que ocurrió la noche del 4 de agosto, pero parece que finalmente se ponen de acuerdo con que la muerte de la actriz fue provocada por un enema letal, una lavativa sedante de hidrato cloral, puesto por su sirvienta o por ella misma por prescripción de Greenson. Tal y como declararía Greenson, desconocía que había tomado con anterioridad Nembutal. Días antes le había pedido al psiquiatra Hyman Engelberg que dejara de administrarle Nembutal. No era la primera vez que había falta de comunicación entre los dos médicos. Está comprobado que la mezcla de los dos medicamentos puede ser mortal. ¿Fue negligencia médica? A lo largo de los años han salido a la luz testigos que hablan que durante cinco horas estuvo parada una ambulancia frente a la casa de Marilyn. Que cuando la policía llegó se encontró a la actriz completamente desnuda boca abajo, con señales evidentes de que el cuerpo había sido manipulado y que a las cinco menos cuarto de la mañana estaba una lavadora puesta. Según la autopsia, la muerte de Marilyn se había producido ocho horas antes de que la encontrara la policía. ¿Qué ocurrió durante ese tiempo? Hubo cambios en las versiones tanto de los doctores como de la sirvienta, Eunice Murray, que fue quien encontró el cuerpo. Se cree que cambiaron cosas para evitar un juicio como acusados de asesinato y simular así que fue un suicidio y no una negligencia médica. Los dos médicos apuntaron que Marilyn era bipolar y sufría de depresiones. ¿Tuvo el mismo día que murió una visita de Robert Kennedy y una fuerte discusión? Años más tarde la actriz Jane Russell declaró: «Después de la muerte de Marilyn, me encontré con Bobby Kennedy, que me miró como si yo fuera su enemiga». Marlon Brando nunca dejó de creer que fue asesinada: «... Nos veíamos de forma intermitente hasta el día en que murió en 1962. No me pareció que estuviera deprimida (...), estoy seguro de que no se suicidó. Siempre he creído que fue asesinada». ¿Asesinato? ¿Error médico? Jonh Huston se decantaba por una negligencia: «A Marilyn no la mató Hollywood. Fueron los malditos médicos quienes la mataron. Si era adicta a las pastillas, era porque ellos la hicieron adicta». Muy pocos son los que creen que Marilyn se suicidó. Tenía 36 años y estaba llena de vida y proyectos. Fue enterrada en la más estricta intimidad, deseo expreso de su futuro marido Joe DiMaggio, que se hizo cargo del funeral. Sonó la sexta sinfonía de Tchaikovsky y «Over the rainbow», una de las melodías preferidas de la actriz. Como los periódicos reflejaron al día siguiente, Joe se despidió de su amada con un: «Te amo, cariño, te amo». Durante veinte años Joe DiMaggio cumplió su promesa de llevarle flores frescas a su tumba en el cementerio de Westwood Village Memorial. La tumba de la actriz contaba con una sencilla lápida donde ponía tan solo: «Marilyn Monroe 1926-1962».

Se fue Norma Jean, la persona, el ser humano que habitó durante 36 años en uno de los iconos más grandes de todos los tiempos. Marilyn Monroe sigue viva entre nosotros. Uno de los primeros en inmortalizarla, poco después de su muerte, fue Andy Warhol con los retratos que hizo de ella, tomando como modelo una de las fotografías de promoción usadas para la película *Niágara* (1953), de Henry Hathaway. La convirtió en un símbolo de la cultura pop... Más de medio siglo después de su muerte no nos cansamos de su eterna sonrisa, su lunar sobre el labio, su mirada seductora y su cuerpo que sigue supurando sensualidad transgeneracional. Marilyn dejó su mayor herencia a sus mentores Lee y Paula Strasberg, fundadores de la famosa escuela Actor's Studio: los derechos sobre sus fotos, regalías de sus cintas, biografías y el manejo de su imagen a perpetuidad, que en efecto les ha generado millones en las últimas décadas. Muerto Strasberg, en enero de 2011

Ana Strasberg decidió dejar a CMG Worldwide y ceder los derechos a Authentic Brands Group LLC (ABG) por una cuantiosa suma de dinero. La revista *Forbes*, en el año 2015, cuantificaba las ganancias anuales *post mortem* de la estrella en diecisiete millones de dólares. Seguramente ya son muchos los que aunque llevan su imagen ignoran quién fue, cómo vivió, qué sintió e incluso qué películas hizo en ese Hollywood dorado que de dorado tenía bien poco. Al final Marilyn ha conseguido lo que soñaba: «No quiero hacer dinero, solo quiero ser maravillosa». Hizo fortuna y ahora permanece maravillosa a los ojos del mundo, que sigue rindiéndole pleitesía, devoción, admiración... Más allá de todo, más allá de ella. Ya lo explicó Marilyn con sus palabras: «Sabía que pertenecía al público y al mundo, no porque tuviese talento o fuese hermosa, sino porque nunca he pertenecido a nada ni a nadie más».

Capítulo 15

Maria Callas

Envidió una vida que jamás obtuvo

Nueva York, 1923-París, 1977

«No me hables acerca de las reglas, querido. Esté donde esté, yo hago las malditas reglas».

«El amor es mucho mejor cuando no se está casada».

«Primero perdí mi voz, luego perdí mi figura, después perdí a Onassis».

«La vida es dura, pero no se puede ir por el mundo sucio y desaliñado».

«Mi destino es tan grande que me aterra».

«Yo no necesito dinero, cariño. Yo trabajo para el arte».

«No querría matar a mis enemigos, pero les hago arrodillarse porque quiero, porque puedo, porque debo».

«Cuando mis enemigos dejen de murmurar enfurecidos, sabré que estoy perdiendo facultades».

Maria Callas envidió toda su vida lo que no pudo tener: amor absoluto. Quizá fue que lo quiso todo y todo lo que consiguió no fue suficiente. Rechazada al nacer, repudiada por su madre, abandonada por su padre y traicionada por el único hombre que amó... Llegó a lo más alto hasta consagrarse como La Divina, pero lo fue perdiendo todo, incluso la voz, su don más preciado. Su vida bien podría ser el argumento de una ópera: criada en el suburbial barrio del Bronx, con un talento prodigioso para el *bel canto,* un fuerte carácter y confianza en su poder, salió de la miseria con hambre de triunfo y con solo 20 años ya era una cantante conocida en Grecia. Nada era suficiente porque deseaba que el mundo se rindiera ante ella, sentir la adoración y el embelesamiento de todos y, además, que se la consintieran los caprichos que en la infancia no pudo tener. «No sé qué es un juguete, nunca he recibido ninguno». Se consagró como la mejor y desbancó a aquellas que pudieron hacerle sombra, como la diva soprano Renata Tebaldi. Maria quería ser la mejor y además convertirse en un icono de belleza y elegancia. Su madre jamás quiso a Maria Kalogeropoulos, la llenó de complejos por su físico, llamándola gorda y fea; de la Callas solo quiso el dinero, porque seguía sintiendo adoración por su otra hija. Ella no tuvo suficiente con llenar los teatros más importantes del mundo con su talento, necesitaba ser admirada. Deseosa de entrar en la alta sociedad, se volvió excesiva, desmesurada y tan egocéntrica como excéntrica. Perdió cuarenta kilos, se hizo diseñar una colección de vestidos creando a La Divina, y sorprendió al mundo al abandonar los escenarios por el amor a un hombre casado y una de las mayores fortunas del planeta: el armador griego Aristóteles Onassis. Los titulares sobre su vida, sus apariciones y desplantes arrinconaron la razón de su existencia durante años: su talento vocal. Ella recuperó un estilo y creó una nueva manera de interpretar la ópera que durante unas décadas el mundo parecía haber olvidado. La soprano Montserrat Caballé explica cuál fue la innovación de Maria Callas en el mundo de la ópera: «Maria Callas nos abrió una puerta que había estado cerrada. Tras ella dormían no solamente una gran música sino grandes ideas de interpretación. Nos ha dado la oportunidad de hacer cosas que habrían sido imposibles antes de ella. Nunca se me habría ocurrido que pudieran compararme con ella. No es justo. No soy tan grande».

La historia de amor con Onassis fue digna de una tragedia griega en la que jamás consiguió lo deseado: tenerlo para ella. Siempre fue compartido, pero nunca pudo ni abandonarlo ni olvidarlo. Se amaron intensamente y estuvieron rodeados de desgracias, como la muerte prematura del hijo de ambos, que mantuvieron toda la vida en secreto. Estaban casados cuando se conocieron, ella se divorció y él hizo lo mismo tiempo más tarde, pero para casarse con otra. Fue demasiado doloroso el puñal de la traición del hombre al que nunca dejó de amar. «Primero perdí peso, después perdí mi voz y ahora he perdido a Onassis». Maria Callas había perdido lo soñado, lo envidiado de un plumazo y aunque intentó reponerse fue una tarea demasiado complicada. Toda su vida había actuado para ser querida, para ser aceptada, para ser amada. Ni siquiera pensó que pudiera saborear las mieles de ese sacro sentimiento que enloquece a quien lo tiene. Se refugió en las pastillas, en los somníferos para dormir, en los recuerdos de una vida que ambicionó, perdió y la derrumbó. Volvió a cantar, pero apenas quedaba una sombra de lo que fue y ni el público ni, mucho menos, la crítica se lo perdonaron. Giuseppe di Stefano, el tenor que la acompañó durante su última gira, la definió sin fisuras: «Quiso mostrarse perfecta, la reina de la *jet set*. Quiso ser la mujer más bella del mundo, pero en lo más profundo de su ser vivía esperando el amor». Así fue como vivió... Alcanzó todo aquello que había deseado, pero no pudo retener el sentido de su vida: ser amada. Murió joven, apenas 53 años. Murió triste y sola, acompañada de sus perros y escuchando sus propias arias. No son pocos los que dicen que no murió de un paro cardíaco, sino que se dejó morir por una ingesta excesiva de somníferos y estimulantes. Fue como la protagonista de su ópera favorita, *Norma*.

Y así lo explicó: «¿Sabes por qué el papel de Norma siempre es el que más me ha gustado? Porque ella elige morir antes que dañar al hombre que ama, aunque la hubiera despechado».

La diva que nació del Bronx

Anna Cecilia Sophia Maria Kalogeropoulos nació el 2 de diciembre de 1923 en Nueva York. Fue un bebé grande, pesó cinco kilos y medio y llegó con el rechazo a cuestas. Sus padres, Yorgo Kalogeropoulos y Evangelia Dimitriadis, inmigrantes griegos, hacía unos meses que habían perdido a su hijo varón de 3 años llamado Vasili. Su madre —que adoptaría el nombre de Litza— deseaba un niño, pues veía como una bendición haberse quedado embarazada de nuevo. Pero llegó una niña, Maria. Se cuenta que Litza al enterarse de la noticia en el mismo hospital le dijo a la comadrona: «Una niña, pero si ya tengo una. ¡Llévesela!». Y se negó a abrazarla durante un par de semanas. Apenas se sabe si esta anécdota es leyenda o realidad, pero lo cierto es que Maria vivió en un hogar donde había poco amor y mucho rencor en un matrimonio que terminaría en divorcio. Yorgo, que cambió su nombre y apellido por George Callas para integrarse mejor en Estados Unidos, era boticario, mujeriego y soñador. La pequeña Maria era su preferida; su hermana Jackie, seis años mayor, la preferida de su madre. Litza fue una mujer deseosa de obtener una buena posición, dinero y lujos, jamás reparó en Maria, pues la solución a sus problemas económicos pasaba por conseguir un buen marido para su hija mayor, la más hermosa de las dos.

Los problemas económicos de la familia hicieron que durante un tiempo fueran mudándose de barrio, hasta llegar al Bronx. Nadie podía imaginar en aquellos años que Maria se convertiría en una diva de la ópera. «Es un profundo misterio que una chica del Bronx, educada en un ambiente sin inclinación a la ópera, se haya visto dotada de la capacidad de cantar el recitativo a la perfección. Tenía un sentido arquitectónico que le indicaba con toda precisión qué palabras debía acentuar en una frase musical y cuál era la sílaba exacta que había que subrayar en esta palabra», dijo años más tarde el director de orquesta Nicola Rescigno.

Maria comenzó tempranamente a dar muestras de su prodigiosa voz, algo que apenas valoraba su madre salvo porque pudiera reportarle beneficio económico. Su padre, al contrario, admiraba su canto desde que era pequeña. Ella se refugiaba en el canto y, según cuenta Alfonso Signorini en su biografía *Tan fiera, tan frágil,* su madre le regaló, como profesores de canto, tres canarios. «Tienes que convertirte en un ruiseñor. Aprende de ellos». *David, Elmina* y *Stephanakos* fueron sus compañeros de canto. Se pasaba horas observándolos, también era capaz de memorizar varias óperas y de comer compulsivamente, mientras su madre le recordaba lo fea y gorda que era y ofrecía a su hermana todo tipo de atenciones. También Litza compró una pianola y llevó a sus hijas a la biblioteca pública para que se ilustraran y afinaran su oído musical. Ella siempre había deseado triunfar como actriz y quería refinar a sus hijas en dichas artes. No tardó en darse cuenta del talento natural de Maria, a la que obligaba a cantar y ensayar todos los días, acompañada al piano por su hermana Jackie.

Litza no aceptaba su destino y despreciaba a un hombre que se había casado con ella prometiéndole caviar y ofreciéndole finalmente alfalfa. El *crack* del 29 hizo que la familia tuviera que vender la farmacia y buscarse la vida, intentando que su economía no descendiera más, algo muy difícil dada la situación del país. George, su padre, trabajó como vendedor ambulante de productos farmacéuticos y apenas estaba en casa, cada día soportaba menos a su mujer. Su madre no podía esperar a que sus hijas despuntaran como niñas prodigio en el país de las oportunidades y tampoco confiaba en que su marido encontrase la solución para dejar de vivir en el maldito Bronx. Ella era hija de un militar y, aunque no pudiente, sabía que podía aspirar a un futuro mejor. Por ese motivo, decidió abandonar Nueva York y emprender el camino de regreso a casa con sus dos hijas, separándose de su marido.

Una cantante entre nazis

En marzo de 1937 Maria, su hermana y su madre abandonaron Estados Unidos a bordo del transatlántico *Saturnina*. Durante el viaje Maria cantó para la tripulación canciones tradicionales, tenía 13 años, y su madre seguía empeñada en mostrar y explotar el talento de su hija ante cualquiera que tuviera delante, sin pensar en ella. Manuel Adolfo Martínez Pujalte, en su libro *Yo, Maria Callas: la ópera de mi vida,* recoge las palabras de La Divina sobre esta situación: «Una hija a la que se trata así envejece prematuramente. No hay derecho a privar a un niño de su infancia. Lo cierto es —como he manifestado en varias ocasiones— que solo me sentía amada cuando cantaba». Maria fue agasajada con flores y una muñeca. No sería más que un preludio de todos los regalos y muestras de cariño que recibiría a lo largo de su vida cada vez que cantaba.

Al arribar al puerto de Patras, las hermanas se dieron cuenta de que el destino sería muy diferente a como se lo había vendido la matriarca. El *crack* del 29 también había afectado al Egeo y había empobrecido a la familia de Litza, que se había visto obligada a vender prácticamente su patrimonio.

Ya fuera a través de un tío o de un tenor que se quedó maravillado al escuchar a la joven adolescente, conocieron a la profesora del Conservatorio Nacional, Maria Trivella, que se quedó prendada del talento de la muchacha y les ayudó para que fuera becada y pudiera estudiar allí. Litza hizo el resto: falsificar el documento de identidad para que en vez de 13 tuviera 16 años, la mínima edad para poder entrar. Maria se volcó en sus estudios, en la música, y en el canto para intentar colmar el vacío que le había dejado la ausencia de su padre, con el único que se había sentido reconfortada. Era una adolescente insegura, miope, con problemas de sobrepeso y acné que apenas recibía afecto de nadie. Por eso sabía que su única salida era convertirse en la mejor, en una grande de la canción, y no vivía para otra cosa. Por su parte, su hermana Jackie se había convertido en la novia-amante de Milton Embirikos, el hijo de una adinerada familia ateniense, que les ayudaba económicamente. El debut de Maria en la ópera llegaría el mismo año que Hitler emprendía su campaña para conquistar el mundo. En 1939 la joven se estrenó con éxito en el Teatro Olimpia de Atenas.

En esa época conocerá a una persona muy influyente en su carrera, la profesora de canto Elvira de Hidalgo, quien se quedó prendada por la calidad interpretativa de la Callas. «Como alumna era perfecta, dócil, inteligente. Trabajadora, en eso sí que era formidable. No me hacía falta repetir una frase dos veces (...)». Hidalgo se convirtió en la mentora de la joven, a la que vio como una futura gran soprano y la ilustró en el *bel canto*, algo que sería crucial para su carrera. Entró en el Conservatorio de Atenas y fue una alumna aplicada, prodigiosa y muy trabajadora. «Llegaba la primera y se iba la última. Escuchaba a todos los alumnos. Los sopranos, los tenores..., todos. Por eso tenía esa idea de cantar las notas agudas».

En abril de 1941 las tropas alemanas tomaron Atenas, imponiendo los nazis su régimen y todo tipo de atrocidades cometidas hasta el fin de la guerra. Se cuenta que durante aquella época Maria tuvo un romance con un militar italiano y que cantó para las jerarquías alemanas que le ofrecían alimentos y provisiones, tan importantes en aquella época de escasez y racionamiento. Manuel Adolfo Martínez

Pujalte cuenta cómo Maria se tomó aquel acontecimiento: «Fui injustamente acusada de haber actuado con complacencia ante las tropas ocupantes (...). ¿Era justo que se me tildase de colaboracionista? (...). Yo opino, y no lo afirmo como autojustificación exculpatoria, que no, y máxime si tenemos en cuenta las especiales circunstancias que concurrieron en aquel tiempo de frenesí apocalíptico». En cuanto Atenas recuperó su libertad, Maria fue despedida de la Ópera de Atenas por su fama de colaboracionista o quizá por venganza de algunos a esa joven oronda de carácter tan tenaz que aseguraba que se convertiría en una estrella de la ópera mundial. Maria, a sus 22 años, había conseguido cierto estatus en Atenas, pero deseaba mucho más y se había producido el momento adecuado para intentar conquistar otras plazas. Fue así como en 1945 se embarcó a bordo del *Stockholm* destino a su Nueva York natal. Hacía ocho años que se había ido, hacía ocho años que no veía a su padre. Y como recoge Martínez Pujalte en su libro *Yo, Maria Callas: la ópera de mi vida,* su llegada distó mucho de ser un sueño, y según La Divina dijo: «Me negué a estrenarme en América, porque no eran papeles de ensueño. Me tomaron por loca y me decía a mí misma que jamás encontraría una suerte parecida». No fueron nada fáciles las cosas en Nueva York. Maria se pasaba horas en audiciones para el Metropolitan sin apenas éxito, tratando de encontrar el camino para el triunfo sin tener suerte. Las cosas no fueron bien entre ella y su padre, pues este había rehecho su vida con una mujer mucho más joven, Maria desaprobaba esta nueva situación y esto la alejaba de él. No entendía cómo podía convivir con otra mujer estando todavía casado y teniendo a su hija de vuelta. Por si fuera poco, Litza retornó a Nueva York con dinero prestado para tratar de aportar a su hija el ánimo suficiente para que siguiera buscando la oportunidad que les sacara a todos de la pobreza.

Consiguió que un abogado norteamericano, Eddie Bagarozy, dedicado a representar jóvenes promesas de la ópera, la acogiera como una de sus representadas. Fue así como le llegó su primera gran oportunidad. Llevaba casi dos años en Estados Unidos pero tuvo que abandonar esa tierra y viajar a Italia, en concreto a Verona, para rozar su sueño. Giovanni Zenatello, director del Arena Festival de Verona, la contrató para interpretar *La Gioconda*. Antes de zarpar, Maria y Bagarozy firmaron un contrato de representación por diez años en el que estaba obligada a darle el 10 por ciento de sus beneficios y no firmar nada sin su consentimiento. Así, la propia cantante recuerda en un testimonio recogido en *Yo, Maria Callas: la ópera de mi vida:* «Dos semanas después de firmar aquel fatídico contrato —cuyas nefastas secuelas sufriría años más tarde en forma de pleitos— zarpé en el *Russia,* un carguero no precisamente confortable, rumbo a Nápoles».

LA LEYENDA DE LA DIVINA

Maria llegó por tren a Verona el 27 de junio de 1947 y se instaló en la modesta pensión Academia. Un viaje que no la encumbraría en el mundo de la ópera como ella deseaba, pero que cambiaría por completo el rumbo de su vida. Conoció a uno de los accionistas del festival, Giovanni Battista Meneghini, dueño de varias empresas de material de construcción, soltero, con poco atractivo, mucho dinero y adoración por la ópera. Maria tenía veintiocho años menos que él, 23 años, y pesaba noventa y cinco kilos, sin intención de rebajar uno solo. Aquella joven que estaba en Verona apenas tenía dinero para mantenerse ni para comer y viajaba además con muy poco vestuario. Se conocieron una noche en el restaurante Pedavena con toda la compañía. Battista los invitó a visitar Venecia al día siguiente; y ese fue el principio del idilio entre los dos, que terminaría en matrimonio. Battista se ofreció a sufragar los gastos de Maria en Verona y, como había hecho con otras jóvenes promesas, convertirse en su patrocinador. Maria aceptó que Battista se convirtiera en su mentor y representante. Antes del estreno internacional de *La Gioconda,* su futuro marido le regaló un pequeño óleo pintado sobre madera de Giambettino Cignaroli que representaba la sagrada familia. Desde entonces, como muchas otras supersticiones que fue acumulando con los años, ese óleo se convirtió en su amuleto de la suerte hasta el punto de que se negaba a salir a escena si no lo tenía con ella.

Después de *La Gioconda,* le ofrecieron representar *Tristán e Isolda* en la Fenice de Venecia, con gran éxito, y a continuación, *Turandot.* Esto supuso una gira por toda Italia, que le permitió forjarse pronto un nombre en las páginas de la lírica italiana. La historia de amor entre Battista y Maria se había fraguado con una fuerte oposición de la madre del empresario, la primera gran enemiga de Maria, pues veía en ella un interés económico y poco o nada de amor. Lo cierto era que la diferencia de estatus y de edad hacía que aquella pareja no fuera vista con demasiados buenos ojos por una sociedad veronesa conservadora y tradicional. Maria no estaba locamente enamorada de aquel hombre de 50 años, calvo y regordete, pero sí de tener al fin una figura paterna que tanto había necesitado para sentirse cuidada y el centro de atención.

En noviembre de 1948 estrenó en el teatro de Florencia la ópera que, sin lugar a dudas, marcaría un antes y un después en la carrera de Maria: *Norma*, de Bellini. Fue la primera vez que Luchino Visconti vio a Maria Callas, desde entonces, cuenta ella misma, nunca dejó de enviarle flores al camerino, alabando su talento y hermosura. Entre ellos, con el tiempo, no solo se forjó una profunda amistad sino una historia de amor, a pesar de la reconocida homosexualidad del cineasta.

Maria seguía insistiendo en la necesidad de contraer matrimonio con Battista, pues su historia debía estar en orden de cara a la sociedad. Él, aunque con la oposición de la familia, lo deseaba tanto como ella, pero debían salvar ciertos impedimentos, como convertir a Maria al catolicismo. Los retrasos burocráticos hicieron que la pareja se impacientara, sobre todo Maria, que debía partir a Argentina para actuar durante tres meses en el reconocido teatro Colón e iniciar la conquista de las Américas.

El jueves 21 de abril de 1949 la pareja se casó en la más estricta intimidad y sin la asistencia de las familias en la parroquia de San Fermo, en presencia solo de dos testigos. Una boda rápida, sin banquete ni luna de miel. Al final se había convertido en Maria Meneghini Callas. Enseguida partió a Argentina, con la maleta hecha, el anillo de casada y la soledad de compañera. La vida no fue fácil para Maria, que regresó sin el deseado triunfo a cuestas, pero con la agenda llena para todo un año por Italia, gracias a la labor de agente de su marido.

Poco a poco Maria fue ganando seguridad en sí misma y convirtiéndose en la Callas, a la que llamarían La Divina. Por su fuerte carácter también fue apodada La Tigresa. Cantó en la Scala de Milán, pero solo para sustituir en *Aída* a la gran estrella y rival Renata Tebaldi. Poco después vivieron uno de los más sonados duelos en la Scala: Renata/*Wally,* Maria/*Medea,* Maria/*Don Carlo,* Renata/*Otelo.* La Callas salió vencedora y se convirtió en la reina de la Scala. En una entrevista para *Time,* cuando le preguntaron: «¿Qué piensa usted de las comparaciones con Renata Tebaldi?». La Divina respondió sin pestañear: «No se puede comparar el champán con el coñac ni con la Coca-Cola». Tebaldi años más tarde afirmó en una entrevista también para *Time:* «La señora dice que yo no poseo espina dorsal. Yo poseo algo muy grande que ella no tiene: corazón».

Maria no encontraba la ansiada plenitud, seguía queriéndolo todo y deseaba, desde que había visto *Vacaciones en Roma* (1953), de William Wyler, con Audrey Hepburn como protagonista, convertirse en una diva estilosa, admirada no solo por su talento, sino también por su elegancia y belleza. Necesitaba perder peso fuese como fuese y encontró el método adecuado que muchas estrellas de la época utilizaron, que contaré unas líneas más adelante.

Viajó a Nueva York y se encontró de nuevo con su familia, con los celos de Litza, su madre, que tan solo deseaba devorar el éxito de su hija y que, para decepción de Maria, seguía prefiriendo a su hermana Jackie. «Mi hermana era delgada, hermosa y con carisma. Mi madre siempre la prefirió a ella. Yo era el patito feo, gorda, tosca y con pocos amigos. Es cruel hacerle sentir a una niña que es fea y poco querida... Yo nunca la perdonaré por quitarme mi niñez». Apodada La Divina, ella comenzó a obsesionarse con bajar de peso y de ahí la leyenda o realidad de que Maria Callas se tomó los huevos de la tenia. Tal y como cuenta Alfonso Signorini en la biografía *Tan fiera, tan frágil,* la Callas se puso en contacto con el doctor Lantzounis, que le contó que en Hollywood había dos métodos extremos para adelgazar: tomar cocaína antes de las comidas, porque reducía el apetito, y el remedio que habían elegido Rita Hayworth o Greta Garbo: ingerir unos huevos de un parásito llamado tenia. El gusano de la solitaria se colocaría en el colon y se dedicaría durante meses a comerse los nutrientes. La leyenda dice que se tomó los huevos con una copa de champán. La realidad, que años más tarde confesaron algunos allegados a la cantante, fue que su adelgazamiento se llevó a cabo por un tratamiento hormonal que consiguió modificar el metabolismo de la cantante. En 1953 consiguió adelgazar treinta y seis kilos para sorpresa de su público, que llegó a pensar que estaba enferma.

La Divina necesitaba transformar su imagen y recurrió a la diseñadora italiana Elvira Leonardi Bouyeure, conocida como Biki, con su *atelier* en Milán. Ella fue la encargada de transformar a una estrella de la ópera de provincias en una diva internacional. La diseñadora confesó en su momento, según recoge el libro *Maria Callas: the woman behind the legend*, de Arianna Huffington: «Ella no es muy hermosa, pero posee aquello indescriptible que poseen otros animales como la liebre, el águila o el caballo». La diseñadora ideó para la Callas todo su vestuario, sus vestidos largos, los bañadores que lució junto a Onassis, sus clásicos abrigos..., la enseñó a vestirse, a comportarse con elegancia y a convertirse en un referente como ella siempre había deseado. Su imagen sofisticada estuvo acompañada siempre de la colección de joyas que fue adquiriendo. Su marido solía obsequiarla con una antes de un estreno y para ella se convirtió en otra superstición. Su diseñador fue el mismo que realizó las joyas para *La Gioconda*, el artesano milanés Ennio Marino Marangoni. Su extensa colección de joyas ha sido, décadas después de su muerte, motivo de noticia por protagonizar sonadas subastas que llegaban hasta los dos millones de dólares.

Aunque Battista la mimaba, la agasajaba con regalos y se ocupaba de la gestión de conciertos y patrimonio, ellos convivían sin intimar sexualmente, con la música y la carrera de ella como motor. La Divina estaba en la cresta de la ola. Era recibida y aplaudida allí donde actuaba como una gran estrella. Vio su sueño cumplido cuando cantó *Norma* en el Metropolitan de Nueva York. En 1956 protagonizó su primera portada de *Time* como la mujer del año. En aquella época Maria también estaba enfrascada en un pleito con el que fue su primer mánager —al menos en un contrato firmado—, Eddie Bagarozy, que reclamaba sus honorarios atrasados. La diva tuvo que pagar una considerable suma de dinero, aunque no el 10 por ciento de sus ganancias durante aquellos diez años. Lo curioso del tema fue que el abogado jamás llegó a percibir la cantidad acordada porque murió en un accidente de coche antes de cobrarlo.

Maria hizo finalmente un tándem profesional con el director Luchino Visconti, del que se enamoró y jamás pudo entender su homosexualidad. Por aquel entonces el director mantenía una relación con Leonard Bernstein. Hicieron distintos montajes para la Scala de Milán con sobrado éxito de crítica y de público. De Visconti aprendió maneras refinadas y se percató de que su matrimonio hacía aguas. No le importó darse cuenta de que ya apenas sentía nada por su marido, necesitaba seguir escalando y ganarse el reconocimiento del público fuera y dentro del escenario. Así conoció a la famosa periodista americana, *influencer* y organizadora de eventos Elsa Maxwell. Ella era una mujer poderosa que sabía reunir a la crema de la alta sociedad. Se ha dicho que nadie sabía entretener a los ricos y poderosos como ella. Se codeó con todas las celebridades de la época y la mayoría la temían por su viperina columna de *gossips*. Su relación con Maria Callas fue de absoluta obsesión por parte de Maxwell. Se dice que se enamoró perdidamente de la diva y la acompañó por medio mundo, incluso que llegó a comprar la mitad de las entradas de un teatro en el que Callas iba a actuar con menor éxito de lo esperado. Ella no solo fue repudiada por La Tigresa, sino que se vio obligada a desmentir los rumores de un posible romance entre las dos. Eso sucedería años más tarde, pero fue en una de esas grandes fiestas que organizaba la norteamericana donde Maria conocería a Aristóteles Onassis.

La cantante y el armador, una tragedia griega

En honor a la recién estrenada amistad entre la periodista y la cantante, el 3 de septiembre de 1957, Maxwell organizó una fiesta de máscaras en el hotel Danieli en Venecia. Acudieron más de ciento cincuenta invitados, entre ellos Aristóteles Onassis acompañado de su esposa Tina Livanos. Maria Callas tenía 33 años, Onassis veinte más que ella. Estuvieron charlando en griego toda la velada, conectaron, pero sus vidas no volverían a cruzarse hasta un año más tarde.

Maria comenzaba a notar el agotamiento después de tantos años sin apenas descansar. Había cancelado algún concierto por motivos de salud, pero la primera alarma llegó en el Teatro dell'Opera di Roma el 2 de enero de 1958. Se había despertado sin apenas voz, pero fue obligada a salir al escenario. Aquel día acudía el presidente de la República italiana, Giovanni Gronchi. Debía cantar *Norma* y en el segundo acto la voz se le quebró. Ante el silencio de la platea, Maria Callas abandonó por primera vez un escenario. El concierto se canceló y la crítica lo tomó como un desprecio de la diva al presidente. Ese hecho provocó la furia de los italianos y Maria comenzó a ser abucheada a las puertas de cualquier teatro italiano.

En el concierto que ese mismo año dio en el Covent Garden de Londres interpretando de manera soberbia a *Medea,* apareció Onassis solo. Habían coincidido de nuevo hacía poco en un concierto benéfico en París y se cuenta que desde entonces el armador estuvo empeñado en conquistar a la cantante más famosa del mundo. Después del concierto organizó una fiesta en honor a la soprano, había inundado el salón de baile de rosas rojas. Sin perder ocasión, invitó al matrimonio a un crucero por el Mediterráneo a bordo del *Christina* en julio de 1959.

A regañadientes por parte de Battista, la pareja aceptó la invitación, y fue allí donde surgió el amor pasional entre la cantante y el armador. Un amor que duraría hasta el final de sus días y que muchos consideraron el motivo por el que la Callas perdió su voz, su carrera y su prestigio como cantante. El crucero duró tres semanas. Meneghini pasó buena parte de él mareado, sin apenas entender una palabra, puesto que no hablaba inglés, y deseando bajarse en cualquier puerto. A bordo de él también estaban Winston Churchill y su mujer, lady Clementine. Onassis vivía desde hacía un tiempo una seria crisis matrimonial, su mujer mantenía una relación con el joven *playboy* adinerado Reinaldo Herrera. Pero el armador se negaba a divorciarse por la familia y por las apariencias. Maria Callas y él compartieron confidencias a bordo del yate hasta altas horas de la madrugada, cuando el resto de la tripulación dormía. Descubrieron que tenían muchas cosas en común y que la fuerza por vivir los había convertido en unos supervivientes exitosos. A bordo del *Christina* no pudieron evitar dar rienda suelta a la pasión, algo que Battista advirtió desde el principio: «Parecía como si el fuego los devorara a los dos». No son pocos los biógrafos que apuntan que, después de pasar la primera noche juntos, Maria entró en el camarote y le dijo a su marido: «Lo nuestro terminó, estoy enamorada de Aris». Al descender del yate, la prensa ya estaba enterada del romance de Onassis con Maria Callas y de que el matrimonio de la diva estaba roto. No fueron pocos los titulares que llenaron hasta que se consumó el deseado divorcio. En el libro que publicó su primer marido, después del fallecimiento de la cantante, *My wife, Maria Callas,* este llegó a afirmar que ella decidió abandonarlo y «unirse al fascinante tren de vida del millonario griego antes que seguir ligada a un hombre como yo, chapado a la antigua y viejo (...). Quería abrazar la vida, sentirla en su piel, pero esa fue su ruina». Su separación no fue tarea fácil, puesto que en Italia no existía el divorcio. En su libro *Divas rebeldes,* Cristina Morató recoge la anécdota que supuestamente vivieron Meneghini y Onassis en la casa del empresario italiano en Verona en la que el armador llegó a ofrecerle una cuantiosa suma de dinero para que liberara a Callas: «Soy un desgraciado, soy un asesino, soy un ladrón, soy un impío, soy el ser más repugnante de la tierra..., pero soy millonario y déspota, así que no renuncio a Maria».

El proceso para conseguir el divorcio legal de su primer marido duró mucho tiempo, pero a Maria no le importaba lo más mínimo, no le importaba apenas nada más que estar al lado del hombre que la había despertado al amor y a la pasión que jamás había conocido. Su vida había cogido un rumbo inesperado; Maria estaba pletórica porque finalmente había alcanzado lo que más había envidiado y apenas había rozado: el amor con mayúsculas. Ella se dedicó en cuerpo y alma a su amado que, aunque seguía casado, ella aspiraba a que muy pronto fuera suyo para siempre. Maria comenzaba a tener serios problemas con su voz, La Divina ya no sonaba de la misma manera. En cierta ocasión llegó a decir: «El destino me ha encumbrado tanto que la caída será terrible». Maria decidió reducir sus compromisos, deseaba dejar vivir a Maria y abandonar por algún tiempo a la Callas. Años más tarde se descubrió que Maria se había quedado embarazada de Aristóteles y que en el octavo mes de gestación sufrió un parto prematuro y el bebé apenas vivió dos horas. Nicholas Gage confirmó el hecho en su libro *Fuego griego,* donde afirma que toda la vida se lamentaría de ello: «Con la muerte del bebé la Callas perdió el arma más importante en su lucha por mantener a Aris para siempre a su lado». Maria lo enterró en el cementerio de Milán y lo llamó Omero Lengrini y durante toda su vida visitó asiduamente su tumba. Cuenta Alfonso Signorini en su biografía que la diva tuvo que ponerle otro apellido a petición del armador, quien desde el principio renunció a ese hijo por considerarlo un bastardo, fuera de matrimonio, y para evitar el enfrentamiento con las personas que más adoraba: sus dos hijos, Alexander y Christina.

Maria intentó volver a los escenarios, consciente de que su voz la estaba abandonando, de la mano del director y amigo Franco Zeffirelli. «Para mí, Maria es siempre un milagro. No se la puede comprender ni explicar. Maria puede girar de la nada al todo, de la tierra al cielo. ¿Qué es lo que tiene esta mujer? No lo sé, pero cuando se realiza el milagro, Maria es un nuevo ente, es como si poseyera una nueva alma».

La artista fue invitada a participar en el concierto homenaje del 45 cumpleaños del presidente Kennedy en el Madison Square Garden. Ella sabía el interés que tenía Onassis de relacionarse con los Kennedy y ampliar sus negocios e influencia en Estados Unidos.

A partir de 1963, después de que el armador hubiera invitado a la esposa del presidente John Fitzgerald Kennedy y a su hermana a pasar unos días en el *Christina,* las cosas ya no fueron como antes. El asesinato de John Fitzgerald Kennedy lo cambió todo. Los viajes de Onassis a Estados Unidos eran frecuentes. Los meses iban pasando y se rumoreaba que el armador había puesto sus ojos en la viuda de América: Jacqueline Kennedy. A pesar de las continuas discusiones que Onassis y la Callas sufrían, siempre se producía una pasional reconciliación. En ocho años de relación, poco quedaba de La Divina y mucho de una mujer insegura, entregada por completo a su amor y que era capaz de dejar de hacer cualquier cosa por él. Su voz había desaparecido y su personalidad estaba totalmente abnegada a él. Ella siempre confiaba en que un día se casaría con él, a pesar de todo, porque lo amaba como jamás volvería a amar a nadie. Una semana antes de enterarse de la boda entre Onassis y Jackie, Maria le envió esta misiva: «(...) Esto no es una carta de una niña, aquí hay una mujer herida, cansada y famosa que te ofrece los sentimientos más frescos y más jóvenes que nadie haya sentido jamás. No lo olvides nunca y estate siempre cerca, igual de cariñoso como en estos días en los que me has hecho sentir la reina del mundo. Amor mío. Necesito tu cariño y tu ternura. Soy tuya. Haz de mí lo que quieras».

Maria Callas se enteró por la prensa de que Aristóteles Onassis se iba a casar con la viuda del presidente de Estados Unidos. Onassis no pudo evitar cazar a la mujer más admirada, al símbolo de Norteamérica. Era prestigio y acumular más poder, al fin y al cabo la Callas ya era una cantante venida a menos. Era la mujer que amaba, pero su ambición pudo más que el amor. Todo el mundo sabía que era un matrimonio de conveniencia, todo el mundo sabía que la Callas había sido abandonada por un apellido. El 20 de octubre de 1968 Onassis y Jackie se casaban en la isla de Skorpios. Maria no pudo evitar ver los detalles de aquella traición, pegada al televisor, con el corazón roto y el alma con una tristeza que no la abandonaría jamás. «No debo hacerme ilusiones, la felicidad no es para mí. ¿Es demasiado pedir que me quieran las personas que están a mi lado?». Aquel mismo día se armó de valor y acudió al estreno de la película *La mosca tras la oreja* (1968), donde la prensa la estaba esperando expectante. Maria se había quedado en casa llorando y sumida en el más absoluto desconsuelo; había salido a la calle la Callas, La Trigresa que no iba a dejar que nadie la aplastara, y con una breve declaración lo dejó todo dicho: «Me alegro mucho por los novios. Y quisiera felicitar muy especialmente a Jacqueline Kennedy. Ha hecho muy bien en dar un abuelo a sus dos hijos».

El armador tardó poco tiempo en darse cuenta del gran error que había cometido, pero la Callas no quería saber nada de él. Durante un par de años rechazó sus llamadas, sus ruegos, su necesidad de hablar con ella. Callas retomó su carrera, hizo la película *Medea* (1969) dirigida por Pier Paolo Pasolini. La película fue un fracaso pero sirvió para que entre Callas y Pasolini surgiera un amor platónico lleno de confidencias y viajes. Ella se enamoró de él, pero el director era homosexual y jamás aceptó las propuestas de la diva. Entre ellos surgió un amor imposible, lleno de misivas, de correspondencias y confidencias.

CON EL CORAZÓN ROTO

Maria Callas decidió refugiarse en el canto, dando clases a alumnos avanzados en la Juilliard School de Nueva York, y realizó una gira internacional junto al tenor Giuseppe di Stefano. La última de su vida que terminaría con un concierto en Sapporo, con críticas crueles difíciles de olvidar para un ser tan tremendamente perfeccionista como la Callas.

Onassis, que se había dado cuenta del error que había cometido al dejar a Maria por la fría Jacqueline, seguía intentando recuperarla. Se presentaba en su apartamento de París, le enviaba flores, la llamaba por teléfono... Maria jamás lo perdonó, pero no pudo evitar abrirle la puerta y volver a ser amantes. Maria lo compartió con otros, jamás volvió a tenerlo en exclusividad. Aunque lo amaba con toda su alma, el orgullo de la traición impidió que volvie ra a confiar en él. El 22 de septiembre de 1973 la vida le asestó a Onassis un golpe difícil de superar: la muerte de su primogénito, Alexander, en un aparatoso accidente de avión. No volvió a ser el mismo, y la tristeza, el peso de la culpa y el abandono lo convirtieron en un espectro de lo que había sido: uno de los hombres más poderosos y temidos del mundo. Onassis comenzaba a sufrir los estragos de su enfermedad: miastenia gravis, un trastorno neuro-muscular que provoca debilitamiento muscular grave. Incluso llegó a ponerse un esparadrapo sobre los párpados para poder mantener los ojos abiertos. La salud del armador se fue deteriorando rápidamente; seguía casado con Jacqueline, pero apenas mantenían ninguna relación. Con un enfisema pulmonar y diversas crisis de salud, su hermana decidió hospitalizarlo en París para que estuviera cerca de quien él deseaba: su amada Maria Callas. Hacía menos de un año había perdido a su hijo y le quedaba poco tiempo de vida, se le escurría en cada entrecortada exhalación, pero necesitaba ver a Maria. La diva, una mujer de 52 años, sufría de nuevo en silencio por no poder acudir al hospital a encontrarse con el amor de su vida, ya que no era nadie para los hijos de Onassis y la esposa era Jackie. Según cuentan, tuvo dos horas para despedirse de él, para estrecharle la mano y confesarle que seguía amándolo como el primer día. Que no había dejado de quererlo ni un solo instante. No son pocos los que dicen que él murió pronunciando su nombre, aunque es cierto que la leyenda pueda mandar más en este final.

Maria no pudo quedarse en París, no quiso esperar a recibir la noticia de la muerte de su amado. Necesitó alejarse, irse hasta Florida para desplomarse y cobijar la tristeza una vez que se enterara de su fallecimiento. El 15 de marzo de 1975 a la edad de 75 años murió en París el armador griego. En la capilla ardiente, instalada en el Hospital Americano de París, cuentan que el féretro del armador fue cubierto por una manta roja de Hermès que le había regalado la Callas en un cumpleaños. Fue enterrado en la isla de Skorpios.

Maria se encerró en su apartamento de París en compañía de sus perros y de sus criados, escuchando sus propias arias y sintiendo que su vida se detenía a machetazos. Al poco llegaron muertes sentidas, como la de Luchino Visconti o la de Pier Paolo Pasolini. Maria se había convertido en una leyenda en vida, apenas una sombra de lo que fue... No podía conciliar el sueño si no era con somníferos... Todavía hoy la gente se debate entre si la vida la abandonó o ella decidió abandonar esta vida. Era joven, tenía 53 años, pero poco le quedaba ya por vivir: abandonos, miseria, éxito, amor, desamor y muertes. La ilusión por la vida se le había desvanecido y una tenue estela quedaba de lo que fue.

La mañana del 16 de septiembre de 1977 Maria Callas fue encontrada muerta en el suelo del baño con los brazos extendidos. Cuando se dio la noticia, trascendió que la diva había fallecido a causa de un ataque al corazón. El cuerpo fue rápidamente incinerado y las cenizas esparcidas por el Egeo, tal y como era su voluntad. No son pocos los que creen que el corazón de Maria, que había dejado de latir años antes, se había parado por un cóctel de barbitúricos. Cuatro años después de la muerte de la diva, el que fue su primer marido afirmó en su libro *My wife, Maria Callas* que estaba convencido de que Maria se suicidó por la insoportable soledad y el sobrepeso de la decadencia de lo que fue. Así planeó durante años la duda, pero últimamente se ha revelado que la diva sufría dermatomiosite, una rara enfermedad degenerativa que acabó con su voz y deterioró su salud.

Durante años la leyenda de una muerte por amor, por tristeza y soledad aumentó el mito de la diva que lo tuvo todo, menos lo que más envidió: el amor absoluto, solo para ella. Traicionada por los suyos, en los setenta su madre escribió un libro sobre su hija que la Callas jamás quiso leer; su hermana intentó triunfar como cantante aprovechando la estela de su hermana y su padre hizo lo que pudo por recuperar la estima de una hija que jamás perdonó que la abandonara cuando solo era una niña. Ella misma reconocería que la ausencia paterna fue una de las principales razones de su desequilibrio emocional. Tuvo la fuerza de un ciclón, subió de la miseria a lo más alto y lo perdió todo en el preciso instante en que la vida le ofreció las mieles de lo deseado: el amor. Nada tenía sentido sin él, sin ese hombre que la poseyó, la amó, pero la rechazó por conseguir más poder. Toda su vida fue un drama operístico con un final digno de ser representado en los grandes escenarios del mundo. Nadie sabe qué ocurrió realmente para apagar la luz de la más grande cantante de ópera del siglo xx. Apenas importa porque el mito, la leyenda, permanece ya en el mundo: su amor inalcanzable y eterno, el cuento del patito feo que se convierte en cisne, la pérdida de su voz..., la mujer que buscó la felicidad como una tigresa y se le escurrió sin poder evitarlo. Quizá muchos no sepan de su vida, pero al ver una fotografía suya la reconocen: ¡Maria Callas! Nadie la ha sustituido, nadie ha podido situarse por encima de ella. La Divina, La Tigresa, la Callas... abandonaron en vida a Anna Cecilia Sophia Maria Kalogeropoulos. Maria Callas en una ocasión dijo: «Solo mis perros no me traicionaron». Quizá ella misma fue la primera en traicionarse...

VII. Ira

> «Cadens sol non occidat super
> iracundam vestram».
> («Que el sol no se ponga sobre vuestra ira»).
>
> EFESIOS 4, 26

Sigmund Freud, el padre del psicoanálisis, aseveró que los seres humanos nacemos con una capacidad innata para el amor, pero que la ira y la hostilidad aparecen cuando la necesidad de amor no puede ser satisfecha. Como pecado capital, la Iglesia hace referencia a la ira como un «sentimiento no ordenado ni controlado de odio y enfado». La ira contiene parte de nuestros brotes de irracionalidad que nos aprieta el alma y provoca enojo, enfado y rabia. Dejarnos llevar por ese sentimiento nos puede arrastrar a brotes de violencia sin límite, a golpes sobre la mesa, a un aumento del ritmo cardíaco y al resentimiento hacia nosotros mismos, hacia alguien o hacia el mundo.

Sin embargo, debe ser, como el resto de los pecados, exteriorizado y no almacenarlo en nuestro interior, porque, como la mala hierba, si no la cortas no para de crecer. William Blake lo definió a la perfección en «El árbol envenenado»:

> «Estaba airado contra mi amigo;
> le mostré mi ira, y desapareció.
> Estaba airado con mi enemigo;
> no se lo dije y la ira creció».

Los dioses griegos del Olimpo dan buena muestra de comportamientos iracundos: Zeus con sus rayos o Poseidón agitando las aguas cuando alguien lo estorba. Si es propio de ellos, los inmortales, los que vivimos en pecado no podemos evitar el considerado quinto pecado capital. Debemos honrarlo de la misma manera que hacemos con el resto, conocerlo y conciliarnos con él. Si bien es cierto que la ira suele dejarnos una estela negativa, de sabor amargo e insaciable, siempre tiene una connotación relacionada con la justicia y la verdad.

Es muy fácil mirar en uno mismo y también alrededor y reconocer los brotes de ira o aquellos que se dejan llevar por ese pecado con la misma pasión que otros por la lujuria, la envidia o la soberbia. La ira es como una culebra que se mete por las venas, y es capaz de estrangular cualquier asomo de raciocinio. En los más bajos fondos están el odio, la rabia e incluso la tristeza. Horacio definió la ira como: «Una locura de corta duración», un chispazo que una vez encendido es difícil apagar.

¿Quién no ha sentido cómo el gusano de la ira asoma la cabeza ante un daño, una mala actitud, una contrariedad o una injusticia?

A veces he sentido cómo mis pulsaciones se aceleraban, mi mandíbula se apretaba y, sin poder contenerla, la ira se ha apoderado de mí en forma de discursos irracionales llenos de frases apenas respiradas que se habían acumulado en mi interior. He sentido la necesidad de desatar el demonio iracundo que también habitaba en mí y, sorprendentemente, en lugar de sentir alivio exploté con un ataque de llanto profundo. Acertó Séneca, como en muchas otras de sus afirmaciones, cuando definió la ira como «un ácido que puede hacer más daño al recipiente en el que se almacena que en cualquier cosa sobre la que se vierte».

Pero la ira también es un motor para salir del pozo, es una turbina que nos permite el impulso necesario para salir de entre las tinieblas. ¿Acaso no has apretado la mandíbula y pronunciado un sonoro grrrrrrrr para rebelarte incluso ante ti mismo?

La escritora afroamericana Zora Neale Hurston anima a ser iracundos para espantar nuestros fantasmas: «Coge la escoba de la ira y ahuyenta la escoba del miedo». Curiosamente, la Biblia no siempre la considera pecado, sino que la define como una energía dada por Dios para ayudarnos a resolver problemas. En todos los ejemplos que ofrece y consiente, la ira es usada para fines más allá de nuestro ombligo y deseos. «La ira se vuelve pecado cuando es motivada por el egoísmo» (Santiago 1, 20).

Yo soy de las que creo que si uno no se ama y defiende, nadie lo hará por ti. Las garras hay que sacarlas, como los animales, cuando te ves en peligro o atentan contra lo tuyo. Cierto es que todo pecado en exceso puede resultar autodestructivo, pero la constricción, la represión de los mismos, tiene el mismo efecto. Es necesario dejarse llevar por ese comportamiento, para muchos pecaminoso o inadecuado, y saber convivir con la ira como con el resto de los siete pecados, y dejar la culpa a un lado por practicarlos. En el caso de la ira, confieso que no siempre he podido contar hasta diez y me ha explotado la verborrea con escupitajos de salida incluidos. Seguro que si esos momentos se hubieran grabado y luego los hubiera podido ver me hubiese avergonzado sobremanera, pero también es bueno dejarse apoderar por la rabia a lo Scarlett O'Hara y prometerse que «jamás volverás a pasar hambre». En todo caso, atendiendo a los psicólogos, cuando una se encuentra en la llamada «zona roja», es decir, en pleno ataque de ira, lo mejor es dejar soltar todo porque la irracionalidad del propio acto no casa con la escucha.

Muchas han sido las mujeres que han sufrido y vivido la ira en sus carnes a modo de violencia contra el resto o contra ellas mismas. He elegido a dos mujeres bien distintas, dos canalizadoras de ese sentimiento que como un ácido, volviendo a Séneca, lo quema todo.

Janis Joplin murió muy joven. Pertenece al club maldito de los 27, aquellos músicos que como ella murieron cuando tenían 27 años: Jimi Hendrix, Kurt Cobain, Brian Jones o Amy Winehouse. De ella se llegó a decir que cuando salía al escenario en vez de cantar sangraba. Tenía desde pequeña un carácter iracundo, como respuesta a su rechazo social, a no ser aceptada. Tenía una inteligencia que no era entendida y que la hacía desafiar las reglas como provocación y divertimento. Se dejó llevar por la ira, y su blues mostraba su desgarradora forma de cantar, como también su locura desmedida, que la llevó a cruzar los límites con demasiada intensidad hasta perderse en los infiernos de la rabia. Ella se convirtió en un icono de la libertad, se atrevió a ser diferente y cantó con toda su rabia para alejar los fantasmas que la atormentaban. Ellos pudieron con ella.

La segunda pecadora elegida fue la mujer que hizo de la rabia, de la ira, su estandarte para mantenerse viva cuando el dolor apenas la dejaba respirar. «Lo que no me mata me alimenta», dijo Frida Kahlo. Ella encontró en su arte y en sus pinturas el canal para desfogar su ira contra su dolor físico e interno por todas las mujeres mexicanas que apenas contaban con derechos y vivían en la marginación y a la sombra del hombre. Ella pintó el interior de las mujeres marginadas, quiso captar su alma y la de otras muchas sufridoras. Frida superó el dolor a través de la rabia, y esta se concentraba en la expresión de sus obras. Sus principales accidentes fueron catalizadores de una de las pintoras más combativas. «He sufrido dos accidentes graves en mi vida. Uno en el que un tranvía me tiró al suelo..., el otro accidente es Diego».

Janis Joplin y Frida Kahlo son mis dos iracundas, mis dos mujeres que con la rabia crearon, denunciaron e intentaron sobrevivir en un mundo que desde temprana edad les resultó hostil. ¿Pecadoras o virtuosas?

Capítulo 16

Janis Joplin

Del desgarro nació su arte,
por el desgarro su temprano final

Texas, 1943-California, 1970

«Mi asunto es disfrutar y pasarlo bien. ¿Y por qué no, si al final todo termina?».

«Ser intelectual hace que te hagas preguntas que no tienen respuesta».

«Lo que te hace sentir bien no te puede causar daño».

«Es difícil ser libre, pero cuando funciona, ¡vale la pena!».

«Libertad es otra palabra para definir "nada que perder"».

«No sé, yo solo quiero sentir tanto como puedo, es de todo lo que trata el alma».

«En el escenario le hago el amor a veinticinco mil personas diferentes. Luego me voy sola a casa».

«Prefiero tener diez años de *superhypermost* que cumplir 70 y estar sentada en un maldito sillón, delante del televisor. Se vive ahora. ¿Cómo vamos a esperar?».

Oír la rasgada voz de Janis Joplin es sentir cómo se te estruja el corazón y cualquier herida del alma se despierta en la agonía de su canto. Murió a los 27 años, pero vivió intensamente. Dio la espalda a lo que el destino le tenía preparado: ser una profesora, casada y con hijos, en un pueblo petrolero de Texas, conservador, tradicional y racista. «Soy una de esas personas normales raras», así se definió, y fueron muchos, demasiados, quienes pusieron el acento en su rareza, lo que provocó en Janis la necesidad de gritar para sobrevivir. Evitó ser enterrada, sobrevivir por no pertenecer al género masculino, por no soñar con ser una ama de casa, y divertirse viendo partidos de rugby y acudiendo a barbacoas. Desde muy pequeña se vio como una pieza suelta de un puzle en el que por no encajar la insultaban, la maltrataban y se burlaban de ella. Janis necesitó expresar su tormento, su rebeldía, su grito de guerra en contra de ese mundo que se resistía a cambiar. Enseguida se dio cuenta de que de las entrañas de la rabia brotaba su mejor voz. Se convirtió en una adolescente combativa que no tenía reparos en morder más fuerte si se sentía atacada. En su corta vida no fue más que un animal herido en busca de quienes le curaran los arañazos del alma, en busca de una paz que jamás alcanzó. Acomplejada de su cuerpo e insegura por el deseo profundo de agradar, Janis Joplin consiguió convertirse en una gran estrella del rock y en estandarte de la libertad y los derechos de la mujer. Fue sin duda una de las voces más poderosas de los sesenta americanos, del movimiento *hippy*, de aquellos que se alzaban contra la violencia, contra el *statu quo* racial y del amor libre. No se conformó con lo dado ni con lo impuesto, se enfrentó al rechazo, a los insultos e incluso a sus propios fantasmas. «Ser yo misma, ser la persona que está dentro de mí, no jugar; eso es lo que estoy intentando hacer todo el tiempo más que nada en el mundo, para no joderme a mí ni joder a los demás».

A los que se metían con ella o la rechazaban los apartaba con un seco: «¡Que te jodan!». Nadie podía con ella, solo ella misma. Janis era la que se quedaba sola en la habitación, la que tomaba todo tipo de sustancias, la que vivía en exceso para poder dormir sin que sus propios demonios la despertaran. «No te imaginas lo difícil que es ser yo».

Ella quiso vivir en libertad, ¿lo consiguió? Su poder, su rabia, su ira brotaban de su extrema vulnerabilidad, de su necesidad de vivir intensamente, sin pensar en el mañana.

Amó a hombres y mujeres indistintamente, pero no obtuvo la plenitud deseada, aquella que para algunos biógrafos hubiera sido un salvavidas de la autodestrucción.

Fueron muchos los que no sobrevivieron a la contracultura, a la psicodelia y a la revolución del amor. Muchos los que se quedaron en el camino del LSD, el crack y la heroína. Ella fue una más, con la diferencia de que con sus canciones se volvió inmortal y cada vez que la escuchas se te desgarra el alma. El mito sigue entre nosotros y continúan apareciendo decenas de biografías, biopics y documentales sobre su vida. Janis y su arrolladora personalidad: excesiva, impulsiva, desmedida, adicta a las altas y bajas pasiones. De estar viva, tendría más de 70 años, pero se fue con 27. Su cuerpo no resistió a un chute de heroína pura; su alma quizá siga viajando en un cosmos mucho más apetecible... La propia Janis expresó siempre lo que hubiera deseado: «Hostia puta, tengo muchas ganas de ser feliz».

UNA SEÑORITA DEL SUR ROMPE LAS REGLAS

El 19 de enero de 1943 Janis Jyn Joplin nacía a las nueve y media de la mañana en el Hospital Sant Mary de la localidad tejana de Port Arthur. Un pueblo petrolero de una Norteamérica conservadora, tradicional, con mucho desierto, altas temperaturas y un temperamento más cercano a la violencia y al golpe seco que a la cultura y al raciocinio. Fue la mayor de tres hermanos. Los dos pequeños se llamaban Laura y Michael. Hija de Seth Joplin, un ingeniero que trabajaba para Texaco, y Dorothy Joplin, comerciante y ávida lectora. El matrimonio intentaba encajar en un pueblo de tradición republicana y raíces muy conservadoras que no permitía ni perdonaba un solo escándalo. Iglesia, barbacoas, pícnics y partidos de rugby donde el hombre trabajaba y era el servido y la mujer estaba confinada a la casa, a servir y a procrear.

Desde pequeña se mostró risueña, muy habladora, y aprendió a andar tempranamente; también parecía sentirse atraída por la pintura. Myra Friedman, en *Enterrada viva*, cuenta cómo su madre, al ver que Janis empezaba a dibujar tan pronto como aprendió a agarrar un lápiz, la apuntó a clases particulares de arte. «No tenía intención de hacer de ella una niña precoz, que fuera la primera de su clase o nada por el estilo». Janis mostró inquietudes fuera de lo habitual desde bien pequeña. Le encantaba leer, era curiosa, vital, hiperactiva. Nada parecía alterar su estado de felicidad permanente. Puede que sufriera los típicos celos de princesa destronada a la llegada de su hermana Laura, pero siempre tuvo una relación de protección hacia ella y su hermano Michael.

Sin embargo, la adolescencia para Janis cambió el color con el que veía la vida y el rechazo de muchos hizo que enterrara el arcoíris que había vivido durante su infancia. Se convirtió en una adolescente con unos kilos de más, llena de granos por el acné y con un pelo color cobrizo ingobernable. Un pelo sin duda unido al carácter que no tardaría en mostrar al mundo. En aquella época cruzó la línea, se fue al lado de los inadaptados y jamás volvió a sentirse parte de la otra orilla, aunque en alguna ocasión lo intentó con toda su alma. Janis gozaba de una inteligencia y una sensibilidad superiores a la media que solo le sirvieron para expresar ideas que escandalizaban a la mayoría, como, por ejemplo, terminar con la separación de razas en la escuelas. Comentarios inadecuados para una sociedad construida sobre esa base, la represión sexual y la supremacía del hombre sobre la mujer. Lejos de callarse para encajar, gritaba más fuerte y defendía sus ideas con una agresividad cercana a la rabia cuanto mayor era el rechazo.

En noveno curso se unió al trío de chicos Jack Smith, Jim Langdon y Grant Lyons. Los tres se convirtieron en compañeros de aventura, juergas y descubrimientos de diferentes maneras de pensar, con ellos vivía más allá del conservador Port Arthur.

Janis comenzó a vestir y comportarse fuera de los cánones esperados para una señorita del sur y por ello fue insultada por sus propios compañeros de clase. En el libro de Myra Friedman *Enterrada viva,* su amigo Jim Langdon decía: «Cuando Janis era ultrajante, era totalmente ultrajante. Ya que era extraño escuchar que una mujer gritara "¡Vete a la mierda, hombre!". Aun a nosotros nos avergonzaba».

Janis se enfrentó al mundo que la rechazaba a través de la provocación y la ira. No se maquillaba, apenas se arreglaba ni hacía nada por encajar. Hasta que descubrió el pensamiento *beat* y quiso ser una *beatnik:* una inadaptada que deseaba vivir al límite, que estaba contra el sistema y solo entendía el presente para vivir intensamente, para experimentar la libertad sexual, las drogas y el son del *rock and roll*.

En la biografía de la cantante de Mariano Muniesa, su amiga Karleen Bennet describe perfectamente esa esencia en Janis: «Su aspecto era el más chocante que podías ver en Port Arthur. Janis rompió todas las reglas. Si lo normal en las estudiantes era llevar el pelo recogido, suéteres de cuello de pico y falda por debajo de las rodillas, ella llevaba el pelo suelto, largo y enmarañado. Se vestía con pantalones, llevaba botas de vaquero en lugar de zapatos de tacón medio, como era correcto en las señoritas. ¡Era una verdadera *beatnik!*». La futura dama blanca del blues sabía, desde muy temprana edad, que sus actos irritaban a muchas personas, pero no podía evitar estar por encima del mundo para conseguir ser ella misma. Un accidente de coche de Janis y sus amigos cuando volvían de una juerga en Vinton (Luisiana) provocó los suficientes rumores en el pueblo como para hacer del suceso una leyenda sobre la joven libertina que se va con cualquiera, que se mezcla con negros, que se emborracha y avergüenza con su lenguaje malsonante a toda la comunidad. No importaba lo brillante que fuera en los estudios, su comportamiento había desbordado los límites de una sociedad establecida en la moral y debían «ejecutar a la joven» si no querían que fuera un ejemplo para otros.

En junio de 1960 sucedió algo que marcaría un antes y un después en su vida. En un ataque de enajenación y furia se fue a Houston haciendo autostop y se pasó cinco días bebiendo. La encontraron una noche en coma etílico.

La aventura le acarreó una lesión de hígado y su primer encontronazo con los excesos del alcohol. Recibió atención psiquiátrica y sus padres se dieron cuenta de que Janis no podía seguir viviendo en un lugar que de tanto despreciarla la estaba destruyendo.

UN PEZ FUERA DEL AGUA

La enviaron a Los Ángeles para que buscara trabajo y se alejara de ese pueblo para que así pudiera sanar por dentro y por fuera. Estuvo dos meses en casa de sus tías y trabajó en varios restaurantes. Allí fue donde descubrió un modo de apagar su furia: cantando. En Venice Beach existía un ambiente mucho más abierto, preludio de la contracultura, de artistas, músicos y pintores que soñaban con que otra América era posible. Se estrenó como cantante en un bar llamado The Gas House y, aunque no tuvo muchas actuaciones, estas fueron las suficientes como para darse cuenta de que no deseaba dejar de cantar.

En 1962 Janis decidió ir a la Universidad de Austin a estudiar Bellas Artes. Estaba convencida de que saliendo de Port Arthur se acabaría el linchamiento y el rechazo hacia su persona. Había descubierto que existía una comuna *beat* conocida como el Ghetto, donde se menospreciaban las normas y se amaba la música. Allí formó su primer grupo, llamado The Waller Creek Boys, con ellos experimentó como cantante, pero también con el alcohol, las drogas y el sexo. En la biografía de Mariano Muniesa se recogen testimonios de la propia Janis sobre este periodo de su vida: «Mi tiempo de liberación, de cortar con todos los lastres de mi educación religiosa y con la estrechez de miras de mi vida anterior, y allí aprendí a conocer mis deseos, mis reacciones y sobre todo mi propio cuerpo».

Janis experimentaba, corría a toda velocidad y ansiaba una paz que calmara su infelicidad permanente, su soledad en compañía. Fuera del Ghetto, Janis seguía resultando un pez fuera del agua y la experiencia en la universidad no estaba siendo la esperada. Recibir el premio universitario al «estudiante masculino más feo del campus» fue una estocada difícilmente superable. Aunque intentó llevarlo con humor y ladridos..., decidió abandonar Austin y probar suerte en San Francisco, una ciudad que según su compañero Chet Helms era la tierra de la libertad.

Janis huyó del desprecio y la maldad humana. Necesitaba encontrar un lugar donde reposar, donde hubiese paz y pudiera dedicarse a lo que ya amaba más que a nadie: la música. En la biografía sobre la cantante del periodista David Dalton, este recoge un testimonio de Janis Joplin sobre su relación con las drogas en este periodo de experimentación continua: «Quería fumar droga, tomar droga, lamer droga, aspirar droga, follar con la droga, cualquier cosa que caía en mis manos, quería probarlo... A ver, hombre, ¿de qué se trata? Lo probaré».

En San Francisco conoció a la que sería una de sus mejores amigas, Linda Gottfried, con quien terminó compartiendo piso. Ellas, como otros jóvenes de aquella época, tenían poco que ver con sus familias. Norteamérica estaba cambiando, estaba mutando, y San Francisco era un lugar donde aquella nueva era germinaba. Se conocieron en la Coffee Gallery donde Janis, dejando a un lado el blues, cantaba música folk para ganarse un dinero. Lo cierto es que acababa muy justa y apenas tenía para comer. La frustración por no conseguir despuntar como cantante, de vivir en la miseria, la llevó a tocar fondo y consumir *speed* y otras sustancias hasta convertirse en una drogodependiente que era capaz de beberse además una botella de whisky al día. «En aquella época Janis se convirtió en una autómata torpe, inconsciente y anulada por el consumo de *speed*», cuenta su amigo Chet Helms, en la biografía de Janis de Mariano Muniesa. «Cambiaba de opinión constantemente, tenía pérdidas de memoria fortísimas, ataques de nervios repentinos, es decir, tenía el cerebro reseco y todo era por el *speed*». Hay testimonios de aquella época de su vida que relatan que Janis practicó la prostitución para poder mantenerse e incluso traficó con *speed*. Las cosas no marchaban bien, ni mucho menos como Janis las había pensado. Entonces hizo un intento por sobrevivir y salir de esa espiral autodestructiva, y en el verano de 1965 Janis decidió volver a casa y tratar de llevar la vida ordenada y conservadora que tanto había despreciado. Estuvo diez meses en Port Arthur, convertida en una señorita del sur, de pelo recogido, que acudía a la iglesia y no se metía en líos. En San Francisco había conocido a un chico y tenía la idea de casarse con él. Todo resultó ser un espejismo, una huida hacia adelante, para escapar de las drogas, para lograr la ansiada aprobación y el afecto de su familia. En aquellos meses su excesiva personalidad la llevó a ser otra persona, a abandonarse para encajar en una sociedad que ni siquiera en aquella especie de redención quiso saber nada de ella. Allí comenzó a componer y no pudo evitar volver a cantar, pero limpia de drogas y libre de alcohol. Con la ambición de intentarlo de nuevo, Janis se fue a vivir a Austin. Su hermana Laura relata en la biografía sobre la cantante de Mariano Muniesa cómo Janis intentó abandonar sus dependencias, pero la música siempre terminaba llamando a su puerta: «Durante casi un año se esforzó por ser la hija educada, discreta y modosa con la que mi madre soñaba; no probó el alcohol, cambió de aspecto, estudió y quiso reintegrarse a la vida cotidiana de Port Arthur, pero había algo en su vida que era mucho más fuerte que nosotros, y era la música».

JANIS, UNA ESTRELLA DEL ROCK

En la primavera de 1966 Janis decidió volver a San Francisco. Su amigo Chet, representante de un grupo de música llamado Big Brother & The Holding Company, quería incorporar a una cantante y había pensado en Janis. Cierto es que le daba miedo volver al lugar de donde salió huyendo, pero San Francisco había cambiado en ese año y medio. Se había convertido en la cuna de lo que sería uno de los grandes momentos del rock. Estaba naciendo «el sonido de la Costa Oeste», un estilo que nació del rock y la psicodelia y que marcaría y sería fuente de inspiración para muchos.

La Janis que llegó a San Francisco era una mezcla de la de Port Arthur y lo que quedaba de aquella consumidora de drogas. Era bastante tímida y con un estilo determinado a la hora de vestirse: camisas grandes, chalecos y jeans poco ajustados. El verdadero *look* tan característico de Janis se fue transformando hasta convertirse en una de las primeras modelos de estética *hippy*. Pulseras de cuero, de cuerda, collares de cuentas, estampados *batik,* plumas, pantalones de campana, blusas de terciopelo, elementos tribales..., que dieron lugar a lo que hoy algunos llaman *gipsyfem* de los sesenta y setenta. Esa estética es en parte gracias a la que sería una de las grandes amigas de Janis, la diseñadora Linda Gravenites.

El barrio de Haight Ashbury fue la cuna del movimiento *hippy,* allí se reunió toda una generación que deseaba romper moldes y ganar en libertad. Esa libertad se sentía en distintos ámbitos y, por supuesto, en la música que comenzó a crear caminos alternativos fuera de la presión y el sometimiento de la industria del disco. Eso dio lugar a un sonido nuevo, tan libre y tan distinto que propició dos macroconciertos apoteósicos e inolvidables: Monterrey y Woodstock.

Janis se había convertido en la voz de Big Brother y la banda tocaba e iba ganando prestigio, pero la crítica comenzaba a notar una diferencia entre Big Brother y el talento de Janis Joplin. Recibió una oferta de una productora para dejar el grupo y unirse a una banda nueva. Decidió quedarse, pero precipitó por ambición y deseos de triunfar la grabación del primer disco de Big Brother.

Firmaron con Mainstream Records y grabaron en una única y extensa sesión de nueve horas. La discográfica decidió guardar el álbum y esperar a que el grupo subiera un poco más. Ninguno podía imaginarse que el festival de Monterrey convertiría a Janis en una estrella del rock.

Los días 16, 17 y 18 de junio se celebró el festival de rock que coronó los acontecimientos del llamado «Verano del Amor». Se congregaron más de doscientas mil personas, decenas de grupos y estrellas del rock de la talla de Johnny Rivers, Eric Burdon and The Animals, Simon and Garfunkel, Canned Heat, Al Kooper, The Byrds, Jefferson Airplane, Otis Redding, Ravi Shankar, Buffalo Springfield, Scott Mckenzie, Jimi Hendrix, The Who y The Mamas and the Papas, entre otros. Entre ellas también se encontraban los Big Brothers con Janis Joplin.

El festival fue el pionero en este tipo de macroconciertos al aire libre y un ejemplo de convivencia y mestizaje hasta el momento inexistente en Estados Unidos.

La suerte de Janis estaba a punto de cambiar; al fin conseguiría lo que siempre había deseado: coronarse como una estrella de la música, ella se convirtió en la primera superestrella femenina del rock. El arrojo, la fuerza bruta y animal que Janis desprendió en Monterrey hicieron que todos la situaran como una nueva voz del rock, frenética, furiosa y tan desgarradora que cautivó las almas de cuantos la vieron. Ella dejó su testimonio de esa experiencia y la recoge Mariano Muniesa en su biografía sobre la cantante: «Los días de Monterrey fueron algunos de los más felices de toda mi vida. Sentir que cincuenta mil personas no solo te escuchan sino que sienten, vibran, lloran, se estremecen contigo y te lo hacen sentir es algo inenarrable».

Hacía ya un tiempo que había vuelto al alcohol y a las drogas. Parecía imposible separar los escenarios de todo aquello. Tenía 24 años y había emprendido el camino hacia el éxito y, en pocos meses, comenzaría el camino a la destrucción. La industria discográfica se fijó en la nueva estrella y llamaron a la puerta con contratos millonarios para los Big Brothers. Albert Grossman, el mánager de Bob Dylan, se fijó también en ellos y decidió llevar su carrera, con la mirada fija en Janis. Firmaron por Columbia para grabar un nuevo disco: el segundo. Ciento setenta y cinco mil dólares de anticipo, de los cuales cincuenta mil fueron directamente a Janis en concepto de explotación de derechos de imagen. Mientras, el primer disco, que había grabado hacía más de un año junto a su banda, salió el verano de 1967, después de Monterrey. La productora Mainstream Records aprovechó la ocasión, pero su resultado fue discreto en ventas y en críticas.

Janis y su banda dejaron San Francisco y se instalaron en Nueva York, donde el grupo iniciaría una gira de conciertos y se afianzaría dentro del panorama musical. Las cosas no iban, pues los miembros de la banda pensaban que Janis deseaba llevarse todo el mérito. Lo cierto es que la crítica apenas hacía caso al resto, solo se fijaba en la manera de cantar, el arrojo en los escenarios y fuera de ellos, de Janis. Los conciertos de la banda comenzaban a ser anunciados con carteles en los que se destacaba solo el nombre de Janis Joplin. Una estrategia de Grossman, que enfrentaba a Janis con el grupo. La joven seguía llena de complejos y sufría una inestabilidad emocional continua. Sin embargo, se hacía cada vez más grande y el grupo insignificante, mera comparsa para una mujer que no tenía vergüenza en hacer rugir el alma. Mariano Muniesa, en su libro sobre la cantante, recopila críticas de la época y entre ellas se encuentra una de Robert Shelton, de *The New York Times,* que resume cómo Janis encandiló a los profesionales y expertos en música de los medios: «Atesora la misma agresividad hiriente, el mismo sentimiento y la misma emocionante sinceridad brutal de sus gritos metamorfoseados en cantos del alma con sensibilidad, dulzura y casi diría que ingenuidad (...). Es de otro mundo».

Janis seguía bebiendo cantidades desorbitadas de alcohol, viviendo al máximo y, por aquellos tiempos, comenzó a consumir heroína. Esa misma voracidad también la tenía con el sexo, no podía entender ni comprender que la rechazaran y necesitaba devorar todo aquello que en el momento preciso le resultara apetecible. Su amiga Myra Friedman, secretaria de Grossman y posterior biógrafa de Joplin, relata esos episodios como llamadas de atención, producto de la necesidad de Joplin de gustar y ser aceptada. Ella siempre sintió la necesidad de poder dar rienda suelta, y con libertad, a su verdadera inclinación: que le gustaban las mujeres. Pero había momentos en los que no encontraba vía libre, como explica Myra Friedman, en *Enterrada viva:* «Janis era una persona libre, tan desinhibida, tan anticonvencional, que se sentía aterrorizada ante la sola idea de que la gente pudiera pensar que había algo especial entre ella y yo. "Escucha", me dijo un día durante el verano de 1968, "yo creo que sería mejor que tú y yo no fuésemos tanto juntas al Max's"».

En agosto de 1968 se publicó *Cheap Thrills,* con la famosa portada del dibujante Robert Crumb, al que pagaron por ella seiscientos dólares. El segundo álbum de la banda también fue discreto en ventas, nada que ver con el impacto que tendría con el paso del tiempo. Poco después se anunció que Janis iba a emprender un proyecto nuevo y que terminaba sus compromisos con Big Brother.

ÉXITO Y AUTODESTRUCCIÓN

Mientras, además, Janis seguía ampliando su imagen de gurú de una nueva estética y del feminismo. Fotógrafos de la talla de Richard Avedon deseaban inmortalizarla, en ese caso, para la revista *Vogue,* y el crítico Richard Goldstein la describía como «la mujer más asombrosamente vertiginosa del rock (...). Ella se desliza como el alquitrán, amenaza como una guerra..., desafía la clave y se lanza gritando sobre una sola línea, a continuación ya está farfullando sobre la siguiente y se aferra a las rodillas de la estrofa final, rogándole que no la abandone». Este interesante fragmento es recopilado por Myra Friedman en su libro *Enterrada viva.*

Janis seguía su destino, de éxito y autodestrucción. Había aumentado de peso por el exceso de alcohol y no había dejado de consumir esporádicamente heroína. Su sentimiento de soledad y tristeza iba en aumento: a mayor fama, más infeliz. Solo se sentía plena encima de un escenario, donde emergía con la fuerza de un volcán; se había convertido en una necesidad sentir rugir a su público, aunque luego el descenso a los infiernos era más profundo: «Soy una víctima de mi interior. Hubo un tiempo, cuando quería saberlo todo..., que eso me hacía sentir muy infeliz. Ahora he aprendido a que ese sentimiento esté a mi disposición. Estoy llena de emoción y necesito una liberación, y si estás en el escenario y si realmente funciona y la audiencia está contigo, sientes una unidad increíble».

Su nuevo grupo se llamó Kozmic Blues Band. En la primavera de 1969 estaban listos para iniciar una gira de conciertos por América y Europa. La crítica no acompañó a la nueva banda. Parecía que el rock la había abandonado y al apostar por un toque más blues había perdido la fuerza.

Las malas críticas no ayudaron a Janis a soportar mejor la presión y dejar a un lado las drogas, sobre todo la heroína. «A veces solo necesito un poco de paz interior, la necesito, nada más, joder..., no soy una puta yonqui». En aquel momento preocupaban más las grandes cantidades de alcohol que bebía que el consumo ocasional de heroína.

Sin embargo, la gira Europea resultó un éxito de ventas, incluso con el cartel de Entradas agotadas en el Olympia de París. A la vuelta grabó su tercer disco, el primero con la nueva banda, *I got dem Ol'Kozmic Blues again, mama!*

El 16 de agosto de 1969 llegó el festival de Woodstock; todo el mundo tenía en mente el de Monterrey, todo el mundo deseaba ver rugir a la Joplin. La vieron, pero ni el festival ni aquella actuación superaron a Monterrey. El exceso de drogas y los altercados violentos eclipsaron a la buena crítica.

Janis Joplin estaba agotada, sometida a un exceso de presión que la llevaba directa al precipicio. Poco antes había tenido un susto con la heroína: su amiga Linda Gravenites, que vivía con ella por aquel entonces, la encontró inconsciente en su habitación. Pero todo se quedó en eso, en un susto. Las palabras de Linda contando este suceso las recoge Mariano Minuesa en la biografía que escribió de la cantante: «Botellas de Southern Confort medio vacías tiradas por la habitación, jeringuillas y ella demacrada, pálida como la cera, se había orinado encima y tenía aspecto de no haberse cambiado de ropa en varios días».

Intentó dejarlo, pero empezó a mezclar peligrosamente la heroína con la metadona. Era una máquina muy poderosa de hacer dinero y no se le permitía parar. Janis se había convertido en toda una estrella y un icono del rock y no podían dejarla descansar. El consumo de heroína iba en aumento y pocos trataron de frenar su caída. En 1970, su último año de vida, Janis se embarcó en una agotadora gira con su nuevo grupo. El 12 de agosto de 1970 daría su último concierto, nadie podía imaginar que nunca volvería a estar encima de un escenario.

Lejos de parar, se puso a trabajar en la grabación de su cuarto disco, *Pearl*, a mediados de septiembre. Entonces se enteró de la prematura muerte de Jimi Hendrix. Myra

Friedman cuenta que bromeó con cómo el mundo recibiría su propia muerte, si lo harían como con la de Hendrix. Nadie podía pensar que la suya estaba a la vuelta de la esquina. Nadie podía creer que, en la madrugada del 3 de octubre de 1970, la dama blanca del blues se metería en el hotel Lundmark su dosis letal de heroína. Nadie pudo hacer nada para reanimarla, porque aquella noche cayó sola e inconsciente en su habitación con el paquete de tabaco sin abrir que acababa de comprar en la máquina de la recepción del hotel sobre las cuatro de la madrugada.

Nadie pudo intervenir, nadie pudo evitar que la voz de Janis Joplin se apagara para siempre el 4 de octubre de 1970. Tenía 27 años, deseaba con todo el empuje y rabia una felicidad que no terminó de alcanzar, sino que la propia búsqueda de esa felicidad la martirizó en vida. «Yo viví en una comuna, en el mundo libre de las drogas, del sexo, del amor. Una época maravillosa. Siempre teníamos marihuana (...), conocí a muchos y muy buenos *dealers*. A mí me llamaban la *speed freak*. Sin darme cuenta, caí en la heroína. Quizá estaba harta del ácido y de todos esos rollos. ¿Sabes lo que pasaba? La heroína me hacía sentir bien, me tranquilizaba. Y siempre me decía a mí misma: si esto me hace bien, esto no puede ser malo».

Forzaron la puerta a las siete y media de la tarde, después de varios intentos frustrados por localizarla, con llamadas al hotel y a su habitación. Janis tenía que haber acudido por la mañana a la grabación de su álbum *Pearl* y no había dado señales de vida, no había salido de su habitación desde la noche anterior. Un médico certificó su muerte a las nueve menos cuarto. El 7 de octubre se celebró el funeral íntimo en el Westwood Village Mortuory de Los Ángeles. Su cuerpo fue incinerado, sus cenizas se arrojaron al mar... Su alma de roquera libre sigue rugiendo con sus canciones.

EL LEGADO DE LA DAMA BLANCA DEL BLUES

Amy Berg, directora del documental *Janis* (2015), dice que «Janis representa el colector de nuestro dolor común, con su voz rota, expresiva, con la que nuestro sufrimiento es reconocido y desnudado».

Se cuenta, aunque quizá sea una anécdota que forma parte de la leyenda, que Janis Joplin dejó en su testamento dos mil quinientos dólares para organizar una fiesta de despedida. Lo cierto es que el 26 de octubre se celebró el festivo-funeral en el que a los invitados se les sirvieron brownies con hachís.

Janis Joplin, bautizada como la gran dama blanca del blues, la bruja cósmica, o *Pearl*..., vivió intensamente, mientras seguía la estela de su fugaz estrella. Huyendo de sus propios demonios, gritándole a la vida, soñando despierta y con pesadillas nocturnas. Fue un espíritu libre, símbolo feminista de la contracultura de los sesenta. Puro sentimiento que lanzaba en forma de aguaceros. De mirada frágil, comportamiento tosco, intensa, tan ardiente como necesitada de amar y ser amada. A pesar de su corta carrera, se encuentra en el puesto número 28, según la revista *Rolling Stone,* en la lista de los mejores cantantes de todos los tiempos. Si escuchas su voz, es difícil no erizarte, sentir el desgarro en forma de lamento herido, en forma de grito salvaje. Se fue tempranamente, demasiado joven... No supo, quizá no quiso... Abandonó ese mundo que desde pequeña le resultó hostil, le pareció obsoleto y avejentado. Pero un mundo que trató que fuera especial, como dijo con sus palabras: «Aquí estoy, amigo, para celebrar una fiesta, la mejor posible mientras viva en la tierra. Creo que ese es también tu deber».

Capítulo 17

Frida Kahlo

De la ira nacía su arte,
de la vida coloreó

Coyoacán, 1907-1954

«Lo único de bueno que tengo es que ya voy empezando a acostumbrarme a sufrir».

«La belleza y la fealdad son un espejismo porque los demás siempre acaban viendo nuestro interior».

«Pinto autorretratos porque estoy mucho tiempo sola. Me pinto a mí misma porque soy a quien mejor conozco».

«El dolor no es parte de la vida, se puede convertir en la vida misma».

«De donde no puedas amar, no te demores».

«Te amo sin pensar... y es que el pensar me haría odiarte».

«Pies, ¿para qué os quiero si tengo alas para volar?».

«No quiero que pienses como yo, solo que pienses».

«Hay algunos que nacen con estrella y otros estrellados, y aunque tú no lo quieras creer, yo soy de las estrelladísimas».

Frida Kahlo es sin duda una de las pintoras más importantes del siglo XX. Una figura que traspasa lo establecido; se saltó lo convencional y, a pesar de vivir en el sufrimiento, llenó sus cuadros de color y horror, de vida y muerte, de ira y realidad. Frida aprendió a pintar por accidente, por supervivencia, por romper la monotonía de estar postrada en una cama. Sus cuadros y sus diarios han sido su mayor legado, su manera de transformar el dolor en poesía visual o escrita. En reflexiones, en gritos salpicados en pintura de una realidad que a muchos les hubiera matado antes. Ella se entregó al dolor, al sufrimiento y a una vida que cambió radicalmente cuando a los 18 años tuvo un accidente de autobús que le partió la columna y un pasamanos le atravesó la cadera izquierda hasta salir por la vagina. Con humor explicó que fue allí donde perdió la virginidad y, en cierto modo, fue así. Abandonó la inocencia, el candor de una adolescente enamorada, para convertirse poco a poco en un ser que transformaba su rabia en arte, en expresión, en rebelión de lo que le tocó vivir, por tullida, por mujer, por amante que no es amada en plenitud y exclusividad. Su historia de amor con el muralista Diego Rivera fue, como ella dijo, su peor enfermedad, de la que no supo o no quiso salir con vida. Tantos años a la sombra de aquel gigante, de aquella bestia que devoraba mujeres, comida y vivía por y para el arte. Él mismo lo reconoció: «¿Las mujeres que he amado? Tuve la suerte de amar a la mujer más maravillosa que he conocido. Ella fue la poesía misma y el genio mismo. Desgraciadamente no supe amarla a ella sola, pues he sido siempre incapaz de amar a una sola mujer». Frida consiguió hacer valer su pintura en vida, y exponer en Nueva York, en París y en su México querido como pintora reconocida, cuando su vida ya era una completa agonía. «Espero alegre salida y no espero volver jamás». Murió a los 47 años, después de treinta y dos operaciones, de desangrarse en vida, de ver cómo sus penas, como ella misma confesó en una de sus famosas cartas, habían aprendido a nadar. Fue amada por mujeres, amante de ellas y de ellos, pero su corazón perteneció a uno solo: su niño chiquito, su Dieguito. Frida Kahlo es hoy símbolo de feminismo, de rebeldía, de la reivindicación del Yo y también es el reflejo de un México posrevolucionario y de un mundo que se debatía entre el capitalismo y el comunismo. Hoy sigue la fridomanía, por su arte y por el mito de quien supo ser diferente, amar de forma desmedida, sufrir el desaliento de un dolor infinito y porque reivindicó a la mujer, a la mujer indígena, en su México querido. Ella misma con sus palabras mostraba su compromiso con las demás mujeres: «Yo solía pensar que era la persona más extraña en el mundo, pero luego pensé: hay mucha gente así en el mundo, tiene que haber alguien como yo, que se sienta bizarra y dañada de la misma forma en que yo me siento. Me la imagino, e imagino que ella también debe estar por ahí pensando en mí. Bueno, yo espero que si tú estás por ahí y lees esto sepas que, sí, es verdad, yo estoy aquí, y soy tan extraña como tú».

UNA SOLITARIA CON PATA DE PALO

Magdalena Carmen Frida Kahlo Calderón nació el 6 de julio de 1907 a las ocho y media de la mañana en la casa que sería su vida y hoy es su museo: la Casa Azul. Hija de Wilhelm Kahl, un emigrante judío-húngaro de origen alemán, que cambió su nombre a Guillermo Kahlo cuando llegó a México a bordo del carguero *Borussia,* y de Matilde Calderón y González, una mexicana de origen español indígena. El matrimonio acababa de perder a un hijo y su madre, deseosa de que naciera un varón, recibió con frialdad a la pequeña Frida, incluso fue incapaz de amamantarla, algo que marcaría a Frida con una búsqueda desesperada de afecto durante toda su vida. Además, tampoco se dieron cuenta en un principio de que la nodriza que le daba de mamar era alcohólica. Durante toda su vida mantendría con su madre una relación fría y distante, mientras que con su padre admiraría y aprendería el arte de la fotografía. Cuando murió le dedicó el *Retrato de don Guillermo Kahlo:* «Wilhem Guillermo Kahlo, de origen húngaro-alemán, artista fotógrafo de profesión, de carácter generoso, valiente y fino, valiente porque padeció durante sesenta años epilepsia, pero jamás dejó de trabajar y luchó contra Hitler. Con adoración. Su hija, Frida Kahlo».

Su infancia transcurre entre juegos y peleas dentro de una familia amplia. Su padre tenía dos hijas de su primer matrimonio: Luisa y Margarita. Y después con Matilde le sobrevivieron cuatro niñas. Y Frida fue la tercera. Sus hermanas se llamaban: Matilde, Adriana y Cristina.

A los 7 años tuvo poliomielitis, una enfermedad infecciosa que afectó al buen desarrollo de su pierna derecha, que quedó más delgada. Su padre insistió en que si Frida hacía deporte su pierna sanaría, pero nunca se recuperó. A pesar de que Frida trataba de ocultar la deformidad con vestidos largos, pantalones o doble calcetín, no pudo evitar que sus compañeros del colegio alemán la llamaran «pata de palo».

El rechazo de su madre, de los compañeros y la incomprensión a esa enfermedad provocaron en la pequeña un sentimiento de soledad profundo que la acompañaría el resto de su vida. Se inventó una amiga imaginaria y trató de sobrellevar como pudo el hecho de ser una hija no deseada, tullida y fea, como le recordaba su madre.

Gérard de Cortanze cuenta en su biografía que el despertar al amor llegó cuando Frida se enamoró de su profesora de educación física, motivo suficiente para que sus padres decidieran cambiarla de colegio y trasladarla a la Escuela Nacional Preparatoria. Era una escuela exclusiva, y previa a la entrada en la universidad, a la que pocas mujeres, entre ellas Frida, consiguieron acceder. Ella contaba en sus diarios esta primera experiencia en el amor: «Estaba enamorada de ella, era tierna, y me sentaba en sus rodillas durante la clase de gimnasia. Pasaba la lista con ella e iba a su despacho para ayudarla a rellenar los boletines de notas... Recuerdo su piel y su perfume».

A los 15 años comenzó a gestar su personalidad excéntrica, que se salía de los parámetros esperados para una mujer. En la preparatoria se empapó de la exaltación a la cultura y preocupación por la recuperación de lo autóctono. También mostraba interés por el movimiento conocido como muralismo, basado en el arte popular y las raíces precolombinas. Este interés no solo será determinante en su vida, sino que también la unirá sentimentalmente a uno de los grandes artistas de este movimiento: Diego Rivera. Él mismo recordaba cómo, cuando siendo todavía una adolescente, Frida se acercaba embelesada a verlo trabajar. «Cuando estaba pintando, oí de repente, desde atrás de uno de los pilares coloniales de la espaciosa sala, la voz de una niña que no se veía. (...) Miró directamente hacia mí: "¿Le molestaría si lo veo trabajar?", preguntó. "No, señorita, me encantaría", dije. Se sentó y me miró silenciosamente, los ojos fijos en cada movimiento de mi pincel. (...) La muchacha se quedó unas tres horas. Cuando se fue, solo dijo: "Buenas noches". Un año más tarde supe que ella era la escondida dueña de la voz que había salido de detrás del pilar y que se llamaba Frida Kahlo. Pero no me imaginé que un día llegaría a ser mi esposa».

Frida tardaría todavía unos años en unir su vida al pintor. En esos tiempos era una adolescente con necesidad de discutir sobre filosofía, sobre política, sobre el futuro de un México posrevolucionario. Estuvo unida a un grupo de jóvenes inquietos llamados los Cachuchas, rebeldes que necesitaban romper con las normas y dejarse notar. Por primera vez Frida sintió que pertenecía a un grupo y era feliz por ello, por ser aceptada y querida tal y como era. Incluso comenzó a salir con el jefe del club, Alejandro Gómez Arias. Enseguida se sintió enamorada e intercambiaba con él mucha correspondencia. Frida preparó su entrada en la universidad, deseaba ser doctora, y mientras trabajaba de cajera en una farmacia. Vivió su relación amorosa con Alejandro como cualquier otra chica de su edad: con mucho romanticismo y una efusividad digna de su carácter y su necesidad de afecto.

UNA MUJER FRACTURADA

El 17 de septiembre de 1925 cambió el rumbo de su vida. De no haberse producido el grave accidente no hubiera existido Frida Kahlo la artista, el mito.

Tenía 18 años y aquella tarde lluviosa se subió a un autobús en compañía de su novio Alejandro. El autobús fue arrollado por un tranvía, que lo empotró contra un muro y lo dejó completamente destruido. Su columna vertebral se fracturó en tres partes y también se rompió dos costillas, la clavícula y se partió en tres el hueso púbico. Pero ahí no acabó todo: su pierna derecha se fracturó en once partes, su pie derecho se dislocó, su hombro izquierdo se descoyuntó y un pasamanos la atravesó desde la cadera izquierda hasta salir por la vagina. Alejandro tan solo sufrió heridas leves. «Mentiras que uno se da cuenta del choque, mentiras que se lloran. En mí no hubo lágrimas. El choque nos botó hacia delante y a mí el pasamanos me atravesó como la espada un toro. Un hombre me vio con una tremenda hemorragia, me cargó y me puso en una mesa de billar hasta que me recogió la Cruz Roja. Allí fue donde perdí la virginidad. Tenía dañado el riñón y no podía orinar, pero lo que más me dolía era la columna vertebral».

La noticia del accidente de Frida afectó a toda la familia. El padre cayó enfermo y la madre enmudeció del *shock* durante semanas. La accidentada luchó contra el dolor durante meses, atiborrada a calmantes, mientras los médicos estudiaban cómo reparar aquella espalda rota. Frida solo pensaba en su Alejandro, pues no sabía nada de él desde el accidente. Siguió manteniendo la correspondencia, pues estaba desesperada y necesitada de afecto, además tenía esperanzas de continuar con su amor. Así puede comprobarse en los fragmentos de sus cartas, recopilados en *Ahí les dejo mi retrato,* libro que recoge sus apuntes personales. Por ejemplo, en una carta fechada el 15 de enero de 1926, la pintora escribe: «(...) Dime si ya no me amas, Alex, te amo aunque no me quieras ni como a una pulga (...)».

Después de pasar un mes en el hospital, vivirá un periodo de reclusión en casa, postrada en una cama, intentando que su maltrecho cuerpo vaya soldándose. Conviviendo con el dolor, con la tristeza de los suyos y con su nueva realidad, Frida se desesperaba con el paso de las horas, de los días, sin apenas sentir alguna mejoría ni saber en qué iba a quedar todo aquello. Así en otro apunte personal, fechado el 5 de diciembre de 1925, escribe: «... Lo único bueno que tengo es que ya voy empezando a acostumbrarme a sufrir...».

Antes de finalizar el año Frida logró caminar, necesitaba ir en busca del hombre que amaba, que la rehuía, del que apenas tenía noticias. De momento no podía estar mucho tiempo de pie, además necesitaba llevar un corsé. Le hicieron probar muchos, pues debía mantenerse inmóvil durante muchas horas, y era necesario para que su cuerpo soldara correctamente y evitar más operaciones. Durante ese periodo su madre mandó construir un caballete de madera, adaptado para la cama, que incorporaba un espejo para que Frida se pudiera ver. Es así como nace Frida la pintora, la artista, la mujer que necesitaba expresar el dolor que sentía, el sufrimiento que vivía. Superar el dolor a través de la expresión, del arte, de su pintura. «Amurallar el propio sufrimiento es arriesgarte a que te devore desde el interior».

La vida de Frida había cambiado. Ya no soñaba con estudiar. Había perdido la inocencia y en un año su vida se había vuelto enjuta, dominada por el dolor y la rabia de un accidente que se había llevado incluso el amor.

Así lo expresa la propia Frida en sus apuntes, reunidos en *Ahí les dejo mi retrato,* por ejemplo, en un fragmento, con fecha de 29 de septiembre de 1926: «Si supieras qué terrible es conocer todo súbitamente, como si un relámpago iluminara la tierra. Ahora habito en un planeta doloroso, transparente, como de hielo; pero que nada oculta, es como si todo lo hubiera aprendido en segundos, de una vez. Mis amigas, mis compañeras, se han hecho mujeres despacito, yo envejecí en instantes. Todo es hoy blando y lúcido. Sé que nada hay detrás; si lo hubiera, yo lo vería (...)».

Frida continuaba mandando cartas a Alex, firmando como «tu Botticelli» porque seguía pintando para aliviar el tormento de los corsés: «Siento asfixia, dolor espantoso en los pulmones, la pierna no puedo ni tocármela y casi no puedo andar y dormir menos». Frida pintó su primer autorretrato para regalárselo a su amado y para que siempre la recordase, pues ya era consciente de que su historia de amor había terminado: Alejandro la visitaba cada vez menos e incluso se fue a Europa a estudiar. Será el primero de muchos que marcarán su trayectoria como pintora. «Pinto autorretratos porque estoy mucho tiempo sola. Me pinto a mí misma porque soy a quien mejor conozco».

Diego Rivera, un accidente emocional

Pronto comenzará a hermanarse con un grupo de intelectuales políticamente comprometidos con la Liga de Jóvenes Comunistas. Así conoció a artistas, refugiados políticos, activistas, periodistas, escritores..., gente que se preocupaba por lo que ocurría en el mundo, por lo que sucedía en México. Será a través de la fotógrafa italiana Tina Modotti que Frida se reencontrará con Diego Rivera en 1928: él tenía 42 años y se acababa de separar de la madre de sus dos hijos. Era un famoso muralista, aclamado por la crítica y admirado por el pueblo. Mujeriego y tan grande como un hipopótamo. Frida enseguida se sintió atraída por aquella bestia, aquel ser tan descomunal, tan bruto, tan canalla e imperfecto que era capaz de crear tanta belleza. La conexión entre ambos fue inmediata y no se escondieron para pasear y pasar largas horas intentando arreglar el mundo, soñando despiertos por un futuro mejor en el albor del comunismo. Frida enseñó sus obras a Diego, él le dio algunas recomendaciones y además la animó a seguir. Ella dedicaba tardes enteras a observar su arte. Pasaron los meses y su amor fue avanzando, para sorpresa de todos, sobre todo de los padres de Frida, que entraron en *shock* cuando Diego Rivera les pidió la mano de su hija. Así cuenta Gérard de Cortanze en su biografía *Frida Kahlo, la belleza terrible* que reaccionó su padre: «Dese cuenta que mi hija es una persona enferma y que estará enferma durante toda su vida. Es inteligente, pero no bonita. Piénselo si quiere y, si desea casarse, le doy permiso».

El 21 de agosto de 1929 Frida Kahlo y Diego Rivera se casaron delante de tres testigos. Era el tercer matrimonio de Rivera y el primero de Frida, que tenía 21 años. La joven pintora se estaba casando con un artista mayor que algunos describían ya como «viejo, barrigón y mugriento», pero a Frida no le importaba ni siquiera el rechazo de Rivera a lavarse... Ella contestaba con amor y seguridad: «Diego es tan amable, tan tierno, tan sabio, tan dulce. Yo lo bañaré y lo lavaré». Se casó con el vestido de Tehuana, vestido que tantas veces había pintado Diego Rivera en sus murales. Durante años Frida creará alrededor de ese traje no solo parte de su atuendo, sino una moda propia con el tiempo que le tocó vivir: autóctona, reivindicativa. Con esos vestidos, los zapatos y los accesorios logrará «construir una personalidad fuerte, poderosa, su mexicanidad, y proyectar sus convicciones políticas». Así, Circe Henestrosa, comisaria de la exposición *Las apariencias engañan. Los vestidos de Frida Kahlo*, continúa explicando que «ya sean confeccionados en seda, terciopelo, con bordados, aplicaciones o encajes, todas estas piezas revelan fragmentos de la historia e identidad de Frida y, a través de ellas es posible hacer una nueva interpretación de su vida y obra. La artista no solo arreglaba sus prendas, sino que llegó a marcar un estilo que influyó en el diseño de moda internacional».

En pocos meses los acontecimientos se precipitaron y Diego Rivera fue expulsado del Partido Comunista acusado de pactar con el padre del capitalismo: Estados Unidos. Frida había dejado de pintar para atender a su marido, para vivir por y para él. En Cuernavaca, a los pocos meses, sufrió su primer aborto. Al mismo tiempo, Diego prosiguió con su vida de siempre: comenzaron las infidelidades. La felicidad soñada se truncó apenas un año después de casarse.

Diego apenas recibía ofertas del gobierno de México, necesitaba seguir pintando y por eso aceptó la oferta de ir a San Francisco. El 20 de noviembre de 1930 Frida pisó por primera vez Estados Unidos. No se adaptó y no le gustó su cultura ni ellos. Así en sus apuntes, reunidos en *Ahí les dejo mi retrato,* escribió: «El gringuerío no me cae del todo bien, son gente muy sosa y todos tienen caras de bizcochos crudos (sobre todo las viejas)».

El matrimonio tenía una vida social activa y también infidelidades cruzadas. Por otra parte, Frida empezó a pintar de nuevo, a refugiarse en sus cuadros, pues su salud volvía a resentirse.

Después de pasar un breve periodo en México, Diego y Frida volvieron a viajar a Estados Unidos. En este caso el destino fue Nueva York. Para Diego supuso la culminación de su éxito en ese país; para Frida, un lugar que no le ofrecía nada, ni sus gentes ni las calles ni el clima. Apenas se relacionaba con nadie, apenas veía a Diego, que siempre estaba trabajando. Renació así esa soledad de la que en pocos momentos de su vida logró desprenderse. En Detroit volvió a quedarse embarazada, sintió la ilusión, la esperanza de poder ser madre. A pesar del reposo y los tratamientos prescritos, a los cuatro meses sufrió un aborto. El segundo fue, además, mucho más doloroso que el anterior. Murió en ella la posibilidad de tener a «Dieguito chiquito, que lloré mucho, pero ya pasó. No hay más remedio que aguantarme». Son tiempos complicados para Frida, pues poco después murió su madre. Esos dos acontecimientos la llevan de nuevo a la pintura como canal para expresar su realidad. «Nunca pinto sueños ni pesadillas, pinto mi propia realidad». *Henry Ford Hospital* y *Frida y el aborto* son obras que reflejaban su aborto en Detroit, y el primero fue uno de los cuadros más crudos en los que representaba su propia vida y maternidad. Esta se convertiría, con el tiempo, en una de sus obras más valoradas.

Frida sufrirá un tercer y último aborto, pero ya con el segundo había abandonado la idea de ser madre, y arrastrará ese dolor con el resto a través de sus obras. En su diario, publicado como *El diario de Frida Kahlo*, escribió: «Mi pintura lleva el mensaje del dolor (...), la pintura ha completado mi vida. He perdido tres hijos. Las pinturas han sustituido todo eso. Creo que el trabajo es lo mejor que hay».

A todo esto, Diego protagonizó un altercado con el millonario Rockefeller por un mural que estaba pintando, pues dibujó a Lenin entre el gentío. Fue despedido de inmediato y el mural primero fue cubierto y más tarde destruido. Rivera deseaba seguir insistiendo en Nueva York, Frida deseaba volver a México. Sin apenas dinero, la pareja regresó a su tierra patria a finales de 1933. Durante aquel periodo Frida empezó a beber, hábito que la acompañará hasta el día de su muerte. «Bebía porque quería ahogar mis penas, pero las malvadas aprendieron a nadar».

El matrimonio no pasaba por su mejor momento, ni en el plano personal ni en el creativo. Se encontraban sin dinero, hundidos y cada uno por su lado. Pero el golpe bajo lo recibió de su hermana Cristina cuando Frida se enteró de que la que había sido su mayor aliada se había convertido en la amante de su marido. Al no poder soportar esa doble traición, en febrero de 1935 abandonó la casa familiar y se trasladó a una vivienda en la avenida Insurgentes. «Como mujer te pude dar más que otra cualquiera, te di importancia y presencia, te hice gente, antes que yo me atravesara en tu vida eras simplemente un animal, no en balde eres un sapo. Mentiras, sexo, locura, esa es tu vida. En fin, ve por el camino que desees y que la marea de la maldad te hunda y te entierre». Así dio comienzo una época negra en su vida, en la que deseó llamarse Carmen como símbolo de empezar una nueva vida, como mujer independiente, aunque apenas lo logró. En aquella época, según confesó ella misma, pensó por vez primera en el suicidio. Se sentía incapaz de olvidar a Diego, intentó superar la tristeza, pero no podía dejar de hablar con él, de verlo, aunque con la rabia siempre presente.

PINCELADAS, HERIDAS Y ÉXITOS

Entre 1936 y 1938 Frida se recompuso y se mostró como una mujer independiente, deseosa de salir de la prisión emocional, de la necesidad obsesiva hacia Diego Rivera. Se refugió otra vez en su pintura. Siguió manteniendo contacto con su marido, pero se relacionó con gente nueva. Mantuvo romances, pero seguía enamorada del muralista. A México comenzaron a llegar intelectuales, artistas y políticos deseosos de instalarse en la zona. De este modo, León Trotski se convirtió en un invitado de honor de Diego y Frida en la Casa Azul. Frida mantuvo un romance con el revolucionario soviético que provocó los celos de Rivera, quien lo expulsó de su hogar. También durante ese periodo conoció a uno de los padres fundadores del surrealismo, el francés André Breton, y este se instaló en la casa de Frida y Diego, allí se quedó enmudecido por la obra de ella, porque la consideró de la familia del surrealismo. «Nunca supe que era surrealista hasta que André vino a México y me dijo que yo lo era». Breton vio en ella la esencia del movimiento, en su expresión, en sus excentricidades, en su estética, en sus obras... Frida, sin embargo, no estaba de acuerdo y sintió que esa obsesión de Breton por colocarla en el surrealismo era de alguna manera para satisfacer el ego del escritor, que deseaba demostrar que el movimiento estaba y existía en todo el mundo. «El arte de Frida Kahlo es como una cinta alrededor de una bomba», es una de las frases más conocidas del prólogo que escribió Breton para el catálogo de la primera exposición de Frida Kahlo en Nueva York.

El 1 de noviembre de 1938 Frida inauguró su primera exposición en la Gran Manzana, en la galería Julien Levy, con veinticinco de sus cuadros y con un éxito rotundo. Más de la mitad de los cuadros se vendieron, la crítica la avaló y se convirtió en una pintora afamada.

Frida, amparada por Breton, viajó a París para exponer también allí. El choque entre ella y los surrealistas fue atronador; ni los entendía ni creía que tuviera nada que ver con ellos. En la biografía *Frida Kahlo, la belleza terrible* se recogen unas palabras de la artista sobre este choque: «No te imaginas lo perra que es esta gente. Me da asco. Es tan intelectual y corrompida que ya no la soporto. De veras, es demasiado para mi carácter. Preferiría sentarme a vender tortillas en el suelo del mercado de Toluca en lugar de asociarme a estos despreciables "artistas"». Con la ayuda de Marcel Duchamp expuso finalmente en París con un éxito inesperado y con el aval de Kandinsky, Picasso... Incluso el Louvre adquirió un autorretrato de Frida.

Frida regresó a México convertida en una artista internacional, agraciada con el éxito de la crítica, admirada por muchos. Su salud seguía deteriorándose y su matrimonio hacía aguas hasta llegar a anular cualquier posibilidad de salvación. En octubre de 1939 presentaron la demanda de divorcio de mutuo acuerdo. Frida vivió otra época oscura llena de dolor físico por complicaciones con su espalda y también de dolor emocional. Se refugió en la pintura e inició una de las épocas más fructíferas de su carrera, donde realizó además parte de sus obras más violentas, como *Recuerdo de una herida abierta*.

Los meses transcurrían y ella se encontraba sumida en la tristeza, sin apenas dinero, encerrada en su apartamento, plasmando en sus cuadros obsesiones como la muerte y sin poder olvidar ni dejar de tener contacto con

Diego. Además de sufrir una depresión nerviosa, debía estar en cama con un aparato en el cuello y un nuevo corsé. Para aliviar su estado, Frida se atiborraba de calmantes y no dejaba de beber alcohol.

Frida no lograba remontar el vuelo sin estar al lado de Diego y, con condiciones absurdas como no mantener relaciones sexuales o abastecerse exclusivamente con su propia economía, se volvieron a casar el 8 de diciembre de 1940. «Como un Cristo traicionado, he muerto por amor. Como un Cristo traicionado, el amor me ha resucitado». La pareja se trasladó a vivir a la Casa Azul y volvieron a convivir, a crear, a celebrar la vida conjunta.

Frida vivía económicamente de forma precaria. Tenía dificultades para vender cuadros, para valerse por ella misma por su salud, pues cada día que pasaba se complicaba un poco más. Daba clases de pintura, tenía alumnos que deseaban seguir su estela..., pero para Frida lo más importante seguía siendo su pintura. Frida inició un diario que recogería profundas reflexiones sobre su enfermedad, su arte, sus amantes, la muerte, las heridas de vida, el infierno y su cielo. Un ejemplo de esas reflexiones se encuentra en la biografía *Frida Kahlo, la belleza terrible:* «Esperar con angustia retenida, la columna rota y la mirada infinita sin caminar en el vasto sendero (...) moviendo mi vida hecha de acero».

En 1944 aumentaron los dolores y las complicaciones con la espalda, de la que no volvería a recuperarse, y su estado emocional se fue minando. Tuvo que volver a pasar épocas de reposo absoluto, someterse a nuevas operaciones y llevar durante horas aparatosos corsés que le provocaban fuertes dolores y le impedían hacer lo que más amaba: pintar. Durante cuatro meses tuvo que guardar cama y durante otros ocho llevar un corsé de acero que retrató en otro de sus cuadros más significativos: *La columna rota*.

Su dolor se convirtió en crónico, su cuerpo estaba fragmentado, partido, quebrado. Igual que su alma, que poco a poco se fue consumiendo en la desesperanza. Aunque en su diario siguió gritando su deseo de vivir, Frida sentía que le abandonaban las ganas de luchar.

Un fragmento de su diario da una idea de cuál era su ánimo: «He estado enferma un año. Siete operaciones en la columna vertebral. El doctor Farill me salvó. Me volvió a dar alegría de vivir. Todavía estoy en la silla de ruedas, y no sé si pronto volveré a andar. Tengo el corsé de yeso que a pesar de ser una lata pavorosa, me ayuda a sentirme mejor de la espina. No tengo dolores. Solamente un cansancio de la... tiznada, y como es natural muchas veces desesperación. Una desesperación que ninguna palabra puede describir. Sin embargo, tengo ganas de vivir. Ya comencé a pintar».

Su salud no volvería a mejorar, sino todo lo contrario. El declive había comenzado y solo a través del alcohol era capaz de soportar la pena por no poder valerse por sí misma y por saber que Diego estaba buscando refugio en otros brazos. Fingía ser feliz, estar bien, conformarse con ese destino de dolor, sufrimiento y hospitalizaciones continuas, pero la realidad era que no había nada que le devolviese la alegría.

... DESPEDIDA DE LA VIDA DESDE UNA CAMA

Un año antes de su muerte se cumplió un sueño. Por fin una exposición con sus cuadros en su tierra. Una retrospectiva de su obra en la Galería de Arte Contemporáneo. Aunque nadie la esperaba por su precario estado de salud, Frida desobedeció las recomendaciones médicas y acudió a la inauguración en una camilla y se colocó en una cama con baldaquín instalada en el centro de la sala. Decorada con esqueletos de papel maché, con el espejo que siempre la acompañaba, con calaveras, con colores fuertes y vivos. Una cama adecuada para que Frida pudiese recibir a sus admiradores, a su gente, y disfrutar de una realidad tantas veces soñada. En sus memorias, Diego Rivera describió el momento a la perfección, y así se refleja en *Frida Kahlo, la belleza terrible:* «Frida se quedó sentada en la sala, tranquila, feliz, contenta de ver el gran número de personas venidas a honrarla con tanto entusiasmo. No dijo prácticamente nada, pero yo pensé más tarde que, sin duda, se había dado cuenta de que se estaba despidiendo de la vida».

Entonces sucedió lo inesperado. La gangrena afectó a su pierna derecha y no quedó más remedio que amputársela. No hay palabras para describir lo que supuso perder la pierna. «Me amputaron la pierna hace seis meses. Se me han hecho siglos de tortura y en momentos casi perdí la razón. Sigo sintiendo ganas de suicidarme. Diego es el que me detiene por mi vanidad de creer que le puedo hacer falta. Él me lo ha dicho y yo le creo. Pero nunca en la vida he sufrido más. Esperaré un tiempo». Hablar del suicidio se convirtió en algo habitual. No veía otra salida a tanto sufrimiento. No encontraba otra vía para calmar el dolor. «Espero alegre la salida y espero no volver jamás». Su carácter ya no veía más allá de la amargura, la rabia, la ira y la desesperación de que no fuera suficiente con la lucha. Perdió el apetito, las ganas de vivir, las ganas de reír y las ganas de comunicarse incluso a través de la pintura.

El 11 de julio de 1954 le entregó a Diego un anillo, días antes de celebrar sus veinticinco años de casados, porque intuyó que la muerte estaba cerca. Dos días más tarde Frida murió en su cama, sola, en la misma casa que la vio nacer. «Cuando entré en el cuarto para verla, su rostro se veía tranquilo y más hermoso que nunca. La noche anterior me había dado un anillo que había comprado de regalo por nuestros veinticinco años de casados, para cuyo aniversario faltaban todavía diecisiete días. Le pregunté por qué me lo daba tan anticipadamente y me respondió: "Porque siento que te voy a dejar muy pronto". Pero aunque sabía que se iba a morir, debe de haber estado luchando por la vida. De otro modo, ¿por qué habría de haberse visto obligada la muerte a sorprenderla robándole el aliento mientras dormía?», declararía más tarde Diego en sus memorias.

Tenía 47 años y, aunque la autopsia dictaminó su muerte a causa de una embolia pulmonar, no fueron pocos los que hablaron de suicidio, de apagón forzado y querido.

Su féretro fue homenajeado en el Palacio de Bellas Artes. Sobre él, una bandera con los símbolos del comunismo: la hoz y el martillo. Tras el velatorio, Andrés Iduarte, el entonces director de Bellas Artes, fue destituido de su cargo por permitir que se colocara la bandera comunista sobre el ataúd. Acudieron personalidades de todo el mundo a despedirla.

«Cuando muera quemen mi cuerpo... No quiero ser enterrada. He pasado mucho tiempo acostada. ¡Simplemente quémenlo!». Su cuerpo fue incinerado en el Crematorio Civil de Dolores y sus cenizas se conservan en la Casa Azul de Coyoacán, el lugar que también la vio nacer. Hoy en día esa casa es un museo, y los visitantes pueden hacerse una idea de cómo vivió y recuperar la esencia de su obra. Un lugar donde se sigue, como en los buenos frascos de perfume, conservando el aroma de Frida Kahlo. Su rabia, su ira frente a tanto dolor, frente a tanto sufrimiento tolerado: por accidente, por amor, por la impotencia de no poder ser madre. Su obra supura eso, su realidad, su pesar, su destino, sus sueños rotos.

Más de setenta años después de su muerte, aumenta la estela del legado de Frida y palabras como revolución, rebeldía, lucha por los derechos, vida, mujer y pueblo siguen unidas a ella. Frida rompió moldes, le dio la espalda a la muerte durante muchos años; le dio la espalda a lo establecido y vivió como supo y quiso. Con los años su estela permanece cada vez más luminosa, sus cuadros son más valorados y su imagen es todo un icono. Ella es mucho más de lo que fue, de lo que sintió, de lo que sufrió, de lo que vivió... Ella representa otro de los tantos ejemplos de cómo el mito devora al ser. Y dejó todo un legado en sus palabras escritas: «La revolución es la armonía de la forma y el color, y todo está y se mueve, bajo una misma ley —la vida—. Nadie está aparte de nadie. Nadie lucha por sí mismo. Todo es todo y uno. La angustia y el dolor, el placer y la muerte no son nada más que un proceso para existir, la lucha revolucionaria es una puerta abierta a la inteligencia».

Bibliografía

LIBROS

BELL, Quentin: *Virginia Woolf*. Barcelona, Lumen, 2003.

BERTEAUT, Simone: *Piaf. A biography.* Nueva York, Harper & Row, 1972.

BRADFORD, Sarah: *America's Queen. The life of Jacqueline Kennedy Onassis.* Nueva York, Viking, 2000.

BRET, David: *Piaf, a passionate life.* Londres, Robson Books, 1998.

BURKE, Carolyn: *Édith Piaf.* Barcelona, Circe, 2012.

CHIKIAR BAUER, Irene: *Virginia Woolf, la vida por escrito.* Barcelona, Taurus, 2015.

CICCONE, Christopher: *Vivir con mi hermana Madonna.* Barcelona, Timun Mas Narrativa, 2009.

CLINTON, Hillary: *Decisiones difíciles.* Nueva York, Simon & Schuster, 2014.

—: *Historia viva*. Barcelona, Planeta, 2003.

CORTANZE, Gérard de: *Frida Kahlo, la belleza terrible*. Barcelona, Paidós Testimonios, 2012.

DAVIS, Bette: *The lonely life*. Nueva York, Berkeley, 1990.

DAVIS HYMAN, Barbara: *My mother's keeper*. Nueva York, William Morrow & Co., 1987.

ERICKSON, Carolly: *Anna Bolena*. Milán, Mondadori, 1990.

ESLAVA GALÁN, Juan. *Cleopatra, la serpiente del Nilo*, Barcelona, Planeta, 2009.

EVANS, Peter: *Ava Gardner. The secrets conversations*. Nueva York, Simon & Schuster, 2014.

FORESTIER, François: *Marilyn y JFK*. Barcelona, Aguilar, 2009.

FRASER, Antonia: *Las seis esposas de Enrique VIII*. Barcelona, Ediciones B, 2007.

—: *María Antonieta, la última reina*. Barcelona, Círculo de Lectores, 2006.

FRIEDMAN, Myra: *Enterrada viva*. Madrid, Fundamentos, 2016.

GAGE, Nicholas: *Fuego griego*. Barcelona, Plaza & Janés, 2001.

GARDNER, Ava: *Ava, my story*. Nueva York, Bantam Books, 1990.

GLENDINNING, Victoria: *Vita, the life of Vita Sackville-West*. Nueva York, Quill, 1985.

GROBEL, Lawrence: *Conversations with Ava Gardner*. Createspace Independent Publishing Platform, 2014.

HECHT, Ben: *My Story. Memorias de Marilyn*. Global Rhythm Press, 2011.

Henke, Matthias: *Édith Piaf, en mí canta la voz de muchos.* Buenos Aires, Vergara Editor, 2000.

Herrera, Hayden: *Frida, una biografía de Frida Kahlo.* Barcelona, Planeta, 2006.

Hessel, Franz: *Marlene Dietrich.* Madrid, Errata Naturae, 2014.

Huffington, Arianna: *Callus, the woman behind the legend.* Nueva York, Cooper Square Publishers Inc., 2002.

Huthwohl, Joël: *Piaf.* París, Bibliotheque Nationale de France, 2015.

Jackson, Tyrone: *Oprah, the queen of media. How she earns billions.* Internet Media & Entertainment, Inc., 2016.

Joplin, Laura: *Love, Janis.* Nueva York, Harper Collins Publishers, 2005.

Kahlo, Frida: *Ahí les dejo mi retrato.* Barcelona, Lumen, 2005.

—: *El diario de Frida Kahlo: un íntimo autorretrato.* Barcelona, Círculo de Lectores, 1996.

Kelley, Katty: *Oprah Winfrey: la verdadera historia de una de las mujeres más poderosas del mundo.* Barcelona, Indicios, 2011.

Kennedy, Jacqueline: *Conversaciones históricas sobre mi vida con John F. Kennedy. Entrevistas con Arthur M. Schlesinger Jr. En 1964.* Barcelona, Aguilar, 2011.

Lowenherz, David H.: *The 50 greatest love letters of all time.* Nueva York, Gramercy Books, 2005.

Mailer, Norman: *Marilyn: una biografía.* Barcelona, Lumen, 1974.

MARTÍNEZ PUJALTE, Manuel Adolfo: *Yo, Maria Callas: la ópera de mi vida.* Madrid, Huerga y Fierro editores, 1998.

MAXWELL, Robin: *Ana Bolena, los años franceses.* Barcelona, Edhasa, 2009.

McLELLAN, Diana: *Greta Garbo y Marlene Dietrich, Safo va a Hollywood.* Madrid, T & B, 2009.

MENEGHINI, Giovanni Battista: *My wife, Maria Callas.* Londres, Bodley Head, 1983.

MORATÓ, Cristina: *Divas rebeldes.* Barcelona, Club Círculo de Lectores, 2011.

MUNIESA, Mariano: *Janis Joplin*, Madrid, Cátedra, 2002.

ORDÓÑEZ, Marcos: *Beberse la vida*, Barcelona, Aguilar, 2004.

PERRY, Barbara A.: *Jacqueline Kennedy. First lady of the new frontier.* Lawrence, University Press of Kansas, 2004.

PIAF, Édith: *El baile de la suerte.* Barcelona, Global Rythm Press, 2008.

—: *My life.* Peter Quen Publishers, 2000.

RIBÓ, Nuria: *Hillary Clinton, retorno a la Casa Blanca.* Barcelona, Belacqva, 2008.

RIVA, Maria: *Marlene Dietrich.* Barcelona, Plaza & Janés, 1994.

RIVER, Charles: *The life and legacy of Anne Boleyn.* CreateSpace Independent Publishing Platform, 2013.

SCHIFF, Stacy: *Cleopatra*, Nueva York, Time Warner, 2010.

SHAKESPEARE, William: *Antonio y Cleopatra*, Madrid, Cátedra, 2001.

SIGNORINI, Alfonso: *Tan fiera, tan frágil. La vida de Maria Callas.* Barcelona, Lumen, 2009.

Sikov, Ed: *Bette Davis. Amarga victoria.* Madrid, T & B, 2008.

Spada, James: *Más que una mujer. Una biografía íntima de Bette Davis.* Barcelona, Laertes, 1994.

Spoto, Donald: *Marilyn Monroe.* Barcelona, DeBolsillo, 2009.

—: *Marlene Dietrich, el ángel azul.* Barcelona, Salvat, 1995.

Tapia Campos, Martha Laura: *El espejo de Frida Kahlo.* México, Comunicación y Política Editores, 2012.

Taraborrelli, J. Randy: *Madonna, an intimate biography.* Nueva York, Simon & Schuster, 2001.

Vandenberg, Philipp: *César y Cleopatra,* Barcelona, Ediciones B, 2014.

Westen, Robin: *Oprah Winfrey: «I don't believe in failure».* Nueva York, Enslow, 2005.

Zweig, Stefan: *María Antonieta.* Barcelona, Acantilado, 2012.

Películas, series y documentales

El amor amargo de Chavela (2012), de Rafael Amargo.

El ruiseñor y la noche. Chavela Vargas canta a Lorca (2015), de Rubén Rojo Aura.

En la cama con Madonna (Madonna: truth or dare, 1991), de Alek Keshishian.

Frida (Frida, 2002), de Julie Taymor.

Janis (Janis. Little girl blue, 2015), de Amy Berg.

La noche que no acaba (2010), de Isaki Lacuesta.

La Revolución francesa (The French Revolution, 2005), de Doug Shultz.

La vida en rosa (La Môme, la vie en rose, 2007), de Olivier Dahan.

Las horas (The hours, 2002), de Stephen Daldry.

Los Kennedy (serie TV) *(The Kennedys*, 2011), de Jon Cassar

Los Tudor (serie TV) *(The Tudors*, 2007-2010).

Los últimos días de Ana Bolena (TV) *(The last days of Anne Boleyn*, 2013), de Rob Coldstream.

Mad for Madonna (2015), de Matteo Maccarinelli.

María Antonieta (Marie-Antoinette, 2006), de Sofia Coppola.

Marilyn Monroe, the mortal goddess (1994), de Kevin Burns, Jeff Scheftel.

Strike a Pose (2016), de Ester Gould, Reijer Zwaan.

Voy a contarte un secreto (Madonna. I'm going to tell you a secret, 2005), de Jonas Åkerlund, Dago Gonzales.

Créditos de las fotografías de interiores, por orden de aparición

Hillary Clinton

Crédito: PAUL J. RICHARDS / Fotógrafo de plantilla
Senator Hillary Rodham Clinton, D-NY, awaits the
start of the third and final debate between Democrat
Barack Obama and Republican John McCain at Ho-
fstra University on October 15, 2008 in Hempstead,
New York. AFP PHOTO/Paul J. Richards (Photo
credit should read PAUL J. RICHARDS/AFP/Getty
Images)

Crédito: JEWEL SAMAD / Fotógrafo de plantilla
US Secretary of State Hillary Clinton smiles during
a joint press conference with Australian Foreign Mi-
nister arr following their meeting at the State De-
partment in Washington, DC, on April 24, 2012. AFP

PHOTO/Jewel Samad (Photo credit should read JEWEL SAMAD/AFP/Getty Images)

Crédito: Ralf-Finn Hestoft / Colaborador
Hillary Clinton smiles at presidential candidate Bill Clinton as they campaign for the 1992 presidential elections. (Photo by © Ralf-Finn Hestoft/CORBIS/ Corbis via Getty Images)

Madonna
Crédito: AFP / Fotógrafo autónomo
US singer Madonna performs during a concert at the National stadium in Santiago on December 10, 2008 as part of her 'Sticky & Sweet Tour', supporting her latest album, 'Hard Candy'. AFP PHOTO/CLAU-DIO SANTANA (Photo credit should read CLAU-DIO SANTANA/AFP/Getty Images)

Crédito: Michel Linssen / Colaborador
NETHERLANDS - JULY 24: ROTTERDAM Pho-to of MADONNA, Madonna performing on stage at the Feyenoord stadium - Blond Ambition tour (Photo by Michel Linssen/Redferns)

Crédito: Mondadori Portfolio / Colaborador
American singer-songwriter and actress Madonna (Madonna Louise Ciccone) posing on the set of the film Desperately Seeking Susan. New York, 1985 (Photo by Mondadori Portfolio via Getty Images)

Jackie Kennedy
    Crédito: Richard Rutledge / Colaborador
    Jacqueline Bouvier Kennedy Onassis. (Photo by Richard Rutledge/Condé Nast via Getty Images)

    Crédito: Bettmann / Colaborador
    Jackie Kennedy, widow of the late President John F. Kennedy, brushes back her windswept hair. She arrived at Barnstable Airport in Hyannis, on May 29, 1964, after appearing in an international television program. The show honored President Kennedy, on wha | Location: Barnstable Airport, Hyannis, Massachusetts, USA.

    Crédito: Album / Rue des Archives / Bridgeman Images / AGIP
    Jackie Kennedy riding horse in 1968.

Édith Piaf
    Crédito: Keystone-France / Colaborador
    UNITED STATES - NOVEMBER 01: A November 1947 portrait of singer Edith PIAF in concert at the New York Play House. Her expressiveness brought her some success in movies. (Photo by Keystone-France/Gamma-Keystone via Getty Images)

    Crédito: Jean-Philippe CHARBONNIER / Colaborador

FRANCE - CIRCA 1961: Edith Piaf At The Olympia. (Photo by Jean-Philippe CHARBONNIER/ Gamma-Rapho/Getty Images)

Crédito: Roger Viollet Collection / Colaborador FRANCE - 1950: Edith Piaf (1915-1963), French singer. (Photo by Roger Viollet Collection/Getty Images)

Cleopatra
Crédito: ALESSANDRO VANNINI / Colaborador Detail of Statue of Cleopatra VII (Photo by ⊠ Sandro Vannini/CORBIS/Corbis via Getty Images)

Bette Davis
Crédito: Bettmann / Colaborador
(Original Caption) Portrait of Bette Davis in the role of Margo Channing for the 1950 Twentieth Century Fox production 'All About Eve.' Undated publicity photograph.

Crédito: Bettmann / Colaborador
(Original Caption) A springboard proves it has more uses than aiding divers gain form in plunging into a pool. Lovely Bette Davis, Warner Bros. star, uses it to relax and to garner the benefits of a suntan between scenes of her new picture, That Certain Woman.

Crédito: George Hurrell / Colaborador
1939: American actress Bette Davis (1908 - 1989) as
the terminally ill heroine Judith Traherne in 'Dark Victory', directed by Edmund Goulding. (Photo by George Hurrell/John Kobal Foundation/Getty Images)

Oprah Winfrey
Crédito: ROBYN BECK / Fotógrafo de plantilla
Actress/producer Oprah Winfrey arrives for the Os-
cars Nominees' Luncheon hosted by the Academy
of Motion Picture Arts and Sciences, February 2,
2015 at the Beverly Hilton Hotel in Beverly Hills,
California. The 87th Oscars will take place in Ho-
llywood, California February 22, 2015. AFP PHO-
TO / ROBYN BECK (Photo credit should read
ROBYN BECK/AFP/Getty Images)

Crédito: EMMANUEL DUNAND / Fotógrafo de
plantilla
Television talk show host Oprah Winfrey dances during a victory celebration for US President-elect Barack Obama on November 4, 2008 in Chicago, Illi-
nois. AFP PHOTO/EMMANUEL DUNAND
(Photo credit should read EMMANUEL DU-
NAND/AFP/Getty Images)

Crédito: Don Arnold / Colaborador
Oprah Winfrey looks out from the set during the first
taping of the 'Oprah Winfrey Show' at the Sydney

Opera House on December 14, 2010 in Sydney, Australia. 12,000 audience members were selected from 350,000 applicants to participate in two tapings of 'The Oprah Winfrey Show' at the Sydney Opera House. Oprah descended on Australia last week with 302 super fans from the US, Canada and Jamaica to produce four shows for the 25th and final season of the program. the shows will air in the US and Australia in January 2011.

Ava Gardner

Crédito: Ray Jones / Colaborador
1946: In stark surroundings American actress Ava Gardner poses in a sleek black satin dress in a scene from Robert Siodmak's film noir, 'The Killers'. (Photo by Ray Jones/John Kobal Foundation/Getty Images)

Crédito: John Kobal Foundation / Colaborador
27th July 1948: American actress Ava Gardner (1922 - 1990) lies on her bed with a faraway look in her eyes. (Photo via John Kobal Foundation/Getty Images)

Crédito: Popperfoto / Colaborador
American actress Ava Gardner (1922 - 1990), 1955. (Photo by Popperfoto/Getty Images)

Crédito: John Kobal Foundation / Colaborador
circa 1945: Actress Ava Gardner (1922 - 1990) poses on the beach in a one-piece swimsuit. (Photo via John Kobal Foundation/Getty Images)

Chavela Vargas
Crédito: STR / Fotógrafo autónomo
Mexican Costa Rica-born singer Chavela Vargas ac-
knowledges the audience at the Luna Park, in Buenos
Aires, Argentina, on April 5, 2004. Iconic Mexican
singer Chavela Vargas, known for her mastery of the
sad and sultry bolero, died on August 5, 2012. She
was 93. AFP PHOTO (Photo credit should read
STR/AFP/GettyImages)

Crédito: JAIME RAZURI / Fotógrafo de plantilla
Costa Rican singer Chavela Vargasm 83 years of ages,
faces her audience 12 October 2002, during her first
performance in Lima, Peru. Iconic Mexican singer
Chavela Vargas, known for her mastery of the sad
and sultry bolero, died on August 5, 2012. She was
93. AFP PHOTO/JAIME RAZURI (Photo credit
should read JAIME RAZURI/AFP/GettyImages)

Ana Bolena
Crédito: Leemage / Colaborador
Anne Boleyn (Anna or Ann Bolin and Anne Bullen,
1501/1507-1536) in the Tower of London (1536).
Painting by Edouard Cibot (1799-1877), 1835. Musee
Rolin, Autun, France (Photo by Leemage/Corbis via
Getty Images)

Crédito: DEA PICTURE LIBRARY / Colaborador
UNSPECIFIED - DECEMBER 16: Portrait of Anne
Boleyn (1507-London, 1536), Queen of England.
Painting by unknown artist, oil on panel, ca 1533-
1536, 54.3x41.6 cm. London, National Portrait Ga-
llery (Photo by DeAgostini/Getty Images)

Marlene Dietrich
Crédito: Laszlo Willinger / Colaborador
1942: German-born actress Marlene Dietrich (1901
- 1992) wearing a well-cut pair of trousers. (Photo by
Laszlo Willinger/John Kobal Foundation/Getty Images)

Crédito: ullstein bild / Colaborador
(GERMANY OUT) Dietrich, Marlene - Actress,
Singer, Germany*27.12.1901-06.05.1992+ - as
Alexandra in the movie 'Knight without Armour'
Directed by: Jaques FeyderUSA, 1937- 1936- Publis-
hed by: 'Das 12 Uhr Blatt' 28.04.1937Vintage pro-
perty of ullstein bild (Photo by ullstein bild/ullstein
bild via Getty Images)

Crédito: Eugene Robert Richee / Colaborador
1930: Marlene Dietrich (1901 - 1992) making her Hollywood film debut as the tuxedo clad Amy Jolly in
the film 'Morocco', directed by Josef von Sternberg.
(Photo by Eugene Robert Richee/John Kobal Foun-
dation/Getty Images)

María Antonieta

Crédito: UniversalImagesGroup / Colaborador
UNSPECIFIED - CIRCA 1754: Marie Antoinette,
Queen Consort of France (1755 - 1793). Marie An-
toinette, Queen of France, in coronation robes by
Jean-Baptiste Gautier Dagoty, 1775 (Photo by Uni-
versal History Archive/Getty Images)

Crédito: Universal History Archive / Colaborador
Portrait of Marie-Antoinette with the rose. Oil on
canvas, Versailles. Dated 1783 and painted by Vigée-
Le Brun. (Photo by: Universal History Archive/UIG
via Getty Images)

Virginia Woolf

Crédito: Heritage Images / Colaborador
Virginia Woolf, British author, 1930s(?). A novelist,
essayist and critic, Virginia Woolf (nee Stephen)
(1882-1941) was a leading figure in London literary
circles and was a member of the Bloomsbury group.
She suffered several nervous breakdowns and commi
(Photo by Fine Art Images/Heritage Images/Getty
Images)

Crédito: UniversalImagesGroup / Colaborador
UNSPECIFIED - CIRCA 1754: Virginia Woolf
(born Stephen - 1882-1941). English novelist, essayist
and critic. Photograph (Photo by Universal History
Archive/Getty Images)

Crédito: Bettmann / Colaborador
(Original Caption) VIRGINIA WOOLF (1882-1941), ENGLISH NOVELIST AND ESSAYIST. PHOTOGRAPH, EARLY 1930'S.

Marilyn Monroe
Crédito: Estate of Bert Stern / Colaborador
American actress Marilyn Monroe (1926 - 1962), photographed in Beverly Hills, California, at the end of June 1962. The two sessions for the photoshoot took place in late June and early July, only weeks before her death on 5th August 1962. The images were published posthumously in Vogue magazine under the title 'The Last Sitting'. (Photo by Bert Stern/Getty Images)

Crédito: John Kobal Foundation / Colaborador
1957: American film star Marilyn Monroe (1926 - 1962), born Norma Jean Mortensen in Los Angeles, romping with a soft toy tiger. (Photo via John Kobal Foundation/Getty Images)

Crédito: John Kobal Foundation / Colaborador
1961: American film star Marilyn Monroe (1926 - 1962) in her last completed movie, 'The Misfits', directed by John Huston. (Photo via John Kobal Foundation/Getty Images)

Maria Callas
  Crédito: Album / Documenta
  Maria Callas, cantante de ópera. Año 1969.

  Crédito: ullstein bild / Colaborador
  (GERMANY OUT) Maria Callas
  *02.12.1932-16.09.1977+Sängerin, Sopran, USA /
  Griechenlandals 'Medea' in dem gleichnamigen Film
  vonPier Paolo Pasolini, nach der Tragödievon Euri-
  pidesItalien / Frankreich / BRD 1969 (Photo by Pres-
  sefoto Kindermann/ullstein bild via Getty Images)

  Crédito: Bettmann / Colaborador
  (Original Caption) Maria Callas, famed soprano, stu-
  dying a score. Half length profile.

Janis Joplin
  Crédito: Baron Wolman / Colaborador
  American singer and songwriter Janis Joplin (1943-
  1970) at her home in Haight-Ashbury, San Francisco, November 1967. This photograph was used as
  the front cover image of the Rolling Stone magazine for Issue No. 6, published on February 24th,
  1968. (Photo by Baron Wolman/Iconic Images/
  Getty Images)

  Crédito: Evening Standard / Fotógrafo autónomo
  5th April 1969: American blues-rock singer Janis Joplin (1943 - 1970), of the group Big Brother and the

Holding Company. (Photo by Evening Standard/ Getty Images)

Crédito: Michael Ochs Archives / Fotógrafo autónomo
UNSPECIFIED - CIRCA 1970: Photo of Janis Joplin Photo by Michael Ochs Archives/Getty Images

Frida Khalo
Crédito: Bettmann / Colaborador
Portrait of Frida Kahlo (1910-1954), Mexican painter, wife of Diego Rivera.

Crédito: Bettmann / Colaborador
(Original Caption) Frida Kahlo, (1910-1954), Mexican painter, and wife of Diego Rivera is shown in this home photograph.

Crédito: Hulton Archive / Fotógrafo autónomo
circa 1950: Mexican artist Frida Kahlo (1907 - 1954), wearing a folk costume and flowers in her hair, leans her head on her hand while lying in a hammock. (Photo by Hulton Archive/Getty Images)

Este libro
se terminó de imprimir
en el mes
de noviembre de 2016